상담자가 반드시 알아야 할
40가지 상담기법

Bradley T. Erford 저 | 김은하 역

40 Techniques Every Counselor Should Know (2nd ed.)

학지사

40 Techniques Every Counselor Should Know, 2nd Edition
by Bradley T. Erford

Authorized translation from the English language edition,
entitled 40 TECHNIQUES EVERY COUNSELOR SHOULD KNOW, 2nd Edition,
9780133571745 by ERFORD, BRADLEY T., published by Pearson Education,
Inc, publishing as Pearson,
Copyright © 2015 by Pearson Education, Inc.

KOREAN language edition published by HAKJISA PUBLISHER, INC. by
arrangement with Pearson Education, Inc.
Copyright © 2021 by Hakjisa Publisher, Inc.

에너지, 열정 그리고 지지를 주는 사람들, 우리의 도전하고 성취하려는 노력을 가치 있게 만드는 사람들,
사랑과 용서를 추구하는 사람들에게 이 책을 바칩니다.

역자 서문

상담에서 가장 중요한 치료적 요인을 꼽으라면 저는 망설이지 않고 상담 관계라고 말합니다. 상담자와 내담자가 맺는 관계의 질이 성공적인 상담을 결정한다고 믿기 때문입니다. 하지만 상담을 하다 보면, 상담 관계만으로는 내담자를 효과적으로 돕기 어려울 때가 있습니다. 예를 들어, 불안이 너무 심해 집 밖에 나가지 못하는 내담자, 우울 증상으로 일상생활이 어려운 내담자, 자신을 과도하게 비하하는 내담자와 상담할 때, 상담자들은 상담기법의 필요성을 느낍니다.

시중에는 상담기법에 대한 책들이 많이 나와 있습니다. 특정 이론의 기법을 소개하는 책들도 있고, 상담자가 반드시 알아야 할 상담의 핵심기술(microskill)을 다루는 책들도 있습니다. 다른 상담 동료들처럼, 저 또한 이런 책들을 읽으며 상담기법을 배웠습니다. 하지만 상담기법을 배울수록, 저의 답답함과 무기력감은 커져 갔습니다. 당시 10여 년간의 상담 경험을 통해 어느 정도 내담자의 마음을 열고, 내담자를 공감하며, 내담자의 이야기를 진정으로 경청할 수 있다는 자신감을 갖게 되었지만, 여전히 저는 어떻게 내담자가 변화하도록 도와줘야 할지 몰랐습니다. 마치 내담자의 마음속에 들어가 문제가 무엇인지 파악했지만 거기서 빠져나오는 방법을 모르겠다는 느낌이었습니다.

많은 상담기법 책을 뒤적이다 저의 답답함과 무기력감을 해소시켜 주는 이 책을 만나게 되었습니다. 이 책은 상담에서 가장 많이 사용되며 그 효과성이 입증된 40가지 기법을 소개합니다. 이 책이 유익한 이유는, 첫째, 각각의 상담기법이 상담에서 실제로 어떻게 사용되는지 그리고 내담자들이 이에 어떻게 반응하는지 상세하게 보여 줍니다. 둘째, 어느 현장보다 유연성을 필요로 하는 상담 현장에서 각각의 상담기법을 어떻게 수정 및 보완하여 사용할 수 있는지 알려 줍니다. 셋째, 각각의 상담기법을 사용할 때 유의해야 할 점을 구체적으로 보여 줍니다.

제가 이 책을 번역하기로 결심한 이유는 많은 상담 전공 학생과 초보 상담자가 예전의 저처럼 답답함과 무기력감을 느끼고 있다고 생각했기 때문입니다. 또한 상담을 공부하고 싶은 많은 사람이 실제 상담에서 무슨 일이 일어나는지 알고 싶을 거라 생각했기 때문입니다. 상담자는 내담자를 그대로 수용하고 동시에 내담자의 변화를 촉진해야 하는 사람입니다. 이 책은 여러분에게 상담기법을 어떻게 사용해야 하는지, 특히 나만의 방식으로 어떻게 상담기법들을 사용할 수 있는지에 대한 길을 제시할 것입니다. 이 책이 여러분에게 상담자로서 더 성장하는 계기가 되기를 바랍니다.

2021년
김은하

저자 서문

상담기법을 다루는 책을 매우 싫어하거나 심지어 질색하는 사람들이 있다. 이들의 관점에서 상담은 과정이자 예술이다. 즉, 이들에게 상담의 가장 중요한 요소는 Carl Rogers가 강조한 진솔성, 공감, 무조건적 존중을 토대로 한 상담 관계, Ivey와 Ivey가 언급한 상담대화기술, 그리고 Glasser, Ellis, Adler 혹은 Perls 등이 만든 이론적 모델이다. 나도 이에 동의한다! 전 세계적으로 대부분의 상담교육 프로그램에서는 학생들이 이러한 기술을 충분히 습득할 수 있도록 교과과정과 실습과정을 운영하고 있다.

하지만 상담대화기술이 뛰어나고, 이론적 기반이 튼튼하며, 진솔성과 공감, 무조건적 존중을 토대로 한 상담 관계를 형성할 수 있는 상담전문가들도 내담자가 상담 목표를 달성할 수 있도록 돕는 데 어려움을 겪는다. 특히 상담수련생들은 이러한 어려움에 자주 부딪치며 더 구체적이고 직접적인 상담기법을 배우고 싶어 한다. 상담이론을 토대로 한 상담기법들을 적절하게 사용한다면 내담자의 변화를 촉진할 수 있다.

나는 상담수련생들이 상담기법을 배우고 싶어 한다는 점을 잘 알기 때문에 이 책을 쓰기 시작했다. 이 책에서 다룰 모든 상담기법은 특정 상담이론에 기반하여 개발되었고, 여러 연구를 통해 그 효과성이 증명된 기법들이다. 이 책에서는 상담기법을 해당 이론별로 구분해 소개한다(〈표 1〉 참조). 기본적으로 이 상담기법들은 통합적인 성격을 가지며, (앞으로 상담에서 점차 통합적인 접근이 강조될 것이라는 점을 고려할 때) 특정 이론에 속하는 기법이 아닌 통합적인 기법으로 분류될 것이다. 하지만 아직까지는 상담기법들이 상담이론에 따라 구분되고 있기 때문에, 이 책에서도 이론별로 상담기법들을 구분하였다.

이 책은 장별로 한 개의 상담기법을 소개한다. 먼저, 해당 상담기법의 기원에 대해 설명한다. 특정 상담이론을 토대로 개발된 상담기법이 있는가 하면, 통합적이거나 여러 상담 접근에서 사용되고 있는 상담기법도 있다. 둘째, 각각의 상담기법을 사용하는 방법이나 절차, 그리고 이 기법들이 어떻게 변형되어 사용되고 있는지에 대해 설명한다. 또한 상담 예시를 통해 상담 현장에서 이러한 기법들이 어떻게 사용되는지 소개한다. 대부분의 예시는 실제 상담 축어록을 통해 제시한다. 다만, 이 축어록은 간략하게 요약되거나 일부 수정되었는데, 특히 독자에게 중요하지 않은 내담자와 상담자의 일부 발언들은 생략되었다! 마지막으로, 관련 문헌을 토대로 기법들의 유용성과 효과성에 대해 논의한다. 예를 들어, 각 기법이 어떻게 사용되어 왔고, 앞으로 어떻게 사용될 수 있으며, 어떻게 다양한 심리적 문제를 효과적으로 다룰 수 있는지에 대한 아이디어를 제시한다. 이러한 정보들은 내담자에게 도움이 되면서 상담의 효과를 극대화할 수 있는 임상적 결정을 하는 데 도움을 줄 것이다.

이 책에 소개된 상담기법들은 이미 그 효과성이 입증되어 선정되었다. 본격적으로 각각의 기법에 대해 설명하기에 앞서 상담에서 측정 가능한 행동적 목표를 설정하는 것이 매우 중요하기 때문에, 이 책의 서론에서 이에 대해 먼저 다루고자 한다.

표 1   **이 책에 포함된 상담기법(이론적 배경을 토대로 구분함)**

이론적 배경	상담기법
제1부: 해결중심단기상담 기반 기법	척도기법, 예외기법, 문제−부재 대화, 기적 질문, 지뢰표시하기
제2부: 아들러 혹은 정신역동접근 기반 기법	나 전달법, 마치 ~인 것처럼 행동하기, 수프에 침 뱉기, 상호적 스토리텔링, 역설적 의도
제3부: 게슈탈트 상담과 사이코드라마 기반 기법	빈 의자, 신체움직임과 과장, 역할전환
제4부: 마음챙김 접근 기반 기법	시각적 심상/심상유도, 깊은 호흡, 점진적 근육 이완 훈련
제5부: 인본주의−현상학적 접근 기반 기법	자기개방, 직면, 동기면담, 강점폭격
제6부: 인지−행동적 접근 기반 기법	자기대화, 재구성, 사고 중지, 인지적 재구성, 합리적 정서 행동 치료(REBT), 독서치료, 저널링, 체계적 둔감화, 스트레스 면역 훈련
제7부: 사회학습 접근 기반 기법	모델링, 행동 시연, 역할연습
제8부: 정적강화 기반 행동주의 접근 기법	프리맥 원리, 행동 차트, 토큰 기법, 행동 계약
제9부: 벌 기반 행동주의 접근 기법	소거, 타임아웃, 반응 대가, 과잉교정

📖 상담기법

Erford(2010, 2015)는 ABCD(A: 청중, B: 행동, C: 조건, D: 기대되는 행동 기준) 모델을 사용하여 측정 가능한 행동적 목표를 기술하는 방법을 제시하였다. 개인상담의 경우, 청중(A)은 개인 내담자를 의미한다. 다른 유형의 상담에서 청중은 커플, 가족, 집단 혹은 다른 체계를 의미한다. 행동(B)은 일반적으로 상담 개입의 결과에 따라 내담자와 상담자가 관찰할 수 있는 변화, 즉 상담을 통해 변화한 실제 행동·사고·감정을 의미한다. 조건(C)은 변화가 나타나는 특정 맥락을 의미하는데, 즉 상담의 경우에는 상담개입, 그리고 상담개입이 이루어지는 맥락이나 상황을 뜻한다. 기대되는 행동 기준(D)은 목표의 양적인 측면, 즉 행동이 얼마나 증가하거나 감소하는지를 의미한다.

상담목적(counseling goal)과 상담목표(counseling objective)는 구체성과 관찰 가능성 면에서 서로 다른 개념이다. 상담목적은 추상적이고 직접 측정할 수 없는 반면, 상담목표는 구체적이고 관찰 가능하다. 합리적인 상담목적의 예는 다음과 같다. "내담자의 스트레스와 불안 관리 능력을 키운다." 이 예에서 볼 수 있듯이, 상담목적은 애매하고 관찰할 수 없도록 기술된다. 하지만 상담목적과 관련한 상담목표는 구체적이고 관찰 가능한 행동 용어로 표현되어야 한다. 예를 들어, 앞에서 제시한 상담목적에 해당하는 상담목표는 "사고 중지 기법을 배우고 일주일 후에 내담자의 강박사고가 50% 감소할 것이다." "깊은 호흡 기법을 배운 후, 내담자는 매주 적어도 하루에 세 번(매번 적어도 5분씩) 깊은 호흡을 연습할 것이다." 또는 "조건 지연 기법과 타임아웃 기법을 적용한 후, 일주일에 평균 25회 정도 나타났던 문제 행동이 5회로 줄어들 것이다." 등이다. 이러한 예시에서 볼 수 있듯이, 상담목표는 구체적이며 관찰 가능해야 한다(Erford, 2010, 2015).

다음과 같은 이유로 상담 초기에 목표를 설정하는 것이 중요하다. 첫째, 많은 연구를 통해 상담에서 일어나는 긍정적인 변화의 50% 정도가 8회기 내에 일어난다는 결과가 보고되었고(Budman & Gurman, 1988; Howard, Kopta, Krause, & Orlinsky, 1986), 상담성과를 가장 잘 예측하는 요인 중 하나가 얼마나 빨리 상담자와 내담자가 상담목표에 합의했느냐(주로 2회기 내)이기 때문이다(Tracey, 1986). 즉, 상담 초기에 상담목표를 설정하는 것이 매우 중요하다는 것이다. 물론, 모든 내담자가 상담이 시작되자마자 자신의 호소문제에 대해 이해할 수 있는 것은 아니다. 하지만 가능한 한 빨리 상담목표를 설정하는 내담자가 상담에서 긍정적인 변화를 경험한다. 또한 상담전문가가 가능한 한 빨리 상담목표를 설정할 수 있도록 내담자를 도와줄 때, 내담자는 상담에서 자신이 원하는 바를 이룰 수 있다. 이때 상담자가 유념해야 할 점은, '진짜 문제'는 상담 초반에 잘 드러나지 않는다는 점이다. 대신 시간이 지나면서, 상담자와 내담자 간에 신뢰가 형성되고 이러한 신뢰관계를 통해 '진짜 문제'가 드러난다.

둘째, 상담목표는 상담의 방향을 정하고 상담과정을 평가하는 구체적인 지표를 제시하기 때문에 상담개입의 효과성을 평가하고, (필요한 경우) 상담개입을 수정하는 데 사용된다. 이러한 과정을 형성평가라고 하는데, 즉 상담을 하는 동안 지속적으로 상담개입을 평가함으로써 현재 사용하고 있는 상담개입을 계속 사용할지 아니면 수정할지 결정하게 된다.

셋째, 상담목표는 새로운 행동을 시작할 수 있는 타깃(target)을 정하게 해 준다. 상담에서 타깃은 내담자의 동기를 높여 변화를 유발하기 때문에 매우 중요한 역할을 한다. 실제로 상담의 핵심은 내담자가 상담목적과 상담목표대로 달라지려는 동기를 높이는 데 있으며, 이러한 동기는 상담이 종결된 후에도 내담자가 주체적으로 자신의 인생 목표를 달성하고자 노력하는 데 큰 원동력이 된다.

넷째, 명확한 상담목표는 상담전문가가 효과적이라고 알려진 수많은 상담기법 중 어떤 기법들을 사용할지 선택하는 데 도움을 준다. 상담 연구의 결과는 상담전문가에게 내담자의 문제를 해결하는 최선의 방법이 무엇인지 알려 주는, 가이드 역할을 한다. 이 책에는 각각의 상담기법에 대한 '(기법의) 유용성과 평가'가 포함되어 있는데, 여기에서는 기존의 상담성과 연구를 토대로 해당 기법들이 어떤 문제를 다루는 데 효과적인지에 대해 논의한다. 이러한 내용은 상담전문가들이 상담기법을 적절하게 선택하고 사용하는 데 도움을 줄 것이다.

마지막으로, 관찰 가능한 목표는 내담자와 상담전문가로 하여금 언제 상담이 효과적인지, 언제 새로운 목표를 설정하고 추구해야 하는지, 혹은 언제 상담을 종결해야 하는지에 대해 알려 준다. 상담목표는 성공적인 상담에서 필수적인 역할을 한다. 이러한 상담목표의 다섯 가지 기능은 내담자와 상담자의 동기를 높이고 상담과정에 활력을 불어넣는다.

📖 다문화 상담과 기법

모든 상담이 다문화 상담이라고 알려져 있다. 모든 내담자가 다양한 문화적 경험(예: 인종, 민족, 젠더, 성적 지향, 사회경제적 지위, 연령, 영성)으로 인해 자신만의 독특한 세계관을 가지고 상담실에 찾아온다. 내담자의 세계관에 따라 내담자에게 도움이 되는 상담기법이 달라질 수 있다. 다문화적으로 유능한 상담자는 '왜'라는 질문(예: '왜 내담자는 상담을 신청했는가?' '왜 내담자는 문제를 겪고 있는가?' '왜 지금인가?')에 답하기 위해 상담이론을 사용해야 한다는 점을 알고 있다. 또한 인간의 경험은 어떤 면에서 유한하지만, 한편으로는 무한하다는 점도 이해하고 있다. 달리 표현하면(Orr, 2014, p. 487), "인간이 표현할 수 있는 감정에는 한계가 있다. 하지만 이러한 감정에 대한 의미/해석은 역동적이고 문화나 맥락에 영향을 받는다." Orr에 따르면, 상담자는 다양한 내담자의 욕구에 따라 상담이론을 수정하여 사용해야 하며, 집단 내 차이가 집단 간 차이보다 크다는 점을 기억해야 한다. 내담자의 문화나 맥락에 따라 상담이론을 수정해서 사용해야만 내담자의 문제를 효과적으로 개념화할 수 있고, 문제를 해결하기 위한 새로운 과제나 기회를 만들 수 있다. 이를 위해 상담자는 자신의 이론적 배경을 계속 고수할 것인지, 아니면 내담자의 문화에 맞는 변화를 이끌 수 있는 다른 기법들을 통합적으로 사용할지 선택해야 한다.

문화적으로 유능한 상담자는 '어떻게 내담자의 독특한 세계관에 맞게 자신의 이론적 배경을 수정하여 사용할 수 있을까?'에 대해 고민한다. 내담자의 역동적인 맥락에 따라 이 질문에 대한 답이 다르겠지만, Orr(2014)는 다음과 같이 네 가지의 일반적인 지침을 제시하였다.

1. **가정을 명확히 이해하라.** 모든 이론은 정신건강과 세계관에 대한 기본 가정을 제시한다. 내담자에게 특정 이론을 적용하기 전에 그 이론의 기본 가정에 대해 충분히 이해할 필요가 있다.
2. **한계점을 인식하라.** 어떤 이론이든 모든 사람에게 완벽하게 맞을 수는 없다. 내담자에게 특정 이론을 적용하기 전에 그 이론의 한계점을 이해해야 한다. 또한 한계점을 보완할 수 있는 방법에 대한 계획을 세워야 한다.
3. **개념을 단순화하라.** 이론은 과도하게 전문적인 용어로 개념들을 설명한다. 또한 같

은 현상을 설명하지만 이론마다 다른 용어를 사용하기도 한다. 예를 들어, Freud 가 가장 먼저 사용한 치료적 동맹이라는 용어를 생각해 보자. Freud 이후 많은 학 자가 치료적 동맹 대신 파트너십, 라포 형성 등과 같은 다른 용어를 사용하였다. 전문적인 용어를 사용하지 않고 일반인이 이해할 수 있도록 자신의 이론을 설명 할 수 있어야 한다.

4. 개입을 다양화하라. 많은 이론이 다양한 상담기법을 제시한다. 상담기법들은 이론 에서 중요한 역할을 하지만, 해당 이론을 적용하는 유일한 방법은 아니다. 가령, 빈 의자 기법을 생각해 보자. 이 기법은 내담자로 하여금 자신과 갈등이 있는 사 람이 앞에 앉아 있다고 가정하고 그 사람에게 이야기하게끔 한다. 일반적으로 이 기법은 사이코드라마와 게슈탈트의 기법으로 알려져 있지만 다른 상담이론에서 도 사용될 수 있다. 빈 의자 기법은 상담자의 이론적 배경과 무관하게 집단주의적 세계관을 가진 내담자에게 특히 효과적인 것으로 알려져 있는데, 이 기법을 통해 내담자는 가족, 이웃, 선배나 상사 혹은 다른 사람에게 자신의 마음을 표현할 수 있다.

이제, 상담자가 알아야 할 40가지 상담기법에 대한 여행을 시작해 보자!

🖺 이번 개정판에 새로 추가된 사항

이번 개정판에는 다음과 같은 내용이 추가되었다.

• 최근 주목받고 있는 마음챙김을 기반으로 한 상담기법을 추가하였다.
• 내담자 중심, 기본적인 상담기술 및 다문화적 개입이 중요하다는 점을 고려하여 인본주의–현상학적 상담기법을 추가하였다.
• 일기법이 상담회기 간의 작업을 촉진하고 상담목표에 집중하는 데 도움이 된다는 점을 고려하여 이 기법을 인지 · 행동적 접근 부분에 추가하였다.
• 상담에서 내담자의 동기를 높이는 것이 중요하기 때문에 Miller와 Rollnick(2002) 의 동기면담을 추가하였다.
• 자기개방, 공감적 직면 및 강점폭격을 추가하였다.

- 상담기법이 실제로 어떻게 사용되는지 구체적으로 보여 주기 위해 축어록을 추가하였고, 기존의 축어록도 수정하였다.
- 인용 자료를 업데이트하거나 추가하였다. 이번 개정판에서 인용한 참고문헌의 20%가 2010년 이후에 발표된 것이고, 57% 이상이 2000년 이후에 발표된 것이다. 물론 중요한 고전적인 자료는 그대로 남겨 두었다.

간략 차례

차례

제1부
해결중심단기상담 기반 기법

제2부 아들러 혹은 정신역동 접근 기반 기법

제3부 게슈탈트 상담과 사이코드라마 기반 기법

제4부 마음챙김 접근 기반 기법

제5부
인본주의–현상학적 접근 기반 기법

제6부
인지-행동적 접근 기반 기법

제7부
사회학습 접근 기반 기법

정적강화 기반 행동주의 접근 기법

벌 기반 행동주의 접근 기법

40 Techniques

Every Counselor Should Know

해결중심단기상담은 1980년 이후부터 의료보험제도와 사후책임 정책들이 상담의 비용과 시간에 따른 효율성을 강조하기 시작하면서 주목을 받았다. 해결중심단기상담을 지칭하는 여러 이름이 있지만, 현재는 해결중심단기상담으로 가장 많이 불리우고 있다. 해결중심상담은 내담자가 자신의 삶에서 경험하는 사건을 주관적으로 지각하고 해석한다 가정하는 사회구성주의적 모델을 토대로 한다. 이 이론에 영향을 받은 상담자들은 상담자의 전문성보다는 공감, 협동, 호기심, 존경, 이해를 토대로 한 상담동맹을 중요하게 생각한다. 많은 선구자와 관련 고전적 연구들이 해결중심단기상담을 발전시키는 데 기여하였는데, 특히 de Shazer(1988, 1991)와 O'Hanlon과 Weiner-Davis(2004)는 전통적으로 상담에서 강조되어 온 내담자의 문제보다는 내담자의 강점과 자원 및 문제가 일어나지 않는 예외를 강조하는 해결중심단기상담의 학문적·이론적 틀을 제시하였다. Berg와 Miller(1992, p. 17)는 다음과 같이 해결중심단기상담의 세 가지 기본 규칙을 제안하였다. (1) "아직 부서지지 않았으면 고치지 마라." (2) "무엇이 효과적인지 안다면 그것을 더 해라." (3) "만약 효과가 없다면, 그것을 더 하지 마라." 이 규칙들은 해결중심단기상담의 핵심적인 가정을 쉽게 설명한다.

Walter와 Peller(1992)는 이 세 가지 규칙들을 반영하여 해결중심단기상담의 다섯 가지 기본 가정을 설명하였다. (1) 긍정적인 변화를 이끌 수 있는 성공 경험에 집중하라. (2) 내담자는 자신이 겪고 있는 문제에도 예외적인 상황, 즉 그 문제가 없었던 때가 있었다는 사실을 깨달을 수 있고, 이는 내담자에게 문제를 해결할 수 있는 방법을 제시한다. (3) 작은 긍정적인 변화가 더 큰 긍정적인 변화로 발전할 수 있다. (4) 예외적인 상황에서 일어났던 긍정적인 경험에 대해 반복적으로 구체적으로 이야기하다 보면 자신의 문제를 해결할 수 있다. (5) 목표는 긍정적이고, 측정 가능한, 행동 용어로 기술되어야 한다. Murphy(2008)와 Sklare(2005)는 이러한 세 가지 규칙과 다섯 가지 기본 가정들을 토대로, 내담자의 통찰을 촉진하기보다는 행동을 변화시키기는 데 초점을 두고, 성공적으로 해결중심단기상담을 아동·청소년에게 적용하였다.

제1부에서 다루는 다섯 가지 상담기법은 척도기법, 예외기법, 문제-부재 대화, 기적질문, 지뢰표시하기이다. 해결중심단기상담에서만 이 기법들이 사용되는 것은 아니다. 사실, 이 기법들은 통합적 상담 접근에서 모두 사용될 수 있다(Erford, 2014a 참고). 척도기법은 어떤 연령대의 내담자든, 어떤 이론적 배경을 가진 상담자든, 널리 사용되고 있다. 기본적으로, 척도기법은 내담자로 하여금 10점 척도(혹은 100점 척도)로 자신에 대해 평정하도록 하는 방법으로, 그 예로는 슬픔(1점)~매우 행복함(10점), 평온함(1점)~매우

화가 남(10점), 증오(1점)~사랑(10점), 동기가 전혀 없는(1점)~완전히 동기화된(10점) 등이 있다. 척도기법을 통해 다양한 문제에 대한 내담자의 상태를 파악할 수 있는데, 특히 이 기법을 반복적으로 사용하면 내담자의 변화를 추적할 수 있다. 척도기법은 다양한 상담현장에서 쉽게 사용될 수 있다는 장점이 있다.

예외기법은 예외적인 상황이 내담자의 '문제'를 해결하는 방안을 제시한다는 점에서 해결중심단기상담의 핵심 기법이다. 상담자는 내담자에게 문제가 없었던 때, 즉 예외 상황에 대해 물어보고, 그 상황에서 내담자가 했던 행동들을 토대로 대안적인 해결방안을 제시한다. 문제-부재 대화는 상담의 초점을 문제중심에서 해결중심으로 바꾸고자 할 때 유용하다. 해결중심단기상담을 사용하는 상담자는 내담자가 자신의 문제에만 초점을 두면, 낙담하고 무기력해지며, 왜 문제가 발생했고 유지되는지 이해하는 것은 별로 도움이 되지 않는다고 생각한다. 대신, 예외와 해결방안을 찾는 것이 내담자를 격려하고, 북돋아 주며, 이 과정이 새로운 행동과 변화를 촉진한다고 생각한다. 기적 질문은 내담자로 하여금 자신의 문제 상황을 바라보기보다는 성공적인 상황에 대한 비전을 가질 수 있도록 도와준다. 이러한 비전은 내담자에게 긍정적인 방향으로 행동하고 싶은 동기를 부여한다.

마지막으로 소개할 기법은 치료 지속성을 높일 수 있는 지뢰표시하기이다. 치료 지속성은 내담자 혹은 환자가 도움을 받는 치료 분야에서 매우 중요하다. 많은(혹은 대부분의) 내담자가 치료를 통해 도움을 받지만 다양한 이유로 치료요법을 따르지 않아 치료의 장기적인 효과가 떨어지는 경우가 있다. 예를 들어, 몸이 아파 의사를 찾아간 환자가 의사의 조언을 듣지 않을 수 있다. 의사가 처방한 약을 받지 않거나 계속 복용하지 않을 수 있다. 지뢰표시하기는, 상담이 끝나갈 때쯤 내담자로 하여금 그동안 상담에서 얻은 성과나 배운 전략들이 통하지 않을 때 어떻게 대처할 것인지 미리 생각해 보도록 하는 기법이다. 치료 지속성은 상담에서 매우 중요한 이슈이다. 만약 내담자가 상담이 종결된 후 얼마 지나지 않아 다시 예전으로 돌아간다면 상담에서 했던 모든 수고와 노력이 무슨 소용이겠는가?

📖 해결중심단기상담의 다문화적 시사점

해결중심단기상담은 진단을 중요하게 생각하지 않고, 내담자의 주관적인 관점에 초점을 맞추며, 내담자의 관점에서 도움이 된다고 생각하는 행동을 하도록 격려하기 때문에 다양한 문화적 배경을 가진 내담자에게 효과적이다. 해결중심단기상담에 따르면, 내담자가 전문가이며, 내담자가 자신에게 무엇이 도움이 되는지 가장 잘 알고 있다. 상담자는 내담자가 자신에게 무엇이 도움이 되고 있는지 깨달을 수 있도록 도와준다. 또한 내담자가 행동을 바꾸도록 격려하는 일종의 응원단 역할을 한다. 특히 해결중심상담은 행동 중심적, 지시적 상담개입과 구체적인 상담목표를 선호하는 내담자(예: 대부분의 남성, 중동계 미국인, 동양계 미국인, 남아프리카계 미국인)에게 효과적이다(Hays & Erford, 2014). Meyer와 Cottons(2013)는 미국의 원주민들도 해결중심단기상담과 척도기법에 잘 반응한다고 말하였다. 해결중심단기상담은 내담자의 개인적 가치 · 믿음 · 행동을 바꾸는 대신 격려하기 때문에 가장 효과적인 다문화적 상담접근이라고 할 수 있다(Orr, 2014).

척도기법

척도기법의 기원

척도기법(scaling technique)은 상담자와 내담자가 복잡한 문제를 명료화하고 구체화하는 데 도움이 되는 기법이다(Murphy, 2008). 이 기법은 행동주의 접근에서 가장 먼저 사용되었지만, 현재는 (de Shazer와 전략적 가족치료에서 시작된) 해결중심단기상담에서 가장 많이 사용된다(Lethem, 2002).

내담자의 생각과 감정, 행동이 늘 현실적이거나 구체적이지 않기 때문에 척도기법은 이러한 애매하고 추상적인 내용을 좀 더 달성 가능한 목표로 재구성하는 데 사용된다(Sklare, 2005). 척도기법의 예로는 "1점에서 10점까지의 척도(1점=가장 최악의 상황, 10점=가장 최고의 상황)를 사용하여, 오늘 ○○ 씨가 몇 점 정도인지 알려 주세요."가 있다. 척도기법은 내담자가 10점 척도(1~10점)에서 1점을 높이기 위해 무엇을 해야 할지 선택하고 결정하는 데도 사용될 수 있다. 또한 내담자의 변화 정도를 모니터링하는 데도 사용된다. 척도기법은 내담자로 하여금 변화를 위한 목표를 설정하고 자신의 변화 정도를 모니터링할 수 있게 도와주기 때문에 내담자의 통제감과 책임감을 높일 수 있다.

📖 척도기법을 사용하는 방법

척도 질문은 내담자로 하여금 10점 척도(1~10점)를 사용하여 자신이 현재 어떤 상태인지 평정하도록 하는 기법이다(Murphy, 2008). 일반적으로 상담자는 10점을 긍정적인 상태로 정의한다(즉, 점수가 높을수록 긍정적인 상태나 경험을 의미함). 척도기법은 목표를 찾거나 이미 설정된 목표를 달성하기 위한 행동을 계획하는 데도 사용된다. 내담자는 자신이 10점 상태에 이르렀을 때 어떤 행동을 할 수 있을지 예상하고 그러한 행동을 반영하여 목표를 설정한다.

척도 질문은 내담자가 목표를 달성하기 위해 어떤 행동을 해야 하는지 생각하도록 돕는다. 내담자가 자신이 현재 10점 척도에서 어디쯤에 있는지 말하면(여기서 10점은 내담자의 목표가 달성된 상태를 의미함), 상담자는 1점을 높이기 위해 무엇을 할 수 있는지 물어본다(Corcoran, 1999). 예를 들어, "당신이 6점으로 올라갔다는 것을 어떻게 알 수 있어요? 6점이라면 무엇을 하고 있을 거 같아요?" (Lethem, 2002) 또한 "어떻게 1점에서 5점으로 올라갈 수 있었어요?"와 같은 척도 질문을 통해 내담자의 그 동안의 노력과 성과에 대한 긍정적인 피드백을 제공할 수 있다.

📖 척도기법을 변형한 기법

어린 아동에게는 사진을 활용하여 척도기법을 사용할 수 있다(Lethem, 2002). 예를 들어, 상담전문가는 찡그린 얼굴부터 웃음 띤 얼굴과 같은 얼굴표정이나 숫자가 쓰여 있는 계단 사진을 사용할 수 있다. 집단에서 척도기법을 사용할 때에는 각각의 집단구성원이 척도 질문에 답하도록 하는 것이 중요하다. 집단구성원 간에 점수 차이가 있다면 그 이유에 대해 탐색할 필요가 있다. 더불어 관계 척도 질문을 함께 사용하면, 내담자가 자신에게 중요한 사람의 관점을 이해하도록 도와줄 수 있다(Corcoran, 1999). 예를 들어, 상담자는 "당신의 부모님(혹은 선생님)은 당신이 몇 점이라고 생각할 거 같아요?"와 같은 질문을 통해 이 질문에 대한 내담자의 답변과 실제 내담자가 보고한 점수를 비교할 수 있다. 이러한 개입을 통해 내담자는 자신이 얼마나 긍정적으로 달라졌는지 다른 사람에게 보여 주기 위해서는 어떤 행동을 해야 할지 생각할 수 있다(Corcoran, 1997).

척도기법의 예시

다음은 척도기법이 상담자와 내담자로 하여금 명확하게 문제를 바라보고 평가하는 데 효과적일 수 있음을 보여 주는 축어록이다.

예시 1: 재앙화 사고를 줄이기 위해 사용된 척도기법

마리아(Maria: M): 선생님이 되고 처음으로 학교에 출근하는 것이 너무 무서워요. 내가…… 선생이라니…… 벼랑 끝에 서 있는 느낌이에요.

상담자(C): 벼랑 끝에 선 느낌이요?

M: (매우 빠르게 말함) 네. 완전히 벼랑 끝에 서 있는 느낌이에요. 학교에 출근할 생각만 하면 토할 거 같아요. 진짜 못할 거 같아요.

C: 출근에 대해 이야기하는 것만으로도 많이 긴장하는 거 같아요.

M: 네, 맞아요! 그냥 생각하는 것만으로, 이야기하는 것만으로도…… 내가 만약 제대로 대처하지 못한다면…… 정말 잘 출근할 수 있을까요? 정말 모르겠어요.

C: 잠시만요. 잠시 눈을 감고 출근하는 첫날을 머릿속으로 그려 볼 수 있어요? 자, 당신은 교단에 서 있어요. (잠시 멈춤) 이제 한 번도 가르쳐 보지 않은 주제에 대해 강의를 시작해야 돼요. (잠시 멈춤) 교실은 학생들로 가득 차 있어요(잠시 멈춤). 학생들은 모두 자기 자리에 앉아서 당신을 빤히 쳐다보고 있어요(잠시 멈춤). 자, 이제 어떤 감정이 올라오는지 느껴 보세요. 올라오는 감정을 피하거나 억누르지 마세요. (매우 천천히 이야기함) 불안, 두려움, 공포를 느껴 보세요. 느껴지는 어떤 감정이든 그대로 느껴 보세요. 자, 이제 어떤 감정을 느끼고 있는지 말해 줄래요?

M: 음. 속이 울렁거려요. 음. 손이 떨리고 땀이 나요. 음. 학생들이 신경 쓰이고 학생들이 무슨 생각을 하는지, 음. 학생들이 내 수업을 좋아하지 않을까 봐 걱정이 돼요. 몇 분 후에 내가 강의를 시작하면 무슨 일이 생길지에 대해 수많은 생각이 떠올라요. 그냥 정말로 너무 불안해요…….나의 감성과 생각이.

C: 1점에서 10점 척도를 사용해서, 10점은 정말로 너무 불안해서 교실에 서 있을 수 없는 정도를, 1점은 매우 편안하고 자신감 있는 정도를 의미한다면, 몇 점 정도예요?

M: 음. 6점 정도요.

C: 아, 그럼, 그렇게 나쁜 건 아니네요? 6점 정도면 수업을 무사히 마칠 수 있는 정도인 거죠?

M: 네. 그럴 수도 있겠네요. 세상에서 가장 편하고 즐거운 상황은 아니지만, 선생님 말씀이 맞아요. 수업을 마칠 수는 있을 거 같아요. 근데, 가끔은 훨씬 더 끔찍하게 느껴져요. 아마도 저를 가장 힘들 게 하는 건 제가 두려움을 느낀다는 사실 자체인 거 같아요.

C: 네. 그럴 수 있겠네요.

M: 그냥 뭔가 잘 안 풀릴 거 같다는 생각을 떨쳐 버릴 수가 없어요.

C: 그럼, 이미 생각해 봤겠지만, 교사로서 처음 출근할 날, 가장 현실적으로 일어날 수 있는 최악의 상황이 뭔지 이야기해 주세요.

M: 음. (약간 웃으며) 네. 이미 생각해 봤어요. 이런 상상을 가끔 해요. 처음에는 몇몇 학생들만 제 강의를 지겹다고 생각하지만, 시간이 지나면서 점점 더 많은 학생이 제 강의에 흥미를 잃고, 어떤 학생들은 잡담도 해요. 그리고 점점 더 많은 학생이 잡담에 참여하고 저를 비웃으며 크게 이야기를 나눠요. 누가 봐도 학생들은 제 강의를 듣지 않고 있어요. 곧 상황은 엉망진창이 되고, 아무도 제 강의를 듣지 않게 될 거예요.

C: 아, 정말로 이런 상황을 생각해 봤군요! 그렇다면 다시 10점 척도를 사용하여, 이번에는 10점이 당신이 전혀 견딜 수 없는 아주 끔찍한, 최악의, 거의 해고당할 상황을 의미하고, 1점이 뭐 그렇게까지 큰 일은 아닌 상황을 의미한다면, 그 상상 속의 상황은 몇 점 정도 될까요?

M: 5점 정도요.

C: 자, 이제, 당신의 불안을 이해할 수 있지만, 이 상황을 좀 더 객관적으로 보기 위해 다른 상황에 대해서도 점수를 매겨 볼게요. 당신에게 일어날 수 있는 가장 최악의 상황을 생각해 보세요. 인생에서 일어날 수 있는 정말 가장 최악의 일. 당신이 사랑하는 사람이 사망하거나, 당신의 자녀가 납치를 당하거나…… 그런 상황을 생각하면서, 아까 상상했던 교실의 상황에 대해 다시 점수를 매겨 주세요. 10점은 아주 끔찍한 상황이고, 1점은 별로 나쁘지 않은 상황이라면, 교실의 상황에 몇 점을 주시겠어요?

M: 1점이나 2점 정도요. 그렇게 생각하니, 별로 나쁘지 않은 상황이네요. 내가 수업을 잘 못하고 수업 분위기를 잘 만들지 못하는 걸 다른 선생님들이 보신다면 조금 창피하겠지만, 그걸 빼고는…… 그렇게 나쁠 거 같지 않아요.

C: 네. 그럼 그 상황이 1점이나 2점 정도라면, 당신의 불안이 얼마나 낮아질까요?

M: 훨씬 많이 낮아질 거 같아요. 아주 많이요. 그냥 출근하고 처음 며칠 정도 좀 긴장할
거 같아요.

예시 2: 변화에 대한 동기를 평가하기 위해 사용된 척도기법

상담자(C): 자, 에이미(Amy), 지금까지 몰리(Mollie, 동생)가 자신의 목표를 달성하기 위해 어떤 노력을 하고 있는지 이야기했는데요. 몰리가 당신과 계속 살기 위해서는 이러한 노력을 하는 게 중요하잖아요. 몰리는 목표를 달성하고 자신을 관리하기 위해 정말 노력하고 있는 거 같아요.

에이미(A): 네. 몰리가 변하고 있어요.

C: 몰리의 변화를 계속 관찰하고 추적하기 위해, 일종의 모니터링 시스템을 만들어 보면 어떨까 싶어요. 이러한 시스템을 통해 몰리가 얼마나 자신의 목표를 달성하기 위해 노력하고 있는지 확인할 수 있어요.

A: 네. 좋아요.

C: 처음에 당신과 몰리가 저를 찾아왔을 때와 지금을 비교하면, 몰리가 얼마나 변하려는 동기가 있고 자신의 목표를 달성하기 위해 노력하고 있다고 생각하세요? 0점에서 100점 척도로 점수를 매겨 주세요. 0점은 전혀 변한 게 없고 동기도 전혀 없다고 생각하는 거고, 100점은 정말 긍정적인 방향으로 변화하고 있고, 앞으로도 계속 그럴 것이라고 확신하는 거예요. 몇 점이라고 생각하세요?

A: 음. (생각하다가) 65점 정도요.

C: 65점이요?

A: 네.

C: 네. 그럼, 100점까지 35점이 부족하네요. 전혀 나쁘지 않은데요! 65점을 주신 이유가 뭐예요? 65점에 대해 설명해 주세요.

A: 음. 제가 65점보다 더 높은 점수를 주지 않은 이유는 곧 개강을 해서 등록금을 내야 하는데, 몰리가 전혀 저금을 하지 않기 때문이에요. 몰리가 경제적인 도움을 받을 수 없을 거 같아 걱정이 돼요. 하지만…… 음…… 지난주에 몰리가 고졸학력인증(GED) 공부를 했어요. 이번에는 꽤 진지한 거 같아요. 이미 수강 신청도 했으니까 이번에는 더 진지하게 공부할 거 같아요. 그래도 돈 문제는 걱정이 되네요.

C: 네. 그럼, 65점이라는 점수를 준 이유는 동생이 GED 공부를 하고 수강 신청을 했

기 때문이고, 100점에서 35점을 뺀 이유는 돈이 부족한데 저금을 하지 않기 때문
이네요.

A: 네. 제 생각에 그 정도면 공정하게 평가했다고 생각해요. (몰리를 쳐다봄)

C: 몰리, 65점에 대해 어떻게 생각해요? 당신도 비슷하게 생각하나요?

Mollie(M): 글쎄요. 선생님이 처음에 언니에게 그 질문을 했을 때, 저는 80점 아니 85점
까지도 생각을 했거든요. 근데 언니가 왜 35점을 뺐는지 설명하니까 이해가 돼요.
(생각 중) 잘 모르겠어요. 그래도 저라면 65점보다는 더 높은 점수를 줄 거 같아요.
저는 제가 얼마나 변화하려는 동기가 높은지 아니까요. 하지만 그 동기가 제 마음속
에 있으니까 다른 사람이 알아주길 바라면 안 될 거 같아요.

예시 3: 관계에서 척도기법

상담자(C): 그럼, 지금까지의 이야기를 정리해 보면, 현재 두 분 다 서로 대화를 '못 하겠
다'고 생각하시는 거네요. 케빈(Kevin)은 타마라(Tamara)가 "싸우지 않고 대화할 줄
모른다."라고 하셨고, 타마라는 케빈이 대화를 하려고 하면 "나를 무시하고 거의 말
을 하지 않는다."라고 하셨어요. (잠시 멈춤) 그럼, 두 분은 자신의 대화 능력이 상대
방보다 더 낫다고 생각하시는 거예요?

케빈(K): 네.

타마라(T): 적어도 저는 노력은 해요. 근데 이 사람은 아니에요. 어떻게 대화도 제대로 못
하면서 우리 문제를 해결할 수 있겠어요?

C: 네. 저도 부부간의 대화가 중요하다고 생각해요. 그럼, 대화에 대해 이야기해 볼까
요? 케빈, 어떻게 생각하세요?

K: 우리는 한 번도 제대로 대화라는 걸 해 본 적이 없어요. 그래도 늘 자연스럽게 문제들
이 해결됐어요. 타마라가 너무 심각하게 대화하지 않는 방법을 배울 수 있도록 도와
주시는 게 좋을 거 같아요.

C: 음. 제가 도와드리고 싶은 건 두 분, 두 분의 대화 방식이에요. 자, 여기 종이가 있
어요. 각자 종이에 자신이 얼마나 대화를 잘하고 있다고 생각하는지 10점 척도(1점
은 아주 형편 없음, 10점은 아주 뛰어남)로 적어 주세요. (두 사람 모두 거의 생각하
지 않고 빨리 점수를 적음) 자, 이제 종이를 뒤집어서 윗부분에 상대방이 얼마나 대
화를 잘한다고 생각하는지 점수를 적어 주세요. 나중에 상대방에서 자신으로 초점

을 바꿀 거예요. 일단은 상대방에 대해 생각해 보세요. 상대방이 당신과 어떻게 대화하는지에 생각해 보세요. 그리고 10점 척도로 점수를 매겨 주세요(1점은 아주 형편 없음으로 무슨 말을 할 때마다 오해와 문제가 생김, 10점은 아주 뛰어남으로 대화의 결과가 늘 만족스럽고 문제가 해결됨). (두 사람이 생각할 수 있는 시간을 몇 분 줌) 자, 이제 몇 점을 주셨는지 이야기해 주실래요?

T: 저 먼저 할게요. 어떤 점수부터 말할까요? 저한테 준 점수 아니면 케빈에게 준 점수?

C: 원하시는 대로 하시면 돼요.

T: 저는 저한테 8점을 줬어요. 물론 한두 가지 정도 개선해야 할 게 있지만 대체로 전 대화를 효과적으로 잘하는 편이에요.

C: 네.

T: 그리고, 케빈에게는 4점을 줬어요.

K: (방해하며) 4점?

T: 응. 4점. 케빈과 대화를 하면 늘 상황이 안 좋아져요.

C: 네. 그러면, 케빈은 어때요? 몇 점이라고 적으셨어요?

K: 전 저한테는 9점을 줬고, 이 사람한테는 6점을 줬어요.

C: 다행히 두 분 다 상대방에게 1점을 주지는 않았네요. 적어도 두 분 다 상대방이 잘하는 게 있다고 생각하시는 거네요. 자, 이제, 자신에게 준 점수를 완전히 지워 주세요.

T: 왜요?

C: 왜냐하면, 타마라는 10점 척도에서 자신에게 8점을 줬고, 케빈은 자신에게 9점을 줬는데, 그게 정말 사실이라면, 이미 두 분 다 거의 완벽하게 대화하고 있기 때문에 우리가 여기서 할 일이 없어요. 두 분 다 자신의 의사소통 능력이 얼마나 뛰어난지에 대해서는 잠시 잊고 상대방이 나의 의사소통 능력을 어떻게 평가하는지 생각해 보시는 게 좋을 거 같아요. 두 분의 관계를 개선하기 위해서는 상대방이 나를 어떻게 생각하는지를 바꾸는 게 중요하니까요. 타마라, 케빈이 당신에 대해 어떻게 생각하는지는 당신이 케빈을 어떻게 생각하는지만큼 중요해요. 이건 케빈 당신도 마찬가지이고요. 그리고 자신을 거의 완벽하다고 생각하면 나아질 수가 없어요. 자, 두 분 다 자신에게 준 점수를 지우고, 서로 종이를 바꿔 주세요. 이제, 상대방이 나에게 준 점수가 나의 섬수가 되는 거예요. 즉, 타마라, 당신은 6점이고, 케빈은 4점이에요.

T: 케빈에게 줬던 4점을 5점으로 바꿀래요.

C: 네. 그럼 케빈, 당신의 점수는 5점이에요.

K: 우리가 똑같은 점수를 가질 수 있게 제가 타마라에게 줬던 점수를 5점으로 바꿔도 될
까요?

T: 안 돼! (웃음)

K: (웃음)

C: 자, 이제 왜 자신이 10점을 받지 못했는지 생각해 보세요.

K: (생각을 한 후) 글쎄요. 제 생각에는 이 사람이 저에게 대화를 하려고 할 때, 제가
되게 방어적이 되기 때문인 거 같아요. 그리고 저는 이 사람을 진정시키는 걸 진짜
못해요.

C: 네. 시작을 잘해 주셨어요. 타마라, 당신의 새로운 점수에 대해 어떻게 생각하세요?
왜 10점을 받지 못했다고 생각하세요?

T: 글쎄요. 저는 대화하기 좋은 시간이 언제인지 잘 모르는 거 같아요. 음. 그리고 대화
를 너무 주도하려고 하고 화를 잘 내는 거 같아요.

예시 4: 오래된 짐을 인식하기 위한 척도 질문과 개인적 반응

드쇼나(D'Shawna: D): 그냥 너무 화가 나요. 완전히 이성을 잃고…… 왜 그렇게 화가 났
었는지 저도 모르겠어요. 그냥 어머니 때문에 너무 화가 났었어요. 그냥 막 소리를 질
렀어요……. 소리를 질렀어요. 물론, 어머니에게 소리를 지른 건 아니고요. 전화를 끊
자마자 정말 큰 소리로…… 내가 할 수 있는 최대한의 큰 소리로 소리를 질렀어요. 지
난번에는 어머니가 저한테 생일 축하한다고 전화를 했어요. 근데, 사실, 그 날은 제
생일이 아니었고, 여동생의 생일이었거든요. 겉으로는 농담으로 받아치며 용서하겠
다고 말했어요. 근데, 사실 속으로는, 너무 너무 화가 나서 전화를 끊고 싶었어요. 전
화를 끊자마자 소리를 막 질렀어요. 그리고 울었어요. 진짜 모르겠어요. 왜 이렇게까
지 어머니 때문에 화가 나는지……. 어차피 어머니는 나이가 많기 때문에 저를 도와
줄 수도 없어요.

상담자(C): 당신과 어머니의 대화, 그런 대화에 대해 더 이야기해 보면 당신이 왜 그렇게
화가 났는지 이해할 수 있을 거예요.

D: 네. 좋아요. 어떻게 하면 되는 거죠?

C: 지난번에 어머니가 전화해서 생일 축하한다고 말씀하셨을 때, 당신의 어머니에 대해
느낀 감정적 반응을 100점 척도(1=전혀 아무런 감정적 반응을 하지 않았음, 100=아

주 심하게 통제할 수 없을 만큼의 감정적 반응을 했음)로 평정해 주세요.

D: (아래를 내려다보면서 약간 안절부절못함) 음. 글쎄요. 아마도 90점 정도일 거 같아 요. 당시에 제 감정은…… 되게 격렬하고 통제 불가능한 수준이었어요. 저를 집어삼 킬 정도였어요.

C: 네. 그럼, 현실적으로, 어머니가 동생의 생일날 당신에게 전화해서 생일 축하한다고 말씀하신 것이 100점 척도(1=별일 아니다, 100=아주 끔찍한 일이다)로 얼마나 심각 한 일이었다고 생각하세요? 점수를 매겨 주세요.

D: 점수를 매긴다고요?

C: 네. 1부터 100까지에서요.

D: 글쎄요, 어머니가 일부러 그러신 건 아니니까, 15점 정도요.

C: 네. 그럼 어머니가 한 일의 심각성은 15점 정도인데, 당신의 반응은 90점이었네요.

D: 네. 그러네요. 어떻게 그럴 수 있죠? (웃음)

C: 우리 잠시 16점~89점이 무엇을 의미하는지 생각해 봐요. 15점 정도의 일이 발생했 는데 반응이 90점 정도라면, 그 반응을 설명하는 다른 요인들이 많이 있을 거예요. 그게 무엇일까요? 무엇이 15점과 90점 간의 차이를 설명할 수 있을까요? 어머니의 생일 축하한다는 말이 어떤 이유 때문에 그렇게 당신을 화나게 한 걸까요?

D: (여전히 아래를 내려다보며 울기 시작함) 이런 말을 하는 게 너무 싫고, 제가 생각해 도 과거의 일들에 연연하면 안 되는데…… 전 어머니가 이제 와서라도 서투른 방법 으로 엄마 역할을 하려고 노력하는 걸 감사하게 생각하려고 노력하고 있어요. 하지 만 어머니는 정말 아니에요. 어머니와 대화할 때마다 그 사실이 더 생각나요! (더 많 이 움) 어머니는 우리가 어렸을 때 어머니의 남자친구가 아이들을 원하지 않는다는 이유로, 그 남자친구가 우리보다 더 중요하다는 이유로 우리를 버렸어요. 어머니는 우리가 아닌 남자친구를 선택했고, 우리는 아주 오랫동안 왜 어머니가 우리를 떠났 는지, 우리가 뭘 잘못했는지 생각했어요. 어머니는 우리에게 미안하다고 수없이 말 했지만, 절대 내가 필요로 하는 어머니가 될 수 없어요. 난 절대로 어머니가 우리한테 한 일을 용서할 수 없어요. (화를 내며) 어머니에게 우리는 별로 중요하지 않은 존재 들이었고, 심지어 우리 생일도 몰라요!

예시 5: 학교 현장에서 청소년의 자살사고를 평가하기 위한 척도 질문

상담자(C): 자, 후안(Juan), 10점 척도(1=매우 만족스럽고 행복함, 10=견딜 수 없이 고통스러움)로 너의 인생은 몇 점이야?

후안(J): 9점 정도요.

C: 그럼 네가 너 자신을 해하거나 혹은 자살을 할 가능성은 10점 척도(1=전혀 나를 해할 의도가 없음, 10=자살을 할 것임)로 어느 정도야?

J: 아마도 8점 아님 9점이요.

C: (잠시 멈춤) 후안, 이게 너한테도 맞는 말인지 모르겠지만, 너처럼 생각하고 있는 다른 학생들과 이야기하면서 난 한 가지 흥미로운 점을 알게 됐어. 그게 뭐냐면, 이 학생들은 정말로 죽고 싶은 게 아니라 9점의 상태로 계속 살고 싶지 않아 한다는 거야. (잠시 멈춤) 혹시 너도 그래?

J: 한 번도 그렇게 생각해 본 적이 없어요. 음, "나는 정말로 죽고 싶은 것이 아니라 9점의 상태로 계속 살고 싶지 않다?" (생각함) 무슨 말인지는 알겠어요. 하지만, 9점 정도의 상태에서 어떻게 나아질 수 있을지 몰라서 저한테는 선택의 여지가 없어요.

C: 응. 그래. 맞아. 무슨 말인지 알아. 만약에 네가 원한다면, 어떻게 하면 9점 상태에서 벗어날 수 있는지 이야기해 보고 싶어.

J: 뭐든지 9점보다는 나을 거 같아요.

C: 그래. 그럼, 어떻게 하면 네가 9점보다 더 나은 상태가 될 수 있는지에 대해 생각해 보자. 너의 삶이 9점보다 더 나아지려면 어떤 것들이 달라져야 할까? 무엇이든 상관없어. 수업, 다른 사람들과의 관계, 부모님 등, 무엇이든 생각나는 게 있니?

📖 척도기법의 유용성과 평가

척도기법을 통해 구체적인 목표를 얼마나 달성하고 있는지를 지속적으로 추적할 수 있기 때문에 상담성과 연구를 위한 데이터를 축적할 수 있다(Lethem, 2002). 척도기법은 다양한 상황에서 사용될 수 있다. 몇 가지 예를 들면, 척도기법을 사용하여 목표 달성에 있어 얼마나 진전을 보이고 있는지, 해결 방안을 찾는 것에 대해 얼마나 자신감을 느끼고 있는지, 자신과 다른 사람 혹은 자존감을 해할 가능성이 얼마나 있는지 등에 대한 평가를 할 수 있다(De Jong & Miller, 1995). 청소년 보호 체계 내에 있는 청소년이나 가족들(Concoran, 1997), 혹은 아동보호서비스를 받고 있는 가족들(Corcoran, 1999)에게도 척도기법을 사용할 수 있다. 척도기법을 사용한 후, 다양한 문제를 가진 가족의 청소년들, 낮은 사회경제적 지위(SES)의 청소년들, 혹은 다양한 문화적 배경을 가진 청소년들이 치료 목표와 관련하여 진전을 보였다.

척도기법은 해결중심단기상담에서 사용되고 있고, 적어도 중학생을 대상으로 한 세 개의 성과연구에서 사용되었다. Franklin, Biever, Moore, Demons와 Scamardo(2001)의 연구에 따르면, 중학교 현장에서 해결중심단기상담의 기법 중 하나인 척도기법을 사용했을 때 중학생 사례의 71%가 긍정적인 변화를 보인 것으로 나타났다. 하지만 Newsome(2004)의 연구에서는 고위험군 중학생들을 대상으로 해결중심단기 집단상담을 실시하였는데, 성적이나 출석률에 있어 진전이 나타나지 않았다. 마지막으로, Springer, Lynch와 Rubin(2000)은 부모가 수감 중인 남아메리카 출신 아동들에게 척도기법을 포함한 해결중심단기 집단상담을 실시하였고, 그 효과를 살펴보았다. 교사들에 따르면, 참여자들의 부모의 걱정 수준이 내적 문제 행동[효과크기(ES) = 1.40]과 외적 문제 행동(ES = .08)에 관련하여 임상적 기준보다 유의한 수준으로 떨어진 것으로 나타났다. 또한 참여자의 자기보고에서도 외적 문제 행동의 효과크기가 .86인 것으로 확인되었다. 하지만 참여자의 자기보고에 따른 내적 문제 행동의 효과크기는 유의하지 않았다(ES = .08).

Lindfores와 Magnusson(1997)의 연구에서는 척도기법을 핵심 기법으로 사용한 해결중심단기상담에 참여한 스웨덴 범죄자 참여자들의 상습적 범행과 범죄의 심각성이 추후 12개월과 16개월 때 감소한 것으로 나타났다. Meyer와 Cottone(2013)은 미국 원주민들을 대상으로 척도질문을 변형한 기법을 성공적으로 사용하였고, Lee(1997)는 해결중심단기 가족상담을 통해 65%의 가족들이 다양한 목표를 달성하는 데 성공했다는 결과를 보고하였다.

제2장

예외기법

📖 예외기법의 기원

Presbury, Echterling과 McKee(2002, p. 75)에 따르면, "예외를 찾는 것은 해결상담의 전형적인 기법이다. 예외, 즉 문제가 일어나지 않았던 때가 있었다는 것은, 일시적이었지만, 이미 내담자가 문제 해결을 경험했음을 의미한다." 예외기법(exceptions technique)은 모든 문제에는 해결을 촉진하는 예외가 존재한다는 가정에서 시작되었다. 사람들은 때때로 자신의 문제가 항상, 지속적으로, 늘 있어 왔다고 생각하는 경향이 있다. 만약 이러한 문제에 예외가 존재한다는 것을 깨닫게 된다면, 그 문제가 덜 심각하게, 덜 중요하게 느껴질 것이다. 그 이유는 아마도 우리의 뇌가 정보를 처리하고 저장하는 방법 때문일 것이다. 아주 잠시라도 문제가 없었던 때가 있다. 상담전문가는 이러한 예외를 귀 기울여 듣고 찾아내어 해결과정을 촉진해야 한다. 이를 통해, 내담자는 희망을 찾고, 자신이 환경에 영향을 미칠 수 있음을 깨닫게 된다.

📖 예외기법을 사용하는 방법

예외기법은 비지시적인 방법으로 사용될 수 있다. 예를 들어, 상담전문가는 계속 (아주 사소하게라도) 문제가 개선되었거나 문제가 없었던 때가 있었는지 내담자의 이야기를 귀 기울여 듣는다(예: "그녀는 제 말을 듣지 않아요. 그나마 그녀가 신경 쓰는 사람은 할머니예요"). 이러한 문제 역시 (잘 보이지 않고 활용되지 않는) 예외를 가지고 있다(Linton, 2005).

"어떤 문제든 늘 발생하지는 않는다. 예외는 항상 있다."(Presbury et al., 2002, p. 74) 하지만 내담자는 자신의 예외를 인식하지 않고, 인식하더라도 별로 중요하게 생각하지 않기 때문에, 상담전문가가 이를 인식하고 효과적으로 사용할 수 있어야 한다. 문제가 없었던 때에 대해 이야기하고 싶어 상담실을 찾는 내담자는 거의 없다. 대부분의 내담자는 문제에 대해 이야기하고, 상담자가 그 문제를 해결해 주기를 기대한다. 또한 상담전문가는 내담자의 문제에 대해 깊이 탐색하도록 훈련받는다. 따라서 예외질문을 효과적으로 사용하기 위해 상담전문가는 자신의 귀를 조정하여 내담자의 잠재된 해결방안, 강점, 자원 등을 듣기 위해 노력해야 한다.

예를 들어, 매주 상담에 와서 자신의 집에는 늘 갈등이 있다고 이야기하는 16세의 여성 내담자를 생각해 보자. 특히 내담자는 자신의 쌍둥이 오빠와 매일 전쟁을 치르듯 싸우고 있다. 이 두 사람은 같은 방에 있기만 해도 서로를 견딜 수 없어 한다. 어느 날, 내담자는 지난주에 무슨 일이 있었는지 이야기하면서, "저랑 토니(Tony, 쌍둥이 오빠)랑 쇼핑몰에 갔었어요. 저는 쇼핑몰에서 친구들을 만나기로 했고, 토니는 여자 친구에게 줄 선물을 고른다고 해서 토니가 쇼핑몰까지 운전을 했어요." 이러한 상황이 바로 예외인데, 상담자가 이를 예외라고 인식하지 못한 채 다른 이야기로 넘어갈 수가 있다. 하지만 상담자는 이 상황이 어떻게 가능했는지 탐색해야 한다. 그 날 내담자와 토니가 어떻게 싸우지 않고 같이 쇼핑몰에 갈 수 있었는지, 두 사람이 어떻게 평소와 달라서 이런 일이 가능했는지에 대해 자세히 탐색하는 것이 중요하다. 만약 내담자가 "글쎄요, 그냥 그 날은 토니가 착한 척했던 거 같아요."라고 말한다면, 상담자는 내담자가 자신에게 초점을 맞출 수 있도록 질문(예: "응, 그럴 수 있겠다. 그런데, 이번에는 너 자신에 대해 더 생각해 볼까? 네가 평소에 비해 어떻게 달라서 이런 예외적인 상황이 발생했을까?")을 해야 한다.

또한 예외기법은 "~였던 때를 이야기해 주세요." 혹은 "얼마나 가까이~?"와 같은 질문을 통해 직접적으로 사용될 수도 있다. 이러한 질문은 특히 기적질문(제4장 참고)을 사용한 후에 도움이 될 수 있다. 상담전문가는 이미 기적이 일어나고 있는지 아니면 기적이 일어났던 적이 있었는지에 대해 물어보고, 문제가 없었거나 문제가 개선되었던 당시에 내담자가 지금과 달리 무엇을 했었는지 귀 기울여 들어야 한다.

📖 예외기법을 변형한 기법

예외기법은 직접적으로 사용될 수 있고, 기적질문과 함께 사용될 수도 있다(제4장 참고). 또한 척도기법과도 함께 사용될 수 있다(제1장 참고). 기대했던 예외가 즉각적으로 드러나지 않으면, 내담자가 예외를 찾을 수 있도록 도와주는 과제를 줄 수 있다. 과제의 예로는 "다음 회기 전까지 일종의 기적(문제가 덜 나타나거나, 덜 심각하거나, 문제가 나타났지만 잘 대처했던 때)이 언제였는지 생각해 보고, 가능하면 그런 상황을 기록해 주세요."가 있다.

상담자가 예외에 대해 직접적으로 물어보면, 내담자는 상담자가 자신의 문제나 걱정을 별거 아닌 것으로 치부한다고 생각할 가능성이 있다. 따라서 문제를 탐색하면서 내담자에게 희망을 주고 격려하는 방식으로 예외가 무엇인지 알려줘야 한다(예: "와! 어떻게 그렇게 대처할 수 있었어요? 대부분의 사람은 그렇게 하지 못했을 거예요"; Sklare, 2005). 또한 예외에 대해 직접 질문할 때는, "당신의 상황이 특히 어려워 보이네요. 지금보다 기분이 나았던 때를 떠올려 보실래요?"라고 말하기 전에 내담자의 걱정과 고민, 관점을 충분히 타당화해야 한다.

이 외에도, 예외기법은 맥락이나 환경적 요소를 탐색하기 위해 사용될 수 있다(예: "다른 때와 달랐던 그때 당신의 주변에 어떤 일이 일어나고 있었어요?" 혹은 "문제가 눈에 띄지 않았을 때 당신의 주변에 어떤 일이 일어나고 있었어요?"). 혹은 이 기법은 내담자의 자원을 강조하기 위한 질문으로도 사용될 수 있다(예: "어떻게 다르게 행동하셨기에 이런 예외가 발생한 거예요?" "지난 회기 후에 예외를 만들기 위해 무엇을 하셨어요?"). 어떤 목적으로 예외기법을 사용하든 어떤 문제든 예외는 있으며, 그 예외에 대해 충분히 그리고 자세하게 탐색함으로써 해결방안을 찾는 것이 중요하다는 것을 기억해야 한다.

🖼️ 예외기법의 예시

스탠(Stan)은 16세 남성으로, 신체적 문제 때문에 학교를 빠지는 날이 많다고 말하였다. 스탠의 의사는, 종합적인 신체검사를 한 결과, 어떠한 의학적 문제도 찾을 수 없다며, 심리적인 문제가 있을 수 있으니 상담실을 찾아가 보라고 권유하였다. 스탠은 정서적으로 성숙하고 똑똑한 학생으로 보였지만, 사회적 기술이나 자신감은 떨어져 보였다. 스탠은 상담자를 만나자마자 전학 온 학교가 너무 싫고 친구를 사귀기가 힘들며 계속 놀림이나 괴롭힘을 당하고 있다고 말하였다.

스탠(S): 다시는 학교로 돌아가고 싶지 않아요. 저한테 안 맞는 곳이에요. 되게 배타적인 곳이에요. 이 지역에서 자라거나 돈이 정말 많지 않으면 아이들에게 괴롭힘을 당해요.

상담자(C): 다른 학생들이 괴롭힌다고?

S: 네. 나빠요. 정말 나빠요. 첫날부터 저를 희생양으로 점찍었고, 그 이후로 저를 그냥 놔두지 않아요.

C: 어떻게 정말 나쁜 거야?

S: 이 학교에는 저를 좋아하는 사람이 아무도 없어요. 다른 학생들은 제 흠만 잡으려고 해요. 계속 그랬어요. 이 학교에서는 단 한 번도 마음이 편했던 적이 없어요. 전학오자마자 아이들이 저를 괴롭히기 시작했고, 제가 이 학교를 그만두지 않는 한 끝나지 않을 거예요. 절대 끝나지 않아요.

C: 왜 학교에 가기 싫어하는지 알 거 같아.

S: 네, 심각해요. 누가 매일매일 그런 취급을 당하는데 학교에 가고 싶겠어요? 제가 등교한 첫날 제 사물함을 막 뒤졌어요. 어떻게 그걸 열었는지 모르겠어요. 저도 가끔 못여는데…… 그거 때문에도 놀림을 많이 당했어요. 어쨌든, 제 사물함을 뒤져서 제가 쓴 일기를 복사해서 여기저기에 다 붙였어요. 그때부터 괴롭힘이 시작됐고, 멈추지 않았어요.

C: 심각한 사생활 침해네.

S: 맞아요. 그 일기는 저한테는 정말 사적인 거예요. 아시죠? 그 일기에는 제가 여자 친구나 예전 동네를 얼마나 그리워하는지에 대한 내용이 들어 있어요. 전 이것 때문

에 '울보'라는 별명을 갖게 됐고, "스탠은 남자가 아니야!" "울보 스탠은 엄마를 원해요."라고 놀림당했어요. 너무 한심해요. 너무 끔찍해요. 제가 할 수 있는 게 아무것도 없어요. 전 곧 이성을 잃을 거예요. 분명히 그렇게 될 거예요.

여기까지, 상담전문가는 스탠이 충분히 자신의 이야기를 할 수 있도록 격려하였고, 지지와 공감을 보였다. 그리고 상담자는 지지적인 방식으로(내담자가 기분 나쁘지 않게) 예외질문을 하기 시작했다.

C: 너한테 매우 어려운 상황이구나. 그래도 이번 학기를 거의 다 마쳤네. 다른 사람들 같으면 이미 '이성'을 잃었을 거야. 하지만 넌 그러지 않았어. 어떻게 그렇게 강할 수 있었어?

S: 아니요. 제가 강하다고 생각하지 않아요. 전 이 상황을 전혀 멈추지 못했어요. 그리고 이 상황을 피하기 위해 학교를 계속 빠지고 있어요.

C: 하지만, 넌 아직 '이성'을 잃지 않았잖아. 그 말은 네가 뭔가를 잘하고 있다는 말이야.

S: 이 상황이 별거 아니라고 계속 스스로에게 말하려고 노력했어요. 그 애들이 나한테 별로 중요한 사람이 아니라고…… 혹은 멀리 봤을 때 별로 중요한 사람이 아니라고…… 그냥 이건 일시적인 것이고, 언젠가는 좋은 날이 올 거라고…….

C: 그러니까 이 상황이 네 인생에서 있어 영원히 지속되지 않을 거고 앞으로는 좋아질 거라고. 지금 당장 이 상황을 겪고 있기 때문에 끔찍하게 느껴지지만 사실 그렇게 끔찍한 건 아니라고 생각하려고 노력하는구나.

S: 네. 노력해요. 그런 노력이 도움이 돼요. 그리고 제 자신이 너무 초라하게 느껴지고 우울해지면, 예전 학교에서는 친구들이 많았고, 그 친구들이 나를 많이 좋아했었다는 사실을 생각하려고 해요. 그것도 도움이 돼요. 그런 생각을 하면 덜 '실패자' 같이 느껴져요.

C: 좋네. 친구가 많았고 사랑받았던 그리고 공평한 대우를 받았던 그때를 생각하는 게 '실패자'라는 생각을 안 하도록 도와주는구나.

S: 네. 맞아요. 하지만 그렇다고 제 문제가 사라지는 건 아니잖아요. 오히려 이런 생각을 하는 게 상황을 개선시키는 데 도움이 되지 않는 거 같아요.

C: 그래. 그럼, 스탠, 네가 전학 온 후에 상황이 이렇게까지 나쁘지 않았던 때를 떠올려 볼래?

S: 음. 늘 나빴던 거 같아요.

C: 그래, 그럴 거야. (잠시 멈춘 후) 그래도 괴롭힘이 잠시 멈췄거나, 아님 그 아이들이 너한테 조금이라도 친절했던 때가 있었을 거야.

S: 걔들은 한 번도 저한테 친절한 적이 없었어요. 하지만 괴롭힘을 멈춘 적은 있었던 거 같아요. 주로 4교시에 그랬던 거 같아요.

C: 4교시?

S: 네, 역사 시간에요. 역사 시간에는 그렇게 못되게 굴지 않았던 거 같아요.

C: 역사 시간이 어떻게 다른데?

상담자는 상황이나 맥락과 관련한 예외를 찾고 싶었다.

S: 아, 그 시간에는 제이슨(Jason)이 있어요.

C: 누가 제이슨이야?

S: 진짜 멋진 아이예요. 모든 아이들이 그 친구를 존경해요. 제이슨은 저한테 진짜 친절해요. 그래서 제이슨이 있을 때는 나쁜 애들이 저를 괴롭히지 않아요.

C: 아! 좋네! 아주 좋은 소식이다! 아이들이 존경하는 제이슨이 너를 좋아한다니. 되게 좋은 소식인거지?

S: 네. 그나마 다행이죠. 만약 제이슨이라도 없었다면 정말 참기 힘들었을 거예요.

C: 그러게. 제이슨이 있어서 진짜 다행이다. 근데, 스탠, 제이슨이 있을 때 네가 어떻게 달라져?

이제 상담자는 예외를 통해 스탠이 잘하고 있는 점을 찾고자 한다.

S: 그게 무슨 말씀이세요?

C: 음. 내 생각에는 역사 시간에 네가 뭔가 달라 보일 거 같아. 분명이 뭔가 다를 거야. 어떻게 생각해?

S: 뭐…… 안도감을 느껴요. 확실히 그래요.

C: 그래, 그럴 거 같아. 좀 더 구체적으로 네가 안도감을 느낀다는 게 어떻게 드러나?

S: 좀 진정하고, 편해 보이고, 덜 긴장돼 보이겠죠. 그리고 부정적이 아닌 긍정적인 상호작용도 더 많이 하는 거 같아요.

C: 좋다. 또 어떤 게 있을까?

S: 또 어떤 면에서 제가 다르냐고요?

C: 응. 역사 시간에 어떻게 다르게 행동하는지 더 이야기해 줄래?

S: 좀 덜 우울해 보이는 거 같아요. 고개를 숙이고 발만 보면서 걷지도 않아요.

C: 그럼 어딜 보면서 어떻게 걸어?

S: 글쎄요. 음. 한 번도 거기에 대해 생각해 본 적이 없어요……. 제 생각에는…… 고개를 숙이지 않고 땅을 보지 않으니까…… 아마도 좀 더 위를 보면서 고개를 들고 있었을 거 같아요.

C: 그러게. 그럼 역사 시간에 좀 더 자신감 있게 보이지 않을까?

S: 네. 맞아요. 확실히 그래요.

C: 괴롭힘의 희생자가 아닌 것처럼 보이겠지?

S: 네. 완전히 그래요.

C: 혹시 그래서 역사 시간에 학생들이 너를 괴롭히지 않는 거 아닐까? 제이슨 때문만이 아니라?

S: 그렇게 생각해 본 적은 없는데…… 글쎄요……. 아마도 그런 거 같아요.

C: 그럼 그렇게 더 행동할 수 있을까? 제이슨이 없을 때에도? 그냥 한번 노력 해 보면 어때? 2교시 때도 그렇게 행동해 보고 무슨 일이 일어나는지 보자.

S: 네. 해 볼 만할 거 같아요!

스탠은 자신의 감정을 공감해 주는 상담자 때문에 기운이 났다! 스탠은 자신의 불행한 학교생활에도 예외가 있음을 알게 되었다. 그리고, 더 중요한 것은, 자신이 그러한 예외를 만드는 데 기여하고 있다는 점을 깨닫게 되었다는 것이다. 즉, 스탠은 자신이 이 상황에 대해 어느 정도의 통제력을 가지고 있음을 알게 된 것이다.

🏬 예외기법의 유용성과 평가

일반적으로 문제의 예외를 찾는 것은 해결중심단기상담의 핵심 요소이며, 문제가 없었던 예외를 가능케 했던, 즉 내담자가 이미 가지고 있던 강점과 자원을 찾는 데 효과적이다. 예외기법을 통해 내담자는 자신의 상황을 내적으로 귀인할 수 있기 때문에 더 책임감을 느낄 수 있다. 내담자로 하여금 문제에 대해 적어도 한 가지의 예외를 찾게 하는 개입 자체가 내담자의 정적 정서를 높이고 해결중심단기상담에 대한 신뢰를 가지게 해 준다. 또한 예외기법은 내담자가 잠시라도 문제를 해결할 수 있다는 안도감을 느끼게 해 준다.

예외기법을 포함한 해결중심단기상담기법들이 다양한 집단이나 현장에서 효과적으로 사용된다는 결과들이 보고되었다. 가족상담의 경우, 두 개의 효과성 연구에서 해결중심단기상담을 토대로 한 예외기법이 효과적이라는 결과가 확인되었다. Zimmerman, Prest와 Wetzel(1997)의 연구에서는 해결중심단기 커플상담이 부부간의 적응을 유의하게 향상시킨다는 결과가 나타났고, Lee(1997)의 연구에서는 예외기법을 포함한 해결중심단기 상담이 다양한 가족의 목표를 달성하는 데 65%의 성공률을 보이는 것으로 나타났다.

여러 연구를 통해 학령기 아동들에게도 해결중심단기상담을 토대로 한 예외기법이 효과적인 것으로 확인되었다. Littrell, Malia와 Vanderwood(1995)의 연구에서는 고등학생들을 대상으로 세 가지의 해결중심단기상담기법을 사용하였고, 그 결과 예외기법이 참여자들의 문제에 대해 느끼는 불편감을 감소시키는 것으로 확인되었다. 또한 단일 회기로 진행된 해결중심단기상담이 여러 회기로 구성된 해결중심단기상담과 유사한 결과를 야기하는 것으로 나타났다. Corcoran(1988)은 예외질문을 위주로 한 해결중심단기상담이 고위험군 중고등학생들에게 효과적이라는 결과를 보고하였다. Corcoran(1999)은 아동보호서비스를 받고 있는 내담자들을 대상으로 예외질문을 포함한 해결중심단기상담기법들이 유용할 수 있음도 보여 주었다. Corcoran이 실시한 두 개의 연구 참여자들은 일반적으로 치료에 저항적인 집단으로 알려져 있고, 실제로 비자발적으로 이 연구에 참여하였다. Newsome(2002)은 중학생을 대상으로 다소 다른 연구 결과를 보고하였는데, 구체적으로 해결중심단기상담이 고위험군 중학생의 주의집중력을 향상시키지는 않지만, 성적은 향상시킨 것으로 확인되었다. 다른 연구들에서도 예외기법이 다른 해결중심상담기법과 함께 사용했을 때 효과적이라는 결과가 나타났는데, 예컨대 교실에서의 문제 행동(Quigney & Studer, 1999), 정신과병동 환자들의 폭력적 행동(Oxman & Chambliss, 2003), 가족(Reiter, 2004), 그리고 비행청소년(Corcoran, 1997)과 관련하여 긍정적인 변화가 관찰되었다.

제**3**장

문제-부재 대화

 문제-부재 대화의 기원

George, Iveson과 Ratner(1990)는 내담자와의 관계를 형성하는 데 효과적인 해결중심단기상담기법으로 문제-부재 대화(problem-free talk)를 제안하였다. 이 기법을 통해 상담전문가는 내담자와 내담자의 가족이 자신의 삶에서 긍정적인 측면이 무엇인지, 잘되고 있는 건 무엇인지에 대해 생각하도록 격려하면서 상담관계를 형성할 수 있다. 다른 해결중심단기상담기법들과 유사하게, 문제-부재 대화는 내담자의 강점과 자원을 이끌어 내는 기능을 한다. 능력, 흥미, 자원 및 강점이 있는 것이 문제, 질병, 스트레스 혹은 증상이 없는 것만큼 중요하다는 점은 이미 잘 알려진 사실이다.

문제-부재 대화는 여러 가지 기능을 한다. 첫째, 상담 초반에 상담자는 문제-부재 대화를 통해 자신이 개인·커플·가족 내담자에 대해 진심으로 관심이 있음을 보여 줄 수 있기 때문에 라포를 형성할 수 있다. 둘째, 문제-부재 대화는 상담에 처음 온 사람이 흔히 느끼는 긴장감을 줄일 수 있다. 셋째, 문제-부재 대화는 상담자와 내담자 간의 힘(권력)의 불균형을 줄이는 데 도움이 되기 때문에, 내담자는 이 기법을 사용하는 상담자를 모든 것을 아는 '전문가'가 아닌 한 '인간'으로 인식할 수 있다. 넷째, 해결중심단기상담의 관점에서 가장 중요한 기능으로, 문제-부재 대화는 상담자로 하여금 내담자를 문제 있는 사람으로만 보지 않게 하여 문제 해결에 필요한 내담자의 강점과 자원을 찾는 데 도움을 준다.

📚 문제-부재 대화를 사용하는 방법

문제-부재 대화는 상담의 어떤 시점에서든, 어떤 유형의 상담에서든 사용될 수 있으며, 새로운 가족구성원이 상담에 참여하게 되었을 때도 언제든지 사용될 수 있다. 문제-부재 대화는 상담 초반과 그 이후의 회기 초반에 자연스럽게 사용될 수 있다. 다만, 상담자는 이 기법을 사용하는 동안 의도적으로 내담자의 능력이나 잠재력에 주목해야 한다. 이러한 내담자의 능력이나 잠재력은 이후 문제의 예외를 찾는 데 사용되며, 궁극적으로 더 나은 미래를 만들고 문제를 해결하기 위해 사용될 수 있다.

상담 초반에 문제-부재 대화가 자연스럽게 일어나지 않으면, 상담전문가는 이를 이끌어내기 위해 구체적인 질문(예: "당신의 문제에 대해 더 이야기하기 전에 당신에 대해 좀 더 알고 싶어요. 당신이 좋아하거나 잘한다고 생각하는 일이 뭐예요?")을 할 수 있다. 나른 실문으로는 "그동안 잘 해결했다고 생각했던 일에는 어떤 것들이 있어요?" 혹은 "다른 사람들이 말하는 당신의 장점은 뭐예요?"가 있다. 또한 "이런 문제가 발생하기 전에 당신의 삶은 어땠어요?" 혹은 "당신은 어떤 사람이었어요?" 등의 질문을 할 수 있다. 상담전문가는 분위기를 가볍게 만들면서 자연스럽게 이러한 대화에 참여해야 하며, 내담자가 언제 좀 더 긍정적인 경험들을 했는지, 그리고 내담자의 긍정적인 특성이 무엇인지 귀 기울여야 한다.

상담전문가는 문제-부재 대화를 사용하기 전에, 내담자가 충분히 자신의 문제에 대해 이야기할 수 있는 기회를 제공해야 하는데, 특히 상담 초반에(내담자의 문제에 대해 탐색하기 전에) 문제-부재 대화를 사용할 때는 매우 신중해야 한다. 그렇지 않으면, 자칫 상담자가 내담자의 문제를 간과하고 무시하며 귀찮은 것으로 취급하는 것처럼 보일 수 있다(Lowe, 2004). Lowe는 자신의 문제에 대해서만 얘기하고 싶거나, 강점에 대해 이야기하는 것을 싫어하는 내담자가 있을 수 있기 때문에, 문제-부재 대화를 너무 길게 하는 것은 내담자에게 도움이 되지 않을 수 있다고 경고하였다.

📖 문제-부재 대화를 변형한 기법

문제-부재 대화는 상담 초반에 내담자를 알기 위해 사용될 수 있고, 상담과정에서 너무 무거운 이야기가 계속될 때, 잠시 휴식을 취하기 위해, 혹은 문제 해결을 위한 자원을 끌어내고자 할 때 사용될 수 있다. 새로운 구성원이 상담에 참여할 때 문제-부재 대화를 사용하면, 그 사람의 마음을 편하게 해 주고, 상담의 전반적인 분위기나 관계를 관찰할 수 있는 시간을 벌 수 있다. 문제-부재 대화를 촉진하는 질문이나 발언으로는 "자신에 대해 더 이야기해 주세요." 혹은 "요새 어떤 좋은 일이 있어요?" 등이 있다. 기본적으로, 문제-부재 대화의 타이밍과 의도, 형식은 다양할 수 있다. Sharry(2004)는 문제-부재 대화를 변형한 기법으로 가족상담에서 사용하는 게임이나 역할극을 제안하였는데, 예컨대 가족구성원들이 서로 다른 사람이 되어 '자신'의 강점에 대해 이야기하거나, 가장 좋았던 가족 여행이나 가족 행사를 떠올리거나 가족좌우명을 만들어 그림으로 그려 보는 활동 등이 있다.

📖 문제-부재 대화의 예시

제일런(Jaylen, 17세)과 어머니(35세)는 가끔 심하게 다투는데, 어떨 때는 서로에게 심하게 소리를 지르고 물건을 던지며, "내가 그냥 죽어 버릴게. 그래야 네가 죄책감을 느끼지."와 같은 위협적인 발언을 하기도 한다. 제일런은 일반적인 기준으로 '좋은 아이'라고 볼 수 있는데, 예컨대 1년 이상 꾸준히 아르바이트를 하고 있고, 학교에서 문제를 일으키지 않으며, 부모님이 만든 규칙(다만 가끔 통금시간을 어김)을 대부분 지키고 있고, 성적도 나쁘지 않은 편이다. 하지만 제일런과 어머니의 갈등 유형이, 그들이 지칭한 대로, '전투식'이기 때문에 두 사람 사이에 문제가 발생하고 있다. 어머니는 한 번 상담에 왔는데, 제일런은 혼자 상담을 받고 싶고, 어머니와 관련 없는 문제에 대해 이야기하고 싶다고 말하였다. 현재, 어머니와 제일런은 상담자가 요청한 대로 함께 상담에 오고 있으며, 두 사람의 관계 문제를 다루기 시작했다. 다음은 두 사람이 함께 상담에 온 첫 날에 나눈 대화의 일부다.

상담자(C): 안녕하세요, 어머니. 오늘 와 주셔서 감사합니다.

어머니(M): 네. 제일런은 제가 오지 않길 바랐을 거예요. 저는 이 애한테 자신만의 공간을 주고 싶었어요. 아시잖아요. 애가 어떤 애인지……. 되게 특별하고 그렇잖아요.

제일런(J): (농담조로) 그래! 내가 좀 특별하지!

C: 이번 주에 두 사람에게 어떤 좋은 일이 있었어요?

M: 이번 주는 정말 정신이 없었어요. 제일런이 되게 자랑스러웠어요. 제일런이 일하는 쇼핑몰에서 어떤 여자분이 딸이 만나는 남자 때문에 딸과 싸우면서 제일런에게 화를 냈대요. 제일런은 원래 자신에게 그런 식으로 행동하는 사람을 그냥 놔두지 않아요. 제 말은, 그 여자분이 네 살은 아니니까 충분히 맞받아 칠 수 있었는데…… 그런데 제일런은 그러지 않았어요. 그냥 웃고 고개를 끄덕였대요.

상담자는 이 상황을 예외로 간주하고 제일런을 칭찬했다.

C: 와! 제일런, 대단하다. 어떻게 그렇게 할 수 있었어?

상담자는 짧게 내담자를 격려하면서 예외에 대해 구체적으로 물어보았다.

J: 일하는 데서 문제를 일으키고 싶지 않았어요. 전 제 상사를 되게 존경해요.

이는 제일런과 어머니의 갈등을 줄이는 데 있어 중요한 정보다. 제일런이 누군가를 존경하면, 적절하게 반응하고 갈등을 회피할 수 있음을 의미한다.

C: 좋아요. 좋아요. 또 뭐가 있을까요? 이번 주에 어떤 좋은 일이 있었어요? 두 사람에게 어떤 일이 있었어요?

M: 제일런이 금요일 밤에 집에 있었어요. 우리는 피자를 시켜 먹고 같이 영화를 봤어요. 제일런이 나랑 시간을 보내기 위해 친구랑 약속을 깼다는 게 믿기 어려울 만큼 좋았어요.

J: 엄마…… 뭐야. 나 완전 감동하려고 해. (약간 농담조로 말하면서 엄마의 팔을 잡고 어깨에 기댐)

상담자는 그동안 두 사람의 관계에 대해 부정적인 이야기만 들었기 때문에 제일런과 어머니가 이렇게 장난을 치며 대화하는 것을 보고 조금 놀랐다. 이런 두 사람의 대화는 상담자에게 상담목표와 예외와 관련한 중요한 정보를 제공한다. 하지만 무엇보다도 상담자에게 가장 도움이 된 것은 두 사람의 사랑스럽고 장난스러운 상호작용을 관찰했다는 것이다. 이를 통해 상담자는 두 사람이(비록 자주 일어나는 일이 아니고 변화가 필요하지만) 긍정적인 상호작용을 할 수 있음을 알게 되었다.

📖 문제-부재 대화의 유용성과 평가

다른 해결중심단기상담의 기법들과 비슷하게, 문제-부재 대화를 통해 그동안 내담자가 인식하지 못했거나 중요하지 않다고 간과한 내담자의 강점과 자원을 찾을 수 있다. 숨겨진 강점·자원·잠재력을 파악함으로써 내담자의 무기력감을 완화시키고, 내담자의 동기를 높일 수 있다. 어떤 상담자는 문제-대화가 상담과정에 방해가 될 수 있다고 우려를 표한다. 하지만 문제-부재 대화는 내담자에게 안도감을 주고, 상담자에게 중요한 정보를 제공하는 것으로 밝혀졌다(Hogg & Wheeler, 2004).

또한 Bowles, Mackintosh와 Torn(2001)의 연구에 따르면, 환자와의 초기 상호작용에서 문제-부재 대화를 사용한 간호사는 자신이 단지 환자의 의료 기록에만 관심이 있는 것이 아니라 환자에게 진심으로 관심이 있음을 보여 줄 수 있는 것으로 나타났다. Smith(2005, p. 103)는 문제-부재 대화가 도움이 될 수 있는 내담자의 상황에 대해 설명하였다. "데이브(Dave)가 자발적으로 상담실을 찾아왔다. 데이브는 자신의 행동에 대해 매우 수치심을 느끼고 있었고, 우리가 처음 만났을 때 그 일에 대해 이야기하는 것을 매우 꺼려했다. 우리는 거의 두 회기 동안 '문제-부재 대화'를 하였다." Smith는 이 예시를 들면서 문제-부재 대화를 통해 데이브의 강점을 알게 되었다고 말하였다. 즉, 수치심을 느끼고, 문제에 대해 말하는 것을 꺼리고, 비협조적이고, 비자발적인 내담자를 상담할 때, 문제-부재 대화가 효과적일 수 있다는 것이다.

많은 연구를 통해 문제-부재 대화의 효과성이 밝혀졌다. Bucknell(2000)은 교실에서 교사 준비생을 훈련하는 데 문제-부재 대화를 사용하였다. Lynch(2006)는 마약 관련 범죄자에게 이 기법을 사용했고, 다음과 같이 말했다. "문제-부재 대화를 통해 사실은 이들이 자신의 삶을 성공적으로 대처하고 있다는 점을 알 수 있었다."(p. 42) 마지막으로, Zimmerman, Prest와 Wetzel(1997)은 해결중심단기상담을 기반으로 한 문제-부재 대화는 커플상담에서도 효과적이라고 밝혔다.

제**4**장

기적 질문

📖 기적 질문의 기원

Erickson의 수정구슬 기법은 내담자로 하여금 문제가 없는 미래를 상상하게 한 후 그런 미래를 만들기 위해 어떤 방법으로 문제를 해결할지에 대해 생각하도록 한다. de Shazer는 내담자들이 목표를 설정하는 것을 어려워한다는 점에 좌절감을 느끼고 수정 구슬을 응용하여 기적 질문(miracle question)을 만들었다.

전통적으로 상담에서는 문제 해결에 초점을 맞춘다. 이에 비해, 기적 질문은 내담자로 하여금 자신이 무엇을 원하지 않는지를 생각하는 대신 자신이 무엇을 원하는지 생각하도록 격려하기 때문에 상담의 초점을 문제중심에서 해결중심으로 바꾸는 데 유용하다. 상담실을 찾은 어떤 내담자는 더 이상 우울하고 싶지 않고, 어떤 부모님은 자녀가 문제 행동을 멈추기를 원하고, 어떤 배우자는 자신의 남편이나 아내가 자신을 당연하게 취급하는 것을 멈췄으면 좋겠다고 말한다. 하지만 기적 질문은 그러한 변화가 정말 무엇을 의미하는지에 대해 생각하도록 한다. 그런 변화는 어떤 행동들을 내포하는가? 구체적으로 무엇이 달라지는 것인가? 당신은 그런 변화가 일어난 걸 어떻게 알 수 있는가?

내담자는 이러한 질문에 대해 생각하면서 자신의 문제를 해결할 수 있는 방법을 찾거나 이전에 인식하지 못했던 가능성들에 대해 브레인스토밍하게 된다. 상담에서는 간혹 내담자가 인식하지 못한 사이에 긍정적인 변화가 만들어진다. 내담자가 무엇이 '더 나은지'에 대해 한 번도 생각하지 않았다면, 어떻게 더 나은 상태가 되었다는 것을 알 수 있겠는가? 기적 질문을 통해 '문제 없음'이 구체적으로 어떤 모습인지 탐색하면 긍정적인 변화를 어떻게 평가할지에 대한 기준도 세울 수 있다. 또한 기적 질문을 사용하면 내담자가 문제 해결에 초점을 맞추고 더 나은 미래에 대한 희망을 가지며, 책임감을 느끼고, 자신이 원하는 바를 이루기 위해 필요한 내적 자원을 인식하거나 찾을 수 있도록 도울 수 있다.

📖 기적 질문을 사용하는 방법

기적 질문은 상담에서 언제든지 사용될 수 있지만, 특히 목표를 설정할 때 유용하다. 목표를 설정할 때 기적 질문을 사용하면, 내담자가 상담에서 이루고 싶은 바를 명확하고 구체적으로 알 수 있다. 또한 기적 질문은 무엇이 부족한지가 아니라 무엇이 있는지를 생각하게 하므로 부정적인 목표가 아닌 긍정적인 목표를 세울 수 있도록 도와준다. 기적 질문은 상담자가 자연스럽게 사용할 때 더 효과적이다(Stith et al., 2012). 이 기법을 사용할 때 상담자는 내담자에게 문제 해결방법을 제시하지 말아야 하며, 내담자가 기적 질문과 변화가 현실적으로 가능하다는 생각 간의 간극을 이해할 수 있도록 도와야 한다.

일반적으로 기적 질문은 다음과 같이 실시된다. "만약 어느 날 당신이 잠든 동안 기적이 일어나 모든 문제가 다 해결되었다고 가정해 봅시다. 당신은 어떻게 기적이 일어났는지 알 수 있을까요? 무엇이 달라졌나요?"(de Shazer, 1999, p. 5) 이때 상담전문가는 내담자가 좀 더 구체적으로, 합리적으로, 그리고 자신이 주체가 된 해결방안을 만들 수 있도록 도와줘야 한다. 만약 내담자가 자신의 남편이 청소를 하고 아침을 차리는 걸 보고 기적이 일어났다는 걸 알 수 있다고 말한다면, 내담자가 자신에게 초점을 맞춰 (남편이나 다른 사람이 아닌) 자신이 어떻게 달라져 있는지 생각하도록 도와야 한다. 다만, 남편도 함께 상담을 받고 있다면, 남편이 어떻게 달라졌는지 생각하는 게 도움이 될 수 있다. 예를 들어, 내담자가 남편의 행동이 바뀐 것이 기적이라고 말한다면, 상호성을 이해할 수 있도록 도와주면서 남편의 바뀐 행동이 자신에게 어떤 영향을 미칠지에 대해 생각하도록 격려해야 한다(예: "만약에 남편이 청소를 하고 아침을 차린다면, 당신은 남편에게 어떻게 다르게 행동할 거 같아요?"). 내담자는 자신이 아주 조금이라도 다르게 행동하면 다른 사람이 더 변할 수 있다는 사실을 이해할 필요가 있다.

Murphy(2008)는 기적 질문을 변형하여 다음과 같이 사용할 수 있다고 제안하였다.

> 만약 문제가 갑자기 사라진다면, 학교에서 평소 하지 않던 어떤 다른 행동을 할 거 같아요? 이런 기적이 일어났다는 첫 번째 신호가 뭘까요?
>
> 당신의 삶을 다룬 두 편의 영화가 있다고 가정해 볼게요. 첫 번째 영화는 우리가 이야기하고 있는 이 문제가 존재하는 당신의 삶에 대한 영화이고, 두 번째 영화는 이 문제가 없는 당신의 삶에 대한 영화예요. 제가 이미 영화 1에 대해서는 많이 알고 있다고 가정하고, 저에게 영화 2에 대해 알려 주세요. 누가 등장하나요? 그들은 뭘하고 있나요? 당신이 영화 1에서 하지 않던 어떤 행동을 영화 2에서는 하고 있나요?
>
> 누군가가 마술지팡이를 흔들어서 이 문제를 사라지게 했다면, 무엇이 달라질까요?

마술지팡이, 마법의 약, 마법의 램프와 같은 질문은 기적이라는 개념을 잘 이해하지 못하는 아동에게 효과적이다. 기적 질문이 어떻게 사용되든, 내담자로 하여금 문제 해결과 문제가 없는 미래에 대해 깊이 탐색할 수 있도록 격려하는 것이 중요하다. 또한 기적이 일어나면 다른 사람이 어떤 변화를 관찰하게 될지에 대해서도 이야기하는 것이 좋다.

기적 질문을 변형한 기법

기적 질문은 문제에 대한 예외를 찾고 탐색하는 데 사용된다. 내담자가 기적 질문에 답을 하면, 상담자는 이미 그 기적의 일부가 일어나고 있는지 혹은 과거에 일어났던 적이 있는지 물어본다. 만약 내담자가 "예"라고 답하면, 그때는 어떻게 달랐는지, 어떤 점이 더 좋았는지, 그리고 내담자가 어떤 다른 행동을 했는지 물어보고, 그런 행동을 다시 할 수 있는지에 대해서도 물어본다. 이 기법은 인지적 혹은 정서적 변화보다는 행동적 변화가 필요함을 강조한다.

기적 질문은 척도질문(제1장)과 함께 사용될 수 있는데, 이 두 질문을 통해 내담자는 문제가 없는 상황을 상상하고 묘사한 후, 이를 위한 작은 변화 혹은 중간 정도의 변화나 개선점이 무엇일지 생각할 수 있다. 예를 들어, 상담자는 "그게 당신의 최종 목표(문제 가 없어짐)라고 했는데, 그럼 지금 상황이 조금 변하거나 개선된다면 무엇이 달라질까요? 좀 전에 말한 최적의 상황이 10점이라면, 1점~10점 척도에서 5점은 어떤 모습일까요?" 기적 질문은 '마치 ~인 것처럼 행동하기'(제7장 참고)와도 함께 사용될 수 있는데, 예컨대 내담자는 마치 기적이 일어난 것처럼 행동할 수 있다.

📖 기적 질문의 예시

제시(Jesse, 14세 남성)는 (부모에 따르면 소위) 나쁜 태도 때문에 상담에 의뢰되었다. 제시의 나쁜 태도로 인해 집안 분위기가 많이 안 좋아졌고 부모와의 갈등이 심해지고 있다. 지난 6개월 동안 제시는 부모, 동생들과 많이 다투었고, 집안일이나 부모의 다른 요구를 따르지 않았으며, 학교 성적도 떨어지고 있다. 제시는 이러한 문제에 대해 전혀 책임감을 느끼지 않고 모두가 자신을 비난하는 것에 대해 짜증나고 지친 상태라고 말하였다.

제시(J): 전 정말로 뭐가 그렇게 심각한지 모르겠어요. 전 그냥 모든 사람이 간섭하는 게 너무 싫어요.

상담자(C): 부모님이 말씀하시는 문제가 뭔지 이해가 안 되는 거야?

J: 네. 그냥 사람들이 나를 내버려 둔다면…….

C: 괜찮을거 같다…….

J: 네. 완전히 괜찮죠. 하지만 사람들이 나를 내버려 두질 않네요. 그렇죠?

C: 응. 그런 거 같아. (잠시 멈춤) 그럼 왜 사람들은 심각하다고 생각하는 걸까?

J: 제 나쁜 태도 때문에 그런 거 같아요. 근데, 사람들이 저를 너무 짜증나게 해요.

C: 나쁜 태도?

J: 네. 모든 사람이 제가 싸움을 건다고 말해요.

C: 넌 동의하지 않는구나.

J: 네. 동의하지 않아요. 전 여기(상담)에 있을 필요가 없어요.

C: 그럼, 우리가 어떻게 그걸 증명할 수 있을까?

J: 그게 무슨 말씀이세요?

C: 그러니까 너랑 나랑 어떻게 사람들한테 네가 상담이 필요 없다는 걸 증명할 수 있을까?

J: 그냥 말하면 되죠. 상담이 필요없다고.

C: 그게 그렇게 간단하지 않다고 가정해 보자. 나 혼자 그런 말을 하는 게 아니라 너랑 내가 같이 보여 줘야 한다면, 우리가 뭘 할 수 있을까?

J: 전혀 모르겠어요.

C: 그럼, 잠시만 네가 여행을 간다고 가정해 보자. 지금부터 몇 달 후의 미래로 여행을 갈 건데, 너랑 나랑 그 동안 상담에서 열심히 노력해서 모든 문제를 다 해결한 거야……. 그래서 네가 몇 달 후의 미래로 여행을 가 보니 모든 것이 훨씬 나아져 있다고 가정해 봐. 더 이상 상담이 필요없다고 확신할 수 있을 만큼 너의 삶이 어떻게 달라져 있을 거 같아?

J: 글쎄요. 아무도 저에게 더 이상 간섭을 안 하고 있을 거 같아요.

내담자는 부정적인 목표(무엇이 없는 것)와 다른 사람에 초점을 둔 목표를 말하였다. 이럴 때, 상담전문가는 내담자로 하여금 자신에 초점을 둔 긍정적인 목표를 생각할 수 있도록 도와야 한다.

C: 그럼, 사람들이 널 어떻게 대해?

J: 저한테 되게 잘해 줘요…….

C: 사람들이 너한테 잘해 준다면 너는 뭘 할 거 같아?

J: 행복할 거 같아요.

내담자는 자신의 정서 상태에 대해 대답하였다. 이럴 경우, 상담자는 내담자가 행동적 목표를 생각할 수 있도록 도와야 한다.

C: 그래. 그럼 사람들이 너한테 잘해 줘서 니가 행복해진다면, 너는 뭘 '할 거' 같아?

J: 많이 웃을 거 같아요. 그리고 다른 사람들한테 잘할 거 같아요.

C: "잘한다는 게" 무슨 뜻이야?

J: 동생이랑 잘 지내고 같이 놀 거 같아요.

C: 그래. 그럼, 동생이랑 잘 지내고 같이 놀 거구나. 또 다른 건?

J: 부모님과 다투지 않을 거예요.

C: 부모님과 다투지 않는 대신 뭘 할 거 같아?

상담자는 다시 내담자가 부정적인 목표(무엇이 없는 것)가 아닌 긍정적인 목표(무엇이 있는 것)를 생각할 수 있도록 격려한다.

J: 음, 예의 바르게 "네, 엄마." "아니에요, 엄마."라고 대답할 거 같고, 제 일상이나 뭐 그런 거에 대해 이야기할 거 같아요.

C: 그럼, 부모님들에게 예의 바르게 말하고 일상에 대해서 이야기하고 그러는 거네.

J: 네. 우리가 그렇게 잘 지낼 수만 있다면, 집안일도 도울 거예요. 그러면 부모님들이 저를 자랑스러워하실 거예요.

C: 어떻게 부모님들이 너를 자랑스러워하는 걸 알 수 있을까?

J: 부모님들이 저한테 자랑스럽다고 말할 거니까요. 아마 되게 놀라고 행복해하실 거예요.

C: 너한테 자랑스럽다고 말씀하시고 행복해하신다면, 넌 어떻게 할 거 같아?

J: 하고 싶은 게 많아질 거 같아요. 아마 공부를 더 열심히 할 거 같아요.

C: 그러네. 봐 봐. 네가 뭔가 다르게 행동하면, 부모님도 다르게 행동하시게 되고, 그럼 파급 효과가 일어나서 네가 뭔가 다르게 행동하고 싶어지잖아.

내담자에게 다른 사람이 바뀌기를 바라지 말고 자신의 행동에 초점을 맞추고, 파급효과로 인해 자신이 바뀌면 다른 사람을 바꿀 수 있다는 것을 이해하도록 돕는 것이 중요하다.

J: 네. 그러네요.

C: 그리고 문제가 없는 몇 달 후의 미래로 여행 갔을 때 네가 본 걸 생각해 봐. 넌 동생과 잘 지내고, 부모님에게 예의 바르게 행동하고, 부모님에게 일상에 대해 이야기하고, 집안일을 돕고……. 그리고 부모님이 널 자랑스럽게 생각하고, 너도 더 행복하고, 공부도 더 열심히 하고!

J: 네. 그러네요. 우리가 상담에서 할 일이 있었네요!

📖 기적 질문의 유용성과 평가

기적 질문은 해결방안을 찾고 구체적인 목적을 달성하는 데 유용할 뿐만 아니라 희망을 잃는 내담자에게 효과적이다. 내담자는 때때로 자신의 감정·생각·행동 때문에 지쳐 있거나 포기 상태에 있는데, 이런 경우에 기적 질문을 사용하여 나아질 수 있다는 희망을 줄 수 있다. 이러한 격려와 동기는 변화를 만드는 데 필요한 요소다.

기적 질문은 상담의 초점을 문제중심에서 해결중심으로 전환시키는 데 도움을 준다. 기적 질문을 통해 무엇이 구체적으로 다를지 탐색하고, 이를 토대로 구체적인 상담목표를 설정할 수 있다. 마지막으로, 기적 질문은 애매하고 일반화된 목표가 아닌 구체적인 목표를 제시하기 때문에 상담의 성과를 평가하는 데도 사용될 수 있다.

지금까지 기적 질문 자체만의 효과성을 보고한 연구는 없었다. 하지만 다른 해결중심상담기법(예: 예외, 척도, 문제—부재 대화)과 함께 사용한 기적 질문이 다양한 대상과 문제에 효과적이라는 연구 결과들이 다수 보고되었다. 기적 질문은 주로 다른 해결중심상담기법과 함께 사용되어 왔다. 예를 들어, Atkinson(2007)은 기적 질문을 포함한 해결중심상담기법을 담배, 알코올 혹은 다른 마약 관련 행동을 바꾸려는 동기를 높이기 위해 사용하였다. Burwell과 Chen(2006)은 진로상담을 받는 내담자의 주체성과 문제 해결 능력을 키우기 위해 동일한 방법을 사용하였다. Kim과 Tripodi(2007)는 해결중심단기상담기법을 적용한 대안학교의 성과를 살펴보았고, 그 결과 위험군 청소년들의 학업중단률이 감소한 것으로 나타났다. 또한 커플상담(Treyger, Ehlers, Zajicek & Trepper, 2008)과 중독치료(Emlyn-Jones, 2007)에서도 기적 질문과 다른 해결중심단기상담기법들이 효과적인 것으로 확인되었다.

또한 몇몇 연구에서 중학생들을 대상으로 해결중심단기상담을 토대로 한 기적 질문을 사용하였다. Franklin, Biever, Moore, Demons와 Scamardo(2001)는 기적 질문과 해결중심단기상담을 적용한 결과, 70%의 중학생이 긍정적인 변화(교사의 보고)를 보인 것으로 나타났다. Springer, Lynch와 Rubin(2000)은 부모가 수감 중인 남아메리카 출신 아동을 대상으로 해결중심단기상담을 적용한 집단상담에서 기적 질문을 사용하였고, 교사들의 보고에 따르면, 중학생 참여자들의 내면화 문제[효과크기(ES) = 1.4]와 외재화 문제(ES = .61)가 임상적 유의 수준 이하로 떨어진 것으로 나타났다. 또한 참여자들의 자기보고를 살펴보면, 외재화 문제는 효과크기가 .86 정도로 감소한 반면에, 내면화 문제에 있어서는 유의한 차이가 없는 것으로 확인되었다(ES=.08). 마지막으로, Newsome(2004)은 위험군의 중학생 학생들을 대상으로 해결중심단기상담을 기반으로 한 기적 질문을 사용하였는데, 출석에는 변화가 없었으나 성적이 유의하게 향상된 것으로 나타났다.

제**5**장

지뢰표시하기

📖 지뢰표시하기의 기원

우리 모두는 의사를 찾아가 약을 처방받거나 조언을 받은 경험이 있다. 하지만 모두가 다 의사의 처방이나 조언을 따르지는 않는다. 유사하게, 상담자도 내담자에게 회기 간에 할 과제를 내주지만, 모든 내담자가 과제를 하지는 않는다. 지뢰표시하기(flagging the minefield) 기법(Sklare, 2005)은 치료 지속성과 재발 예방을 위해 개발된 기법으로, 내담자가 상담에서 배운 방법을 상담이 종결된 후에도 사용할 수 있도록 돕기 위해 사용된다. 많은 내담자가 오랫동안 상담을 받은 후에도 상담에서 배운 것을 실제 상황에 적용하는 데 어려움을 겪는다. 여러 치료적 전환 시점(예: 하나의 목표를 달성한 후 다른 목표로 넘어갈 때, 한 기법을 사용한 후 다른 기법을 사용하기 시작할 때)과 종결 시점에 지뢰 표시하기를 사용하면, 내담자로 하여금 대처 혹은 적응하기 어렵거나 상담에서 배운 방법이 충분하지 않을 수 있는 미래의 상황에 대해 미리 생각해 보게 도울 수 있다. 내담자는 안전한 상담관계 내에서 이런 상황을 미리 예상해 봄으로써 어떻게 대처하고 적응할지에 대해 생각할 수 있다. 지뢰표시하기는 일반화와 재발 예방에 도움이 되는 기법이다. 즉, 내담자가 상담에서 얻은 통찰과 배운 대안적 사고와 행동 및 정서를 일상생활에 적용하도록 도울 수 있다.

📚 지뢰표시하기를 사용하는 방법

지뢰표시하기는 주로 상담과정의 마지막(즉, 종결 시점) 단계에서 사용된다. 이 기법을 지뢰표시하기라고 부르게 된 이유는, 마치 광부들이 폭발을 피하기 위해 미리 지뢰에 표시를 해 두는 것처럼, 상담자와 내담자가 (내담자가 상담에서 배운 것들을 적용할 수 있는) 미래의 상황에 미리 표시를 해 두기 때문이다. 상담자는 내담자로 하여금 아직 논의하지 않았지만 미래에 발생할 수 있는 상황을 상상하게 하고 상담에서 배운 것들을 적용하여 그러한 상황에서 문제를 어떻게 해결할 것인지, 특히 구체적으로 어떻게 행동할 것인지에 대해 생각해 보도록 한다. 이때, 상담자는 그동안 상담에서 논의했던 점들을 토대로 내담자가 그 상황을 분석할 수 있도록 돕는다. 이러한 과정을 통해 상담자는 내담자가 상담에서 배운 내용을 외부 세계 및 미래의 상황에 적용할 수 있도록 도울 수 있다.

📚 지뢰표시하기의 예시

상담에서 만들어 낸 변화를 미래의 문제로 일반화하기 위해서는 잠재적인 함정과 장애물을 파악해야 한다. 많은 상담전문가는 이러한 논의로 인해 내담자가 상담의 효과가 지속적이지 않다고 생각하기 때문에 상담의 가치가 떨어질 수 있다고 걱정한다. 하지만 잠재적인 함정과 장애물을 미리 파악하는 것은 상담과정에서 필요한 과정이며, 상담이 종결된 후 내담자가 스스로 문제를 해결할 수 있는 역량을 강화한다. 역량 강화를 위해서는 내담자의 자신감을 향상시키는 것이 중요하다. 따라서 상담전문가가 내담자의 긍정적 변화에 대해 칭찬하고 계속 그러한 변화를 만들도록 격려해야 한다. 지뢰표시하기를 사용할 때, 문제가 다시 발생한다는 것을 암시하는 경고 사인과 잠재적인 함정을 찾는 것이 중요하다. 사전에 미리 문제를 예상하고 그 문제에 어떻게 대처할지 계획을 세우는 것은 변화를 지속시키기 위해 필요한 과정이다.

상담자(C): 중요한 것은 이러한 개입이나 도움 없이 책임감 있게 행동하는 거예요. 그렇죠? 어머니는 잘하실 거예요. 그동안 잘할 수 있다는 걸 보여 주셨잖아요. 그 동안 얼마나 많은 진전이 있었는지 생각해 보세요. 자, 이제 지뢰표시하기라는 활동을 할 거예요. 기본적으로, 이 활동의 목표는 그동안 상담을 통해 이룬 진전에 방해가 될 미래 상황을 생각해 보고 미리 준비하는 거예요. 지뢰표시하기는 어머니가 장애물을 파악하고 그 장애물을 이겨 낼 방법을 생각하는 데 도움이 될 거예요. 어머니도 아시다시피, 데이먼(Damon)이 계속 반항을 하잖아요. 아니, 반항이라는 표현이 약한 거 같네요. 하여간, 데이먼이 어머니를 많이 힘들게 했고, 앞으로도 그럴 때가 있을 거예요. 그래서 아무리 어머니가 새로 배운 방법들을 잘 사용하시더라도 데이먼이 어머니를 많이 힘들게 할 상황을 미리 생각해 볼 필요가 있어요. 아시다시피, 새로 배운 방법들, 타임아웃, 토큰기법, 반응 대가, 과잉교정, 정적 강화 기법들이 현재 효과적이긴 하지만, 앞으로 이런 방법들이 도움이 되지 않는 상황들이 발생할 수 있어요. 아마도 데이먼이 심리적으로 매우 '불안정'해지면서 감정적으로 화를 내는 상황들이 발생할 거고 그럴 때는 새로 배운 방법들이 효과가 없을 수 있어요. 그래서 미리 이렇게 힘들 수 있는 상황들에 대해 생각해 보고 어떻게 대처할지도 논의해 보는 게 좋을 거 같아요. 자, 그럼, 먼저, 데이먼을 다루기가 특히 힘들 때가 언제예요?

어머니(M): 가족들이 다 같이 있을 때, 데이먼이 재미없어 하는 일을 해야 할 때가 있어요. 데이먼도 가족구성원의 한 명으로 그런 일에 참여해야 할 때가 있거든요. 이럴 때 데이먼이 짜증을 많이 내요.

C: 데이먼은 참여하고 싶지 않지만 참여해야 하는 가족 행사들을 힘들어 하는군요.

M: 네. 이게 되게 힘들 수 있는 게, 우리가 식당 같이 시끄럽게 하면 안 되는 장소에 있으면……

C: 공공장소요?

M: 공공장소에서는 정말 힘들어요.

C: 네, 이미 어머니께서는 앞으로 발생할 수 있는 힘든 두 가지 상황에 대해 말씀하셨고, 이런 상황들이 다른 상황들에 비해 특히 힘들 수 있다는 점도 이해하고 계세요. 데이먼이 화가 나서 문제 행동을 보이고, 가족이 함께 있거나 공공장소에 있을 때 상담에서 배운 방법들을 사용하기 어려울 거 같네요.

M: 네. 맞아요. 그런 상황들이 확실히 더 어려워요.

C: 네. 그렇다면, 두 가지 상황 중 먼저 한 가지 상황에 어떻게 대처할지 상상해 보세요.

아버지(D): 음…… 가족 행사에 대해 생각하면 가장 먼저 떠오르는 게, 우리 모두가 데이먼을 지지하고 응원하는 것처럼, 데이먼도 형이나 누나가 어떤 일을 할 때 지지하고 응원하기를 바랐어요. 예를 들어, 데이먼의 형이 골프를 치면, 우리는 가족이니까 형의 골프 시합을 보러 가요. 근데, 제 생각에는 데이먼에 대한 제 기대를 좀 더 현실적으로 바꿔야 할 거 같아요. 그래야 데이먼이 너무 부담감을 느끼지 않고 자신이 할 수 있는 것을 할 수 있을 거 같아요.

C: 네. 맞아요. 좋아요. 그럼, 계속 그 점을 기억하세요. 데이먼이 형의 골프 시합에 가도 오랫동안 집중을 할 수 없다는 점 그리고 데이먼이 오랫동안 집중하길 기대하지 말아야 한다는 점이요.

D: 네. 그리고 아시다시피, 어른도 골프 시합을 다 보기가 쉽지 않잖아요. 아, 그리고 또 다른 사건도 있었어요. 한번은 다 같이 쇼핑을 하러 갔어요. 한 4시간 정도 쇼핑을 한 거 같아요. 저랑 아내는 되게 즐거웠어요. 데이먼도 3시간 정도는 그랬는데, 그게 다였어요. 3시간 후에 한계가 온 거죠. 데이먼이 3시간 정도는 괜찮았으니까 앞으로 3시간 이상의 행사는 하지 말아야겠어요. 3시간 이상의 행사가 데이먼한테는 벌처럼 느껴질 수 있잖아요. 데이먼의 '의견을 존중하고 그의 감정을 고려하는 것'과 '데이먼의 요구를 무조건 들어 주는 것'을 구분해야 할 거 같아요.

C: 맞아요, 제 생각에도, 데이먼의 감정이나 행동에 대해 현실적인 기대를 하는 게 도움이 될 거 같아요. 그리고 데이먼의 한계가 어느 정도인지, 얼마나 노력하는지 알고, 합리적인 선에서 한계를 인정해 주고 너무 압박하면 안 될 거 같아요. 그리고 어떤 가족 행사가 데이먼에게 힘들지 미리 생각해 보는 것도 도움이 될 거예요.

M: 네. 데이먼이 하고 싶지 않은 일을 하면서 하루를 버텨 주길 기대하지 말고, 미리 데이먼이랑 이야기를 해 보는 게 도움이 될 거 같아요. 가족 행사가 있는 날에는 우리가 뭘 할 건지 데이먼에게 미리 알려 주려고요. 프리맥 원리(즉시 강화를 주지 않고 기다렸다가 줌)를 사용하면 좋을 거 같아요. 예를 들어, 미리 이런 식으로 말하면 도움이 되겠네요. "데이먼, 오늘 오전에 형의 골프 경기를 보러 갈 거야. 골프 시합이 끝나면 오후에 게임을 할 수 있게 해 줄게."

C: 네. 좋아요. 두 분 다 좋은 계획을 가지고 계시네요. 그럼 이번에는 이걸 여쭤 볼게요. 과거에 이런 방법을 시도해 보고 성공하신 적이 있으세요?

M: 성공할 때도 있고 실패할 때도 있었어요. 아마도 선생님이 아까 말씀하신 것처럼, 데이먼이 너무 감정적이라서…… 아까 그걸 뭐라고 부르셨죠?

C: 불안정이요.

M: 아. 네. 데이먼이 언제 감정적이게 될지 예측하기가 힘들어요.

C: 네. 데이먼이 그럴 수 있다는 사실을 알고 있는 것만으로도 도움이 될 수 있어요.

D: 제 생각에는 데이먼이 하고 싶지 않다고 할 때는 데이먼이 할 수 있는 뭔가 다른 걸 찾아 주는 게 중요할 거 같아요. 예를 들어, 데이먼이 우리의 계획을 좋아하지 않으면 다른 부모나 친구들에게 물어봐서 다른 계획을 세우는 거예요[예: 제이슨(데이먼의 친구)의 부모에게 전화해서, "저희가 오늘 라크로스 게임을 할 건대, 데이먼이 그 게임을 끝까지 보기 싫어해요. 혹시 데이먼이 댁에서 놀아도 될까요? 게임이 끝나면 바로 데리러 갈게요."라고 하기]. 근데, 저나 아내나 이렇게 데이먼이 가족 행사를 빠지고 친구랑 놀 수 있게 하면, '우리가 데이먼을 포기하나? 우리가 데이먼을 훈육하는 게 아니라 데이먼이 우리를 훈육하는 건 아닌가?'라는 걱정이 돼요.

C: 맞아요. 이해가 돼요. 앞으로 데이먼이 꼭 참석하지 않아도 되는 그리고 데이먼 같이 어린 아동이 견디기 힘들어하는 행사가 있을 거예요. 그럴 때는 데이먼이 대신 할 수 있는 적절한 일을 찾아 주는 게 좋을 거 같아요.

M: 데이먼이 꼭 참석하지 않아도 되거나 아이들이라면 다 힘들어할 상황에 대해 선생님이 그렇게 말씀해 주시니까 좋네요. 선생님 말씀을 들으니 우리가 데이먼을 포기하는 것이 아니라 올바른 결정을 하는 거 같다는 생각이 들어서 안심이 돼요.

C: 좋아요. 좋아요. 그럼, 공공장소에 지뢰를 표시해 볼까요? 공공장소에서 데이먼의 행동에 효과적으로 대처할 수 있는 방법에 대해 생각해 보는 게 좋을 거 같아요. 언제 공공장소에서 데이먼이 힘들게 해요?

D: 제 생각에는 데이먼이 잘 아는 거 같아요. 공공장소에서 자기가 문제 행동을 보이면 우리가 어쩔 수 없이 데이먼의 요구를 들어 준다는 사실을요.

C: 아, 그렇겠네요. 만약 데이먼이 그걸 안다면, 공공장소에서 그렇게 행동할 가능성이 높겠네요.

M: 네. 집이나 다른 사적인 장소에서는 훨씬 좋아졌어요. 그런데 공공장소에서는 여전히 예전처럼 행동해요.

C: 음. 그 이유 중 일부는 공공장소에서 데이먼의 부모님이 예전처럼 행동하기 때문일까요? 아이들은 부모의 이런 점을 금방 눈치 채거든요.

M: 한 번노 그런 식으로 생각해 본 적이 없는데, 진짜 맞는 거 같아요. 공공장소에서 다른 사람들이 우리를 쳐다보거나 뭔가 평가하는 식으로 쳐다보면 예전처럼 행동하게 되는 거 같아요.

C: 왜 다른 사람들이 쳐다보거나 뭔가 평가하는 식으로 보면 예전의 모습으로 돌아가는

거 같아요?

D: 그거야 우리는 모두 다른 사람들이 우리를 어떻게 생각하는지 신경 쓰는 그런 사회에 살고 있으니까요. 만약 낯선 사람들이 데이먼을 예의 없는 아이라고 생각하거나 혹은 나를 못된 아버지라고 생각하는 것보다는 차라리 데이먼을 예의 없는 아이라고 생각하는 게 나을 거 같아요.

C: 네, 혹시 관련해서 예외 상황이 발생한 적이 있었나요?

M: 글쎄요. 아, 한 번 그런 적이 있었어요. 데이먼이 정말 심하게 소동을 일으켜서 민망했던 적이 있는데, 그때 다른 사람들의 시선이 전혀 중요하게 느껴지 않았고, 여기서 배운 방식으로 데이먼을 가르쳤어요.

C: 오, 어떻게 그게 가능했어요?

M: 글쎄요. 음. 그때 여행 중이었는데, 그런 생각을 했었어요. 다른 사람들이 나와 내 아이들에 대해 어떻게 생각할지에 대해 전혀 신경쓸 필요가 없다. 어차피 그들은 나에 대해 전혀 모르고 나를 다시 보지도 않을 것이다.

C: 와, 그래요. 그런 생각들을 더 활용하면 좋겠네요. 자, 좋아요. 그럼 또 두 분이 할 수 있는 게 뭘까요? 상담에서 배운 기술들을 잊지 말고, 좀 더 쉽게 사용할 수 있는 두 분의 자원이 뭘까요?

상담전문가는 부부로 하여금 구체적으로 두 개 혹은 세 개의 잠재적인 지뢰를 찾고, 문제 해결 방안을 탐색하고, 이러한 문제를 다루기 위해 사용할 수 있는 자원을 인식할 수 있도록 도왔다. 이러한 개입은 문제 상황이 발생했을 때 내담자가 창의적으로 생각할 수 있도록 도와주며, 궁극적으로 내담자가 포기하지 않고 치료 지속성을 보이면서 힘든 상황을 버틸 수 있는 가능성을 높인다.

📖 지뢰표시하기의 유용성과 평가

지뢰표시하기는 미래에 문제가 나타나면 상담에서 배운 것을 어떻게 활용하여 그 문제를 해결할지에 대해 이해할 수 있도록 돕는 기법이다. 이 기법은 다양한 호소문제, 예컨대 금연, 식단 변화, 신체활동, 스트레스 대처, 알코올 사용(Ockene, 2001, p. 43), 코카인 의존성(Barber, Liese & Abrams, 2003), 사회학습훈련(Piccinin, 1992), 학업문제(Fearrington, McCallum & Skinner, 2011), 우울(Akerblad, Bengtsson, von Knorring, & Ekselius, 2006), 우울장애와 약물(Byrne, Regan, & Livingston, 2006), 그리고 커플 적응 문제(Zimmerman, Prest, & Wetzel, 1997)에 사용될 수 있다.

지뢰표시하기의 효과성에 영향을 미치는 몇 가지 요인이 있다. Miller 등(2001)에 따르면, 상담자는 일부 내담자가 비협조적일 수 있다는 점을 유념하고 내담자의 행동이 중요하다는 점을 설명해야 한다. 내담자가 상담자와의 관계를 긍정적으로 생각한다면 치료과정에 더 협조적일 가능성이 높다(Patton & Kivlighan, 1997). 내담자가 자신의 문제에 대해 어떻게 생각하고 치료가 필요하다고 생각하는지의 여부에 따라 지뢰표시하기의 효과성이 달라질 수 있다(Davidson & Fristad, 2006). 아동을 상담할 때, 이 기법은 부모가 함께 참여하고 치료에 협조적일 때 더 효과적인 것으로 확인되었다(Nock & Kazdin, 2005).

40 Techniques *Every Counselor Should Know*

제**2**부

아들러 혹은 정신역동 접근 기반 기법

제2부에서는 정신역동 접근에 기반을 둔 기법(이 중 일부는 특히 Freud의 동료이자 개인 심리학을 창시한 Alfred Adler가 소개한 기법)을 다루고자 한다. Adler는 아주 존경받은 학자다. Albert Ellis(1993, p. 11)는 "Alfred Adler는 Freud 이상으로 현대 심리학의 진정한 아버지다."라고 말했다. Adler는 초기 구성주의 학자로서, 내담자는 현실이나 경험을 자신만의 방식으로 구성하며(Adler는 이를 픽션이라고 부름), 자신의 픽션을 사실 혹은 진실이라고 믿는다고 생각하였다. 그의 사회적 관심 이론에 따르면, 어린 시절부터 사람은 어떻게 양육되었느냐에 따라 타인에 대한 관심을 키운다. 정상적으로 사회적 관심을 키울 수 없는 환경이나 맥락에서 자란 사람은 심리적 · 정신적 문제와 적응 문제를 겪는다.

Adler는 여러 이론적 개념을 제안하였다. 먼저, '생활양식(lifestyle)'은 개인의 독특한 목표, 믿음, 그리고 어려움에 대처하는 방식과 생각을 의미한다. 출생순위는 자신이 태어난 순서에 대한 심리적 반응으로, 개인의 지각, 경험, 성격 등에 영향을 미칠 수 있다. 예를 들어, 첫째 아이(장녀, 장남)는 성취 지향적이고 책임감이 있는 반면, 막내는 버릇없고, 책임감이나 능력이 없는 사람으로 여겨지는 경우가 있다. 또한 Adler는 우월감이나 열등감이 우월감 콤플렉스와 열등감 콤플렉스로 이어질 수 있다고 믿었다. 초기기억 또한 아들러 이론에서 중요한 개념인데, 그 이유는 초기기억이 어린 시절에 대한 수많은 기억 중 내담자가 어떤 기억들을 중요하게 생각하고 그 기억들에 어떤 의미를 두는지 보여 주기 때문이다. 아들러 이론과 정신역동 상담의 가장 핵심 목표는 내담자로 하여금 자신의 픽션에 따라 다를 수 있는 사건이나 경험들에 대한 해석들을 인식하고 이해하게 도와줌으로써 내담자가 성장하고 도전적인 삶의 일화에 대처할 수 있는 대안적 방법을 찾도록 하는 데 있다.

아들러 상담자들은 대인관계와 내적 특성을 향상시키기 위해 다양한 경험적 · 행동적 · 인지적 기법을 사용한다. 제2부에서 소개할 기법은 나 전달법, 마치 ~인 것처럼 행동하기, 수프에 침뱉기, 상호적 스토리텔링, 역설적 의도다. 먼저, 나 전달법은 내담자가 자신의 생각 · 감정 · 행동에 대해 책임감을 느끼면서 타인도 그렇게 할 수 있도록 격려하도록 돕는 기법이다. 내담자는 자신이 말하는 문장을 '나'로 시작하도록 바꿈으로써 다른 사람을 비난하거나 비판하지 않으면서 자신의 욕구와 소망을 표현할 수 있다. 마치 ~인 것처럼 행동하기는 내담자로 하여금 자신의 픽션대로 의도적으로 행동하거나 (픽션과) 다르게 행동함으로써 원래의 픽션을 바꾸도록 하는 데 그 목표가 있다. 수프에 침뱉기는 아들러 상담에서 흔히 사용하는 역설적 기법을 명명하기 위해 사용된 용어로, 내담자로 하여금 문제가 되는 생각 · 감정 · 행동을 더 많이 하게 함으로써 실제로는 자신에게 증상을 다룰 수 있는 통제력이 있다는 것을 배우게 하여 변화과정을 촉진하는 데 그 목표가 있다.

상호적 스토리텔링은 정신역동상담의 핵심적인 기법으로, 대화를 통해 치료적 내용을 다루지 못하거나 다루길 꺼리는 아동 · 청소년과의 상담에서 치료적 내용을 이끌어 내기 위해 R. A. Gardner가 처음 제안하였다. 이 기법에서는 내담자가 먼저 스토리를 말하면, 상담자가 그 스토리에서 핵심 주제와 비유를 찾아낸 후 동일하거나 유사한 캐릭터를 사용하여 내담자의 스토리를 재구성하여 말한다. 상담자가 다시 스토리를 말할 때 캐릭터가 문제를 해결하는 대안적 시나리오를 추가하는 등의 치료적 메시지를 포함해야 한다.

역설적 기법은 여러 이론적 접근에서 사용되고 있는데, 사용할 때 주의가 필요하다. 이 기법은 일반적으로 내담자의 문제를 재구성하고 내담자가 중지하고 싶은 문제 행동을 일부러 하게 하는 것이지만, 어떤 특정 맥락(예: 장소, 시간)에서는 문제 행동을 하지 못하도록 할 수 있다. 역설적 기법은 내담자로 하여금 실제로는 자신이 자신의 행동을 통제할 수 있어 악순환의 고리를 끊을 수 있음을 깨닫게 하기 때문에 문제 행동을 감소시키는 데 효과적이다.

📖 아들러 혹은 정신역동 접근의 다문화적 시사점

아들러 상담자들은 열등감과 우월감의 중요성을 이해하고, 사회적 약자로 낙담하거나 고립감을 느끼는 내담자가 호소하는 감정을 적극적으로 공감하며, 사회적 관심을 강조하기 때문에 내담자, 내담자의 세계관, 그리고 내담자의 문화적 배경을 존중한다고 평가받는다. 평등주의를 강조했던 Adler의 관점은 내담자의 열등감이나 낙인찍힌 느낌을 다루는 데 효과적인데, 특히 다양한 문화, 민족, 인종, 성별, 성적지향의 내담자에게 유용하다. 아들러 이론은 미국 사회에서 흔히 볼 수 있는 경쟁적인 접근이 아닌 협동적인 접근을 제시한다. 이 이론은 집단주의, 사회적 관심, 협동적으로 목표 설정하고 상담 방향 정하기, 다세대 가족에 대한 탐색 등을 강조하기 때문에, 특히 아프리카계 미국인에게 효과적일 수 있다. 또한 가족과 지역사회 공동체를 강조하기 때문에 많은 문화권의 내담자에게 매력적으로 다가갈 수 있다(Hays & Erford, 2014).

남아메리카계 미국인이나 미국 원주민의 경우에는 상호적 스토리텔링 기법을 편안하게 생각할 수 있는데, 특히 정신역동 상담기법은 남아메리카계 미국인에게 효과적인 것으로 밝혀졌다. 정신역동의 정서적 측면 때문에 남성보다는 여성이 정신역동을 선호할 수 있다. 이에 비해, 중동계나 동양계 내담자는 정신역동 상담의 강한 정서적 측면, 특히 자신이나 가족에 대한 사적인 정보나 감정을 격렬하게 이야기해야 하는 정신역동적 상담관계에 대해 부담을 가질 수 있다. 하지만 일부 중동계나 동양계 내담자는 정신역동 상담자의 권위적인 방식을 선호할 수도 있다. 또한 분석학자들은 캐묻는 듯한 질문을 많이 하는데, 중동계나 동양계 내담자는 이러한 질문을 예의 없거나 사려 깊지 않다고 생각할 수 있다. 따라서 이 접근을 사용하는 상담자는 자신이 흔히 사용하는 기법에 대해 내담자가 얼마나 편안하게 생각하는지 신중하게 살펴보아야 한다.

정신역동 상담은 다문화 상담에서 사용될 때 몇 가지 한계점을 지닌다(Hays & Erford, 2014). 먼저, 분석자들이 가정하는 바와 같이, 모든 문화권이 인간의 행동이나 동기 내면에 무의식적 과정이 있다고 생각하지 않는다. 둘째, 정신역동 상담에서는 일부 문화특수적인 행동(예: 독립심보다는 의존심을 키우는 양육방식, 남성과 여성에 대한 불공평한 처우)을 병리적이라고 간주한다. 또한 정신역동 상담의 진행 속도가 일부 내담자에게는 문제가 될 수 있는데, 특히 장기치료를 받을 만큼 경제적인 여유가 없는 내담자의 경우가 그렇다. 마지막으로, 정신역동 상담에서는 구체적인 목표를 세우지 않는데, 이에 대해 일부 내담자는 시간이 너무 많이 소요된다는 부담감을 가질 수 있다.

제6장

나 전달법

📖 나 전달법의 기원

아들러 상담, 게슈탈트, 인간중심, 실존주의 치료 등과 같은 여러 상담이론에서는 자신을 지칭하는 대명사를 쓰는 것을 중요하게 생각한다. 예를 들어, Perls를 포함한 게슈탈트 상담자들은 내담자가 자신에 대해 이야기할 때, 그것(it), 너(you), 우리(we)가 아닌 나(I)라는 대명사로 시작하는 문장을 사용하도록 격려한다(Corey, 2015). 나 전달법(I-message), 혹은 나 서술문이라고 불리는 이 기법은 내담자로 하여금 타인을 비난하지 않고 자신의 행동·감정·태도에 책임감을 가지도록 한다. 또한 이 기법은 상황을 변화시키기 위해서는 내담자 자신이 어떤 행동을 취해야 한다는 점을 깨닫게 도와준다.

1970년대에, Thomas Gordon이 가족 관련 분야에서 나 전달법을 소개하였다. 관계에서 개인주의적이고 자율적인 측면을 강조했던 Gordon은 이 기법이 타인과 관계를 맺는 데 중요한 기술이라고 주장하였다. 나 전달법은 타인에 대한 부정적인 평가를 최소화하고, 변화고자 하는 동기를 향상시키며, 화자와 청자 간의 관계에 부정적인 영향을 미치지 않는다(Gordon, 1975).

나 전달법은 역공격을 최소화하면서 감정을 표현하는 방법으로, 상대방으로 하여금 저항감을 느끼지 않게 한다(Corey, 2015). 너 전달법이 평가적이고 비난하는 것처럼 들리는 것과 달리, 나 전달법은 평가적이거나 지시적인 메시지를 전달하지 않는다. 대신에, 나 전달법은 화자의 마음속에 있는 감정을 표현하고, 현 상황에 대한 화자의 평가가 주관적일 수 있음을 알린다. 이로 인해, 청자는 자신의 의견을 표현하게 되고, 갈등을 겪고 있는 두 사람은 마음을 열고 서로를 존중하는 방식으로 대화하고 문제를 해결할 수 있다(Hopp, Horn, McGraw, Meyer, 2000; Warnermuende, 2000).

나 전달법은 때로는 책임감 전달법이라고 불리기도 한다(Gordon, 1975). 사람들은 종종 자신의 행동이 타인에게 어떤 영향을 미칠지에 대해 이해하지 못한다. 하지만 나 전달법을 사용함으로써 화자는 자신의 감정에 책임감을 느끼고, 이를 청자와 공유하면서 상대방의 문제 행동이 자신에게 어떠한 영향을 미치는지 전달할 수 있기 때문에, 궁극적으로 청자로 하여금 이런 부분을 이해하고 자신의 행동을 수정하려는 책임감을 가지게 한다.

📖 나 전달법을 사용하는 방법

내담자가 자신의 행동이나 감정에 대한 책임을 회피할 때, 상담자는 주어로 '나'라는 자신을 지칭하는 대명사를 사용하도록 격려할 수 있다(Corey, 2015). 예를 들어, 내담자가 "그런 일은 다시는 일어나지 않을 거야."라고 말한다면, "나는 다시는 그런 일이 일어나지 않도록 할 거야."라고 수정하도록 돕는다.

간단한 나 전달법을 통해 화자는 자신에게 문제, 감정 혹은 아이디어가 있다는 사실을 인정할 수 있다. 이 기법은 화자의 입장만을 전달하기 때문에 상대방에게 덜 위협적으로 들린다. 문제가 있다고 말하고 싶지만 상대방이 방어적이 될까 봐 걱정할 때, 간단한 나 전달법을 사용할 수 있다. 이와 반대로, 합성한 나 전달법은 간단한 행동 변화가 문제를 해결하거나 화자가 좀 더 복잡한 주제에 대해 이야기하고 싶을 때 유용하다(Burr, 19990). 합성한 나 전달법은 세 개의 파트로 구성된다. 즉, 문제(주로 행동)가 무엇인가, 문제가 화자에게 미치는 영향이 무엇인가, 그리고 화자가 느끼는 감정이 무엇인가로 구성된다. Gordon은 나 전달법이 행동, 결과 그리고 감정(Gordon, 1975)의 순서대로 실시되어야 한다고 조언하였다. 이 순서대로 나 전달법을 사용해야 화자의 감정이 상대방의 행동이 아닌 결과로 인해 초래되었다는 점을 강조할 수 있다.

최근, 나 전달법을 사용하는 상담전문가들은 다음의 형식을 사용하도록 교육받고 있다. "나는 당신의 _____(행동)이 _____(결과)하기 때문에 _____을 느껴요". 나 전달법은 상대방의 성격적 특성이 아닌 구체적인 행동을 포함해야 한다. 나 전달법의 결과 부분은 결과로서 발생한 일이나 화자의 해석을 포함할 수 있는데(Remer, 1984), 전자의 경우 상대방의 문제 행동으로 인해 나타난 구체적인 결과에 초점을 두는 반면, 후자의 경우 화자가 생각하는 문제 행동의 원인을 포함한다. 예를 들어, 해석을 포함하는 결과는 "당신이 그렇게 설거지 거리를 쌓아 두면 당신이 나를 열받게 하려고 설거지를 안 하고 쌓아 두는 거 같아서 화가 나."(p. 58)가 있다.

모든 연령대의 사람들이 감정과 행동을 혼동한다. 따라서 나 전달법에 대해 교육할 때는 먼저 감정과 감정을 표현하는 행동의 차이점에 대해 논의하는 것이 중요하다. 또한 나 전달법과 너 전달법의 차이점을 보여 주는 것도 중요하다. 아동의 경우, 이러한 차이점을 보여 준 후에 청자가 나 전달법과 너 전달법에 어떻게 다르게 반응하는지, 그리고 왜 나 전달법이 더 효과적인지에 대해 함께 이야기해 볼 수 있다.

📖 나 전달법을 변형한 기법

간혹 나 전달법은, 앞서 언급한 세 개의 파트와 더불어, 네번째 파트(화자가 어떤 일이 발생하기를 원하는지)를 포함하기도 한다(Frey & Doyle, 2001). 기존의 세 파트로 이루어진 나 전달법을 사용한 후, 화자는 "그리고 나는 _____을 원해."라는 말을 추가할 수 있다. 이를 통해 화자는 문제를 해결하는 방법을 찾는 데 적극적인 자세를 취할 수 있다. 나 전달법을 변형한 또 다른 기법으로 우리 전달법이 있는데, 이는 화자가 집단이나 관계에 문제가 있다고 표현하는 것이다. 예를 들어, 집단 리더가 "우리는 너무 문제의 표면만 보려는 거 같아요."라고 말할 수 있다. 나 전달법과 달리, 우리 전달법은 문제의 원인, 개인의 책임 혹은 개인의 해결책을 포함하지 않는다. 대신, 우리 전달법은 특정 상황에 관여하고 있는 사람들이 함께 문제를 해결해야 함을 강조한다. 우리 전달법은 집단구성원들이 '함께' 한다는 점, 특히 집단 차원에서 문제 해결과정을 시작하고자 할 때 유용하다. 화자는 자신의 문제에 대한 책임을 회피하거나 타인을 압박 혹은 통제하기 위해 우리 전달법을 사용해서는 안 된다.

📖 나 전달법의 예시

척도기법을 다룬 장에서 소개된 타마라와 케빈의 상담 축어록을 기억할 것이다. 타마라와 케빈은 상대방이 자신의 의사소통 능력에 대해 매긴 점수를 받아들였고, 효과적으로 대화할 수 있는 능력이 결혼생활에 긍정적인 영향을 미친다는 점에 동의하였다. 이러한 진전을 바탕으로, 상담전문가는 두 사람에게 나 전달법의 중요성을 알리고 이를 사용하는 방법을 교육시키고자 하였다.

상담자(C): 자, 이제 서로 대화하는 방법을 좀 바꿀 필요가 있다는 것에 모두 동의했어요. 그리고 이렇게 대화하는 방법을 바꾸는 것이 두 사람의 관계를 향상시킬 거라는 점에도 동의했고요.

타마라(T): 네. 저랑 남편이 서로 건강하고 도움이 되는 방법으로 대화하지 않고 있다는 걸 인정하고 동의해서 좋아요.

C: 네. 그래요. 지금까지 이야기한 걸 요약해 보면, 케빈은 타마라가 자꾸 싸움을 건다고 생각해서 방어적이 되고, 타마라는 케빈이 자기를 무시한다고 생각해서 대화를 주도하고 화를 내요.

케빈(K): 네, 일종의 악순환이에요.

C: 네. 악순환, 바로 그거예요.

T: 그러니까 저는 '남편이 내 말에 귀를 기울이면, 나도 같은 말을 반복하지 않고 화를 내지 않을 텐데.'라고 생각하고, 남편은 '아내가 말을 줄이고 조용히 말한다면, 나도 아내가 싸움을 건다고 생각하지 않고 나를 방어할 필요가 없다고 생각할 텐데.'라고 생각하는 거죠.

C: 네. 정확해요. 자, 그런데 이렇게 서로 다르게 대화하고 있다는 사실을 안 것만으로 충분할까요?

T: (잠시 멈춤) 글쎄요. 모르겠어요.

K: 도움이 됐어요. 하지만 또 비슷한 상황이 발생하면 어떻게 해야 할지 모를 거 같아요.

C: 네. 제가 기억하기로는 갈등의 원인 중 하나가 집안일의 분담과 가족의 책임이라고 하셨던 거 같아요.

(상담전문가는 두 사람이 격렬하게 대화할 수 있는 주제를 의도적으로 제시하였다. 이를 통해 상담자는 두 사람이 어떻게 대화하는지 관찰할 수 있다.)

K: 네 맞아요……. 제가 비슷한 말을 했던 거 같아요. 정확히 그렇게 말한 건 아니고요.

C: 그럼, 어떻게 말씀하셨죠?

K: 음. 글쎄요. 아무리 해도 아내를 만족시킬 수가 없어요. 제가 하는 어떤 일도 아내를 만족시키지 못해요.

T: 그건 당신이 하는 일이 늘 충분하지 않아서 그런 거야. 당신은 손가락만 까닥하고는 '대단히 많이 도와주고 있다.'라고 생각하고, 당연히 내가 그걸 고마워해야 한다고 생각하니까……. 그런데 당신이 하는 일은 내가 매일 하는 100가지의 일 중에 하나에 불과하다고!

K: (깊은 호흡을 내쉼. 얼굴이 일그러짐)

T: 뭐 할 말 있어?

K: 됐어……. 무슨 말을 하든 소용있어?

T: 당신이 생각해도 내가 하는 말이 다 맞으니까 할 말이 없는 거시?

C: 자, 좋아요. 두 분이 평소에 어떻게 대화하시는지 충분히 보여 주셨으니, 괜찮으시다면 잠시 두 분의 대화를 끊을게요. 두 분의 대화를 들어 보니 두 분 다 상대방에게 초점을 많이 맞추는 거 같네요. 그런 대화 방식은 싸움으로 이어져요. 상대방에 초점을 맞춰 대화하다 보면, 우리는 자신의 감정이나 행동에 책임을 지지 않고, 상대방을 방어적으로 만들죠. 그럼 상대방은 자신을 방어하거나 타인을 공격하거나 비난하거나 도망가려고 해요. 자, 그래서 이제 아주 기본적인 대화 기술을 시작해 봤으면 해요. 이 기술은 다른 사람이 아닌 자신의 감정과 행동, 태도를 강조하는 기술이에요. 좀 전에 이야기했던 주제에 대해 다시 한번 이야기해 보세요. 다만, 이번에는 "나는 _____라고 느낀다."라는 문장으로 시작해 주세요. 타마라, 먼저 시작하실래요? "나는 _____라고 느낀다."

T: 나는 하찮은 존재라고 느껴.

C: 좋아요. "나는 당신이 _____할 때, 하찮은 존재라고 느껴요."

T: 나는 당신이 내가 대부분의 집안일을 다 하길 바랄 때 하찮은 존재라고 느껴.

C: 좋아요. 좀 더 말해 주세요. "나는 당신이 내가 대부분의 집안일을 다 하길 바랄 때 하찮은 존재라고 느껴요. 왜냐하면……."

T: 네. 잠시만요. 음, 나는 당신이 내가 대부분의 집안일을 다 하길 바랄 때 하찮은 존재 라고 느껴. 왜냐하면 당신이 훨씬 더 나를 도와줄 수 있다고 생각하기 때문이야.

C: 좋아요. 타마라. 자. 이제 케빈, 타마라가 말한 것에 대해 어떻게 생각하는지 "나는 _____라고 느낀다."라는 문장으로 얘기해 주세요.

K: 음. 네. 나는 음. 모르겠어요. 나는 짜증이 나.

C: "나는 당신이 _____할 때, 짜증이 나요."

K: 나는 당신이 내가 하지 않는 모든 것에 대해 지적할 때 짜증이 나.

C: 좋아요. "나는 당신이 내가 하지 않는 모든 것에 대해 지적할 때 짜증이 나요. 왜냐하 면……."

K: 왜냐하면…….

C: 괜찮으시다면, 처음부터 다시 말해 주세요. 우리가 지금 이 대화 방식을 배우면서 연 습하고 있으니까요 "나는 당신이 내가 하지 않는 모든 것에 대해 지적할 때 짜증이 나요. 왜냐하면……."

K: 나는 당신이 내가 하지 않는 모든 것에 대해 지적할 때 짜증이 나. 왜냐하면 내가 도 와줬던 때도 있었는데 그걸 전혀 기억하지 못하는 거 같아서…….

C: 좋아요. 두 분 기분이 어땠어요? 상대방이 자신에게 한 말을 들었을 때 어땠어요?

K: 좀 더 성숙하게 말한 거 같아요. 제 자신이 꽤 자랑스러워요.

T: (웃으며) 네, 저도 사실 남편이 도와준 것에 대해 칭찬을 더 할 걸이라는 생각을 했 어요.

C: 두 분 다 좋은 말씀을 해 주셨어요. 새로 배운 이 대화 방식을 나 전달법이라고 해요. 이 방식을 사용하면 자신에 대해 기분이 더 좋아지기도 하고 상대방의 이야기를 더 듣고 이해하고 공감할 수 있게 돼요.

T: 네. 그럴 거 같아요.

C: 좋아요. 그럼, 대화를 계속해 주세요. 두 분이 나 전달법에 익숙해질 때까지 제가 도 와드릴게요.

T: 그러니까 계속 이야기하라고요?

C: 네, 계속적으로 "나는 당신의 _____(행동)이 _____(결과)하기 때문에 _____ 라고 느낀다."라는 문장을 사용해 주세요. 이걸 반복적으로 하다 보면 자연스러워질 거예요.

T: 네. 알겠어요. 케빈, 이번에는 내 차례인 거 같아.

K: 응, 당신이 해.

T: 그럼, 당신이 마지막에 한 말에 대해 말할게. 내가 당신이 잘한 걸 자꾸 잊어버리는 이유는 내가 화가 나서 그런 거야. 왜냐하면…….

C: "당신이……."

T: 아, 네. 케빈 내가 당신이 잘한 걸 자꾸 잊어버리는 이유는 당신이 내가 얼마나 힘들고 지쳤는지에 신경을 쓰지 않고 더 도와주지 않는다는 생각이 들어서 화가 나기 때문이야. 화가 나면 고마운 마음이 잘 안 생기잖아. 알지?

K: 믿어 줘, 나 정말 알아. 아, 이제 제 차례인 거죠? 음, 솔직히 말해서 당신이 화를 내면 내가 뭘 해도 충분하지 않고 어차피 잊어버릴 테니까, 당신이 얼마나 많은 집안일을 하고 있는지 신경 쓰지 않게 돼.

📖 나 전달법의 유용성과 평가

나 전달법은 다양한 상황에서 시용될 수 있다. Gordon(1975)은 이 기법이 특별히 부모나 학교 훈육 상황에서 아동에게 유용하다고 생각하였다. 또한 이 기법은 커플상담에서도 자주 사용된다. 나 전달법은 다양한 갈등을 겪고 있는 사람들의 갈등을 해결하도록 돕는 데도 널리 활용된다(Krammere, 1998). 나 전달법은 사람들이 자신의 분노를 긍정적이고 비폭력적인 방법으로 관리할 수 있도록 도와주기도 하며(Phillips-Hershey & Kanagy, 1996), 너무 공격적이거나 소극적인 사람을 위한 자기주장 훈련에서도 사용된다(Hollandsworth, 1977). Martinez(1986)는 나 전달법이 교실에서 학생들의 문제 행동을 다루는 데도 유용하다는 결과를 보고하였고, Cohen과 Fish(1993)도 웃기, 싸우기, 트림하기 등 수업을 방해하는 행동을 감소시키는 데도 효과적이라는 결과를 발표하였다.

많은 연구를 통해 나 전달법이 아동 훈육이나 갈등 상황에 효과적임이 밝혀졌다. Peterson 등(1979)은 교실에서 학생들의 행동을 변화시키기 위해 나 전달법을 사용하였고, 그 결과 모든 참여자의 문제 행동은 아니었지만 일부의 문제 행동이 감소한 것으로 나타났다. Remer(1984)는 갈등 상황에서 나 전달법에 대한 사람들의 반응을 살펴보았는데, 그 결과 행동-감정-결과라는 세 가지 요소를 포함한 나 전달법으로 인해 참여자들의 행동을 바꿀 동기 그리고 대화나 협상을 하려는 의지가 높아진 것으로 확인되었다. 또한 참여자들은 나 전달법이 다른 방법보다 더 효과적이라고 응답하였다.

갈등 상황에서 나 전달법의 효과성에 대해 살펴본 두 개의 연구가 있었다. 두 연구 모두 참여자들이 불만을 제기하는 상황에서 주장하는 진술문과 공격하는/비난하는 진술문에 대해 어떻게 다르게 반응하는지 살펴보았다. 주장하는 진술문은 나 전달법, 공격하는/비난하는 진술문은 너 전달법으로 정의되었다(Kubany & Richard, 1992). 먼저, Kubany, Richard, Bauer와 Muraoka(1992)의 연구에 참여한 여성 참여자들은 주장하는 진술문에 대해 덜 부정적으로 지각하고, 덜 적대적인 감정을 느끼고, 더 인정을 느꼈으며, 공격적인 행동을 덜 하고 달래는 행동을 더 많이 할 것이라고 응답하였다. 이에 대해, 연구자들은 가까운 관계에서 공격하는/비난하는 진술문을 사용하여 분노를 표현하면 상황을 더 악화시키고 갈등 해결에 방해가 된다고 결론 내렸다. 다음으로, Kubany와 Richard(1992)는 청소년을 대상으로 동일한 연구를 실시하였는데, 비슷한 결과가 확인되었다. 남자 청소년과 여자 청소년 참여자 모두 나 전달법 진술문을 들었을 때보다 너 전달법 진술문을 들었을 때 화가 나고 적대적으로 반응할 것이라고 응답하였다. 이 연구는 응답자들의 행동을 실제 관찰하는 대신 자기보고식 방법을 사용하였다는 점에서 한계가 있지만, 나 전달법이 너 전달법 혹은 다른 방법들에 비해 갈등 해결을 촉진하는 데 더 효과적일 수 있다는 가능성을 보여 줬다는 데 그 의의가 있다. 마지막으로, 나 전달법을 사용할 때는 문화적 감수성과 특수성에 대해 고려해야 한다. Cheung과 Kwok(2003)은 중국 문화에서는 부모가 자녀에게 화를 낼 때에 나 전달법을 사용하기를 피하거나 매우 꺼리는 반면, 걱정이나 좌절감을 표현할 때에 이 기법을 기꺼이 사용할 것이라고 설명하였다.

제**7**장

마치 ~인 것처럼 행동하기

📖 마치 ~인 것처럼 행동하기의 기원

마치 ~인 것처럼 행동하기(Acting as if)는 아들러 상담을 토대로 한 기법이다. 아들러 상담의 목표는 내담자의 사회적 관심과 공동체감을 향상시키는 데 있는데(Carlson, Watts, & Maniacci, 2006), 이는 네 가지 준거를 통해 측정된다. (1) 증상이 감소됨, (2) 기능이 향상됨, (3) 유머 감각이 향상됨, 그리고 (4) 내담자의 관점에서 변화가 발생함 등이다. 마치 ~인 것처럼 행동하기는 내담자의 관점과 행동을 변화시켜 궁극적으로 내담자의 기능을 향상시키는 데 그 목표가 있다. 내담자가 다르게 생각하는 것만으로는 충분하지 않다. 내담자는 다르게 행동해야 한다.

Adler는 모든 사람이 자신의 삶에 대해 자신만의 인지적 지도를 만들며, 이는 그들의 삶을 이끄는 나침판 역할을 한다고 생각했다(Carlson et al., 2006). 인지적 지도는 허구다. 하지만 Adler에 따르면, 사람들은 자신의 인지적 지도가 '마치 사실인 것처럼 행동하기' 때문에 인지적 지도에 따라 살아가게 된다. 동시에, Adler는 내담자가 좀 더 생산적으로 행동할 수 있도록 인지적 지도를 바꿀 수 있다고 믿었다. 마치 ~인 것처럼 행동하기는 내담자로 하여금 자신들이 성취하지 못할 거라고 생각하는 것들을 성취했다고 가정하고 행동하도록 하는 기법을 의미한다.

📖 마치 ~인 것처럼 행동하기를 사용하는 방법

마치 ~인 것처럼 행동하기는 상담전문가가 내담자에게 자신이 어려운 상황을 효과적으로 해결할 수 있는 것처럼 행동하도록 하는 개입 방법이다(Seligman & Reichenberg, 2013). 많은 내담자가 "내가 ~을 할 수만 있다면"이라는 말을 한다(James & Gilliland, 2003). 이때 상담자는 내담자에게 자신이 희망하는 모든 것을 할 수 있다고 가정하고 행동하도록 요청한다. 내담자로 하여금 자신이 원하는 모든 기술을 가지고 있는 특정인을 생각하고, 그 사람이라면 자신이 당면한 이 상황에 어떻게 대처할지 상상해 보도록 격려하는 것이 좋다(Carlson et al., 2006).

되고 싶었던 사람이 되었다고 가정하는 것은 내담자가 자신을 한계짓고 있는 생각이 틀릴 수 있음을 알게 해 준다(Corey, 2015). 내담자는 마치 ~인 것처럼 행동하기를 하는 과정에서 예전의 패턴이 다시 나타나고 있는지 스스로 관찰한다. 내담자가 이 기법을 충실히 이행하는 것이 중요하다. 내담자는 정말로 변하고 싶다면, 자신의 문제에 대해 뭔가를 하려는 의지가 있어야 한다.

📖 마치 ~인 것처럼 행동하기를 변형한 기법

일부 상담전문가들은 반영적 질문을 하면서 마치 ~인 것처럼 행동하기를 사용한다. 상담자는 내담자에게 만약 자신의 상황이 이미 달라졌고 자신이 이미 다르게 행동하고 있다면 무엇을 다르게 하겠는지(생각·감정·행동)에 대해 생각할 수 있는 질문을 한다. 이러한 질문은 내담자가 실제 삶에서 어떤 다른 행동을 할 수 있는지 상상하고, 이를 미리 준비할 수 있도록 도와준다. 또한 이러한 질문은 실제로 마치 ~인 것처럼 행동하기를 할 때 어떤 어려움이 발생할 수 있을지 탐색함으로써 지뢰표시하기를 할 수 있도록(제4장 참조) 도와준다.

Watt는 마치 ~인 것처럼 행동하기의 변형 기법인 마치 ~인 것처럼 반영하기(reflecting as if)를 개발하였다(Watts, 2003; Watts & Garza, 2008; Watts, Peluso, & Lewis, 2005; Watts & Trusty, 2003). 이 기법은 3단계로 구성되어 있으며, 내담자가 자신의 목표대로 행동한다면 어떻게 다르게 행동하고 느끼고 생각할 것인지 시간을 두고 생각할 수 있도록 격

려한다. 1단계에서, 상담전문가는 반영질문을 통해 내담자의 행동에 변화가 일어난다
면 어떤 모습일지 생각하도록 한다. 2단계에서, 상담자와 내담자는 마치 ~인 것처럼
행동하기에서 '행동'이 어떤 행동인지 함께 그려 본다. 3단계에서, 내담자는 현실 세계
에서 시도해 볼 수 있는 가장 쉬운 행동을 선택한다. 내담자가 선택한 행동을 성공적으
로 수행하면(필요한 경우 방법을 수정함), 점점 더 어려운 행동을 시도하도록 돕는다. 상
담자와 내담자는 내담자가 시도한 행동의 긍정적인 결과를 축하하고 결과에 따라 행동
을 수정한다.

또한 Watts와 Garza(2008)는 아동으로 하여금 마치 ~인 것처럼 행동하면 어떤 결과
가 나타날지 미리 그림을 그려 봄으로써 자신에 대해 표현하도록 도울 것을 제안하였
다. 또한 긍정적인 변화를 만들 수 있는 방법과 관련 역량을 키우는 방법에 대해 탐색
하고, 먼저 상담 회기 내에서 마치 ~인 것처럼 행동하기를 연습한 후에 상담 회기 밖에
서 연습하고, 이를 실제 중요한 타이밍에서 사용할 수 있도록 격려할 것을 제안하였다.

📖 마치 ~인 것처럼 행동하기의 예시

레이니(Laney, 16세 여성)는 1년간 사귀던 남자친구와 8개월 전에 헤어졌다. 이로 인
해 심한 상처를 받은 레이니는 남자친구가 있는 학교로 돌아가기를 거부하고 있다. 레
이니의 어머니는 정서적으로 다소 불안정하고 비일관적이며 부모로서 지나치게 관대
하여 레이니가 자퇴하고 홈스쿨링하는 걸 허락하였다. 홈스쿨링을 한 지 4개월이 지났
는데, 레이니는 학업에 전혀 집중하지 못했다. 또한 식사 거부나 자해와 같은 문제 행
동도 보였고, 가족들에 따르면 그녀는 정서적으로 불안정하고 공격적이었다. 하지만
상담이 시작된 지 4개월 후, 레이니는 더 이상 식사 거부나 자해를 하지 않고 공부도 하
기 시작했다. 정서적으로도 많이 안정을 찾았고, 공격성도 줄어들었다. 다만, 레이니는
여전히 과도하게 신체화를 하고, 산만했다. 최근 레이니는 몇 주 후 새 학년이 시작되
면 학교로 돌아가기로 결정했다.

레이니(L): 전 그냥 정상이 되고 싶어요. 제 또래 다른 여자애들처럼요.

상담자(C): 학교로 돌아가는 게 너한테 어떤 의미야?

L: 음, 늘 집에 있는 게 너무 힘들었어요. 은둔자처럼. 제가 은둔자 같아요. 선생님도 아.

시다시피, 제 아버지는 정신적으로 좀. 아버지는 은둔자예요. 근데, 제가 아버지같이 되면 어떡해요? 그래서 학교를 그만둔 건가? 제가 미쳤으면 어떡해요? (괴로워하며 무릎을 가슴으로 당기고, 머리를 무릎 사이에 넣고, 팔을 과도하게 흔들기 시작함)

C: 레이니, 우리 이거에 대한 이야기 알잖아. 넌 어떻게 그걸 멈출 수 있는지 알잖아.

L: (팔을 흔드는 걸 멈췄지만 머리를 계속 무릎 사이에 넣고 있음. 깊은 호흡을 내쉬고 잠시 침묵함) 네. 전 은둔자가 아니에요. 저는 아버지랑 달라요. 그리고 어머니처럼 될 필요도 없어요. 난 그냥 나예요. 난 이상한 사람이 아니에요. 난 미치지 않았어요. 난 전혀 미치지 않았어요. 난 좋아지고 있어요. 난 괜찮아. 난 괜찮아요. 난 괜찮아요. (깊은 호흡을 내쉰 후, 고개를 들고, 눈썹을 치켜들며 희미한 미소를 보임)

C: 넌 괜찮아.

L: 네, 괜찮아질 거예요.

C: 좋아. 또래 다른 여자아이들처럼 '정상'이 되고 싶다고 했지?

L: 네. 정상이요. 미치지 않은…… 제 예전 친구들은 제가 학교에 돌아오지 않으니까 절 이상하게 생각해요. 친구들은 제가 사실은 홈스쿨링을 안 한다는 걸 알고 있어요. 전 이제 집에 있으면 안 돼요. 정상적인 16세 여성이 되어야 해요.

C: 네가 생각하는 정상적인 16세 여성은 어떤 모습이야?

L: 일단, 학교로 돌아가야죠. 쇼핑센터도 가고, 여름에는 수영장에도 가고. 매튜 (Matthew) 때문에 이런 곳들을 가지 않았어요. 걔가 절 찼을 때 전 정말 망가졌어요. 정말로요. 걔를 다시 보면 전 또 망가질 거예요. 그럼 그동안 제가 이룬 모든 긍정적인 변화가 다 사라질 거예요.

C: 그럼, 학교로 돌아가면, 예전의 레이니로 돌아갈 거라고 생각하는 거야?

L: 네, 전 그게 두려워요. 많이 두려워요. 예전의 나로 돌아갈 수 없어요. 제가 아직 더 나아져야 하는 걸 알아요. 그건 괜찮아요. 하지만 예전으로 돌아갈 수는 없어요. 매튜는 저한테 너무나 큰 영향을 미칠 수 있어요. 물론 예전만큼은 아니겠지만. 걔가 헤어지자고 했을 때 정말로 너무 힘들었어요. 제 인생이 끝난 거 같았어요. 제가 누군인지 더 이상 모르겠더라고요. 전 그냥 매튜의 여자친구였어요. 전 누가 레이니인지 더 이상 모르게 되어 버렸어요. 전 정말 망가졌었어요. 모든 사람이 저를 쳐다보는 거 같고, 저에 대해 이야기하는 거 같았어요. 그리고 매튜가 다른 여자애들과 어울리고…… 완전 버려진 거 같았어요. 너무 외롭고…… 두려웠어요. 망가졌었어요. 그래서 매튜의 자동차 타이어에 구멍을 냈어요. 자살할까 생각도 했고, 그런 생각을 한

후에 정말 많이 울었고, 걔네 집에 가서 헤어지지 말아 달라고 빌기도 했어요. 바닥에 엎드려서 울기도 하고. 완전 어리석었어요. 학교로 돌아갈 수 없었어요. 처음 2주 동안 학교에 가지 않았는데, 전 나아지는 대신 더 나빠졌어요. 그래서 엄마가 학교에 보내지 않았죠. 엄마도 학교에 가는 건 무리라고 했어요. (잠시 멈춤) 하지만 이제 학교로 돌아가고 싶어요. 더 이상 이 문제가 제 인생을 망치지 않았으면 좋겠어요. 근데…… 그렇게 될까 봐 무서워요.

C: 이제 네가 그걸 통제할 수 있어. 알잖아.

L: 어떻게요? 어떻게 제가 반응할지 모르겠어요. 만약 제가 통제하지 못하면 어쩌죠?

C: 미리 시나리오를 쓰고, 가장이나 셔레이즈(Charades: 표정이나 동작으로 미세한 심리표현을 하는 게임) 같이 '~하는 척' 하는 연기를 배워 봐.

L: 무슨 말씀이세요? (매우 관심을 가지고 놀라며, 심지어 신나함)

C: 음, 지난번에 연기자가 되고 싶다는 말을 했잖아. 그리고 넌 연기자의 재능이 있어. (레이니와 상담자는 서로 웃음) 우리 같이 네가 연기할 캐릭터, 새로운 페르소나를 만들면 어때? 네가 마치 다른 사람이 된 것처럼 행동하면 어떨까?

L: 좋은 거 같아요.

C: 학교에 돌아가면 어떤 사람인 것처럼 행동하고 싶어?

L: (진지하게 생각함. 얼마나 이 논의에 집중하고 있는지 알 수 있음) 정상이 되고 싶고…… 건강한…… 쿨하고 차분하고 정돈된 그런 사람. 한심한 고등학교 드라마에 영향을 받지 않는. 자신감이 있는 그런 사람으로 보이고 싶어요. 내 자신에게 만족하고 싶어요. 미숙한 방법이 아니라 성숙하고 자신감 있는 방법으로…… 별거 아닌 이유로 감정을 조절하지 못하고, 타이어에 구멍을 내거나, 자해를 하는 그런 여자가 아니었으면 좋겠어요. 전 침착한 사람이고 싶어요. 쉽게 영향을 받거나 흔들리는 사람이 아니었으면 좋겠어요. 학교에 돌아가면 매튜를 보는 것 외에도 다른 힘든 일이 있을 거예요. 모두가 제가 어디 갔었는지, 왜 제가 돌아왔는지에 대해 속닥거릴 거예요. 제가 그런 일들에 잘 대처해야 돼요. 근데…… 전 그렇게 침착하고 강하지 못해요.

C: 그럼, 새로운 캐릭터를 만들어 보자.

L: 영화에 나오는 캐릭터 같은거요?

C: 응, 맞아. 이미 네가 알고 있는 캐릭터를 사용해서 만들어도 돼. 좀 전에 네가 말한 특성과 능력들을 가진 영화 캐릭터가 있다면…….

L: (갑자기 기운이 빠지면서) 근데, 제가 아닌 다른 누군가가 되라고 하시는 거예요?

C: 과거와 다르게 행동해 보라는 거야. 이전의 네가 했던 행동들이 너 자신한테 도움이 되지 않았으니까…… 아직 어떻게 달라질지 확신이 없잖아. 하지만 넌 어떤 사람이 되고 싶은지는 알아. 그러니까 '마치 ~인 것처럼', 즉 마치 네가 되고 싶은 사람이 된 것처럼 행동하라는 거지. 때로는 변하기 위해 가장 쉬운 방법은 이미 변한 것처럼 행동하는 거니까.

L: 연기! 저 연기 좋아해요. 완전히 할 수 있어요. (다시 기운차게) 좋아요. 웃지 마세요. 제 머릿속에 떠오르는 사람은 〈바람과 함께 사라지다〉에 나오는 스칼렛 오하라예요. 솔직히, 제가 묘사했던 사람이 바로 그녀예요. 어떤 것도 그녀를 힘들게 하지 못해요. 어떤 것도.

C: 글쎄, 그녀도 한두 번 약한 모습을 보였던 거 같은데. 기억나? 애슐리가 그녀를 떠났을 때? 그리고 마지막에 레트가 떠날 때도. 스칼렛이 어떻게 거부당함에 대처했는지, 그리고 가장 사랑했던 두 남자를 잃었을 때 어떻게 대처했는지 생각해 보자.

L: 그녀도 비굴하게 군 적이 몇 번 있었어요. 하지만 저보다 훨씬 더 빨리 감정을 털어냈어요. 마치 아무 일도 없었다는 듯이…….

C: 그래. 맞아.

L: 그녀는 태풍이 다 끝날 때까지 기다렸다가 무너졌어요. 그리고 혼자 있을 때 무너졌어요. 남들에게 자신의 약한 모습을 보여 준 적이 거의 없었어요.

C: 어떻게 그녀가 강했다는 걸 알 수 있어?

L: 방에 들어가는 모습이나 얼굴 표정. 침착한 목소리. 그리고 문제에 대처하는 방식들.

C: 그리고 그녀는 심지어 무너진 후에도 빨리 회복했어. 스칼렛은 정말 자신을 다시 '세팅'하는 걸 잘했던 거 같아. 마치 새로운 캐릭터를 연기하듯이 금방 다시 '시작' 버튼을 눌렀지. 학교에 돌아가면 스칼렛이 된 것처럼 행동할 수 있겠어? 다음 회기 때까지 학교에 돌아가면 어떤 일이 생길지, 그리고 스칼렛이라면 어떻게 대처할지 생각해 볼래?

L: 네. 그렇게 할게요. 이번 주에 영화를 한 번 더 보고 제가 원하는 그녀의 특성이 무엇인지 생각해 볼게요.

📚 마치 ~인 것처럼 행동하기의 유용성과 평가

마치 ~인 것처럼 행동하기는 내담자가 어려운 상황에 대처하는 능력이나 기술이 없다고 생각하는 다양한 상황에서 사용될 수 있다. 쑥스러움이 많은 남성의 경우, 주장이 강한 사람처럼 행동할 수 있다(Carlson et al., 2006). 지배적이고 적대적인 남편을 무서워하는 여성의 경우, 남편에게 당당하게 맞서는 용감한 사람인 것처럼 행동할 수 있다(Seligman & Reichenberg, 2013). 또한 의학적 치료를 받고 있는 아동의 경우, 자신이 가장 좋아하는 슈퍼히어로가 된 것처럼 행동했을 때 치료과정을 더 잘 견딘 것으로 확인되었다.

제8장

수프에 침 뱉기

📖 수프에 침 뱉기의 기원

Ansbacher와 Ansbacher(1956)가 오래된 독일 속담을 사용하여 이름 붙인 수프에 침 뱉기(spitting in the soup) 기법은 내담자의 증상 이면에 있는 내담자의 목적을 찾아 이를 내담자에게 알려 줌으로써 내담자의 증상을 감소시키는 역설적인 아들러 상담기법이다. Adler에 따르면, 이 기법을 사용하면 내담자가 자신의 증상을 계속 유지하기를 선택하더라도 뭔가 이득이 있기 때문에 증상을 유지하고 있음을 알면서 증상을 유지하게 된다. 대부분의 내담자의 경우, 자신의 목적을 알게 되면 증상을 덜 매력적으로 느낀다. 만약 내담자가 증상을 덜 매력적으로 느끼고 별로 이득이 안 된다고 생각하게 되면, 내담자가 그 증상을 유지할 가능성이 낮아진다.

상담전문가는 내담자에게 증상 유지를 격려하지는 않지만, 동시에 멈추라고 요구하지도 않는다. 다만, 내담자의 증상에 목적이 있다는 점만 짚어 준다. 상담자는 내담자의 목적을 타당화하면서 그 목적을 이룰 수 있는 다른 방법(좀 더 친사회적인 방법)을 찾을 수 있도록 도와준다. Rasmussen과 Dover(2006, p. 387)에 따르면, "기분이 좋아지기를 바라는 내담자의 목적을 알게 되면, 상담자와 내담자는 이러한 목적을 달성할 수 있는 더 나은 방법에 대해 탐색할 수 있다. 만약 목적을 달성할 수 있는 더 새롭고 더 적응적인 방법이 없다면, 새로운 행동을 찾기보다는 증상을 대체할 수 있는 방법에 대해 논의할 수 있다." Adler는 내담자는 증상을 유지하기 위해 증상과 싸워야 한다고 믿었다. 역설적 기법은 내담자에게 자신이 어떻게 무의식적이지만 목적을 가지고 자신의 증상을 만들어 왔는지 알려 준다.

🕮 수프에 침 뱉기를 사용하는 방법

이 기법을 사용하기 전에, 우선 상담자는 내담자와 라포 및 신뢰 관계를 형성해야 한다. 그렇지 않으면, 내담자가 이 기법을 거부할 가능성이 높다. 수프에 침뱉기를 사용하기 전에, 상담자는 다음과 같은 질문을 통해 증상 이면에 있는 목적이 무엇인지에 대해 가설을 세운다. "이 행동/감정을 통해 어떤 것들을 얻을 수 있나요?" "이 행동/감정의 결과 중에 긍정적인 것도 있나요?" "만약 내일 이 행동/감정을 포기한다면, 당신은 무엇을 잃게 될까요?"

이 기법을 효과적으로 사용하기 위해서는 이 기법의 목적, 그리고 이 기법이 어떻게 변화를 유도할 수 있는지에 대해 충분히 이해해야 한다. 이 기법을 사용할 때, Adler가 문제 행동의 원인이 부족한 사회적 관심, 열등감 콤플렉스 혹은 관계 문제라고 생각했다는 점을 기억할 필요가 있다. Oberst와 Stewart(2003)는 역기능적 행동이나 증상은 삶의 과제를 회피하거나 힘, 관심 혹은 사랑을 얻고자 하는 욕구 때문에 나타난다고 말했다.

Rasmussen과 Dover(2006, p. 387)는 "내담자는 자신이 원하는 목표를 달성하도록 생활양식을 형성하지만 내담자가 사용하는 방법에는 오류가 있다."라고 말하였다. 역기능적 증상의 이면에 있는 일반적인 동기/목적의 예시는 다음과 같다. 힘을 얻기 위한 분노 표현, 다른 사람의 지지와 관심을 받기 위한 우울 증상, 책임감과 과제를 피하기 위한 무기력, 중요한 사람으로부터 애정과 사랑을 받기 위해 자기관리를 하지 않음 등이다. 마치 세 살짜리 아이가 뭔가를 얻거나 회피하기 위해 부적응적인 행동(예: 떼쓰기)을 하는 것처럼, 아동, 청소년, 심지어 성인도 이런 행동을 반복적으로 한다.

수프에 침뱉기를 통해 상담전문가는 내담자가 자신의 증상을 통해 얻는 이득이 무엇인지 보여 줄 수 있다(Carlson et al., 2006). 내담자는 자신이 왜 증상을 보이는지에 대해 알고 있어도 증상을 유지할 수 있다. 하지만 더 이상 증상은 매력적일 수 없다. 다시 말

해, 상담자는 내담자의 자기패배적인 행동의 동기를 드러나게 함으로써 내담자가 불편
감을 느끼도록 한다(Seligman & Reichenberg, 2013). 내담자가 계속 수프를 먹고 싶을 수
도 있지만(즉, 행동을 바꾸지 않을 수도 있지만), 수프를 더 이상 맛있게 먹을 수는 없게 된
다(James & Gilliland, 2003). 상담자가 내담자의 수프(즉, 게임)를 망쳐 버린 것이다.

이 기법을 사용할 때 내담자가 변화에 대한 저항을 보이면, 상담전문가는 저항이 왜
나타나는지 탐색해야 한다. 일반적으로, 자기 수프가 더 이상 맛있지 않아도 변화에 대
해 저항하는 내담자의 경우, 상담자가 추측했던 목적이 아닌 다른 목적이 있거나, 상담
자가 자신을 충분히 이해하거나 지지적이지 않다고 생각했거나, 상담자를 너무 불쾌
하거나 지시적이라고 생각했거나, 혹은 변화에 대한 동기가 부족했기 때문일 수 있다
(Rasmussen, 2002). 어떤 이유든, 상담자는 목표를 재구성하고, 내담자의 동기를 향상시
킬 수 있는 방법을 사용하고, 라포를 더 강화하도록 노력해야 한다.

📖 수프에 침 뱉기를 변형한 기법

상담자, 내담자, 호소문제 및 동기에 따라 수프에 침뱉기를 변형하여 사용할 수 있지
만, 아직까지 수프에 침뱉기를 변형하고 사용한 경우는 보고되지 않고 있다.

📖 수프에 침 뱉기의 예시

다이앤(Dianne)은 46세 여성으로, 만성 통증으로 인해 병원에서 의뢰되었다. 다이앤
은 우울 증상을 호소하고, 일상생활을 제대로 할 수 없을 정도로 심한 만성 통증으로 겪
고 있었다. 다이앤은 자신의 통증이 어떤 신체적 이유로도 설명되지 않아 상담에 오게
되었다.

> 상담자(C): 그럼, 언제부터 시작되었는지는 확실하지 않지만, 꽤 오랫동안 통증이 있던
> 거네요. 통증이 있기 전에는 어떻게 지내셨는지 말해 주실래요?
> 다니앤(D): 저는 대가족에서 자랐어요. 4남매 중 장녀예요. 제가 되게 어렸을 때 어머니
> 가 돌아가셨어요. 열한 살 때였어요. 어머니가 돌아가신 후 아버지는 술을 많이 드시

기 시작했어요. 아버지는 완전 다른 사람이 됐어요. 그래서 우리는 다른 이유로 부모님 두 분을 다 잃은 거나 마찬가지였어요.

C: 정말 힘드셨겠어요.

D: 그때는 얼마나 힘들었는지도 몰랐어요. 해야 하는 일이 너무 많아서 바빴거든요. 어머니와 아버지를 한꺼번에 잃고 나니 우리를 돌봐 주는 사람이 아무도 없었어요. 저밖에 없었어요. 제가 아버지를 포함한 모든 가족을 돌봐야 했어요. 슬퍼할 여유도 없었어요(여전히 생각하면서 긴 침묵. 짧고 깊은 호흡). 그러던 어느 날, 결혼하기로 결심했어요. 결혼해서 집에서 나오고 제 여동생에게 모든 책임을 전가하고 싶었어요. 근데, 결혼하고 바로 임신을 했고, 첫 딸을 낳았어요. 그리고 둘째를 낳고…… 그리고 또 아이를 낳고…… 아이들을 또 돌봐야 했어요. 너무 피곤해요. 너무…… 지쳐요.

C: 한 번도 쉬지 못하셨네요.

D: 전혀 못 쉬었어요. 그리고 제 남편이었던 찰스(Charles)가 떠났어요…… 우리는 여전히 결혼한 상태이긴 해요. 아마 그럴 거예요. 찰스가 가끔 전화를 해요. 찰스는 다른 지역으로 이사를 갔는데…… 어디인지는 정확히 모르지만…… 가끔씩 돈도 보내요. 제 딸들은 아버지가 떠난 것이 저 때문이라고 생각해요. 그리고 세 남동생들은 이제 다 컸지만…… 제가 여전히 돌봐 줘야 해요. 한 명은 교도소를 들락거리고 늘 도움을 필요로 하고, 또 다른 남동생은 알코올 중독자이고 항상 누군가가 구해 주길 바라고 있죠. 제 여동생은 장애가 있어서, 제가 가끔 조카들을 돌봐야 해요. 그리고 아버지는…… 지금 건강이 많이 안 좋으세요. 저는 아버지를 돌보기 위해 최선을 다하고 있어요. 매주 아버지를 위해 장을 보고, 아버지의 집을 청소해요. (뭔가 다른 생각을 하더니 머리를 흔듦) 그리고 이제는 의사도 이유를 찾을 수 없는 이 통증들을 겪고 있어요.

C: 끝이 없는 거 같네요.

D: 네, 맞아요. 왜 저한테는 이런 일들이 일어날까요?

C: 공평하지 않은 거 같아요.

(지금까지 상담자는 내담자의 감정과 경험을 타당화하기 위해 지지적인 반응만 하였다. 이렇게 지지적인 반응을 하는 것은 내담자의 신체적 통증이 의학적으로 설명되지 않고 있고, 상담자가 매우 어려운 질문(내담자의 방어를 초래할 수 있는)을 할 예정이기 때문에 특히 중요하다. 내담자가 지지받았다고 느낄 때, 방어적으로 반응할 가능성이 낮아진다.)

D: 전혀 공평하지 않아요. 제 인생은 충분히 너무 힘들었어요. 이미 고통으로 가득
찬……. 이제 너무 지쳤어요. 아파요.

C: 그래요. 정말 삶에 지치셨어요. 삶 때문에 아프세요. 당신의 삶 때문에…….

D: 네? 무슨 말씀이세요?

C: 혹시 어떤 면에서는 아프고 싶다는 생각을 하시는 거 아닐까요?

D: 아니요! 난 아프고 싶지 않아요! 왜 그렇게 생각하세요? 전 이 모든 것의 피해자라
고요!

C: 제가 다른 식으로 여쭤 볼게요. 조금이라도…… 아주 조금이라도…… 아픈 것으로
인해 얻는 것이 있으세요?

D: 아니요.

C: 그럼, 내일 갑자기 모든 통증이 사라진다면, 이때까지 하던 일을 포기하지 않고 다시
하실 거예요?

D: 음. (매우 빠르게 말함) 지금 제가 가질 수 있는 이 휴식 시간들을 잃고 싶지 않아요.
제가 다시 괜찮아진다면, 가족들은 다시 자신들을 돌봐 주길 바랄 거예요. 남동생들
은 다시 돈을 달라고 할 거고, 여동생은 계속 도움을 필요로 하고, 딸들은 저에게 늘
화를 내고, 저를 미워해요. (멈춤) 아…… 음…… 제가 아픈 것으로 인해 얻는 게 있었
네요.

C: 아마도 당신은 자신에게 휴식을 주는 유일한 방법이 아픈 거라고 생각했을지도 몰라
요. 모든 사람을 돌봐 주어야 하는 책임감으로부터의 휴식이요. 계속 아프셔도 괜찮
아요. 그로 인해 당신의 기분이 나아진다면, 당신의 욕구가 충족된다면, 당분간은 그
렇게 하셔도 돼요.

(내담자는 계속 수프를 먹을 수 있지만, 이제 수프에 무엇이 들어 있는지 알기 때문에 예전처
럼 맛있게 먹을 수 없다. 다시 말해, 내담자는 계속 희생자로서 통증을 느끼겠지만 통증은 더 이
상 동일한 효과를 갖지 않는다. 따라서 내담자는 욕구를 충족시킬 수 있는 다른 대안, 좀 더 건강
한 다른 대안을 찾고 싶을 것이다).

🕮 수프에 침뱉기의 유용성과 평가

아직까지 수프에 침 뱉기의 효과성에 대한 경험적 근거는 없었지만, 몇몇 연구에서는 수프에 침 뱉기와 아들러 상담의 다른 기법(예: 나 메시지, 마치 ~인 것처럼 행동하기, 생활양식 평가)이 함께 사용되었다. Doyle과 Bauer(1989)는 외상 후 스트레스 증상을 겪고 있는 아동의 왜곡된 자기관을 수정할 때 수프에 침 뱉기를 사용할 것을 제안하였다. Herring과 Runion(1994)은 다양한 인종의 아동을 대상으로 사회적 관심과 생활양식을 향상시키기 위해 수프에 침 뱉기를 포함한 아들러 상담기법을 사용하였다. Harrison(2001)은 자해, 우울, 섭식장애 등을 겪고 있는 성폭력 생존자와 상담할 때 수프에 침 뱉기를 포함한 아들러 상담기법을 사용할 것을 권장하였다. 다양한 문제를 다루는 데 있어 역설적 기법이 얼마나 효과적인지는 제10장에서 소개한다.

제9장

상호적 스토리텔링

📖 상호적 스토리텔링의 기원

스토리텔링은 오랫동안 인간과 함께해 왔으며, 성경이나 우화, 전래동화 등에 나오는 스토리들은 인간의 행동에 지대한 영향을 미쳐 왔다. 스토리는 인간의 행동을 규제하고 의사결정을 가이드하는 법, 윤리, 일상생활의 규칙을 반영한다. 또한 스토리텔링은 상담에서도 유용하게 사용된다.

상호적 스토리텔링(mutual storytelling)의 기원은 1913년에 Hug-Hellmuth가 아동들을 대상으로 실시한 스토리를 포함한 놀이치료이다(Gardner, 1986). 1920년대에 Anna Freud와 Melanie Klein은 Hellmuth의 영향을 받아 아동들을 대상으로 한 정신분석 치료에 놀이치료를 접목하였다. Anna Freud는 아동들과 언어적 상호작용을 하기 전에 놀이치료를 사용하여 치료적 동맹을 형성하였다. 이와 달리, Melanie Klein은 아동과 상담할 때는 놀이가 대화의 핵심 수단이라고 생각하였다. 1930년대 초에 Conn과 Solomon은 상징적 수준에서 내담자와 스토리에 대해 이야기하였고, 이런 대화를 통해 변화를 유도하였다. Conn과 Solomon의 영향을 받은 정신역동 상담자인 R. A. Gardner는 1960년대 초에 상호적 스토리텔링 기법을 개발하였다.

Gardner는 분석에 저항하는 내담자들이 있다며, 무의식을 의식화시켜야 치료에서 진전을 보일 수 있다는 정신역동 상담의 가정에 반대했다(Allanson, 2002). 대신, 우화 또는 은유를 통해 내담자의 무의식을 이해할 수 있다고 생각하였다(Gardner, 1974). 또한 타인(예: 가상으로 만든 캐릭터들)의 부적절한 행동과 실수가 어떤 교훈을 주는지를 탐색함으로써 내담자의 저항(예: 자신의 잘못에 대해 이야기하기를 꺼림)을 다룰 수 있다고 말하였다(Gardner, 1986). 적절한 타이밍에 내담자에게 개인적으로 와닿는 스토리를 사용하면, 상호적 스토리텔링을 통해 더욱 설득력 있게 교훈을 전달할 수 있다. Gardner는 자신이 스토리를 말할 때 내담자가 어느 정도로 집중하고 불안을 보이는지 살펴봄으로써 자신의 해석이 얼마나 정확한지, 그리고 전달하고자 하는 교훈이 얼마나 잘 받아들여졌는지 알 수 있다고 말하였다(Allanson, 2002). 상담자가 내담자의 배경과 호소문제에 대해 더 잘 이해할수록, 이 기법을 효과적으로 사용할 수 있다.

📖 상호적 스토리텔링을 사용하는 방법

상호적 스토리텔링를 사용하기 전에, 내담자와 치료적 관계를 형성하고 내담자의 배경과 문제에 대해 최대한 많이 이해하는 것이 중요하다. 그래야만 상담자는 내담자의 비유를 이해하고 내담자의 스토리를 효과적으로 재사용할 수 있다.

상호적 스토리텔링의 첫 단계는 내담자로 하여금 가상 스토리를 만들게 하는 것이다. 내담자가 스토리를 만드는 데 특별한 규칙이 있는 것은 아니지만, 보통 좋은 스토리가 그런 것처럼, 내담자가 만드는 스토리에도 시작·중간·결말이 있어야 하고, 흥미로운 캐릭터와 행동들이 포함되어야 한다(Arad, 2004). 다양한 방법으로 첫 단계를 실시할 수 있는데, Gardner가 선호한 방법은 내담자에게 라디오나 TV 프로그램의 명예 게스트로 선발되었다고 말하는 것이다. 프로그램 제작진들이 내담자를 초대하여 내담자가 얼마나 스토리를 잘 만드는지 보고 싶어 한다고 말한다. 스토리는 내담자 자신의 상상으로 만들어져야 한다. 실제 일어난 일, 내담자가 읽거나 듣거나 TV나 영화에서 본 일은 스토리에 포함될 수 없다(Smith & Celano, 2000). 스토리는 교훈이나 도덕적 메시지도 포함되어야 한다.

대부분의 내담자는 좋은 스토리를 만드는 걸 어려워하지 않고, 시간이 갈수록 스토리는 더욱 풍부해진다. 하지만 처음에 내담자가 스토리를 만드는 걸 어려워한다면, 상담자가 도움을 줄 수 있다. 예를 들어, 아주 천천히 중간에 자주 멈추면서 다음과 같이 말할 수 있다. "아주 옛날에…… 아주 오래전에…… 되게 떨어진 지역에서…… 아주…… 아주 많이 떨어진…… 산을 넘고…… 사막도 넘고…… 바다도 넘어…… 거기에 누가 살고 있었는데……." (Gardner, 1986, p. 411) 이렇게 말하면서 Gardner는 내담자에게 손짓을 하며 어떤 말이든 떠오르면 말하도록 격려하였다. 내담자가 말을 시작하면, 내담자가 스스로 이야기를 이어갈 수 있을 때까지 "그리고 나서 ……." 혹은 "다음에 일어난 일은 ……." 등을 사용하여 내담자를 격려한다. 이 방법은 과도하게 저항적인 내담자를 제외하고는 내담자의 스토리를 끌어내는 데 효과적이다.

내담자가 스토리를 말하는 동안, 상담자는 스토리의 내용을 분석하고 자신의 버전으로 그 스토리를 변형시키기 위해 메모를 한다. 내담자가 스토리를 마치면, 상담자는 그 스토리에 포함된 교훈이나 도덕적 메시지가 무엇인지 물어봐야 한다. 또한 스토리의 제목이 무엇인지, 내담자는 어떤 캐릭터에게 가장 마음이 가는지, 내담자가 되고 싶거나 혹은 좋아하지 않는 캐릭터는 누구인지에 등에 대해 물어볼 수 있다(Gitlin-Weinder, Sandgrund, & Schaefer, 2000).

Gardner는 상담자가 내담자의 스토리를 분석할 때 유념해야 할 점에 대해 다음과 같은 지침을 제시하였다.

1. 스토리에서 어떤 캐릭터(들)가 내담자를 대변하는지, 그리고 어떤 캐릭터(들)가 내담자에게 중요한 사람을 상징하는지 파악하라. 한 사람을 대변하는 캐릭터가 두 개 이상 있을 수 있다는 점을 기억하라.
2. 전반적인 스토리의 분위기와 장소를 파악하라.
   • 즐거운, 중립적인, 공포스러운 혹은 공격적인 분위기인가?
   • 장소가 집인지, 학교인지, 지역사회인지, 정글인지 혹은 사막인지에 따라 스토리에 대한 해석이 다를 수 있다.
   • 내담자는 어떤 감정 단어들을 사용했는가?
   • 스토리를 말할 때 내담자의 기분(예: 생기 있는, 공격적인, 우울한, 절제된)은 어땠나?
   • 전형적인 내용과 고정관념적인 내용을 구분한다.
3. 스토리에 대한 수많은 해석이 가능하지만, 지금 이 시점에 내담자와 가장 관련이 있는(가끔 내담자의 스토리에 포함된 교훈이나 도덕적 메시지와 관련이 있는) 해석을 선택하라.
4. 자신에게 물어보라. '내담자가 말한 스토리를 어떻게 더 건강하고 성숙하게 변형

시킬까?'

- 내담자에게 여러 버전의 스토리를 들려줌으로써, 내담자에게 나중에 문제를 해결할 때 사용할 수 있는 대안적인 방법들을 제시할 수 있다. 고려하지 않았던 새로운 생각·감정·행동에 대한 가능성을 열어 주어야 한다.
- 제한적이고 자기패배적인 선택지가 아니라 자신감과 힘을 불러일으키는 여러 개의 선택지를 제공하는 것이 좋다.
- 상담자의 교훈이나 도덕적 메시지는 더 건강한 해결 방안을 반영해야 한다.

5. 상담자가 스토리를 재구성하여 말할 때 내담자의 반응을 유심히 관찰하라. 내담자가 강한 관심이나 불안한 반응을 보이면 상담자가 거의 핵심에 가까웠음을 의미한다.

또한 Kottman(1990)은 이러한 지침에 한 가지를 더 추가하였다. 그것은 내담자가 자신과 타인, 세상에 대해 어떻게 생각하는지, 그리고 어떤 패턴이나 주제가 나타나는지에 대해 주목하라는 것이다. 스토리에 대한 해석이 다양할 수 있기 때문에 상담자는 내담자가 생각한 교훈이나 도덕적 메시지를 고려해야 한다(Gardner, 1986). 이를 통해 그 순간에 내담자에게 가장 적절한 주제를 선택할 수 있다. 이러한 정보를 바탕으로 상담자는 "여기에 나오는 갈등에 대한 가장 부적절한 해결 방안은 무엇인가?"(p. 414)에 대해 고민해야 한다.

상담자는 어떻게 더 성숙하고 건강한 버전의 스토리를 만들지 파악한 후, 내담자가 사용한 캐릭터와 장소, 상황을 사용하고 비슷한 캐릭터나 행동들을 추가하여 스토리를 재구성한다. 이때, 상담자의 목표는 대안적인 문제 해결 방안들을 제시함으로써 내담자가 문제에 대한 통찰을 얻고, 새로운 관점과 가능성을 알게 하는 것이다.

상담자가 스토리를 마치면, 내담자는 상담자의 스토리에 어떤 교훈이나 도덕적 메시지가 있는지 찾는다. 내담자가 스스로 찾는 것이 더 효과적이다. 만약 내담자가 혼자 찾지 못하면, 상담자가 알려 줄 수 있다. 보통 스토리 안에는 한 가지 이상의 교훈이 포함되어 있으며, 각각의 교훈은 더 건강한 문제 해결 방안을 보여 준다.

내담자가 스토리를 말할 때 녹음(예: 오디오, 비디오)하는 것이 좋다. 이야기를 만들 수 있는 다른 도구(예: 그림, 인형, 조각)와 달리, 녹음은 내담자의 이야기를 제한하거나 방해하지 않는다. 또한 내담자는 녹음된 상담자와 내담자 버전의 스토리를 반복적으로 들으면서 상담자의 메시지에 계속 노출될 수 있다. 회기 간 과제로 녹음 혹은 녹화 파일을 듣거나 보도록 할 수 있다.

📖 상호적 스토리텔링을 변형한 기법

상호적 스토리텔링은 무의식 혹은 전의식을 포함하는 다양한 상황을 다루는 데 효과적인데, 특히 소위 '말로 하는 상담'에 저항하는 내담자를 상담에 참여시키는 데 효과적이다. 다른 투사적 기법과 유사하게, 내담자는 상호적 스토리텔링을 통해 자신도 모르게 자신에 대한 중요한 정보를 상담자에게 주게 된다. 이 기법은 원래 아동·청소년에게 사용되었지만, 성인이나 가족에게도 변형되어 사용되고 있다.

상호적 스토리텔링은 여러 게임과 발표식의 보조기법을 통해 사용될 수 있다. Gardner는 '상호적 스토리텔링 카드 게임'을 개발하였는데, 이 게임에서 내담자는 스토리를 구성하는 캐릭터와 배경 등을 선택할 수 있다. Erford(2000)는 '상호적 스토리텔링 게임'이라는 컴퓨터 CD-ROM을 개발하였고, 이 게임 또한 스토리텔링을 촉진할 수 있는 캐릭터(인간과 동물)와 배경을 제공한다. 이 CD-ROM은 장면들을 출력하여 필기하고, 모니터링하고, 평가할 수 있다는 장점이 있다. 또한 다문화(예: 백인, 흑인 미국인, 동양계 미국인, 남미계 미국인) 캐릭터와 동물 캐릭터를 제공한다는 점도 장점이다. '상호적 스토리텔링 게임'은 미국상담학회(American Counseling Association) 홈페이지(www.counseling.org/publications)에서 구입할 수 있다.

Gardner는 자신의 스토리를 만들고 이야기하는 것에 거부감을 보이는 아동들을 위해 다른 게임도 개발하였다. '선택하고 말하기 게임(Pick-and-Tell Game)'에서 내담자는 장난감 상자, 단어 상자, 얼굴 상자에서 한 가지의 장난감, 단어, 얼굴을 선택한다. 그리고 이 물건들을 사용해서 스토리를 만들고, 스토리의 교훈과 윤리적 메시지를 이야기한다. 또한 Winnicott(1999)은 그림을 사용하여 스토리텔링하는 '스크리블 게임(Scribble Game)'을 개발하였다(Scorzelli & Gold, 1999). 상담자가 눈을 감고 종이에 그림을 그리기 시작하면 내담자가 그림을 더 그리고 스토리를 말한다. 또한 내담자는 상담자가 마무리하고 해석할 그림도 그린다.

상호적 스토리텔링을 변형한 다른 개입으로는 인형 놀이, 손 인형, 스토리 쓰기 등이 있다. Webb(2007)은 스토리텔링과 인형 놀이를 통해 내담자가 자신의 가족에 대해 이야기하도록 격려하였다. Gitlin-Weiner 등(2000)은 손 인형과의 인터뷰를 통해, 내담자가 적극적으로 해결방안을 찾을 수 있다고 생각했다. 상담자는 손 인형을 인터뷰한 후, 내담자의 방어, 대처방식, 자기 관찰 능력에 대해 살펴보기 위해 내담자와 대화한다.

마지막으로, Scorzelli와 Gold(1999)가 개발한 상호적 스토리텔링 글쓰기는 상담자와 내담자가 함께 스토리를 만드는 기법이다. 상담자가 먼저 "옛날 옛적에……."라고 시작하고, 내담자가 그 문장을 완성한다. 상담자와 내담자가 이런 식으로 순서를 번갈아가며 스토리를 완성할 때까지 스토리를 만든다. 내담자의 선호도나 한계에 따라, 내담자 혹은 상담자가 스토리를 적는다. Webb(2007)은 내담자가 말하는 스토리를 적어 저널을 만들기를 권유하였다.

🏛 상호적 스토리텔링의 예시

저스틴(Justin)은 7세, 초등학교 2학년 학생으로, 분노통제와 수업방해행동 문제로 상담에 의뢰되었다. 저스틴은 자주 친구들에게 화를 냈고, 이에 대해 다른 학생들의 부모, 교사, 교장이 문제를 제기하였다. 저스틴이 전통적인 '말로 하는 상담'에 저항을 보여, 필자는 상호적 스토리텔링을 사용하기로 하였다. 상담의 목표는 저스틴이 좀 더 친사회적인 방법으로 화를 표현하고, 좌절이나 스트레스를 주는 대인관계 상황에서 적절하게 반응하도록 도와주는 것이었다. 하지만 저스틴은 자신에게 분노 문제가 없다면서 관련해서 아무런 이야기도 하고 싶지 않다고 말했다. 심지어, 다른 문제에 대해서도 이야기하고 싶어 하지 않았다. 저스틴은 '상호적 스토리텔링 게임' CD-ROM에 포함된 숲, 그림, 여우, 거북이, 뱀, 호랑이 등을 사용하여 그림을 만들었다([그림 9-1] 참고).

상담자(C): 자, 저스틴. 이제 네가 컴퓨터로 만들고 출력한 이 그림에 대해 좋은 스토리를 말해 줘. 이 이쁜 그림에 대한 좋은 스토리를 말해 주면 돼. 예를 들어, 네가 생각하기에 이 동물들이 뭘 생각하는지, 뭘 느끼는지, 뭘 하고 있는지 말해 주면 돼. 원한다면, 얘네들은 서로 대화도 할 수 있어. 다만, 한 가지만 기억해 줘. 모든 좋은 스토리에는 처음이 있고, 자세한 내용이 포함되어 있으며, 결말이 있어. 그리고 이야기가 끝나면 그 이야기의 교훈이나 윤리적 메시지를 말해 줘야 돼. 즉, 이 동물들이 이 그림을 통해 무엇을 배웠는지에 대해서 알려 줘. 네가 끝나면 나도 스토리 하나를 말할게. 그래야 공평하잖아. 네가 하나 하고 나도 하나 하고. 나는 네가 말해 주는 스토리

그림 9-1 저스틴이 그린 아기 호랑이 그림

를 조금 바꿀 거야. 자, 준비됐어? 이 그림에 대한 좋은 스토리를 말해 줘.

저스틴(J): 어느 날 아기 호랑이가 숲에서 길을 잃었어요. 음, 음. 여우도 숲에 있었는데 여우는 배가 고팠어요. 여우는 계속 숲에 있는 동물들을 잡아먹어요. 아기 호랑이는 그 사실을 몰랐고요. 하루는 부엉이가 아기 호랑이에게 여우가 숲에 있는 동물들을 잡아먹는다는 이야기를 해 줬어요. 그때 마침, 여우가 먹을거리를 찾아다니다가 거북이를 잡아먹는 걸 봤어요. 그리고 음. 여우는 그걸 좋아했고요. 아 그러고 나서, 아기 호랑이가⋯⋯ 여우랑 같이 살기 위해 나무에 찾아왔어요. 이게 끝이에요.

C: 그게 끝이야?

J: 네.

C: 좋아. 그럼 호랑이가 여우와 살기 위해 나무에 찾아간 거지?

J: 네.

C: 좋아. 그럼 이 이야기의 교훈이나 도덕적 메시지가 뭐야?

J: 어떻게 사람들에게 경고하는가예요.

C: 조금 더 이야기해 줄래? 어떻게 네가 사람들에게 경고를 할 거야?

J: 위험에 대해 알려 주고, 안전하게 숨을 곳을 찾는 방법에 대해 알려 줄 거예요.

저스틴의 스토리는 매우 짧았고, 자세한 묘사나 감정, 사고가 많이 포함되지 않았다. 하지만 그의 호소 문제인 공격성과 관련한 내용이 포함되어 있었다. 이제 상담자가 내담자의 스토리를 재구성한다. 이때 상담자의 핵심 목표는 (1) 좀 더 구체적인 스토리가 무엇인지 보여 주는 것, (2) 분노와 공격에 대한 대안적 해결을 제시하는 것, 그리고 (3) 내담자의 호소 문제와 관련한 여러 개의 주제를 강화하는 것이다. 부엉이와 거북이가 여우에게 저항하지 않았다는 점을 비유적으로 사용하면서, 부엉이는 지혜롭고 친절한 캐릭터라는 점, 거북이는 자신을 보호하려고 저항하지 않았다는 점을 보여 주고자 한다.

C: 그래, 저스틴. 이제 내가 이 스토리에 내용을 더 추가하고 어떤 부분은 좀 빼고 다시 말해 볼게. 네 스토리는 정말로 좋았어. 되게 모험적인 부분이 많이 들어 가 있는 거 같아. 이 스토리를 더 좋게 만들기가 쉽지는 않겠지만 한 번 노력해 볼게.

J: (웃으며 고개를 끄덕임)

C: 어느 날, 호랑이가 있었어. 작은 호랑이, 아주 작은 아기 호랑이인데, 숲에서 길을 잃었어. 호랑이는 숲에서 주위를 살피며 걷다가 "여기가 어디인지 모르겠어…… 길을 잃었어. 엄마가 어디 있는지, 아빠가 어디 있는지 모르겠어. 그냥 숲을 따라 걸었는데, 집을 찾으려고 했는데……"라고 말해. 그리고 아기 호랑이는 완전 혼자가 됐어. 왜냐하면, 너도 알다시피, 호랑이들은 사람을 잡아먹기 때문에 그렇게 친구가 많지 않거든. 많은 사람이 호랑이를 무서워하기 때문에 호랑이의 친구가 되고 싶어 하지 않아. 호랑이와 가까워지면, 호랑이가 자기를 잡아먹을지도 모르니까.

J: 네. (웃음)

C: 그래서, 아기 호랑이는 혼자라고 느끼면서 좀 우울해졌어. 아무도 자신한테 말을 걸지 않고, 조언도 해 주지 않으니까. 한참을 걸어가다가 만난 침팬지에게 이렇게 말했어, "혹시 내가 엄마를 찾을 수 있게 도와줄 수 있어?" 그런데 침팬지는 아기 호랑이의 옆으로 가고 싶지 않아서인지 나무만 쳐다보는 거야. 아기 침팬지가 엄마 침팬지에게 "우리 이 호랑이를 도와주면 안 돼요?"라고 말했지만, 엄마 침팬지는 "호랑이가 널 잡아먹을 수 있어. 호랑이들은 위험하고 사람도 잘 먹어. 가까이 가서는 안 돼."라고 말했어. 아기 호랑이는 다시 외로움을 느끼고 화가 좀 나기도 했어. 왜? 아무도 자신을 도와주지 않으니까. 이때 이 모든 것을 보고 있는 부엉이가 있었어. 그게 부엉이가 하는 일이잖아. 나무 위에 앉아서 무슨 일이 벌어지고 있는지 바라보는 거. 부엉이는 다른 동물들이나 사람들이 보지 못하는 많은 것을 볼 수 있어. 그래서 일반적으

로 부엉이를 현명한 동물이라고 말하잖아. 부엉이는 모든 것을 아는 현명한 동물이지.

J: (웃으며 고개를 끄덕임)

C: 그래서, 부엉이는 모든 것을 다 봤어. 부엉이는 되게 가슴이 따뜻해. 그래서 부엉이는 자기가 아기 호랑이를 도와줘야겠다고 생각해. 부엉이는 알고 있는 거야. 사실 이 아기 호랑이는 아무도 해치지 않는다는 걸. 물론 배가 고파지겠지만, 지금은 부모를 찾는 데 도움을 줄 수 있는 친구가 필요하다는 걸. 그래서 땅으로 내려와서, "아기 호랑이야, 무슨 일이 있어?"라고 물어봐. 그러자 아기 호랑이는 눈물을 흘려. 호랑이가 울면 되게 슬퍼 보여. 호랑이 털이 모두 엉망이 되거든. 정말 보고 있으면 되게 슬퍼.

J: 네. 그렇겠죠. (웃음)

C: 아기 호랑이는 울면서 "길을 잃었어요. 엄마도 아빠도 찾을 수가 없어요. 어떻게 해야 할지 모르겠어요."라고 말해. 그러자 부엉이는 "내가 널 도와줄 수 있을 거 같아."라고 말하고, 호랑이는 "와~ 부엉이님, 정말 그래 주실 수 있어요? 정말 감사합니다"라고 답해. 부엉이는 속으로 '호랑이가 예의 바르군. 그렇다면 이 아이를 내 날개 밑에 놓고, 부모님을 찾을 수 있도록 도와줘야겠다.'라고 생각하게 돼. 이때, 부엉이는 먹을거리를 찾고 있는 여우를 보게 돼. 부엉이는 청각과 시각이 되게 뛰어나거든. 부엉이는 호랑이에게 "지금 여우가 여기로 오고 있어. 여우에게 발각되면 안 돼. 여우가 널 본다면 잡아먹으려고 할 거야. 저기 나무 쪽으로 가서 숨어."라고 말해.

J: (웃음)

C: 아기 호랑이가 나무 위로 기어오르고 있는데, 부엉이가 이렇게 말해. "어머, 이거 봐. 여우가 새끼 거북이를 따라가고 있어". 거북이는 되게 멋있고 딱딱한 등을 가지고 있잖아. 하여간, 여우는 거북이 살을 뜯어서 거북이 수프를 만들어 먹으려고 해. 만약 수프를 만들지 못한다면, 알지?

J: 네. (웃음) 거북이를 잡아먹겠죠!

C: 맞아. 거북이를 잡아서, 거북이 등을 깨끗하게 닦아서 저녁으로 먹겠지. 다시 이야기로 돌아가서, 자기를 쫓아오는 여우를 본 거북이는 어떻게 했을까?

J: 등딱지 안으로 숨지 않을까요?

C: 그래. 맞아, 등딱지 안에 숨어. 거북이가 등안으로 숨는 이유는 거기가 안전하기 때문이야. 일반적으로, 거북이는 위협을 당하거나 두려움을 느낄 때, 네 개의 발과 머리를 등 안으로 넣어. 그리고 생각해. '내가 뭘 해야 할까?' 대부분의 경우 가장 최선의

방법은 여우가 포기하기를 기다리는 거야. 여우가 거북이 살로 수프를 만들어 먹기 위해 거북이에게 다가가 거북이의 등을 막 흔들고 거북이의 등 안으로 손을 넣으려고 해. 그렇게 15분이 지났어. 여우는 "이건 완전 어리석은 일이야. 난 오늘 거북이한테서 아무것도 얻을 수 없어. 내 에너지만 소비했어. 차라리 좀 더 쉬운, 더 맛있는 걸 찾는게 낫겠어. 사실 난 원래 거북이 살을 좋아하지도 않았어. 거북이 살은 너무 질겨. 호랑이 살처럼 부드럽지 않아." 라고 말했어.

J: (크게 웃음)

C: 여우는 거북이를 포기하고, 나무 쪽으로 걸어가. 여우는 부엉이와 아기 호랑이가 이 모든 걸 보고 있다는 걸 전혀 눈치채지 못했어. 그냥 먹을거리를 찾기 위해 계속 걸어가. 부엉이와 아기 호랑이는 계속 거북이를 보고 있어. 거북이는 조금씩 머리를 들고 아주 조심스럽게 여우가 여전히 있는지 확인해. 그리고 시간이 좀 지나서 자신이 완전히 안전하다는 걸 확인한 후, 물을 마시고, 휴식을 취할 수 있는 곳을 찾아 걸어갔어. 거북이는 스스로 자기 자신을 보호했고, 그래서 살아남았어. 거북이는 자신의 가족과 친구들이 뭘 하고 있는지 보러 갈 거야. 아기 호랑이는 거북이를 보면서 이렇게 말했어. "와, 정말 멋있어요. 여우가 거북이의 살로 저녁을 먹으려고 했는데, 거북이는 자신의 등 안으로 숨어서 자신을 보호했어요. 전혀 두려워하지 않고 자신을 지켜 냈어요." 그러자 부엉이가 이렇게 말했어. "거북이는 원래 저렇게 해. 거북이는 저렇게 자신의 등에 집을 가지고 다니면서 누군가 자신을 위협하면 자신이 뭘 해야 하는지 알고 집으로 들어가 안전할 때까지 기다려." 그러자 아기 호랑이가 "우리도 그렇게 한 거죠?" 라고 물었고, 부엉이는 "맞아. 우리는 좋은 시각과 청각을 가지고 있기 때문에 여우가 우리에게 다가오는 걸 미리 눈치 챘고, 그래서 안전한 장소, 우리가 다치지 않을 수 있는 나무로 올라온 거야." 라고 말했어. 이에 아기 호랑이는 "와! 정말 좋은 교훈을 얻은 거 같아요!" "정말로요." 라고 말했고, 부엉이는 "어떤 교훈을 얻은 거 같아?" 라고 물어봤지. 아기 호랑이는 "먼저, 위협을 당하거나 두려울 때 가장 먼저 해야 할 일 중에 하나가 안전한 곳을 찾는 것이라는 점이요. 그래야 다치지 않고 다음에 무엇을 해야 할지 생각할 수 있어요." 라고 말했고, 부엉이는 "오, 정말? 그래서 무슨 생각을 했어?" 라고 되물었어. 아기 호랑이는 "엄마와 아빠를 어떻게 찾을지에 대해 생각했어요." 라고 말했어. 부엉이가 "오, 정말? 어떻게 엄마와 아빠를 찾을 건데?" 라고 묻자, 아기 호랑이는 "부엉이 님이 매우 훌륭한 시각 능력과 청각 능력을 가지고 있잖아요. 혹시 저 위로 올라가서 엄마 아빠가 어디 있는지 봐 주실 수 있어

요?"라고 물었어. 그러자 부엉이는 "네가 오늘 나한테 좋은 친구가 되어 줬으니, 그렇게 해 줄게."라고 말하고, 나무 위로 올라가 몇 마일을 날아다닌 후, 아기 호랑이 엄마의 울음소리를 들었어. 엄마 호랑이는 아기가 없어져서 몹시 걱정하고 있었어. 부엉이는 엄마 호랑이에게 다가가서, "저기요, 당신의 아기 호랑이가 어디 있는지 알고 있어요. 저 길 쪽 끝에 있으니 나를 따라오세요."라고 말했어. 그러자 엄마 호랑이는 "정말 감사해요, 정말 너무너무 걱정하고 있었어요."라고 말했어. 부엉이가 먼저 날기 시작했고, 엄마 호랑이는 울음소리를 내며 최대한 빠르게 부엉이를 따라 달렸어. 부엉이가 아기 호랑이 옆에 도착했고, 호랑이 엄마와 아빠도 아기 호랑이가 있는 나무에 도착했어. 아기 호랑이는 매우 기뻐하며 나무 밑으로 내려갔고, 엄마 호랑이는 아기 호랑이를 껴안고 키스하며, "너무너무 보고 싶었어. 사랑해."라고 기뻐했어. 엄마 호랑이들은 새끼에게 이런 식으로 애정을 표현하거든.

J: (크게 웃음)

C: 아기 호랑이는 부엉이를 보면서 "오늘 저를 도와주신 거 진심으로 감사드립니다. 오늘 부엉이님과 함께 있으면서 많은 것을 배웠어요. 조만간 부엉이님을 찾아와 같이 놀아도 될까요?"라고 물었다. 이에 부엉이는 "물론이지, 언제든지, 난 좋아."라고 말했다. 당연히 엄마 아빠 호랑이도 "너무 감사합니다! 우리가 부엉이님을 위해 할 수 있는 게 있다면 무엇이든 말해 주세요. 당신은 정말 훌륭한 분이에요. 우리가 도와드릴 게 있다면 무엇이든 하겠습니다. 우리를 위해 너무나 좋은 일을 해 주셨어요."라고 말했다. 이게 끝이야!

J: 와, 제 스토리보다 훨씬 나아요.

C: 때론 긴 스토리가 더 재미있긴 하지. 이 스토리에 나오는 동물들이 여러 교훈을 얻었어. 그중 하나는 아기 호랑이가 말한 것처럼, 무섭거나 위협을 받을 때 먼저 안정을 찾고 생각할 수 있는 안전한 장소를 찾는 것이 중요하다는 거. 그리고 부엉이와 아기 호랑이 둘 다 얻는 교훈도 있는데. 그게 뭔지 알겠어?

J: (15초 정도 생각한 후) 아니요.

C: 아기 호랑이는 이걸 알게 됐어. 사람들이 자신을 무섭거나 나쁘다고 생각하면(아무리 자신이 실제로 그렇지 않더라도) 자신을 피하고, 자신이 도움이 필요할 때 도와주지 않는다는 사실. 그리고 친절하고 예의바르게 행동하면 사람들이 자신을 좋아한다는 사실도 알게 됐어. 그렇지 않아?

J: 네, 맞아요!

C: 그리고 부엉이는 자신이 친절을 베풀면 보상을 받을 수 있고, 정글에서 친구를 사귈 수 있다는 걸 알게 됐어. 이제 부엉이에게 진짜 친한 친구는 누구일까?

J: 호랑이들이요.

C: 맞아. 호랑이 가족이야. 이제 부엉이는 누가 자신을 괴롭힐 때 친구인 호랑이 가족에게 도움을 청할 수 있어. 자, 이렇게 아기 호랑이는 어떻게 안전한 곳을 찾을 수 있는지, 어떻게 휴식을 취할 수 있는지, 뭘 어떻게 해야 하는지 등에 대한 여러 가지 교훈을 얻었어. 또한 아기 호랑이와 부엉이도 좋은 친구에 대한 교훈을 얻었고, 맞지?

J: 네, 정말 좋은 스토리였어요. 호랑이들이 좋아요!

C: 좋아. 자, 이제 이 이야기를 녹음한 파일을 집에 가져가서 다음 상담에 올때까지 매일 밤 들어 볼래? 좋아?

J: 네, 문제없어요. 엄마랑 동생도 같이 들어도 될까요?

이 축어록에서 상담자는 불안을 유발하는 상황에서 사람들(혹은 호랑이)이 사용할 수 있는 몇 가지(공격성을 포함하지 않은) 대안적 대처방안을 보여 주었다. 또한 내담자의 호소 문제에 적용할 수 있는 여러 개의 원칙에 대해서도 알려 주었다. 첫째, 다른 사람에게 못되게 행동하거나 사람들이 자신을 나쁘다고 생각하면 외로워질 수 있다. 둘째, 좋은 예절은 타인에게 좋은 인상을 줄 뿐만 아니라 타인이 자신에게 친절하거나 도움을 줄 가능성을 높인다. 마지막으로, 저스틴이 이번에 처음으로 스토리를 만들어 본 것이기 때문에, 상담자는 더 자세한 스토리텔링에 대해 모델링을 하고 싶었다. 저스틴은 다음 회기에 더 길고 구체적인 스토리를 만들고 이야기하였다.

📖 상호적 스토리텔링의 유용성과 평가

상호적 스토리텔링은 처음에는 내담자의 무의식 분석에 대한 저항을 줄이기 위해 개발되었지만, 진단적 목적 및 치료적 개입으로도 사용될 수 있다. 상호적 스토리텔링을 진단적 목적으로 사용하기 위해서는 내담자의 무의식적인 욕구·충동·갈등에 대한 아이디어를 얻는 것이 중요하기 때문에, 상담전문가는 내담자의 이야기 자체에 반응을 하는 대신 내담자가 더 많은 이야기를 할 수 있도록 후속 질문을 해야 한다. 내담자가 적어도 12개 정도의 스토리를 제공해야 진단과 관련한 키워드들을 충분히 도출할 수 있다. 이에 비해 치료적 목적으로 사용하는 경우에는 예시에서 살펴본 바와 같이 상담자가 스토리에 포함된 갈등을 적절하게 해결할 수 있는 스토리를 알려 줘야 한다.

Gardner(1986)에 따르면, 상호적 스토리텔링은 5~11세의 아동에게 가장 유용하다. 5세 이하의 어린 내담자는 논리적인 스토리를 만들지 못하고, 11세 이상의 아동은 스토리를 통해 자신을 드러내고 있다는 사실을 알기 때문에 이 기법에 저항감을 느낄 수 있다. 하지만 Stiles와 Kottman(1990)은 9~14세의 아동들이 더 나은 언어적 능력과 상상력을 가지며, 또한 더 많은 경험을 했기 때문에 이 기법을 사용하기에 가장 적합하다고 말하였다. Gardner은 외상 후 스트레스 장애, 과잉행동과 주의산만, 학습장애, 학교에 대한 무관심, 친구들과 어울리지 못함, 수줍음이 많음, 반항적인 행동, 오이디푸스 콤플렉스 관련 문제 등의 다양한 문제에 이 기법을 적용하였다(Gardner, 1974, 1986; Schaeffer, 2011).

O'Brien(1992)은 주의력결핍 과잉행동장애(ADHD)를 진단받은 아동을 치료할 때 상호적 스토리텔링을 어떻게 사용할 수 있을지에 대해 설명하였다. 예를 들어, 상담자는 기차와 모터라는 비유를 사용하여 아동에게 뇌가 너무 빨리 움직이는 모터와 같다고 설명할 수 있다. 기차가 너무 빨리 움직이면, 기차에 탄 사람들은 창문 밖의 경치를 볼 수가 없다. 하지만 기차가 속도를 낮추면, 사람들은 경치를 볼 수 있게 된다. 이와 유사하게, Kottman과 Stiles(1990)는 상호적 스토리텔링이 내담자의 문제 행동을 수정하는 데도 사용될 수 있다고 말하였다. 내담자의 스토리를 들으면서 상담전문가는 내담자의 문제 행동에 대한 동기(관심, 힘, 복수, 부적절함)를 파악할 수 있고, 스토리를 이용하여 내담자의 잘못된 목표나 믿음을 수정하거나 사회적 관심을 향상시키도록 도와줄 수 있다. Iskander와 Rosales(2013)는 상호적 스토리텔링이 경도의 자폐 증상이나 ADHD 증상을 보이는 아동들의 교실에서의 문제 행동을 수정하는 데 유용하다는 결과를 밝혔다. 마지막으로, 상호적 스토리텔링은 우울하거나 자살 사고를 보이는 내담자에게도 사용될 수 있다(Stiles & Kottman, 1990). 내담자들은 스토리를 이야기하면서 자신이 느끼는 상실감, 구출받고 싶은 욕구, 무기력이나 무력감 등을 인식하게 된다.

상호적 스토리텔링의 효과성을 살펴본 경험 연구는 많지 않다(Stiles & Kottman, 1990). Schaeffer와 O'Connor(1983)는 Gardner가 성공적으로 상호적 스토리텔링을 반복적으로 사용함으로써(일종의 스토리텔링 둔감화) 외상 후 스트레스 장애 증상을 보이는 아동을 치료하였다고 언급하였다. Gardner는 정신역동적 상담, 꿈 분석, 투사적 기법 등에 대해 충분히 훈련받은 상담자만이 상호적 스토리텔링을 사용해야 한다고 강조하였지만(Gardner, 1974), 필자는 이에 동의하지 않는다. 나는 이 기법을 문제 해결

전략이나 선택을 파악하고 향상시키는 데 사용한다면, 정신역동적 훈련은 그리 중요하지 않다고 생각한다. 또한 Gardner(1986)는 한 개의 스토리가 내담자의 영속적인 변화를 초래하지는 못한다고 말하였다. 일부 상담자들은 각 회기마다 한두 개의 스토리를 사용하고, 남은 시간에는 다른 상담 개입을 사용한다. 이런 방식으로 상호적 스토리텔링은 다른 상담 개입과 함께 사용될 수 있다.

역설적 의도

역설적 의도의 기원

역설적 의도(paradoxical intention)는 내담자에게 치료목적에 부합하지 않는 행동을 하도록 하는 기법이다. 역설적 의도를 개발한 것으로 알려져 있는 Victor Frankl(2006) 에 따르면, 이 기법은 내담자로 하여금 자신이 무엇을 회피하고 있는지 찾고, 자신이 무엇과 싸워 왔는지 이해하며, 자신의 두려움을 소망으로 바꾸도록 격려하는 기법이다. Milton Erickson과 Jay Haley도 역설적 의도 기법을 발전시키고 적용하는 데 많은 기여를 하였는데, 특히, 전략적 가족치료에서 이 기법을 많이 사용하였다. 이 기법은 내담자에게 자신의 증상을 과장하라고 요구한다. 예를 들어, 공황발작을 경험하고 자신이 갑자기 죽을 거라고 두려워하는 내담자에게 그냥 공황발작이 자신을 삼키도록 놔두라고 말한다. 더 나아지기 위해 노력하는 대신 더 나빠지라고 말한다. 사람들이 의식적으로 더 나아지려고 노력할 때, 오히려 증상이 악화될 수 있다. 이에 반해, 내담자가 의도적으로 자신의 증상을 더 만들려고 노력할수록 실제로는 자신이 그렇게 할 수 없다는 것을 알게 된다. 따라서 이 기법을 통해 "예기불안[1]을 맥 빠지게 하는 것이다."

---

1) 일어날 수 있는 최악의 상황을 미리 상상하고 불안해함

(Frankl, 2006, p. 83)

　　역설적 의도는 어떤 특정 이론에서 시작된 것이 아니기 때문에 매우 절충적인 기법이다. 이 기법은 전략적 가족치료, 실존주의 치료, 현실주의 치료, 교류분석 및 개인심리학(혹은 아들러 심리학) 등 다양한 이론에서 사용되고 있다(M. E. Young, 2013). 역설적 의도 기법은 여러 하위 유형, 즉 증상 처방(증상 계획하기), 역설적 제지, 재구성으로 구분된다. 먼저, 증상 처방은 내담자로 하여금 문제 행동을 더 하도록 치료적으로 지시하는 것을 의미하며, 때로는 구체적으로 언제 문제 행동을 더 할지 계획하기 때문에 증상 계획하기라고 불리기도 한다. 다음으로, 역설적 제지는 상담전문가가 내담자에게 변화하지 말거나 변화하려고 노력하는 것을 멈추라고 지시하는 것을 뜻한다(Swoboda, Dowd, & Wise, 1990). 이때 상담자는 내담자가 변화에 대해 저항감을 느끼도록 변화의 부작용에 대해 강조한다. 역설적 제지의 예로는 "만약 우울감이 완화된다면 사람들이 당신을 더 긍정적으로 평가하고 당신에게 더 많은 것을 요구할 거예요."(Swoboda et al, 1990, p. 256)가 있다. 마지막으로, 재구성은 상담자가 내담자의 관점, 즉 상황에 대한 해석을 바꿔 문제에 대해 설명하는 것을 의미한다(제22장 참고).

　　역설적 의도에서는 대부분의 문제를 이성적이기보다는 감정적이라고 가정한다(Hackney & Cormier, 2012). 내담자는 공포가 증상을 유발하고 증상이 다시 공포를 악화시키는 악순환에 빠진다(Seligman & Reichenberg, 2013). 내담자로 하여금 자신이 가장 두려워하는 것을 의도적으로 하거나 원하게 함으로써 내담자의 증상에 대한 생각을 바꿀 수 있다. 예를 들어, 말을 더듬어 힘들어하는 내담자에게 말을 더 더듬으라고 지시하면, 내담자는 자신이 이미 잘하는 일(말더듬)을 더 하려고 노력하게 된다. 이로 인해 내담자는 실패를 두려워하지 않게 되고, 불안이 감소되며, 결과적으로 말을 더 편하게 할 수 있게 된다. 이와 반대로, 공공장소에서 기절하는 것이 두려워 집을 나가지 않는 내담자의 경우, 일부러 기절하려고 노력하라는 지시를 받게 된다(Seligman & Reichenberg, 2013). 하지만 아무리 노력해도 내담자가 일부러 기절할 수는 없다. 따라서 내담자는 기절에 대한 자신의 생각을 바꾸게 되고, 기절에 대한 공포가 줄어들게 된다.

　　역설적 의도는 내담자로 하여금 자신이 어떤 상황에서 어떻게 행동하는지 이해하고 자신의 행동에 대해 책임감을 느끼도록 하는 데 도움이 된다(Corey, 2015). 역설적 기법은 문제를 과장하라고 지시함으로써 종종 내담자를 이중구속에 처하게 한다. 만약 내담자가 상담자의 지시를 따르면, 내담자는 자신의 문제에 대해 통제력을 갖게 된다. 하지만 내담자가 지시를 따르지 않으면, 문제는 감소하겠지만 문제에 대한 통제력을 잃게 된다. 역설적 기법의 목표는 내담자가 자신의 문제와 더 이상 싸우지 않는 대신 문제를 과장할 수 있는 경지에 이를 수 있도록 도와주는 것이다. 결과적으로, 내담자가 문제에 대해 더 이상 신경을 쓰지 않을 때까지 문제는 계속 줄어들 것이다.

📖 역설적 의도를 사용하는 방법

일반적으로 역설적 의도는 더 보편적인 상담기법을 사용한 후 사용된다(Corey, 2015). 이 기법은 상담전문가가 매우 능숙하게 사용할 수 있을 때까지 조심스럽게 슈퍼비전을 받으면서 사용되어야 한다. 논리적이지 않고 생소하게 보일 수 있는 역설적 의도는 낙담한 내담자의 동기를 높이는 데 유용하다(M. E. Young, 2013). 역설적 지시를 사용하기 전에, 상담전문가는 자신에게 다음과 같은 질문을 해야 한다.

1. 나와 내담자 사이에 강한 신뢰감이 형성되었는가?
2. 역설적 기법의 부메랑 효과로 내담자가 기만당했다고 생각해서 더 저항할 가능성이 있는가?
3. 그동안 내담자는 내가 사용한 다른 상담기법에 어떻게 반응했는가?
4. 이 기법을 통해 내가 성취하려는 점이 명확한가? 내담자가 이 기법에 어떻게 반응할지 합리적으로 추론할 수 있는가? (Corey, 2015, p. 386)

역설적 의도를 사용할지에 대해 결정한 후, 상담전문가는 어떤 부적절한 행동에 초점을 맞출지 선택해야 한다. 그리고 내담자에게 과장된 방식으로 그 행동을 할 것을 설득한다. 내담자가 그 행동을 하려고 할 때 유머를 적절하게 사용할 수 있다. 유머를 사용함으로써 내담자는 문제로부터 거리를 둘 수 있다. 이 과정은 부적절한 행동이 감소될 때까지 반복적으로 사용되어야 한다. 또한 특정한 날짜 · 시간 · 상황에서만 특정 행동을 하도록 제지하는 것도 효과적일 수 있다.

전략적 가족치료에서 역설적 기법을 사용하는 Jay Haley는 역설적 의도와 관련하여 여덟 가지의 지침을 제시하였다. (1) 내담자와 라포를 형성하라. (2) 문제를 정의하라. (3) 목표를 설정하라. (4) 계획을 세워라. (5) 문제에 대한 현재 권한을 박탈하라. (6) 역설적 의도 지시를 하라. (7) 상담자의 지시에 대한 내담자의 반응을 관찰하고 격려하

라. (8) 개선(긍정적 변화)에 대한 생색을 내지 마라.

📖 역설적 의도를 변형한 기법

재발기법(relapse technique)은 다른 역설적 의도 기법인 증상 처방과 유사한 기법이다. 이 기법은 상담전문가가 내담자에게 문제가 해결된 후 이전의 행동을 다시 하도록 지시하는 것을 의미한다(Corsini, 1982). 이 기법은 내담자로 하여금 이전의 행동이 얼마나 도움이 되지 않는 한심한 행동이었는지 깨닫도록 도와준다. 또한 이 기법은 내담자가 예전의 행동을 웃거나 한심하다고 느끼지 않으면서 다시 할 수 없기 때문에 역설적으로 재발을 예방할 수 있다.

📖 역설적 의도의 예시

필라델피아 아동 상담센터에서 Salvador Minuchin의 동료로 일했던 Braulio Monvalvo가 상담하는 모습을 찍은 〈작은 불과 함께하는 가족(A Family with a Little Fire)〉이라는 비디오에서 역설적 의도의 훌륭한 예시를 볼 수 있다. 이 비디오에서, Monvalvo는 혼자 아이를 키우는 어머니와 그녀의 첫째 딸(8세)을 상담했다. 첫째 딸은 여러 번 아파트에 불을 질렀다. 현재 상황에 대한 어머니와 딸의 이야기를 들은 후, Monvalvo는 딸에게 어떻게 불을 붙였는지 보여 달라고 했다(상담실의 책장 서랍에는 그녀에게 필요한 모든 도구가 준비되어 있었다!). Monvalvo는 딸이 서투르게 성냥에 불을 붙이자, "내가 본 사람 중에 가장 못하네!"라고 말했다. 그리고 "내가 하는 걸 봐."라고 말하면서, 딸에게 성냥에 불을 붙이는 방법과 안전 원칙을 설명하고 보여 주었다. 다시 딸에게 불을 붙여 보라고 했는데 이번에도 딸이 잘하지 못했고, 어머니와 Monvalvo는 이를 지적하였다. Monvalvo는 증상 처방과 제지기법을 사용하여 회기 간 과제를 줬다. 회기 간 과제는 매일 밤 30분 동안, 어머니와 딸이 아파트에서 성냥에 불 붙이는 연습을 하는 것이다(증상 처방). 하지만 딸은 어머니와의 이 30분 외에는 성냥을 건드리거나 불 붙이는 연습을 해서는 안 된다(제지기법). 딸은 다시는 아파트에서 불을 내지 않았다. 물론, 딸의 불을 내는 행동 이면에는 어머니의 관심을 받고자 하는 욕구가 있었던 것으로 예상되는데, 이 증상 처방은 어머니와 딸이 함께 시간을 보내는 기회도 제공하였다. 하지만 증상 처방의 핵심은 내담자로 하여금 문제 행동을 하게 함으로써 문제 행동을 감소시키도록 하는 것이다.

또 다른 두 개의 사례를 살펴보자. 첫 번째 사례는 역설적 의도의 몇 가지 원리를 보여 준다. (1) 역설적 의도에서 문제 행동은 긍정적인 행동으로 재구성된다. 특히 내담자의 자기관과 모순되게 긍정적으로 재구성되어야 한다. (2) 상담자는 내담자가 나아지길 바라는 자신의 마음이 내담자의 완전한 회복과 정상적인 기능을 방해하고 있다는 사실을 깨닫게 되면, 바로 그 마음을 정반대로 바꿔야 한다. (3) 최근 상당한 진전을 보인 문제 행동을 처방한다. 이때 처방의 결과와 상관없이 내담자가 진전을 보일 수 있도록 처방해야 한다.

마이클(Michael)은 19세 남성으로, 오랫동안 사회불안을 겪고 있고, 최근에는 광장공포증으로 인한 공황장애로 힘들어하고 있다. 마이클은 고등학교를 졸업하고 대학에 장학금을 받으며 입학했지만, 두 번째 학기에 첫 번째 공황발작을 경험했다. 시간이 지나면서 공황발작이 더 심해졌고, 마이클은 학교를 그만두고 장학금을 포기하고 가족과 함께 살기 위해 집으로 돌아왔다. 집에 돌아온 마이클은 고등학생 때 하던 아르바이트를 다시 하게 되었지만, 공황발작과 집밖으로 나가는 것에 대한 두려움 때문에 아르바이트를 계속할 수 없게 되었다. 이러한 두려움은 교회 활동과 상담을 제외한 다른 모든 외부 활동으로 일반화되었다. 마이클은 교회와 집, 상담실이 자신에게 유일하게 안전한 장소가 된 거 같다고 걱정하였다.

7주 전에 상담이 시작되었다. 당시 마이클은 운전을 '할 수 없어서' 어머니가 교회나 상담실까지 데려다 주셔야 한다고 말했다. 그는 매일 여러 번의 공황발작을 경험하고 있고, 모든 공황발작은 어머니가 있을 때 나타났다. 이 점에 대해 상담자가 마이클에게 언급하자, 마이클은 "어머니가 계속 잔소리를 해서 불안하고 짜증이나요."라고 말했다. 전문상담가는 마이클의 행동이 여러 면에서 마이클에게 이득이 된다는 점을 알게 되었지만, 마이클은 이에 대해 전혀 알지 못했고, 자신의 증상에 대해 전혀 책임감을 느끼지 않고 있었다. 지난 7회기 동안 다양한 마음챙김, 사회학습, 인지행동 기법이 사용되었고(예: 점진적 근육이완 훈련, 깊은 호흡법, 사고 중지, 인지적 재구성, 정적 강화, 역할 연습), 내담자는 큰 진전을 보였다.

지금까지, 마이클은 삶의 질과 기능을 높이기 위해 많은 노력을 했다. 매우 긍정적인 태도를 유지했고, 상담 회기 밖에서도 상담에서 배운 것들을 적용했다. 첫째, 마이클은 어머니가 운전하는 차를 타고 집에서 5마일 정도 이내의 다른 장소로 나갈 수 있게 되었다. 둘째, 어머니가 장을 보는 동안 슈퍼마켓 밖에서 기다릴 수 있게 되었다. 셋째, 옆에 누군가가 타고 있으면 운전도 할 수 있게 되었다. 마지막으로, 다시 말을 탈 수 있게 되었고, 이로 인해 큰 성취감을 느꼈다. 마이클은 상담에 처음 왔을 때는 하루에 여러 번 공황발작을 경험했었지만, 이제는 일주일에 한두 번 정도 경험하게 되었다.

하지만 갑자기 이러한 내담자의 긍정적인 변화가 멈췄다. 지난 2회기 동안 어떤 변화도 나타나지 않았다. 마이클은 더 이상 나아지지 못하거나, 나아지기를 꺼리는 것처럼 보였다. 마이클은 남아 있는 증상들에 대해 전혀 책임감을 느끼지 못하고 있었다. 마이클은 자신의 증상으로 인해 가족에게서 동정과 관심을 받고 가족을 통제할 수 있어 좋다고 인정했다. 상담전문가는 마이클이 가족과의 관계에서 유지하고 사용하고 싶은 통제력이 상담관계로도 전이되었다는 사실을 깨달았다. 내담자의 증상을 완전히 없애야 한다는 상담자의 기대와 압박이 내담자가 계속 증상을 유지하고 싶은 이유가 된 것이다.

(다음은 상담전문가가 내담자가 가진 문제에 대한 인식을 바꾸려는 시도, 즉 역설적 재구성을 사용한 예시다. 상담자는 문제 행동을 긍정적으로 재정의한다. 이는 상담전문가가 문제 행동을 처방하고자 할 때 특히 유용하다).

마이클(M): 난 그들이 원하는 대로 될 수 없나 봐요. 완전히 건강해질 수 없나 봐요.

상담자(C): 그럼 그렇게 되지 마세요.

M: 네? 무슨 말씀이신지 이해가 안 돼요.

C: 저는 당신이 남은 마지막 부분을 포기하기를 꺼리고 있다고 생각해요.

M: 무슨 말씀이세요?

C: 당신의 입장에서는 당신의 욕구를 충족하고 가족에게 힘을 행사할 수 있는 다른 방법이 없다고 생각할 수 있어요. 아프고 도움을 필요로 하는 상태가 강하고 독립적인 상태보다 더 쉬울 수 있어요. 사실 당신이 똑똑한 거예요. 사실 지금 꽤 잘 지내고 있잖아요. 처음에 당신을 상담에 오게 한 문제들이 이제 당신을 많이 힘들게 하지 않잖아요. 물론, 아직 그 문제들이 완전히 없어지지는 않았지만, 그 문제들이 예전만큼 당신을 힘들게 하는 것도 아니고, 만약 당신이 자신의 욕구를 충족하는 데 도움이 된다면, 왜 굳이 문제들을 없애려고 해요? 좀 더 문제를 심각하게 만드는 게 나을 수도 있어요.

(이 역설은 내담자의 가족이 어떻게 상호작용하는지 이해한다면 사실 꽤 논리적이다. 이를 유념하면서 상담전문가는 다음의 말을 이어갔다.)

    M: 혼란스러워요.

    C: 지난번에 이렇게 말했잖아요. 어머니가 당신이 나아지고 있는 걸 너무 기뻐하시면서 당신에게 다시 요구하기 시작하셨다고요. 당신이 100% 나아진 건 아니지만, 확실히 당신은 많이 좋아졌어요. 그래서 어머니께서는 당신을 다시 건강한 성인이 되었다고 생각하시는 거 같아요. 우리 그동안 효과적이라고 알려진 모든 방법을 사용해서 정말 열심히 했잖아요. 아직 증상들이 좀 남아 있긴 하지만, 흠…… 그 증상들이 당신의 일부가 될 수 있을 거 같아요. 그 증상들을 그냥 받아들여도 괜찮을 거 같아요. 어쩌면 그 증상들을 좀 더 심각하게 만들어서 어머니가 당신에게 요구하지 못하도록 할 수도 있어요.

    M: 어떻게 하면 되는 건데요?

    C: 지금까지 했던 것과 완전히 반대로만 하면 돼요. 처음에 상담에 왔을 때 당신은 하루에 2~4번 정도의 공황발작을 경험했지만, 지금은 일주일에 한두 번 정도죠?

    M: 네.

    C: 우리가 너무 빨리 움직였던 거 같아요. 지금 생각해 보니, 적어도 하루에 한 번 정도 공황발작을 경험하는 게 가장 좋을 거 같아요.

    M: 근데, 어떻게요?

    C: 쉬워요. 여전히 운전해서 10마일 이상 가는 데 힘들잖아요. 차로 다리를 건너는 것도 힘들고…… 여전히 다리를 피하려고 돌아가잖아요. 맞죠?

    M: 네.

    C: 좋아요. 그럼 좀 더 자신을 밀어붙여서 10마일보다 조금만 더 운전한 후에 길가에 차를 세워요. 그리고 자신에게 이렇게 말해 봐요. "난 이걸 절대 견딜 수 없어. 숨도 제대로 못 쉬겠어. 좀만 더 간다면 나는 확실히 죽을 거야!" 공황발작을 할 때까지 이 말을 반복해서 해요.

(마이클을 저항하게 만들었던 상담자의 압박은 이제 다 사라졌다. 내담자는 더 이상 완전히 건강해져야 한다는 것에 대한 압박을 느끼지 않는다.)

M: 근데, 이건 지금까지 우리가 해 왔던 거랑 많이 다르네요.

C: 우리에게는 새로운 상황이죠. 새로운 상황, 즉 새로운 계획이에요. 이전에는 당신이 최대한 건강해지는 게 목표였어요. 이제는 당신이 느끼는 공포를 받아들여야 해요. 왜냐하면 그 공포는 당신의 일부가 되었고, 어머니의 기대를 낮추게 하니까요.

　둘 중 어떤 것을 선택하든, 마이클은 긍정적인 변화를 경험하게 될 것이다. 만약 마이클이 상담자가 처방한 대로 공황발작을 경험할 수 있다면, 그는 자신이 공황발작을 만들고 있다는 점을 깨닫게 될 것이다. 그 말은 그가 공황발작을 막을 수도 있다는 것을 의미한다. 만약 상담에서 통제감을 느끼기 위해 상담자의 지시를 거부한다면, 그는 공황장애를 경험하지 않고 집에서 10마일 이상을 운전해서 갈 수 있게 된다. 이제 마이클에게는 자신에 대한 생각과 반대되는 역설적 재구성이 주어졌다. 상담전문가는 내담자의 증상을 내담자가 원하는 것을 얻게 해 주는 도구라고 재해석했고, 이 해석은 마이클의 평소 생각과 일치하지 않지만, 마이클에게 선택지를 제시한다. 마이클은 가족으로부터 원하는 것을 얻기 위해 유지했던 증상을 포기하거나, 증상을 유지하지만 통제감과 관심을 받을 수는 없다. 마이클은 증상으로 이득을 얻을 수 없다면, 문제 행동을 하지 않게 될 것이다.

　두 번째 예시는 필자가 가장 좋아하는(그리고 가장 재미있다고 생각하는) 상담사례 중 하나로 말다툼하고 반항적인 형제의 예시다. 이사벨라(Isabella)와 호르헤(Jorge)는 알레한드로(Alejandro, 14세)와 산티아고(Santiago, 12세) 형제의 부모로 형제는 늘 '피 터지게 싸운다.' 이 축어록은 열번째 가족상담의 끝 부분이다.

호르헤(J): 정말 좌절스러운 게…… 다른 문제들은 많이 개선되었는데…… 애네들은 여전히 싸우고 있어요.

이사벨라(I): 얘네가 우리의 모든 행복을 뺏는 거 같아요. 정말 너무 화가 나요.

상담자(C): 지금까지 여러분은 상담을 통해 대화 방법에 있어 많은 진전을 보였어요. 그런데 그런 변화가 형제 관계에는 적용이 되지 않네요. 알레한드로와 산티아고, 너희도 그렇게 생각하니?

알레한드로(A): 제 동생은 정말 뻔뻔스러운 루저예요!

산티아고(S): 형은 냄새나는 머저리죠!

C: 알겠어. 두 사람이 자주?

I: 싸워요. 소리 지르고, 별명을 부르고, 치고받고……. 생각할 수 있는 건 다 해요.

A: 그렇게 많이 치고받지 않아요. 제가 동생을 쉽게 때려눕힐 수 있어요.

S: 절대 아니지. (산티아고가 형을 손으로 때리려고 하자, 부모가 이를 저지하고 산티아고가 의자로 돌아감)

J: 의자에 앉아. 선생님 사무실에서 싸우면 안 돼.

A: 다행인 줄 알아. 이 멍청이 방귀 같은 얼굴아!

S: (욕을 함)

I: 산티아고!

C: 자, 이제 알 거 같아요. 이게 전형적인 두 아이의 모습인 거죠?

I: 원래는 더 안 좋아요. 점점 더 심해지고 있어요. 정말 얘네들이 그만했으면 좋겠어요. 너무 지쳤어요!

C: 우리가 여러 번 이야기했듯이, 아이들은 이제 사춘기를 맞게 되고, 점점 더 자율성과 독립성을 요구할 거예요. 이 시기가 가족에게 많이 힘들 때죠. 물론, 아이들이 자신의 감정과 좌절감에 대해 표현하는 게 중요해요. 하지만 아이들이 사회적으로 적절한 방법, 즉 가족의 규칙을 지키고 부모님을 지치게 하지 않으면서 자신의 좌절감을 표현할 수 있는 게 중요하죠.

I: 네. 맞아요!

C: 자, 알레한드로와 산티아고, 저기 책장에서 책 한 권씩 가져올래? 어떤 책이든 상관없어. 그리고 이쪽(상담실 중간)으로 와. (상담자가 두 아이와 함께 상담실 중간으로 걸어감) 자, 이제 뒤돌아서 세 발자국만 걸어가 줘. 바닥에 책을 두고, 그 책 위에 서. 자, 지금부터는 책에서 발을 떼면 안 돼. 책에서 벗어나면 안 되는 거야. 알았지? (둘 다 고개를 끄덕임)

[필자(상담자)는 의자를 옮겨 형제들이 더 잘 보이는 부모님 자리 옆에 앉았다. 이 활동에서는 형제들이 신체적으로 싸우지 않도록 형제들의 움직임을 제한시키는 것(예: 잡지나 종이 위에 서게 함)이 중요하다.]

C: 자, 좋아. 이제 두 사람, 싸워 봐.

A: 네?

C: 집에서 하는 것처럼 싸우면 돼.

I:　근데, 잠시만요. 애네들이 심하게 욕설을 하면 어떡하죠? 괜찮을까요?

C:　네 괜찮아요. 근데, 어머니가 욕설은 안 된다고 하시네.

S:　그럼, 바보나 멍청이 같은 말은 해도 되나요?

C:　(어머니와 아버지를 쳐다보자, 고개를 끄덕임)

A:　야, 진짜 바보 같은 질문이다. 너의 뇌는 개보다도 못해.

S:　그럼, 내 뇌를 핥아.

[인간과 동물의 신체를 사용하여 서로를 헐뜯는, 두 사람의 나머지 대화는 독자의 상상에 맡기겠다. 아동들의 이런 다툼을 좋아하는 독자라면 두 사람의 대화를 매우 다채롭고 심지어 재미있다고 생각할 것이다. 두 사람이 싸우는 것을 거의 마무리할 때쯤, 나는 부모에게 이 장면이 두 사람이 전형적으로 싸우는 모습인지, 그리고 효과적이고 유머스러운 방법(다만 시간이 많이 소비됨)으로 이 문제를 해결할 준비가 되었는지 물어보았다. 부모는 형제가 싸우는 걸 그만둘 수만 있다면 무엇이든 하겠다고 했다. 2~3분 정도가 지났고, 아이들은 "똥으로 찬 머리 어쩌고저쩌고."라는 말을 마지막으로 조용해졌다.]

C:　계속해.

A:　얼마나 더 해야 돼요?

C:　(시계를 보며) 25분 더.

S:　뭐라고요?

A:　25분을 더 하라고요? 그게 말이 돼요?

C:　응. 너희는 서로로부터 그리고 부모님으로부터 독립하고 싶어 하잖아. 그리고 자신의 감정과 좌절감을 표현하고 싶어 하기도 하고. 지금이 바로 그 기회야. (부모를 바라보며) 나머지 쇼를 보면서 팝콘이나 커피 드실래요?

J:　네, 좋아요.

I:　저는 괜찮아요. 감사합니다.

(나와 부모는 앉아서 형제들의 싸우고 다투는 습관에 대해 이야기했다. 10~15분이 지난 후 두 사람은 싸우는 걸 멈췄고, 우리의 이야기를 듣기 시작했다. 이 싸우는 활동에 흥미를 잃은 듯했다.)

A: 이제 그만해도 돼요? 우리 이제 다 싸웠어요.

S: 이거 너무너무 지겨워요.

C: 서로 싸우는 게 지겹다니 믿기 힘드네. 하지만 너희의 의견을 받아들일게. 다음 주까
   지 내가 내 주는 숙제를 한다고 약속하면 오늘 일찍 끝낼게.

S: 숙제요? 우리한테 숙제를 주신다고요?

A: 야, 조용히 해! (동생에게 입 다물고 그냥 하라는 식의 눈짓을 함) 좋아요. 숙제가 뭔
   데요?

[나는 두 사람에게 의자에 앉으라고 한 후 숙제를 내줬다. 숙제는 증상을 처방하고(싸우라고
말함), 싸우는 행동을 제지(특정 상황에서만 싸우도록 함)하는 것이다. 또한 책상에서 작은 메모
장을 가져왔다.]

C: 매일 저녁 7:30부터 8:00까지, 오늘 한 연습을 하는 거야(형제는 매우 괴로워함. 부
   모는 웃음). 서로 오늘 한 것처럼, 잡지를 하나 찾아서 반대로 각각 서너 발자국을 걸
   어간 다음 잡지를 바닥에 놓고, 그 위에서 30분 동안 싸우면 돼. 그냥 싸우면 돼. 다
   만, 나머지 23시간 30분 동안에는 절대 싸우거나 다투면 안 돼. 별명을 부르거나 욕
   설해도 안 되고. 자, 여기 두 개의 메모장이 있어. 하나씩 메모장을 가지고 매일 상대
   방에게 화가 났던 점을 기록해. 동생(혹은 형)에게 화를 내고 따지고 싶다면, 여기에
   하나하나 다 적고 저녁 7시 30분이 될 때까지 기다려. 그리고 이 시간이 되면 30분
   동안 싸우면 돼.

S: 근데, 30분 동안 싸우다가 지겨워지면 빨리 끝내도 되죠? 우리 둘 다 더 이상 싸우고
   싶지 않다면 일찍 끝내도 되나요?

C: (부모에게) 아이들이 다음 주까지 매일 저녁에 적어도 30분 동안 싸우는 연습을 하
   는 게 중요해요.

I: 네, 그렇게 할게요. 이걸 왜 하는지 알 거 같아요. 효과가 있으면 좋겠어요!

역설적 의도를 사용한 지 일주일 만에 형제의 싸움이 유의하게 줄었고, 이는 종결과
추후에도 유지되었다. 다음 회기에서는 (상처나 욕설을 포함되지 않은) 좀 더 친사회적으
로 적절하게 갈등을 해소하는 방법에 대해 다루었다. 아이들은 감정 표현에 대한 통제
력을 갖게 되었고, 더 적절한 의사소통 방식을 사용할 수 있게 되었다. 초반에 많은 내

담자는 상담자가 왜 증상 처방 기법을 사용하는지 이해하지 못한다. "왜 내가 상담에 온 이유인 문제 행동을 다시 하라고 하는 거야?" 하지만 이 기법 그리고 행동을 하는 시간과 장소의 범위를 제한하는 기법(제지 기법)을 함께 사용하면, 내담자는 이전에 없었던 자신의 문제에 대한 통제력을 가지게 된다.

📖 역설적 의도의 유용성과 평가

역설적 의도는 다양한 호소 문제와 관련하여 사용될 수 있지만, 상담전문가가 이 기법을 능숙하게 사용할 때까지는 주의를 기울여 사용해야 하고, 슈퍼비전을 받아야 한다. 이 기법은 거의 습관이 되어 자동적으로 그리고 반복적으로 문제 행동을 하는 아동에게 특히 유용하다(M. E. Young, 2013). 또한 역설적 의도는 다른 사람의 관심을 받기 위해 문제 행동을 하는 내담자에게도 유용할 수 있다(Doyle, 1998). 이 기법은 불안장애, 광장공포증, 불면장애, 청소년 비행, 스트레스, 떼쓰는 행동, 강박적 사고, 강박적 행동, 공포증상, 행동적 틱, 소변 가리기, 더듬거리며 말하기 등의 문제를 치료하는 데 사용되었다(Corey, 2015; DeBord, 1989; Lamb, 1980; Kraft et al., 1985). 역설적 의도는 특히 불면장애 치료에 적용되어 많이 연구되어 왔고, 효과적인 치료적 개입인 것으로 확인되었다.

역설적 의도는 단기간에 증상을 감소시키거나 제거시키는 것으로 밝혀졌다(Lamb, 1980). 대부분의 내담자는 4~12회기 이내에 이 기법에 반응을 보였다. DeBord(1989)가 실시한 문헌 고찰에 따르면, 역설적 의도는 광장공포증, 불면장애, 얼굴 붉어짐에 효과적인 치료적 개입인 것으로 나타났다. DeBord가 리뷰한 역설적 의도 관련 연구 중 92%의 연구에서 역설적 의도가 긍정적인 변화를 초래한 것으로 확인되었다. 또한 DeBord는 증상 처방의 경우에 15개의 연구 중 14개의 연구에서 적어도 어느 정도의 긍정적인 변화를 유발했다는 결과를 보고했다. 마지막으로, DeBord가 실시한 4개의 연구에서 모두 역설적 재구성이 다른 상담기법에 비해 부정 정서를 치료하는 데 더 효과적인 것으로 나타났다. 유사하게, Sweboda 등(1990)의 연구에서는 역설적 재구성이 제지 기법('천천히 변화하라') 다음으로 우울증 치료에 효과적인 것으로 확인되었다.

Fabry(2010)의 리뷰 연구에 따르면, 역설적 의도를 살펴본 19개의 연구 중 18개의 연구에서 긍정적인 결과가 확인되었고, 모든 19개의 연구에서 부정적 결과는 없는 것으로 밝혀졌다. Ameli와 Dattilio(2013)는 역설적 의도가 상담개입의 효과를 높일 수 있다고 말하였고, Dattilio(2010)는 역설적 의도가 가족상담에서도 유용하다는 결과를 확인하였다. 자살 증상과 같이 내담자에게 해가 될 가능성이 있을 때는 역설적 의도를 사용해서는 안 된다.

40 Techniques Every Counselor Should Know

게슈탈트(Gestalt)는 "배경에서 두드러지는 구조화되고 의미있는 형태나 모양 (Wolfert & Cook, 1999, pp. 3-4)"을 의미한다. 게슈탈트 상담자들은 유기체의 전체에 초점을 맞추고, 사람들이 자신만의 게슈탈트를 형성함으로써 자신의 경험에서 의미를 찾고 만들어 간다고 생각한다. 게슈탈트 상담과 사이코드라마는 현재의 경험, 실존주의적 의미, 대인관계, 전체론적(holistic) 통합을 강조하는 실존주의적 · 현상학적 · 행동적 개입을 혼합한 접근이라고 볼 수 있다.

일부 상담적 접근이 환원주의적으로 보일 수 있는 반면, 게슈탈트 치료는 내담자로 하여금 현재 순간에 무슨 일이 일어나고 있는지에 대해 알아차림으로써 자신만의 의미와 목적을 구성하도록 돕는다(Corey, 2015). 게슈탈트 상담과 사이코드라마를 사용하는 상담자는 내담자가 변화에 방해가 되는 환경적 · 대인관계적 · 개인내적 장애물을 인식하여 자신의 내적 · 외적 환경에 적응 혹은 조절할 수 있도록 돕는다. 또한 내담자가 건강한 접촉과 적응을 방해하는 '미해결과제'를 마치고, 명백하면서도 유연한 관계적 경계선을 통해 욕구를 만족할 수 있도록 돕는다. 게슈탈트 상담과 사이코드라마는 강렬한 감정을 유발하기 때문에 좀 더 전통적인 심리치료 방법을 원하는 내담자에게는 가식적이거나 어리석게 보일 수 있다.

다음 장에서는 세 가지의 게슈탈트 상담과 사이코드라마 기법(빈 의자, 신체움직임과 과장, 역할전환)을 소개한다. 역할전환과 빈 의자 기법은 원래 사이코드라마에서 개발되었지만, 게슈탈트 상담자도 이 두 기법을 자주 사용하며, 신체적 움직임을 만들기 위해 과장 기법도 사용한다. 빈 의자는 내담자의 삶에서 중요하지만 상담실에 있지 않은 누군가에게 이야기를 하게 하거나 내담자가 가지고 있는 두 측면끼리 이야기를 하게 하는(예: 내담자가 어떤 문제에 대해 내적으로 갈등하고 있을 경우에 혼자 하던 마음속의 대화를 밖으로 꺼내 지지적인 상담자에게 이야기하는 것이 도움이 됨) 기법으로, 매우 강렬한 감정들이 유발된다. 신체움직임과 과장은 내담자의 비언어적 행동의 의미를 이해하기 위해 사용되는데, 내담자의 의식 내에서 인지하기 힘든 의미나 대화가 자주 나타난다. 예를 들어, 내담자가 핵심적인 이야기를 강조하거나 (상담자가 생각하기에) 자신이 인식하고 있는 것보다 더 의미 있는 말을 하면서 손가락을 흔든다면, 상담자는 내담자로 하여금 그 행동이나 말을 여러 번 반복하도록 한다. 그리고 상담자와 내담자는 그 행동이나 말의 숨겨진 의미가 무엇인지 탐색한다. 역할전환은 다양한 관점에서 의미를 탐색할 수 있도록 내담자가 자신의 반대되는 관점과 생각, 역할을 취해 보는 기법이다. 예를 들어, 통제적인 아버지가 자신의 자율성을 침해하고 있다고 생각하는 청소년의 경우,

아버지의 역할을 맡아 아버지의 관점에서 내담자의 감정과 불평을 탐색한다. 이 세 개의 기법은 내담자의 상황에 대한 알아차림을 높이고, 의미를 (재)구성함으로써 내담자가 환경에 더 잘 적응하거나 환경을 더 효과적으로 조절할 수 있도록 돕는다.

📖 게슈탈트 상담과 사이코드라마의 다문화적 시사점

게슈탈트 상담과 사이코드라마의 장점은 두 접근 모두 치료적 관계를 중요시하고, 내담자의 현재 경험을 이해하기 위해 내담자를 개방적으로(편견 없이) 바라보아야 한다는 점을 강조한다는 것이다. 이러한 이유로 게슈탈트 상담은 이중문화 배경을 가진 내담자로 하여금 서로 갈등을 빚거나 불일치하는 두 개의 문화적 가치와 믿음을 통합하도록 돕는 데 특히 효과적이다. 예를 들어, 집단주의 문화권에서 자란 많은 내담자들은 미국 사회의 경쟁적·개인주의적 문화에 적응하는 데 어려움을 겪는다(Hays & Erford, 2014). 이러한 갈등을 다루는 데 게슈탈트 상담과 사이코드라마 기법들은 효과적이다.

게슈탈트 상담기법은 내담자의 강렬한 감정을 유발하는데, 일부 문화적 배경을 가진 내담자들(예: 동양계 미국인, 중동계 미국인)은 다른 사람(특히 가족이 아닌 다른 사람)에게 자신의 강렬한 감정을 표현하는 것을 낯설어 한다. 이에 비해, 어떤 내담자는 좀 더 감정적이고 게슈탈트 접근이 강조하는 알아차림과 실존적인 측면을 선호할 수 있다. 예를 들어, 적절한 대인관계 경계선 내에서 억압 혹은 부인해 왔던 자신의 감정을 표현하도록 격려하는 게슈탈트 개입을 유용하다고 생각하는 내담자가 있을 수 있다. 어떤 경우든, 상담전문가는 다양한 문화적 배경을 가진 내담자와 상담 시, 임상적 판단을 통해 신중하게 이 기법들을 사용해야 한다. 특히 자신의 감정을 잘 표현하지 않은 문화권의 내담자는 이 접근에 저항하고 상담에서 중도탈락할 수 있기 때문에 상담전문가는 더욱 신중해야 한다(Hays & Erford, 2014).

언어적으로보다는 비언어적으로 자신을 표현하는 것을 더 편하게 생각하거나 말하는 내용과 비언어적으로 표현하는 내용이 서로 불일치하는 내담자가 있다. 게슈탈트 상담자는 내담자의 얼굴표정과 몸짓 등에 주의를 기울임으로써 내담자가 자신의 내적 갈등을 이해하고 더 통합적으로 환경과 접촉할 수 있도록 도울 수 있다. 상식적인 말이긴 하지만, 기계적으로 게슈탈트 기법을 사용하는 것에 너무 초점을 두지 말고 내담자와 내담자의 욕구에 초점을 맞추는 것이 중요하다.

게슈탈트 상담과 사이코드라마는 자기이해, 감정의 합리성, 행동의 자율성 등을 강조하고, 남성과 여성 내담자에게 힘을 북돋아 준다. 게슈탈트 상담과 사이코드라마 기법은 아프리카계 미국인(Plummer & Tukufu, 2001)과 동양인계 미국인(Cheung & Nguyen, 2013)에게 효과적으로 사용될 수 있도록 수정 가능하다. 다만, 다양한 인종적·문화적·사회경제적 배경을 가진 내담자들은 이 기법이 너무 강렬한 감정을 유도하거나 가식(예: 자신의 팔에게 이야기를 하거나 빈 의자에게 이야기를 함)적으로 보이기 때문에 저항할 수 있다. 또한 비서양권 문화의 일부 내담자들은 게슈탈트 상담자가 직접적으로 신체적인 기법을 사용하기 때문에 지나치게 직면적, 혹은 위협적이라고 지각하여 상담에서 중도탈락할 수 있다(Hays & Erford, 2014).

빈 의자

빈 의자의 기원

빈 의자(empty chair) 기법은 사이코드라마에서 시작되었지만, Fritz Perls의 게슈탈트 상담에서도 사용된다. 게슈탈트 상담은 사람과 환경을 분리하는 이분법을 예방하는 데 목적이 있다. Perls는 처음으로 빈 의자 기법을 사용하여 내담자가 자신이 말하고 싶은 것, 혹은 어떻게 다른 사람에게 행동하고 싶은지 말할 수 있도록 했다. 이를 통해 내담자는 카타르시스를 경험하고 내적으로 감정 간의 연결감을 경험할 수 있다. 개념적으로, 게슈탈트는 전체를 만들고 해체하는 것을 모두 포함하며, 빈 의자 기법은 양극단의 통합을 반영한다. 즉, 동시에 양쪽 모두를 표현함으로써 내담자는 가치관·생각·감정·행동에서 나타나는 갈등을 이해하고 해결할 수 있다(M. E. Young, 2013).

게슈탈트 상담과 빈 의자 기법을 이해하기 위해서는 다음과 같은 게슈탈트 상담의 기본 개념을 알아야 한다(Coker, 2010).

1. 사람은 자신의 환경적 맥락 내에서 존재한다. 어떤 사람도 완전히 혼자 살아갈 수는 없다.
2. 사람은 환경과 접촉하거나 환경으로부터 철수한다.

3. 만약 개인이 환경과 접촉하면, 긍정적이거나 원하는 타인들과 연결된다.

4. 만약 개인이 환경으로부터 철수하면, 자신에게 해가 된다고 생각하는 타인들을 끊어 내려고 한다.

5. 접촉하는 것이 늘 건강한 것은 아니고, 철수하는 것이 늘 건강하지 않은 것은 아니다.

6. 성격의 핵심 목표는 환경과 접촉하고 철수하는 데 있다.

7. 사람은 한 개인이자 환경적 맥락에서 기능하는 존재다.

8. 게슈탈트 상담에서는 내담자가 지금-여기에서 (왜가 아닌) 어떻게 문제를 지각하는지에 초점을 둔다.

9. 상담전문가의 목표는 내담자에게 현재와 미래의 문제를 해결하기 위해 필요한 것을 제시하는 것이다.

10. 게슈탈트 상담에서는 지금-여기의 경험적인 측면을 중요시한다.

11. 개인은 지금-여기에서 접촉하고 철수한 시도와 해석에 대해 알아차림으로써 효과적으로 살아가는 방법에 대한 통찰을 얻게 된다.

📖 빈 의자를 사용하는 방법

상담전문가는 내담자와 신뢰 있는 치료적인 관계를 형성한 후에 빈 의자 기법을 사용할 수 있다. 이 기법은 여섯 단계를 거쳐 진행된다(M. E. Young, 2013). 먼저, 워밍업을 하기 위해 상담자는 내담자로 하여금 자신에게 존재하는 양극성(예: 따뜻함과 차가움)이 무엇인지, 양가적으로 느끼는 한 가지 사항에 대해 생각하도록 한다. 1단계에서, 상담자는 이 기법이 어떻게 내담자가 가질 수 있는 저항을 해결하기 위해 사용될 수 있는지 설명한다. 상담자는 두 의자를 서로 마주 보게 놓는다(의자는 각각 양극성의 한쪽을 대변함). 다음 단계로 넘어가기 전에, 내담자가 양극성의 양쪽에 대한 자신의 감정을 이해하는 것이 중요하다. 이제, 내담자는 양극성의 한쪽을 대변하는 의자에 앉아 반대쪽을 대변하는 빈 의자를 바라본다. 내담자는 자신이 앉은 의자가 되어 자신의 감정을 표현한 후, 다른 쪽 의자로 옮겨 앉는다.

2단계에서, 상담전문가는 내담자가 더 깊은 경험을 할 수 있도록 한다(M. E. Young, 2013). 내담자는 자신이 더 강한 감정을 느끼는 쪽의 의자를 선택하고, 그 선택한 한쪽에 대해 어떤 감정을 느끼는지 충분히 생각한다. 이때, 상담자는 질문을 통해 내담자가 지금−여기에 머물 수 있도록 돕는다. 예를 들어, 만약 내담자가 "정말 한 대 칠 수도 있었어요."라고 말하면, 상담자는 "지금 그 분노가 느껴져요?"라고 묻는다.

3단계에서, 목표는 내담자가 양극성의 가장 두드러지는 부분을 표현하는 것이다. 이때, 상담전문가는 내담자를 판단해서는 안 된다. 내담자는 지금−여기에 머물면서 양극성의 가장 두드러지는 부분을 묘사하는 대신 행동으로 표현해야 한다. 이를 위해 상담자는 내담자에게 몸짓이나 언어적 표현을 과장하도록 격려한다. 이 과정을 더 깊이 있게 만들기 위해 내담자에게 몇몇 단어나 문장을 여러 번 반복하도록 할 수도 있다. 또한 내담자로부터 관찰하고 들은 것을 요약할 수도 있다. 상담자는 내담자의 경험을 깊이 탐색하기 위해, '왜(why)'로 시작하는 질문 대신 '무엇(what)' 혹은 '어떻게(how)'라는 질문을 사용해야 한다. 상담자가 판단하기에 그만해도 될 시점이 되면, 내담자에게 다른 의자에 앉으라고 요청한다. 언제 다른 의자로 옮길지는 내담자가 더 이상 무슨 말을 해야 할지 모르거나 완전히 자신을 표현한 것으로 보일 때, 상담자가 결정해야 한다.

4단계에서, 내담자는 다른 쪽에 앉아 첫 번째 의자가 한 말에 반응한다. 상담전문가는 이 경험을 더 깊이 있게 만들기 위해 내담자에게 첫 번째 의자의 생각과 반대되는 생각과 감정을 표현하도록 격려한다.

5단계에서, 상담자 혹은 내담자가 양쪽에 대한 입장이 충분히 표현되었다고 판단할 때까지 계속 의자를 번갈아 가며 이 활동을 한다. 이를 통해 내담자는 양쪽에 대해 모두 알아차리게 된다. 이때, 간혹 양쪽 간의 타협안이 나오기도 하지만, 타협안을 찾는 것이 이 기법의 마지막 목표는 아니다.

마지막 6단계의 핵심 목표는 내담자가 실행계획에 동의하는 것이다. 상담전문가는 내담자가 양쪽에 대해 더 연구할 수 있도록 회기 간 과제를 내줄 수 있다.

📖 빈 의자를 변형한 기법

Vernon과 Clemente(2004)는 아동에게 사용할 수 있는 빈 의자를 변형한 기법을 소개했다. 이 기법은 아동 내담자에게 갈등을 겪고 있는 사람과의 관계에서 자신의 입장이 무엇인지 설명하도록 하거나, 만약 갈등이 내적 갈등이라면, 일단 한쪽을 선택하도록 한다. 아동 내담자가 자신의 입장을 표현하면, 상담전문가는 내담자에게 빈 의자에 앉아 다른 사람의 입장을 표현하도록 한다. 양쪽 입장이 충분히 표현될 때까지 의자를 번갈아 가며 진행한다. 만약 아동이 의자에게 말을 하는 것을 어려워하면, 의자 대신 녹음기에게 말을 하도록 할 수 있다.

빈 의자 기법을 변형한 또 다른 기법으로는 '환상대화'가 있다. 예를 들어, 내담자가 여러 개의 신체증상을 겪고 있다면, 상담전문가는 내담자에게 증상들이 자신에게 어떤 이득이 될지 알아보기 위해 자신의 신체 부위와 대화해 보라고 요청한다. 증상의 이득을 알게 되면, 내담자는 문제를 해결하게 될 수도 있다(M. E. Young, 2013).

또 다른 빈 의자의 변형 기법으로 '강요된 재앙'이 있다. 이 기법은 신중하게 사용되어야 하는데, 특히 불안한 내담자에게 사용할 때 신중해야 한다. 이 기법은 늘 최악을 생각하는 내담자에게 사용될 수 있다. 상담전문가는 내담자에게 실제로는 가능성이 매우 낮지만 최악의 시나리오가 발생할 거라고 계속 주장하면서 빈 의자를 통해 그 최악의 상황에서 내담자가 무엇을 느낄지 표현하도록 한다(M. E. Young, 2013).

📖 빈 의자의 예시

샤샤(Sasha)는 19세 대학생으로, 헤어졌다 화해했다를 반복하는 남자친구와의 문제로 상담실을 찾았고, 7주 동안 개인상담을 받고 있다. 상담과정을 통해 샤샤는 지금의 남자친구뿐만 아니라 다른 사람과의 관계에서도 거친 분노/독립심과 두려움/무기력/의존성 사이를 왔다 갔다 하는 것으로 확인되었다. 샤샤에게는 다른 사람과 신뢰 관계를 형성하고 유지하는 것이 특히 힘들었다. 그리고 과거에 당한 성적 학대와 신체학대에 대해 탐색하게 되면서 샤샤는 회기 때마다 경험하고 표현하는 자신의 양극성(독립심대 의존성)에 대해 혼란을 느끼게 되었다.

> 샤샤(S): (힘없이) 가끔 저는…… 그냥 너무 피곤해요. 너무 지치는 거 같아요. 너무 한심한 말이지만, 지금의 나는 나 자신과 다른 사람들을 이렇게 피곤하게 하는데, 왜 달라지질 못하는 걸까요? 저는 정말…… 왜 안 되는 거죠? 왜 그냥 달라질 수 없는 거죠?
>
> 상담자(C): 지금의 내가 그렇게 피곤하다면…….
>
> S: 네, 너무 안 좋으면 바꿔야죠! 그리고 너무 화가 나요. 너무 화가 나는데, 왜 그런지도 모르겠어요.

C: 샤샤, 전 당신에게 지금 무슨 일이 일어나고 있는지 알 거 같아요. 당신이 어떤 기분인 건지 알 거 같아요. 기분이 급격하게 바뀌니까 당황스럽고 지치는 거잖아요.

S: 그리고 화도 나요.

C: 그리고 화도 나고요.

S: 가끔 저는 영화 〈바람과 함께 사라지다〉에 나오는 스칼렛 오하라의 친척인 그 여성처럼 되고 싶어요. 그 여성의 이름이 뭐였죠?

C: 멜라니 였나요? 멜라니.

S: 네! 맞아요. 가끔 멜라니처럼 되고 싶다는 생각을 해요.

(복잡한 생각과 감정을 좀 더 쉽게 탐색하거나 닮고 싶은 사람에 대해 생각해 보기 위해 특정 인물 혹은 캐릭터를 찾는 것이 도움이 된다.)

C: 그리고 다른 때는요?

S: 음. 다른 때는, 스칼렛처럼 되고 싶어요.

C: 당신에게 두 사람은 어떻게 다른 데요?

S: 스칼렛은 누가 봐도 강하잖아요. 자신이 원하는 것을 어떻게든 가지려고 하고요. 어떤 것도 그녀를 막을 수 없어요. 그녀는 다른 사람들에게 상처를 줘요. 하지만 그렇게 하기 때문에 다른 사람들이 그녀에게 상처를 줄 수 없어요. 전 정말 그녀를 존경해요. 그리고, 음. 멜라니는…… 저는 절대 멜라니처럼 될 수 없을 거예요. 그녀는 희생적이고 부드럽고 착하지만, 때론 너무 슬퍼 보여요. 스칼렛은 멜라니가 약하기 때문에 늘 멜라니를 함부로 대했어요. 멜라니는 너무 약해요.

C: 근데, 멜라니처럼 되고 싶다고 말하면서, 절대 그녀처럼 될 수 없다고 말하는 거 같네요.

(상담전문가는 샤샤가 자신의 양극성을 볼 수 있도록 잠정적인 직면을 사용했다.)

S: 그렇죠? 말이 안 돼요. 제가 뭘 원하는지, 제가 누구인지도 모르겠어요. 제가 왜 이랬다저랬다 하는지도 모르겠고요.

C: 샤샤, 제 생각에, 당신은, 우리 대부분이 그렇듯. 여러 면을 가지고 있는 거 같아요. 다만 자신에게 그런 여러 '나'가 있다는 점, 그리고 여러 '나'의 필요성이나 목적에 대

해 알지 못했던 거 같아요. 여러 '나'들은 서로 화합하기보다는 서로 대항할 때가 많아요. 이해되세요?

S: 네. 이해돼요.

C: 이제, 당신이 가지고 있는 양면을 표현할 수 있도록 도와드릴게요.

S: 네. 좋아요.

C: 처음에는 이 활동이 좀 우스꽝스럽게 느껴질 수 있어요. 하지만 전 당신이 그걸 넘어서 해낼 수 있다고 믿고, 이 활동이 효과적일 거라는 것도 믿어요. 당신에게 도움이 될 거예요.

S: 네. 저도 믿어요.

C: 좋아요. 이 활동을 빈 의자 기법이라고 불러요. 우리는 두 개의 의자를 사용할 거예요. (저쪽에 있는 의자를 끌어와 샤샤 앞에 놓음)

S: (긴장하며 웃음)

C: 처음에는 긴장되고 뭐가 뭔지 알지 못할 수 있어요. 하지만 전 당신이 할 수 있을 거라고 믿어요. 자, 당신의 관계를 탐색한 결과, 그리고 저도 관찰했고, 당신도 이제 깨닫기 시작한 것처럼, 당신은 서로 반대되는 방향으로 행동하고 느끼는 거 같아요. 사실, 좀 전에도 멜리나와 스칼렛이라는 완전 다른 두 사람이 되고 싶다고 했고요. (잠시 멈춤) 샤샤, 가능하다면, 그 정반대인 자신에게 이름을 붙여 볼래요?

S: 흠…… 한쪽은 화가 난 저예요. 그리고 다른 한쪽은 두려워하는 저예요.

C: 좋아요. 지금 둘 중에 어떤 쪽이 더 강하게 느껴지세요?

S: 오늘은 사실 더 두렵고 상처받은 느낌이에요.

C: 네. 그럼, 자신으로부터 두 명의 다른 사람을 꺼낼 수 있다고 상상해 보세요. 한 명은 화가 난 사람이고, 다른 사람은 두려워하는 사람이에요. 그리고 이 두 사람이 어떻게 다르게 생겼는지도 상상해 보세요. 아마 한 사람은 어깨를 올리고 꽉 조인 턱, 치켜뜬 눈…… 그런 모습이고, 다른 한 사람은 어깨가 좀 늘어져 있고, 타인의 눈을 피하기 위해 아래를 보고 있을 거예요. 두 사람이 각각 의자에 앉아서 대화를 한다고 상상해 보세요. 다만, 이 두 사람에게 목소리를 줄 수 있는 사람은 당신밖에 없어요. 당신만이 두 사람이 하고 싶은 말이 뭔지 알아요. 자, 먼저, 당신의 일부인 두려워하는 사람이 되어 주세요. 두려워하는 사람이 되어 화가 난 사람에게 말해 보세요. 지금은 '강한 샤샤'가 되면 안 돼요. '두려워하는 샤샤'가 무엇을 느끼는지에 주목하세요.

(샤샤에게 할 수 있다고 격려한다.)

S: 시작할까요?

C: 네, 준비되면 시작해 주세요. 할 수 있어요. 도움이 필요하면 제가 도와드릴게요.

S: (깊은 호흡을 들이마시고 팔을 아래로 내려다보며, 아주 작은 목소리로, 거의 속삭이듯) 저는 항상 두려워요. 항상 두려워요. 그건 정말 너무 비참한 일이에요. (잠시 멈추지만 여전히 아래로 손을 쳐다봄) 너무 무기력해요. (멈춤) 약하고(멈춤) 한심해요. (다시 깊은 호흡) 저는 다른 사람들이 저를 짓밟게 놔둬요. 저는…… 사람들이 저를 사랑(혹은 좋아)하도록 뭐든지 하니까 사람들은 저한테서 원하는 것을 다 가져가요. 그냥 저한테 잘해만 주면…… 알아요, 되게 한심하다는 거(속삭이듯 말함) 되게 한심해요(좀 더 크게 말함). 하지만 동시에 전 제가 착하고 믿을 만한 사람이라고 생각해요. 그래서 기분이 좋기도 해요. 나쁜 사람이 되고 싶지 않아요. 좋은 사람이고 싶어요. 다른 사람들이 저에게 상처를 주고 그래서 제가 수치심을 느낀다고 해도 다른 사람에게 상처를 주면 안 되잖아요. (시선을 위로 올리고 앞에 있는 빈 의자를 쳐다봄) 네가 다른 사람한테 상처 주는 거랑 그 사람이 나한테 상처 준 거랑 다를 게 없어. 너는 가끔 너무 그 사람을 연상시켜. 아니야. 그렇게 말하면 안 돼. 아…… 나 진짜 그 사람이 너무 미워.

C: 지금 어때요?

S: 지금…… 지금. 그 사람이 나를 더 좋아했으면 나에게 상처 주지 않았을 텐데라는 생각을 했어요. 전 여전히 그 사람이 저를 좋아해 주길 바라요. 분명히 그 사람은 저를 좋아하지 않아요. 저는 그 이유를 모르겠어요. (침묵)

C: 자, 이제, 화가 난 샤샤의 의자에 앉아 이야기해 주세요.

S: (다른 의자에 앉음) 네. 이제 더 편해요! 네가 더 한심해! (불평하는 목소리로) "사람들이 나를 사랑했으면 좋겠어. 아니 좋아하기라도 했으면 좋겠어!"라고? 너 진짜 짜증난다. 너 때문에 내가 아프려고 해. 네가 더 강했다면, 우리가 이렇게 되지도 않았어! 너는 내가 필요해. 넌 그걸 인정해야 해. 내가 아니었다면, 넌 이렇게 되지도 못했어. 네가 원하는 대로 나를 '부끄럽게' 생각할 수도 있겠지. 근데, 내가 그 사람 같다고 말하지는 마! 너의 한심한 인생을 그나마 일으켜 주려고 내가 이렇게 할 수밖에 없었는데…… 네 책임이야. (숨을 가다듬기 위해 잠시 멈춤)

C: 그 말을 다시 해 보세요. "네 책임이야."

S: 네 책임이야.

C: 다시요.

S: 네 책임이야.

C: 다시요.

S: 네 책임이야!

C: 어떤 감정이 느껴져요?

S: 지쳐요. 하지만 제가 아닌 누군가가 될 수 없고 그녀가 하는 대로 놔 둘 수도 없어요. 제가 강하지 않았다면 우리는 여기까지 오지도 못했어요. 근데, 강해야 하는 게 너무 지쳐요.

C: 당신에게는 강하다는 것과 화가 난 게 같으니까요.

S: 분노가 저를 강하게 만들어요. 하지만 분노는 저를 지치게 해요.

C: 그녀에게 말해 보세요.

S: 네가 좀 덜 강해지고 싶다면, 나도 그렇게 화를 내지는 않을게. 네가 좀 덜 한심해질 수 있다면, 나도 덜 잔인해질 수 있어. 나는 잔인하고 싶지도 화를 내고 싶지도 않아. 나한테는 둘 다 너무 버거운 일이야. 난 지쳤어. 나도 너처럼 되고 싶어. 하지만 완전히 너랑 똑같이 되고 싶은 건 아니야. 너는 여전히 너무 약해. (샤샤는 화내는 자신의 모습 때문에 힘들어했고, 더이상 할 말이 없는 것처럼 보임)

C: 자, 이제 한 번 더 의자를 바꿔 앉을게요. 이제 두려운 샤샤가 하고 싶은 말이 남아 있다면 하세요.

S: (의자를 바꿔 앉고, 다시 무릎에 손을 놓지만, 아래를 내려다보지는 않음) 네가 나의 일부가 되어야만 해서 나도 유감이야. 우리가 그동안 겪어 온 것들을 생각해 봐. 나는 널 좋아하지 않고 네가 하거나 다른 사람을 대하는 방식이 마음에 들지 않아. 하지만 지금은 네가 필요해(잠시 멈추고 상담전문가를 바라보며 할 말을 다 했다는 신호를 보냄).

C: 아주 좋아요. (빈 의자를 뒤로 밂)

S: 이 둘을 이런 식으로 생각해 보는 거…… 도움이 됐어요. 제가 서로 반대되는 측면을 가지고 있다는 것을 알게 됐고, 또 둘 다 저한테 필요하다는 것도 알게 됐어요. 이제 둘 다를 더 수용할 수 있을 거 같아요.

C: 둘 다 당신에게 필요하다고요? 아마 당신이 생각하는 것보다는 덜 필요할 수도 있어요.

S: 그러니까. 둘 다 좀 약한 강도로…… 혹은 서로 타협하거나 섞이는 방법을 배울 수 있을 거 같아요.

C: 네. 맞아요. 아시다시피, 둘 다 긍정적인 측면이 있으니까요. 둘 다 당신이 가진 놀라운 특성을 대변하고 당신이 어떻게 살아왔는지 보여 주네요. 자, 이제 다음 주까지 오늘 했던 빈 의자 활동에 대해 생각해 보고, 이 둘의 긍정적인 면이 무엇인지 목록을 만들어 보세요. 또한 어떤 상황이나 맥락에서 각각이 효과적인지도 생각해 보시고요. 즉, 그들이 너무 심하지 않게, 적절하게 사용된다면, 어떤 강점과 유용성이 있을지 생각해 보세요.

📖 빈 의자의 유용성과 평가

빈 의자 기법은 내담자가 자신의 양극성에 대한 감정을 밖으로 표출하도록 도와준다 (Corey, 2015). 이 기법은 대인관계적 문제와 내적 문제를 다루는 데 모두 사용될 수 있다. 상담전문가는 이 기법을 통해 내담자가 자신의 웰빙에 영향을 미치는 (겉으로 보이지 않는 자신의) 감정을 알아차릴 수 있도록 도와줄 수 있다(Hackney & Cormier, 2012).

Crose(1990)는 빈 의자 기법이 미해결과제를 가지고 있는 내담자에게 효과적으로 사용될 수 있다고 밝혔다. 과거를 지금−여기로 가져옴으로써, 상담자는 내담자가 이미 사망했거나 더 이상 연락하지 않는 사람과의 미해결 과제를 해결할 수 있도록 도울 수 있다. 상담자는 내담자가 해당 사람(들)에게 자신의 사랑이나 분노를 표현할 수 있는 안전하고 편안한 장소를 제공해야 한다.

Coker(2010)는 빈 의자 기법이 학교상담에서도 사용될 수 있다고 주장하였다. 학교상담자가 다른 사람과 갈등을 겪고 있는 학생에게 이 기법을 사용한다면, 먼저 학생으로 하여금 상대방에 대해 가능한 생생하게 묘사하도록 한다. 학생은 의자에 앉아, 앞에 있는 의자에 상대방이 앉아 있다고 상상한다. 학생이 갈등에 대해 묘사하면, 상담자는 학생에게 상대방에게 하고 싶은 말을 하도록 하고, 앞서 설명한 6단계를 실시한다. 학교상담자는 내적 갈등을 겪고 있는 학생에게도 이 빈 의자 기법을 사용할 수 있다. Coker는 이 기법이 청소년에게 효과적인데, 특히 머리가 원하는 것과 마음이 원하는 것이 다른 청소년에게 유용하게 사용할 수 있다고 말했다.

Clance, Thompson, Simerly와 Weiss(1993)는 게슈탈트 상담기법들이 참여자의 신

체상(body-image)을 수정하는 데 효과적인지 살펴보았다. 30명의 참여자 중 15명은 처치집단, 15명은 통제집단으로 할당되었다. 연구자들은 "게슈탈트 상담과 알아차림 훈련이 참여자의 신체와 자신에 대한 생각을 측정 가능한 유의한 수준으로 수정하였다."(p. 108)고 결론 내렸다. 또한 게슈탈트 상담기법들이 여성보다 남성 참여자에게 더 효과적인 것으로 나타났다. 빈 의자 기법은 다양한 문화권 내담자, 예컨대 아프리카계 미국인(Plummer & Tukufu, 2001)과 동양계 미국인(Cheung & Nguyen, 2013)에게도 적용될 수 있다.

Greenberg와 Higgins(19880)는 내담자가 양극성을 경험할 때, 포커싱 기법과 빈 의자 기법 중 어느 기법이 더 효과적인지 비교하였다. 연구자들은 내담자의 경험의 깊이와 내담자가 보고한 알아차림의 변화 정도를 측정하였다. 42명의 참여자가 연구에 참여했고, 같은 수의 참여자들이 각각 통제집단, 포커싱 집단과 빈 의자 집단으로 할당되었다. 연구 결과, 빈 의자 기법에 할당된 참여자들이 다른 두 집단의 참여자들보다 경험의 깊이와 알아차림에 있어서 더 큰 변화를 경험한 것으로 확인되었다.

몇몇 연구자들은 빈 의자 기법이 정서적 각성, 미해결과제 및 용서를 촉진하는 데 효과적인지 살펴보았다. Diamond, Rochmon과 Amir(1020)는 29명의 미해결분노를 느끼고 있는 여성을 대상으로 공감, 관계구성, 빈 의자 기법을 포함한 단일 회기를 실시하였고, 그 결과 참여자들의 정서적 각성(슬픔)이 높아진 것으로 나타났다. 또한 빈 의자 기법을 통해 참여자들의 두려움/불안 수준도 높아진 것으로 나타났는데, 그 이유는 분노의 대상이었던 사람으로부터 거부를 당하거나 상처를 받았기 때문인 것으로 보인다. Greenberg, Warwar와 Malcolm(2008)은 빈 의자 기법이 정서적 상처를 다루는 다른 심리교육적 개입에 비해 용서와 놓아줌 수준을 더 향상시킨다는 결과를 보고하였다. Hayward, Overton, Dorey와 Denney(2009)는 자기주장 훈련과 빈 의자 기법을 사용한 관계중심적 상담을 통해 5명 중 4명의 내담자들이 관계패턴(통제, 스트레스받은 목소리)에서 유의한 변화를 경험했음을 확인하였다. Paivio와 Greenberg(1995)는 미해결과제를 해결하는 데 빈 의자 기법이 얼마나 효과적인지 살펴보았다. 34명의 참여자들이 빈 의자 기법 집단과 심리교육 집단으로 할당되었다. 각 집단은 12회기의 상담에 참여했고, 상담이 종결되었을 때, 81%의 빈 의자 집단 참여자들이 자신의 미해결과제가 해결되었다고 보고한 반면, 29%의 심리교육 집단의 참여자들이 자신의 미해결과제가 해결되었다고 보고하였다. 연구자들은 1년 후 추후검사를 통해, 빈 의자 기법이 "증상, 대인관계 스트레스, 불편감을 감소시키고, 호소 문제 변화를 촉진하며, 미해결과제를 해결하는 데 더 효과적"(p. 425)이라고 결론 내렸다.

　M. E. Young(2013)은 빈 의자 기법을 비판했는데, 특히 일부 내담자의 경우 자신이 우습게 보이는 것이 걱정되어 이 기법에 참여하길 꺼릴 수 있음을 지적하였다. 또한 일부 상담자가 완전히 양극단의 한쪽 모습이 다 표현되기 전에 내담자를 다른 의자로 옮기게 한다는 비판도 하였다. Young은 이 기법이 내담자의 강렬한 감정을 유도하기 때문에, 자신의 감정을 통제하는 데 어려움이 있는 내담자에게는 사용하지 않는 것이 좋다고 말하였다. 더불어, 내담자의 강렬한 감정적 반응이 있을 수 있기 때문에, 이 기법을 사용한 후에, 내담자의 반응에 대해 탐색할 필요가 있다고 강조하였다. 마지막으로, Young은 빈 의자 기법을 능숙하게 사용하지 못하는 상담자의 경우, 더 노련한 상담전문가로부터 슈퍼비전을 받아야 하며, 정신증적 장애와 같은 심각한 심리적 문제를 가진 내담자에게는 이 기법을 사용하지 않는 것이 좋다고 설명하였다.

제 **12** 장

신체움직임과 과장

📖 신체움직임과 과장의 기원

신체움직임(body movement)과 과장(exaggeration)은 게슈탈트 이론에서 나온 기법이다. Perls는 내담자의 언어적 · 비언어적 대화를 통해 내담자는 자신의 경험과 정서적 반응 이면에 있는 생각과 감정에 대해 이해할 수 있다고 믿었다. 게슈탈트 상담자들은 통합적인 접근을 사용하고, 내담자의 접촉을 높이는 기법들을 사용한다. 일반적으로, 신체 움직임과 과장은 다른 사람에게 보내는 자신의 언어적 · 비언어적 신호를 이해해야 하는 내담자에게 사용된다(Corey, 2015).

📖 신체움직임과 과장을 사용하는 방법

신체움직임과 과장을 사용할 때, 상담자는 먼저 내담자의 언어적 · 비언어적 패턴을 관찰해야 한다. 상담전문가는 내담자의 비언어적 행동에 주의를 기울이면서 별로 중요해 보이지 않는 몸짓들을 찾아내야 한다. 이러한 몸짓은 "떠는 행동(손이나 다리를 흔듦), 구부정한 자세, 주먹을 꽉 쥠, 얼굴을 찡그림, 팔짱을 낌, 눈살을 찌푸림"(Corey,

2015, p. 212)등을 포함한다. 상담자는 이러한 몸짓을 찾으면 그 몸짓이 의미하는 바가 무엇인지 명확해지길 바라면서, 내담자에게 그 몸짓을 과장해서 다시 해 보라고 한다. 내담자가 과장해서 그 몸짓을 다시 할 때, 상담자는 내담자에게 그 몸짓에게 목소리를 주라고 요청한다.

🏛️ 신체움직임과 과장을 변형한 기법

과장은 내담자가 중요한 이야기를 하지만 그 이야기가 중요한지 깨닫지 못하고 있을 때 사용된다. 상담자는 내담자가 좀 전에 한 말이 내담자에게 어떤 영향을 미치는지 알 때까지 그 말을 반복해서 (할 때마다 감정을 더 실어서) 하라고 요청한다(Harman, 1974). 제11장에서 샤샤에게 "네 책임이야."라는 말을 반복해서 하도록 하는 것이 과장을 변형한 기법의 예시다.

🏛️ 신체움직임과 과장의 예시

토마스(Thomas)는 56세 남성으로, 상담을 받아 본 경험이 전혀 없다. 1년 전에 어머니가 81세로 세상을 떠났는데, 아직까지 어머니의 죽음에 잘 대처하지 못하고, 어떻게 살아야 할지 모르고 있는 상태였다. 토마스는 어머니, 그리고 어머니의 죽음과 관련한 감정들을 이해하고 정리하고 싶어 상담소를 찾았다.

> 토마스(T): 이해가 안 돼요. 왜 내가 느끼는 감정을 그대로 느끼기가 어려운지 이해가 안 돼요.
>
> 상담자(C): 슬픔. 상실감.
>
> T: 네, 맞아요. 그런 감정들이 사라지지 않아요. 근데 동시에 감정들을 표현하지도 못하겠어요.
>
> C: 어떻게 해야 할지 모르는 답답한 상태인가요?
>
> T: 네, 덫에 빠진 느낌. 그래서 답답한 거 같아요.
>
> C: 네.

138

T: 어머니에 대한 강박을 멈추고 싶어요. 어머니는 돌아가셨고, 이제 저는 제 인생을 살아야 하는데…… 마치 어머니가 절 여전히 놓아주지 않는 거 같아요.

(상담자는 내담자가 '여전히'라는 말을 사용한 것에 주목하였다. 즉, 어머니가 내담자를 놓아주지 않는 것이 이번만이 아닐 수 있다는 것이다.)

C: 여전히요?

T: (고개를 들어 위를 쳐다봄. 상담자와 눈을 맞추며) 네. 여전히요.

C: 어머니가 당신을 놓아주지 않는다.

T: 어머니가 절 놓아주지 않아요.

C: 다시 한 번 더 말해 줄래요?

T: 어머니가 여전히 절 놓아주지 않아요.

C: 다시 한 번 더요. 이번에는 좀 더 크게요.

T: 어머니가 여전히(!) 절 놓아주지 않아요.

C: 다시요.

T: 어머니가 여전히(!) 절 놓아주지 않아요! 어머니가 여전히(!) 절 놓아주지 않아요! 어머니는 나를 내버려 두지 않을 거예요!

T: (의도적으로 잠시 침묵함) 근데, 이게 언제부터 시작된 건지 모르겠어요. 아니면 어떻게……. (생각하느라 멈춤)

C: 그게 어떻게 느껴져요?

T: 두려움, 분노요.

C: 네. 저도 그랬을 거 같아요.

T: 하지만, 전 화가 나진 않아요.

C: 아마도 아니겠죠.

(상담자는 내담자가 불끈 쥔 주먹을 무릎 사이게 감추고 있다는 것을 눈치챘다. 내담자가 자신의 감정을 부인할 때, 언어적으로 한 말과 비언어적 행동이 일치하지 않는 경우가 많다.)

C: 당신의 주먹이 화가 난 거 같아요.

C: 제 주먹이요? (자신의 불끈 쥔 주먹을 바라보고, 곧바로 주먹을 펴고 옆으로 옮김)

C: 주먹을 다시 불끈 쥐어 보세요. 이번에는 더 세게요. 그리고 무릎 사이에 주먹을 넣어 보세요. (토마스는 상담자가 하라는 대로 하면서 다리를 떨기 시작함) 당신의 다리가 떨고 있어요. 다리를 더 떨어 보세요. (토마스는 다리를 더 떪) 자, 이제 다리에게 목소리를 주세요. 다리가 말할 수 있다면 뭐라고 말할까요?

T: 그들은 긴장했어요.

C: 긴장?

T: 그들은 주먹이 하고 있는 걸 좋아하지 않아요.

C: 주먹이 뭘 하는데요?

T: 화를 내고 있어요.

C: 그래서 다리들이 긴장한 거예요?

T: 네.

C: 좀 더 세게, 주먹을 쥐어 보세요. 그리고 무릎으로 주먹을 움직이지 못하게 하세요.

T: 매우 화가 난.

C: 당신의 일부는 매우 화가 났어요. 그리고 다리는 그걸 주먹을 숨기려고 해요. 하지만 주먹이 원하는 건……

T: 뭔가를 치는 거예요.

C: 그래서 무릎이 주먹을 움직이지 못하게 하는 거네요. 주먹이 뭔가를 치지 못하게.

T: 분노는 좋은 게 아니에요. 상황을 더 나쁘게만 만들어요. 밖으로 표출되면 안 돼요.

C: 덫에 빠진 느낌? (토마스는 다시 위를 쳐다보면서 잠시 침묵함. 자신이 분노를 인정하지 않는다는 것과 덫에 빠진 느낌이 관련이 있음을 깨달음.)

이 대화에서, 신체움직임과 과장은 내담자가 부인해 왔던 감정을 인정할 수 있도록 도와주기 위해 사용되었다. 이 기법은 부인해 왔던 감정을 표현하고 그 원인을 찾는 데도 사용될 수 있다.

📖 신체움직임과 과장의 유용성과 평가

게슈탈트 상담기법들이 인기가 많은 이유 중 하나는 유연성이다. 게슈탈트 상담기법들을 사용할 때는 따라야 하는 엄격한 지침이 없기 때문에 다루는 문제에 따라 변형 · 수정하여 사용할 수 있다. 게슈탈트 상담기법들은 수많은 내담자와 문제에 따라 변형되어 사용되었지만, 모든 내담자에게 도움이 되는 것은 아니다(Wolfert & Cook, 1999). 예를 들어, 상담전문가는 내담자가 심한 병리증상을 보이거나 자신의 경험에 전혀 접촉하지 못하는 경우에는 다른 이론적 접근을 사용할 것을 고려해야 한다(Harman, 1974). 하지만 Strumpfel과 Goldman(2002)은 게슈탈트 상담기법에 대한 문헌고찰을 하였는데, 신체움직임과 과장과 같은 기법이 우울, 공황, 성격장애, 심리적 · 신체적 문제, 물질남용 등과 같은 다양한 문제에 사용될 수 있음을 발견하였다.

제13장

역할전환

📖 역할전환의 근원

역할전환(role reversal)은 사이코드라마와 게슈탈트 상담에서 시작되었다. 게슈탈트 상담자들은 실존하는 모든 것이 서로 연결되어 있다고 생각하여, 전체론적 상담접근을 사용한다. 역할전환은 내담자가 자신의 감정과 반대되는 행동을 할 때 사용된다(Hartman, 1974). 상담전문가는 이 기법을 통해 내담자가 양극단을 이해하고 이러한 양극단을 전체론적으로 통합할 수 있도록 도와준다.

📖 역할전환을 사용하는 방법

상담전문가는 갈등이나 내적 분리를 경험하는 내담자에게 역할전환을 사용할 수 있다. 이 기법을 사용할 때 상담자는 적극적으로 내담자가 경험하고 있는 여러 역할을 찾기 위해 노력해야 한다(Hackney & Cormier, 2012). 내담자는 불안을 초래하는 역할을 맡아 그동안 인정하지 않았던 자신의 일부와 접촉한다(Corey, 2015). 상담자는 내담자의 태도와 가치관, 믿음 등을 탐색하도록 도와준다. 내담자는 또 다른 역할도 맡아 갈등의 양쪽 면을 다 살펴봄으로써 자신의 상황에 대해 알아차리고 감정들을 접촉하며 감정 이면에 있는 문제를 해결할 수 있다.

📖 역할전환을 변형한 기법

역할전환을 변형한 기법의 한 예로는 내담자에게 자신과 갈등을 겪고 있는 상대방의 역할을 맡게 하는 것이다. 다른 사람의 역할을 맡아 봄으로써 내담자는 다른 관점에서 자신과 상황을 바라보고 더 많은 알아차림을 얻을 수 있다(Doyle, 1998).

📖 역할전환의 예시

다음은 역할전환을 변형한 기법을 사용한 예시로, 상담자는 내담자에게 자신의 다른 모습이 아닌 다른 사람의 역할을 맡도록 요청했다. 크리스타(Krista)는 겉으로는 자신의 딸을 연기하는 것처럼 보이지만, 사실은 자신의 내적 갈등을 연기하고 있다. 그 이유는 크리스타가 딸이 자기 내면에 있는 어린아이를 대변하고 있다고 생각하고 자신에 대한 분노를 딸에게 전이하고 있기 때문이다. 따라서 부모나 교사와 갈등을 겪고 있는 청소년의 경우, 상대방의 감정과 동기를 이해하기 위해 역할을 바꿔 상대방의 역할을 맡을 수 있다.

크리스타는 34세의 여성으로, 어린 시절부터 청소년기 그리고 성인이 되어서도 계속 상담을 받고 있다. 크리스타는 어렸을 때 성적ㆍ신체적ㆍ정서적으로 학대를 받았고, 완벽한 딸이 되기 위해 오랫동안 노력했다. 하지만 10대가 된 크리스타는 완벽한 딸이 되는 것을 그만두고 반항하기 시작했다. 당시에 크리스타는 자신과 타인에게 적대감을 느꼈고, 술과 마약을 하기 시작했고, 도둑질을 하고, 반복적으로 가출을 했으며, 성적 관계를 맺었다. 크리스타는 대부분의 청소년기를 정신과 병원에서 보냈고, 퇴원하면 다시 예전의 삶의 방식으로 되돌아갔다. 시간이 지나, 크리스타는 두 명의 아이를 낳고, 결혼도 했지만, 몇 년에 한 번씩 집을 나가 예전의 생활방식으로 돌아가곤 했다. 지금, 그녀는 일을 하고 있으며, 2년 동안 마약을 하지 않았다. 이전에 했던 행동을 하지 않고 있고, 매우 매력적이고, 안정적이며, 세련되고, 말을 조리 있게 하는 여성으로 보였다. 6주 전에 처음 상담에 왔을 때 그녀가 호소한 핵심 문제는 어머니, 남편, 자녀들과의 관계 문제였다. 또한 분노 조절의 어려움과 우울 증상도 호소하였다. 크리스타는 왜 이런 증상을 경험하고 있는지 이해가 되지 않으며, 자신이 남편을 자꾸 밀어내고 딸에게 정서적으로 상처를 주는 것 같다고 말했다. 현재까지, 상담에서는 신뢰적인 상담 관계를 형성하고, 과거와 현재의 진단에 대해 이해하고, 처방받은 약에 대해 살펴보고, 감정 조절과 반응을 향상시키는 다양한 기법들(예: 마음챙김부터 비논리적인 믿음을 찾고 수정하기까지)에 대해 논의하였다.

크리스타(K): 다시 너무 무기력해졌어요. 금방 좋아질 거라고는 기대하지 않았지만, 빠르게 기분이 좋아지기 시작해서 놀랐거든요. 지난주에는 6일 동안 집안일을 거의 하지 않았어요. 6일이나요! 이렇게 심한 적은 없었던 거 같아요! 예전에는 직장, 아이들과 남편이 절 이렇게 힘들게 하게 놔두지 않았어요. 전 그런 제가 자랑스러웠어요.

상담자(C): 그리고 희망적인?

K: 네. 희망적이었어요. 제 인생에서 처음으로 정상적으로 느낄 수 있을 거 같았거든요. 그런데 이런 기분 정말 지쳐요.

C: 이런 기분…….

K: 마치 미친 악마나 괴물이 된 거 같아요. 어제는 딸 캘리(Kaley)에게 심하게 화가 났어요. 진짜 심하게 화가 났어요(크리스타는 주먹을 꽉 쥐고 이를 악묾). 딸 머리를 한 대 치고 싶었어요. 전 여전히 화가 나요. 많이 화가 나요. 왜 이렇게 딸이 저를 화나게 하는지 모르겠어요. 딸은 절 어떻게 하면 화나게 하는지 너무 잘 알고 있어요. 그래서 절 일부러 화나게 해요. 왜 딸이 저를 화나게 하려고 하는지 모르겠어요. 그걸 즐길 리가 없잖아요. 근데 딸은 자기가 절 화나게 한다는 걸 확실히 알고 있어요. 그 작은 녀석이…….

C: (잠정적으로) 딸의 행동이 의도적이라고 생각하시는 거 같아요.

K: 네. 전 알아요. 딸이 자기가 하는 행동이 절 화나게 하는 걸 모를 리가 없어요. 제가 얼마나 화를 낼지 잘 알고 있어요.

C: 잠시만 딸의 입장이 되어 보실래요? 그냥 잠시만 딸의 관점에서 좀 전에 당신이 한 말에 대해 반응해 보세요. 만약 당신이 캘리였다면, "네 행동은 의도적이야. 넌 나를 화나게 하려고 일부러 그러는 거야."라는 말에 뭐라고 반응하겠어요? 당신이 캘리라면?

K: (주저 없이) 맞아요. 의도적으로 그러는 거 같아요. 내가 바보인 걸 수도 있고…… 나는 엄마가 미워요. 엄마가 계속 미치광이처럼 행동하면, 나는 엄마를 멈추게 할 수가 없어요. 나는 엄마의 눈치를 보는 게 너무 싫고 너무 지쳤어요. 아니, 우리 모두 지쳤어요. 나는 엄마의 그 한심한 별거 아닌 감정들에 신경쓰지 않는 법을 배웠어요. 진짜 별로예요! 나는 엄마가 원하는 대로 행동하려고 오랫동안 노력했어요. 근데 엄마에게는 늘 충분하지 않았어요. 엄마를 위해 노력하는 게 너무 지쳐요. 내가 아무리 노력해도 돌아오는 게 없어요. 엄마는 블랙홀 아니 진공청소기 같아요. 엄마는 내 인생을 다 빨아들이고 있어요. 난 포기했어요! (잠시 멈춤) 엄마를 포기했어! (멈춤. 분노에서 풍자로 바뀜) 그리고 지금은? 나는 이제 미치광이 짓을 하는 게 재미있나 봐요.

(일반적으로, 역할전환 기법은 상대방에 대한 이해와 공감을 유발한다. 크리스타는 화를 내면서 동시에 열네 살 때 자신이 어머니에게 느꼈던 감정을 딸에게 투사하고 있다. 하지만 당시에 크리스타에게는 또 다른 면이 있었는데, 그동안 크리스타가 상담자에게 말했던 내용을 고려할 때, 아직까지 크리스타는 딸의 입장을 제대로 대변하지 못했다. 상담자는 크리스타에게 이에 대해 알려 주고 다음 주까지 딸의 입장을 글로 써 보라고 요청하였다. 글쓰기는 가끔 말로 표현하기 어려운 것들을 불러일으키게 한다).

C: 지난주에 우리가 이야기한 대로 딸의 입장을 글로 써 보셨어요?

K: 네. 근데 정말 힘들었어요.

C: 어떻게 힘들었어요?

K: 기분이 좋지 않았어요. 슬펐어요.

C: 슬프고?

K: 딸이 어떻게 느끼고 있는지 깨달으니까 슬프고 힘들었어요. 딸은 정말 좋은 아이예요. 자, 읽어 보세요. (상담자에게 종이를 주고, 상담자가 종이에 쓴 글을 큰 소리로 읽음)

C: 오늘 밤에 엄마와 내가 또 싸웠어. 난 엄마가 왜 나한테 그렇게 화를 내는지 모르겠어. 엄마는 남동생한테는 그러지 않아. 엄마는 가끔 나를 미워하는 거 같아. 엄마 눈에서 그리고 엄마 목소리에서 그걸 느낄 수 있어. 근데 나는 엄마가 왜 그러는지 모르겠어. 그리고 엄마가 정신을 잃을 때가 있어. 난 그런 엄마가 무서워. 엄마가 어떻게 행동할지 예측할 수가 없어. 나는 한 번도 엄마가 어떻게 행동할지 예측할 수 없었어.

어떤 날은 괜찮다가 갑자기 그 다음날은 괜찮지 않아. 엄마의 규칙은 늘 바뀌는 거 같아. 어떻게 해야 안전한 건지 모르겠어. 엄마가 그러니까 포기하고 싶어. 그게 너무 힘들어. 나는 좋은 딸이 되기 위해 정말 최선을 다했어. 나는 완벽하지 않아. 하지만 난 노력했어. 근데, 내 나이에 뭐가 정상인 거야? 난 꽤 좋은 아이 아니야? 선생님들은 나를 좋아해. 선생님들은 내가 선생님들의 학생이라서 좋다고 말해. 근데, 우리 엄마는 내가 엄마의 딸인 게 좋지 않나 봐. 아무래도 나는 이제 화가 나기 시작하는 거 같아. 엄마한테 대들고 싶어. 그리고 이제 노력하는 것도 지쳤어. 좋은 딸이 되려는 걸 포기하고 싶어. 어차피 난 좋을 딸이 될 수 없어. 아무리 노력해도 어차피 미움받는다는 게 너무 힘들어. (상담자는 고개를 들었고, 크리스타는 울고 있음) 뭐가 가장 슬퍼요?

K: 내가 딸을 죽이고 있다는 사실이요. 나는 정서적으로 딸을 죽이고 있어요. 딸이 나를 미워하게 만들고 있어요. 딸은 정말 좋은 아이예요.

C: 지난주에는 딸이 의도적으로 당신을 화나게 한다고 말씀하셨는데, 오늘은…….

K: 딸을 이해해요. 내가 딸에게 상처를 줬어요. 딸에게 상처 주고 싶지 않아요. 나는 내가 예전에 그때 선을 넘은 것처럼 딸이 선을 넘을까 봐 무서웠어요. 나는 내가 한 일 때문에 나 자신을 미워했어요. 딸에게서 열네 살인 내가 보여요. 난 그게 싫어요. 근데, 아직 딸은 그 선을 넘지 않았어요. 딸은 내가 아니에요. 딸은 예전의 나와 달라요. 딸은 여전히 좋은…… 딸에게는 장점이 많아요. 여전히 딸에게는 기회가 있어요.

(역할전환으로 인해 크리스타는 딸을 공감할 수 있게 되었고, 딸과 자신을 분리하여 볼 수 있게 되었으며, 딸에게 미움이 아닌 동정심을 느끼게 되었다.)

📖 역할전환의 유용성과 평가

아직까지 역할전환의 효과성을 살펴본 경험연구는 없었다. 내담자는 불편한 역할을 맡아야 하기 때문에 처음에는 이 기법에 저항할 수도 있다. 이 기법을 효과적으로 사용하기 위해, 상담자는 내담자가 편안하게 참여할 수 있도록 안전한 환경에서 충분히 격려해야 한다(Hackney & Cormier, 2012).

40 Techniques *Every Counselor Should Know*

제**4**부

마음챙김 접근 기반 기법

마음챙김(mindfulness)은 현재에 초점을 둔, 보고, 느끼고, 알고, 사랑하는 방법, 그리고 초점과 알아차림을 촉진하는 기법이다(Kabat-Zinn, 2006). 이 기법은 비판단적인 태도로 지금-여기에 초점을 맞추는 것을 포함한다. 마음챙김은 사람들로 하여금 자신과 타인이 표현하기 어려운 감정들에 대한 인내심을 높이기 위해 자신의 현재 경험을 있는 그대로 받아들이고 수용하기를 요구한다. 이 기법은 내담자에게 매우 유용할 수 있지만, 상담전문가는 마음챙김과 공감을 함께 사용해야 한다(Schure, Christopher, & Christopher, 2008).

원래 인지-행동치료(Segal, Williams, & Teasdale, 2002)에 기반을 둔 마음챙김은 변증법적 행동치료(DBT; Linehan, 1993)와 수용전념치료(ACT; Hayes et al., 1999)에서도 사용된다. 마음챙김과 관련이 있는 여러 기법이 보편적으로 사용되고 있는데, 이 기법들은 특히 스트레스를 줄이는 데 효과적이다. 제4부에서는 세 가지 기법들을 소개하는데, 이 기법들은 Wolpe의 상호억제 원리(동시에 두 개의 상반된 행동을 할 수 없다는 원리)를 토대로 한다. 즉, 내담자는 스트레스를 느끼면서 동시에 편안함을 느낄 수 없다. 긍정적이면서 확신에 찬 생각과 부정적이면서 괴로운 생각을 동시에 할 수 없다. 힘을 북돋워 주는 긍정적인 장면과 낙담시키는 부정적인 장면을 동시에 상상할 수 없다. 빠르게 숨을 쉬면서 동시에 느리게 숨을 쉴 수 없다. 또는 근육을 이완시키면서 동시에 근육에 힘을 줄 수 없다. 즉, 내담자를 긍정적인 측면으로 유도하는 상담개입을 사용하면, 내담자는 부정적인 측면을 효과적으로 막을 수 있고, 궁극적으로 스트레스가 줄어들게 된다는 것이다. 효과성을 최대화시키기 위해 이 기법들은 동시에 사용되기도 한다. 예를 들어, 상담자는 내담자에게 자기-대화, 시각적 심상/심상 유도, 깊은 호흡, 점진적 근육 이완 훈련을 차례로 훈련시키고, 부정적인 자기-대화, 부정적인 상상, 얕은 호흡, 근육 긴장을 차단하여 스트레스를 완화시키기 위해 이 기법들을 동시에 사용하도록 격려한다. 자기대화는 제6부(인지-행동치료)에서 다룰 예정이고, 시각적 심상/심상 유도, 깊은 호흡, 점진적 근육 이완 훈련은 제14~16장에서 다룬다.

시각적 심상/심상 유도는 내담자가 편안하고 힘을 북돋워 주는 이미지를 상상함으로써 부정적인 이미지를 차단하도록 돕는다. 또한 심상 유도를 통해 내담자는 눈을 감고, 상담자가 제안하는 이미지를 상상함으로써 간접적으로(예: 시각적 심상) 편안하고 힘을 북돋워 주는 이미지에 노출된다. 심상 유도는 주로 긴장을 풀어 주기 위해 사용되는데, 예컨대 내담자는 상담자 혹은 이완 영상에서 하라는 대로 계곡을 따라 숲을 걷는 상상을 하며 그곳의 경치와 냄새도 상상한다. 심상 유도는 모델링이나 역할연습을 위해서도 사용되는데, 즉 이 기법을 통해 내담자는 특정 기술이나 행동을 실제 삶에서 시행하기 전에 미리 연습할 수 있다(모델링에 대해서는 제30장 참고).

깊은 호흡과 점진적 근육이완은 생리적 성격을 띤 마음챙김에 기반을 둔 기법으로, 스트레스와 불안을 완화시키는 데 매우 효과적이다. 횡격막을 통한 깊고 느린 호흡은 몸의 대사 작용을 느리게 하고 몸을 이완시켜 준다. 점진적 근육이완은 근육을 긴장·이완시키는 체계적인 과정으로 깊은 수준의 근육이완을 경험하기 위해 사용된다. 시각적 심상/심상 유도, 깊은 호흡, 근육이완은 공포증을 다루는 데 효과적인 체계적 둔감화를 사용하는 데도 필요한 기법들이다(제28장 참고).

📖 마음챙김의 다문화적 시사점

다문화 상담에서 마음챙김을 사용할 때, 상담자는 인지-행동치료를 사용할 때 고려해야 하는 점을 참조하면 된다(제6부 참고). 인본주의/현상학적·정신역동적·인지행동적·치료와 비슷하게, 마음챙김은 라포와 작업동맹을 강조하지만, 강렬한 감정 표현, 사적인 삶이나 과거 삶에 대한 탐색 등을 중요하게 생각하지 않는다. 마음챙김은 현재에 초점을 맞추는 덜 위협적인 접근이기 때문에, 많은 내담자는 이 기법이 자신에게 힘을 북돋워 준다고 생각한다. 마음챙김은 다양한 문화적 배경을 가진 내담자, 특히 외부인에게 가족에 대해 이야기하는 것이 흔하지 않거나(예: 남미계 문화), 강렬한 감정을 탐색하고 표현하는 것을 미덕으로 생각하지 않는(예: 동양계 문화) 내담자에게 유용하다. 이 기법은 성별, 인종, 민족, 사회경제적 지위, 장애, 성적 지향을 뛰어넘어 효과적으로 사용될 수 있다(Hays & Erford, 2014).

마음챙김은 치료적 관계를 다루고 내담자의 문화적 가치와 규범을 비판하지 않으면서 협동과 행동적 변화를 가능케 한다. 이 기법은 스트레스를 다루는 데 있어 내담자의 자율성과 유연성을 인정하기 때문에, 내담자 스스로 지금까지의 규칙을 따를 것인지, 포기할 것인지 혹은 수정할 것인지 결정하도록 한다.

마음챙김은 지시적인 기법이기 때문에, 내담자는 이 기법을 사용하는 상담자를 전문가로 인식한다. 일부 문화권 출신(예: 중동, 남미, 아시아) 내담자들은 이러한 상담자의 전문가 역할을 선호하는 반면, 다른 내담자들(예: 일부 남성)은 그렇지 않을 수 있다(Hayes & Erford, 2014). 따라서 상담전문가는 내담자가 상담자를 모든 해법이 있는 전문가로 보지 않도록, 즉 상담관계에 너무 의존하지 않도록 노력할 필요가 있다. 다양한 문화적 배경을 가진 내담자는 마음챙김이 자신의 자연, 사회경제적 지위 혹은 문화적 신념이 아닌 현재의 생각·경험·행동을 다루는 기법이며, 직접적이고 생리적이며 인지행동적인 특성을 가지고 있기 때문에 유용하다고 생각한다.

반대로, 어떤 내담자들은 마음챙김이 자기 이해나 과거 등을 다루지 않고 현재의 경험들에 초점을 맞추기 때문에 이 기법을 선호하지 않을수도 있다.

많은 마음챙김 기법이 동양의 종교를 기반으로 하기 때문에 불교신자에게는 자연스럽게 사용될 수 있다. 하지만 불교와 관련이 있기 때문에, 다른 종교 신자(예: 기독교, 무슬림)는 이 기법에 대해 의문을 품을 수 있다. 실제로, 미국의 일부 주 혹은 학교에서는 학생들에게 자신의 마음, 이완상태, 정서, 스트레스 요인을 통제하는 방법을 훈련시키는 것을 부적절하다고 생각했고, 마음챙김이 학생들의 마음을 통제할 수 있다는 이유로 이 기법의 사용을 금지시키려고 한 적이 있었다.

제**14**장
시각적 심상/심상 유도

📖 시각적 심상/심상 유도의 근원

시각적 심상/심상 유도(visual/guided imagery)는 1890년대 말 Freud의 꿈 해석에서부터 시작되었고, Jung의 소위 적극적인 상상 기법의 영향을 받았다(Koziey & Andersen, 1990). 1913년에는 Frank가 깊이 이완된 상태에서 실시하는 최면 심상 기법에 대해 언급하였고, 후에 1922년에는 Kretscher가 이 기법을 "영화처럼 생각한다"라는 의미를 가진 'bildstreifendenken'이라고 명명하였다(Schoettle, 1980). Robert Desoille는 1920년대에 지시적 백일몽이라는 치료적 기법을 개발하는데, 이 기법은 내담자가 근육을 이완한 상태에서 상담자가 제안하는 주제에 대해 백일몽을 꾸도록 한다. 시각적 심상/심상 유도에 영향을 준 좀 더 최근에 개발된 기법으로는 1950년대에 Launer가 개발한 지시적 정서적 심상과 1965년대에 Swartly가 개발한 상징 투사가 있다.

현재, 시각적 심상은 인지행동, 교류분석, 게슈탈트, 정신역동 및 에릭슨 상담 등 많은 상담접근에서 사용되고 있다(Arbuthnott, Arbuthnott & Rossiter, 2001; Seligman & Reichenberg, 2013). 예를 들어, 행동주의 상담자들은 공포증 치료와 이완 및 스트레스 관리 훈련을 위해 심상 기법을 사용한다(Arbuthnott 등, 2001). 인지치료자들은 내담자의 핵심 믿음과 경험에 대한 재해석을 파악하기 위해 심상 기법을 사용한다. 정신역동

치료자들은 내담자가 어려운 기억과 생각을 탐색할 수 있도록 심상 기법을 사용하며, 게슈탈트 상담자들은 내적 갈등을 해소하거나 불안을 완화시키기 위해 심상 기법을 사용한다. 해결중심 상담자들은 기적질문을 사용하는 데 심상 기법을 활용한다(Murdock, 2009; 제4장 참조).

시각적 심상 기법에는 여러 유형의 기법이 있다. '정신적 심상'은 상황에 대한 생생한 정신적 기억에 초점을 맞추는 과정을 의미한다. 이 기법은 내담자의 경험과 호소문제 간의 관계를 이해하고 어떻게 이 경험들이 내담자의 마음에서 강화되었는지 알아볼 수 있도록 도와준다. '긍정적 심상'은 실제 혹은 가상의 유쾌한 장면을 상상하는 과정을 의미한다. 이 기법은 긴장을 줄이고, 불안을 완화시키며, 통증을 관리하는 데 도움이 된다. '목표-연습 상상' 혹은 '대처 심상'은 내담자 자신이 문제 해결에 필요한 각각의 단계를 성공적으로 밟아 가는 모습을 상상하도록 한다.

📖 시각적 심상/심상 유도를 사용하는 방법

심상 유도를 사용하기 전에 상담실이 조용한지, 그리고 내담자가 편안한지 확인해야 한다. 부드러운 분위기를 만들기 위해 음악을 사용할 수 있지만, 어떤 사람은 음악이 주의를 산만하게 한다고 생각할 수 있음을 기억해야 한다. 내담자에게 눈을 감고, 천천히 깊이 숨을 쉬라고 한다. 내담자의 몸이 이완되면, 심상 유도를 시작한다. 부드럽게, 편안한 목소리로 말해야 한다. 미리 준비해서 읽는 각본(Script)이 계획했던 감정을 유발할 수 있도록 해야 한다. 심상 유도를 너무 길게 할 필요는 없다. 10분 이상 진행하는 심상 기법도 있지만, 1~2분 정도면 충분한 심상 기법도 있다. 가능한 한 처음에는 간단하게 진행하는 것이 좋다. 다음은 Arbuthnott 등(2011)이 상담에서 사용한 다감각 심상 유도의 예시다.

당신이 따뜻한 봄날에 아주 파릇파릇한 잔디밭을 걷고 있다고 상상해 보세요. 발 아래 있는 잔디밭이 매우 부드럽고, 피부를 스치는 공기는 매우 따뜻하며, 멀리서 새 소리도 들려요. 당신은 앞에 있는 큰 나무로 천천히 걸어가고 있어요. 그리고 나무 앞에 도착해서 나무의 굵은 가지에 '기대앉아요. 흐르는 물소리도 계속 들리고…… 당신의 마음이 편안해져요(p. 123).

심각한 딜레마를 포함하는 상황이나 직면을 요구하는 상황으로 넘어가기 전에 내담자에게 익숙하고 편안한 장면을 상상하도록 해야 한다. 그리고 마지막 질문을 하고, 다시 마음을 비우라고 말하며, 심상이 끝나고 있으니, 셋을 세고 눈을 뜨라고 말하면서 심상을 마친다. 심상이 끝난 후, 내담자의 경험이 어땠는지, 어떤 점이 좋았는지 혹은 어떤 점이 안 좋았는지에 대해 논의하는 것이 중요하다.

🕮 시각적 심상/심상 유도를 변형한 기법

심상 유도는 시각적 심상의 한 유형으로, 내담자로 하여금 자신의 정서적 혹은 대인관계적 문제를 말로 표현하거나, 변화에 대한 목표를 설정하거나, 새로운 행동을 연습해 보거나, 자신의 감정 혹은 스트레스에 통제감을 유발하도록 돕기 위해 사용된다 (Arbuthnott et al., 2011). 심상 유도는 통해 개인은 단어나 소리 자극을 통해 상상을 하도록 유도된다. 상담자는 내담자가 이완된 상태에서, 어떤 상황에서의 자신을 상상한 후에 그 경험에 대해 탐색하도록 격려한다. 상담자는 심상 유도에서 세 가지 유형의 이미지를 사용한다(Vernon, 1993). 첫째, 자발적 이미지는 상담자의 의식적인 지시 없이 나타나는 이미지를 의미한다. 둘째, 지시적 이미지는 상담자가 내담자가 주목해야 한다고 제안하는 이미지를 뜻한다. 마지막으로, 유도된 이미지는 자발적 이미지와 지시적 이미를 합친 이미지로, 상담자가 처음에 일부 이미지를 제안하고 나머지는 내담자가 채우게 된다. 유도된 이미지는 현실적인 이미지일 수도 있고 환상이나 비유를 포함하는 이미지일 수도 있다.(Arbuthnott et al., 2001). 심상 유도의 타이밍, 지속 시간, 강도는 내담자의 개인적 욕구에 따라 수정되어야 한다(Seligman & Reichenberg, 2013). 이 기법은 개인의 가장 지배적인 감각(예: 시각, 청각, 촉각, 후각)을 건드리고 회기 간에 반복적으로 연습될 때 그 효과가 최대화된다.

📖 시각적 심상/심상 유도의 예시

예시 1. 상호적 억제 과정에서 시각적 심상의 사용

닉(Nick)은 우울과 불안 증상으로 상담에 의뢰된 35세 남성이다. 상담자는 닉에게 상호적 억제 이론에 기반을 둔 상상 유도/차단 기법에 대해 소개하였다.

상담자(C): 당신도 아시다시피, 눈을 감아도 마음의 눈으로 많은 것을 볼 수 있어요. 과거에 있었던 일들, 앞으로 일어났으면 하는 일들을 볼 수 있어요. 사람들은 이것을 공상하기 혹은 상상하기라고 부르잖아요.

닉(N): 네.

C: 근데, 사실 상담자들은 이것을 심상 혹은 시각적 심상이라고 부르고, 지난번에 설명드린 대로, 상호적 억제 원리, 즉 매우 편안하고 평온한 장소를 생각하면서 동시에 추잡한 영화나 걱정거리를 생각할 수 없기 때문에, 심상 혹은 시각적 심상이 매우 중요해요. 지난주에 스트레스를 받을 때 가고 싶은 편안하고 평온한 장소를 생각해 보시라고 했었는데, 그곳이 어디에요?

N: 하와이요, 하와이!

C: 아, 하와이요. 좋은 곳이죠.

N: 거기 바닷가는 정말 평온하고, 제가 가 본 곳 중 가장 평화로운 곳이에요.

C: 좋아요! 어떤 점에서 하와이 바닷가가 편안하고 평온해요?

N: 그냥 환경이 그래요. 너무 아름다워요.

C: 그럼, 이제 눈을 감고, 제가 하와이 바닷가를 머릿속으로 그려 볼 수 있도록 그곳을 묘사해 주세요.

N: 음, 푸른색 바닷가에 모래가 있고, 야자수가 있고, 하늘 그리고 따뜻한 날씨.

C: 네, 그곳에 있을 때 기분이 어땠어요? 모래사장에 누워 있거나 그곳을 걸을 때 어땠어요?

N: 평온하고 휴식을 취할 수 있었어요.

C: 정말 아름다울 거 같아요. 혹시 사진이나 동영상을 찍으셨어요?

N: 네.

C: 많은 사람이 쉽게 어떤 장소를 떠올릴 수 있어요. 마치 눈을 감으면 거기에 가 있는 것처럼요. 하지만 오랫동안 그 장소에 가지 않으면 기억이 희미해져요. 그럴 때는 하와이 바다의 소리와 파도가 담긴 사진이나 동영상을 보세요. 눈을 감았는데 그곳이 생생하게 보이지 않고 상상이 되지 않는다면, TV에서 그곳을 보거나 소리를 들으면 다시 기억이 날 거예요……. 자, 이제 눈을 감고 하와이 바다로 가세요. 정말 거기 있는 것처럼 상상하세요. 그곳의 평화로움과 평온함을 상상해 보세요(몇 분간 닉이 눈을 감고 상상함). 그리고 언제든지 준비되면 저에게 다시 돌아오세요. 자, 마음이 좀 편해졌나요? 어땠어요?

N: 너무 좋았어요.

C: 현실로 돌아오시게 해서 죄송해요. 더 해야 할 일이 있어서요. 이번에는 눈을 감고, 우리가 그동안 이야기했던 기분 좋지 않은 일들, 당신의 직장 상사, 전 부인, 그리고 특히 당신의 동료를 떠올려 주세요. 그리고 제가 신호를 주면, (필요한 경우) 깊은 호흡이나 긍정적 자기대화 등을 사용해서, 장면을 바꿔, 하와이와 휴식을 떠올려 주세요.

N: 네, 알겠습니다. (몇 분간 닉은 그동안 상담에서 이야기했던 스트레스 상황들을 떠올림)

C: 자, 닉, 이제 하와이로 가 주세요.

N: 네, 얼마든지요!

C: 이 기법의 핵심은 슬프고 스트레스를 받는 상황을 생각하고 떠올리면 슬프고 스트레스를 받는데, 평온한 일을 생각하고 떠올릴 때는 마음이 평온해진다는 거예요. (1분 정도 닉이 하와이를 떠올림) 자, 이제, 눈을 뜨고 저에게 돌아오세요. 원하시면 언제든지 하와이로 돌아가실 수 있어요. 자, 이제, 1점에서 10점 중에 1점은 완전히 평온한 '너무 좋은 이완 상태'이고, 10점은 '완전히 스트레스를 받은 상태'라면, 마음속에서 하와이를 떠올렸을 때 몇 점이었어요?

N: 1점. 완전 1점이요!

C: 1점이요? 좋네요. 지난번에 당신을 힘들게 하는 사람들에 대해 이야기할 때는 8점이었잖아요. 그것보다 훨씬 낫네요.

N: 네, 완전히 그래요!

예시 2. 시각적 심상 유도

시각적 심상 유도 훈련을 위한 많은 동영상이 개발되었다. 다음은 Erford(2001)가 만들고 미국상담학회(www.counseling.org 홈페이지 참조)에서 구매할 수 있는 『Stressbuster Relaxation Exercises』(1판)에 나오는 심상 유도 훈련 중 하나다.

열대지방 여행

오늘 열대 바다로 여행을 떠납니다. 출발하기 전에, 편안한 여행을 하기 위해 깊은 호흡 연습을 합니다.

편안한 자세를 하고 눈을 감습니다. 한 손을 배 위에 올려 놓습니다. 숨을 들이쉬면서 배 위에 있는 손이 위로 움직이는지 느껴 봅니다. 배 안에 비치볼이 들어갔다고 상상해 보세요. 숨을 들이쉬면서, 비치볼 안에 공기를 채워 봅니다. 숨을 내쉬면서, 비치볼 안에서 공기를 뺍니다.

이제, 코로 천천히 깊게 숨을 들이쉬세요.

(멈춤)

이제, 숨을 내쉬세요.

(멈춤)

다시, 코로 천천히 깊게 숨을 들이쉬세요.

(멈춤)

다시 숨을 내쉬세요.

(멈춤)

한 번 더, 숨을 천천히 들이쉬면서 비치볼에 공기를 채워 주세요.

(멈춤)

숨을 천천히 내쉬세요. 비치볼에서 공기를 빼 주세요. 열대지역으로 여행을 하면서 계속 천천히 깊게 호흡해 주세요.

(멈춤)

잠시 자신의 호흡을 들어 보세요. 얼마나 잔잔하고 평온한지 들어 보세요. 이제, 여행을 떠날 준비가 됐습니다. 열대지역에 있다고 상상해 보세요. 단체 관광단에서 잠시 떨어져 자신만의 평온한 은신처를 찾아갈게요.

(멈춤)

정글 속으로 들어갈 수 있는 산책로를 찾았습니다. 산책로에 들어서니 모험하는 기분이 듭니다. 많은 초록 나무와 넝쿨 식물이 보입니다. 다양하고 화려한 색깔의 열대 꽃들도 보입니다. 꽃들의 달달한 냄새와 싱그러운 나무 냄새도 납니다. 열대 새들의 재잘거림과 작은 동물들의 소리도 들립니다. 산책로를 걸으며 아름다운 풍경을 즐깁니다. 이제, 나무나 넝쿨 식물이 없는 장소에 도착했습니다. 앞에는 깨끗한 터키석 색깔의 산호초 해변과 하얀 모래사장이 있습니다. 해변에는 아무도 없습니다. 이렇게 아름다운 해변에 사람이 한 명도 없다는 사실이 너무 놀랐습니다. 바닷물 속으로 들어가 걸어 봅니다. 햇볕 때문에 몸이 따뜻합니다. 하늘을 올려다보니 하늘이 너무 깨끗하고 맑습니다. 바닷가를 걸으니, 파도가 모래에 부딪치는 소리가 들립니다. 바닷물에 가까워질수록, 모래가 발아래에서 부드럽게 느껴집니다. 모래의 따뜻함을 느껴 보세요.

(멈춤)

마침내, 산호초에 도착했습니다. 바닷물이 들어오고 나가는 게 보입니다. 잠시 서서 하얀 모래에 부딪히는 파도를 지켜봅니다.

(멈춤)

출렁이는 맑은 물결을 따라 내 걱정과 근심도 씻겨 나갑니다.

(멈춤)

시원하고, 부드럽고, 맑은 바닷물을 계속 바라봅니다. 바닷물에 발을 담가 봅니다. 잔잔한 파도가 내 발끝에서 부서집니다. 산호초에 혼자 서서 선선한 물 온도에 익숙해져 갑니다. 물은 차갑지만 상쾌합니다. 해변에서 좀 더 벗어나 걸어 보기로 합니다. 맑은 바닷물이 무릎에서 느껴집니다.

(멈춤)

맑은 바닷물이 허벅지에서 느껴집니다.

(멈춤)

맑은 바닷물이 엉덩이에서 느껴집니다.

(멈춤)

맑은 바닷물이 배에서 느껴집니다.

(멈춤)

잠시 서서 시원하고 맑은 물에 허리를 담가 봅니다. 떠내려갈 거 같은 기분이 듭니다. 몸 전체가 편안해지고 상쾌해집니다. 산호초에서 고요함을 즐긴 후, 하얀 모래 해변으로 돌아갑니다.

(멈춤)

해변에 돌아오니, 발아래 모래가 따뜻합니다. 가방에서 담요를 꺼내 모래사장에 깝니다. 담요에 누워 하얀 뭉게구름과 파랗고 평화로운 하늘을 쳐다봅니다. 따뜻한 햇볕이 젖은 몸을 말려 줍니다. 잠시 그대로 있으면서 평화로운 기분을 느껴 보세요.

(멈춤)

이제, 단체 관광단에게 돌아가기로 합니다. 담요에서 몸을 일으킵니다. 아름다운 바다와 하얀 모래를 다시 바라봅니다. 충분히 이완된, 평화로운 마음으로 짐을 챙기고 지나왔던 정글로 돌아갑니다. 새소리와 열대 꽃들의 냄새를 즐기며 정글을 지나갑니다. 계속 산책로를 따라 걸으며, 이번 여행이 얼마나 좋았는지, 얼마나 평화로웠는지 생각합니다. 하루 종일 좋았던 이 경험을 생각합니다. 그리고 원할 때마다 언제든지 이곳에 돌아올 수 있음을 기억합니다.

심상 유도가 내담자에게 어떤 영향을 미쳤는지, 그리고 내담자가 이 경험을 어떻게 생각하는지 이해하기 위해 상담전문가는 다른 주제나 활동으로 넘어가기 전에 다음과 같은 질문을 해야 한다.

- 이번 활동에서 어떤 점이 좋으셨어요?
- 이번 활동에서 어떤 점이 마음에 안 드셨어요?

📖 시각적 심상/심상 유도의 유용성과 평가

심상 유도는 다양한 발달적 · 치료적 상황에서 사용된다. 심상은 불안을 줄이고, 이완과 통제감을 유발하여, 문제 해결과 결정 능력을 향상시키고, 통증을 완화하고, 새로운 생각을 할 수 있도록 한다(Seligman & Reichenberg, 2013). 또한 심상은 행동 변화를 유발하고, 자기 개념을 향상시킬 수도 있다(Vernon, 1993). 심상 유도는 비자살적 자해 (Kress, Adamson, DeMarco, Paylo, & Zoldan, 2013), 스트레스, 외상 후 스트레스 장애, 공황발작, 신경증 폭식증, 공포증, 우울, 만성통증(Arbuthnott et al., 2011)을 치료하는 데 유용한 것으로 밝혀졌다. 시각적 심상/심상 유도는 이완을 유도하는 데 가장 많이 사용되지만(Laselle & Russell, 1993), 자기 관리(Penzien & Holroyd, 1994), 통증 관리(Chaves, 1994; Cupal & Brewer, 2001; Gonsalkorale, 1994; Ross & Bergerm, 1996), 천식(Peck, Bray,

& Kehle, 2003)을 다루는 데도 사용될 수 있다. 심상 유도는 야뇨증과 신체화 증상
(Myrick & Myrick, 1993)을 치료하고, 히스패닉 출신 내담자의 통증관리에 대한 자기효
능감을 높이며(Menzies & Kim, 2008), 천식과 불안장애를 앓고 있는 학생들의 폐기능을
높이고 불안을 감소시키는 데 유용한 것으로 확인되었다(Kapoor, Bray, & Kehele, 2010).

　Toth 등(2007)은 적은 수의 참여자를 대상으로 무선통제 연구를 실시하였고, 유도 심
상 훈련 동영상이 입원환자들의 불안을 감소시킨다는 결과를 보고하였다. 이는 유도
심상 훈련 동영상이 단기적 · 장기적으로 스트레스를 받은 사람들에게 활용될 수 있음
을 시사한다. Jallo, Bourguignon, Taylor와 Utz(2008)는 12주간의 연구를 통해 이완 심
상 유도 기법이 임신 중인 아프리카계 여성의 스트레스 관리에 도움이 되는지 살펴보
았는데, 그 결과 참여자들의 호흡, 이완, 스트레스에 대한 반응, 수면 등이 향상되었고,
불안과 분노가 감소한 것으로 나타났다. Wynd(2005)는 심상 유도가 단기적 · 장기적
으로 흡연에 도움이 되는지 확인하였는데, 심상 유도 처치집단의 참여자 중 26%가 2년
후에도 금연 중인 반면에 통제집단의 12%만이 금연 중인 것으로 나타났다.

　심상 유도는 성적 학대와 같은 외상적인 경험에 대한 복잡한 감정을 탐색하고 다루는
데도 사용된다(Pearson, 1994). 또한 정신증적 증상과 중독에도 어느 정도 효과적인 것으
로 확인되었다(Schoettle, 1980). 하지만 시각적 심상은 현실과 환상을 구분하지 못하거
나, 눈을 계속 감고 이완된 상태를 유지하지 못하거나, 자신만의 장면을 상상하지 않고
TV나 영화에 나오는 장면을 상상하는 아동에는 효과적이지 않다(Schoettle, 1980).

　일반적으로, 시각적 심상을 포함한 마음챙김 기법들은 심각한 신체적 질병(예: 암)
을 앓고 있는 사람들의 심리적 적응을 향상시키는 데 사용되어 왔다(Smith, Richardson,
Hoffman, & Cordova, 2005). Schure 등(2008)은 마음챙김 기법들이 상담자 훈련에서도 사
용될 수 있는데, 특히 공감이나 경청 능력을 향상시키기 위해 활용될 수 있음을 밝혔다.

제15장

깊은 호흡

📖 깊은 호흡의 기원

호흡법은 서양 문화권에서는 상대적으로 새로운 기법이지만, 동양권 국가에서는 오랫동안 마음챙김 기법과 함께 사용되었다. 깊은 호흡의 기원은 힌두 요가다. 힌두교 철학자들은 요가를 프라나야마라고 믿었다. 여기서 '프라'는 삶의 에너지 혹은 호흡을 의미하며, 사람들이 자신의 호흡을 통제함으로써 자신의 삶의 에너지를 통제할 수 있다고 여겼다. 고전에서는 호흡을 연을 조절하는 끈으로 비유하였다. 연은 마음을 의미하고, 끈은 호흡을 뜻한다. 많은 상담전문가는 내담자의 신체/몸을 안정시키는 방법으로 호흡법을 사용하기를 추천한다. 더 깊게, 효과적으로 호흡하는 방법을 배움으로써, 내담자는 자신의 스트레스를 해소하는 방법을 배울 수 있다(Kottler & Chen, 2011).

📖 깊은 호흡을 사용하는 방법

깊은 호흡(deep breathing)을 사용하는 방법은 다양하지만, 기본적인 지침은 다음과 같다.

1. 코로 숨을 들이마시고 코나 오므린 입술(마치 부드러운 키스를 날리는 것처럼)을 통해 숨을 내뱉어라.
2. 깊은 호흡을 한 번 한 후, 어지러움을 예방하기 위해 1~2회 정도 정상적인 호흡을 하고 다시 깊은 호흡을 하라.
3. 처음에는 등을 대고 누워서 깊은 호흡을 연습하고, 기본적인 기술을 습득한 후에는 앉아서 혹은 서서 깊은 호흡을 연습하라.
4. 몸이 평형감각을 찾고 이완되기 시작하면서 하품을 할 수 있다. 하품을 하는 것은 매우 일반적인 일이며, 성공적으로 이완되고 있음을 보여 주는 신호다.
5. 깊은 호흡을 연습하기 전에 먼저 자신의 일반 호흡이 어떤지 기록하고, 깊은 호흡을 연습하면서 호흡이 어떻게 달라지는지 비교하라.

내뱉는 숨(날숨)이 들이마시는 숨(들숨)보다 2배 정도 더 길어야 한다. 예를 들어, 3초간 숨을 들이마시고 6초간 숨을 내뱉어야 한다. 또한 코막힘이 있으면 코로 숨쉬는 것이 불편하고 효과적이지 않다. 이런 경우에는 입으로 호흡해도 괜찮다. 중요한 건, 내담자가 천천히 호흡을 해야 한다는 것이다. 이완시키는 데 핵심은 호흡의 깊이와 속도다.

일반적으로 휴식을 취하고 있는 사람은 자신의 폐활량 중 1/3만 사용한다. 상담전문가는 내담자에게 어떻게 더 효과적으로 호흡할지에 대해 설명한다. 내담자는 호흡법을 배우기 전에 횡격막 혹은 복식 호흡을 하는 방법을 알아야 한다. 깊은 호흡을 시작하면서, 내담자는 누워서 자신이 어떻게 호흡하는지 인식해야 한다. 손을 사용하면 어떻게 호흡하는지 이해할 수 있다. 내담자는 한 손은 배 위에, 다른 손은 가슴에 두고, 자신이 어떻게 호흡하는지 느낄 수 있다. 만약 배 위에 있는 손이 위로 올라가면, 내담자는 배로 숨을 쉬고 있음을 의미한다. 만약 가슴에 있는 손이 위로 올라가면, 내담자는 가슴으로 숨을 쉬고 있는 것이다. 상담전문가는 내담자로 하여금 흉식호흡과 복식호흡을 번갈아 하면서 둘의 차이를 이해할 수 있도록 돕는다(Davis, Robbins-Eshelman, & McKay, 2009).

내담자가 복식호흡을 할 수 있게 되면, 상담전문가는 깊은 호흡을 훈련시킨다. 다음과 같이 깊은 호흡법을 사용할 수 있다.

1. 일단 바닥에 누워 하늘을 본다. 바닥이 딱딱할 수 있으니 담요나 매트를 깔고 눕는 것을 권유한다. 무릎을 구부리고 발을 어깨너비로 자연스럽게 벌린다. 최대한 허리와 척추를 바닥에 붙이는 것이 좋다.

2. 몸에서 느껴지는 긴장을 최대한 푼다.

3. 한 손은 배꼽 아래쪽에 올리고, 다른 한 손은 가슴 위에 올린다.

4. 코를 통해 복부로 숨을 들이마신다.

5. '오' 입 모양을 만들면서 숨을 천천히, 부드럽게 내뱉는다. 숨을 내뱉을 때 조용하고 편안한 바람 소리를 낸다.

6. 가슴 위의 손은 최대한 움직이지 않아야 하고, 배 위의 손만 오르내리도록 숨을 들이마시고 내뱉는다.

7. 처음 1주차에는 하루에 3번, 5~10분 동안, 깊은 호흡을 한다. 2주차부터는 호흡하는 시간을 15~20분으로 늘린다.

8. 매번 호흡을 마무리할 때, 처음 시작할 때 느낀 긴장감과 마무리할 때 느낀 긴장감을 비교한다. 호흡하는 법에 익숙해지면, 긴장감을 느낄 때마다 깊은 호흡을 사용한다.

깊은 호흡을 변형한 기법

　　깊은 호흡법은 대략 20여 개의 기법으로 변형되어 사용되고 있는데, 이 중 상담전문가가 가장 많이 사용하는 변형 기법은 다음과 같다. 먼저, 불안한 상황에 있을 때 사용하는 숨 고르기(breathing down) 기법이 있다. 이 기법에서는 먼저 편안한 자세로 앉아 배꼽 주위에 자신의 두 손을 내려놓는다(오른손이 왼쪽보다 위로 가도록 함). 두 손이 배와 만나는 곳에 작은 주머니가 있다고 상상한다. 숨을 쉬면서, 작은 주머니에 공기가 차는 것을 상상한다. 작은 주머니에 공기가 가득 찰 때까지 호흡을 계속한다. 작은 주머니에 공기가 가득 찼을 때, 숨을 잠시 멈추고, 공기가 빠져나가지 않게 하며, "내 몸이 편안하다."라고 여러 번 말한다. 이제 숨을 내뱉고, 주머니에서 공기가 빠져나가게 하면서, "내 몸이 조용하다."라고 말한다. 이 연습을 4번 연속으로 한 후, 2주 동안 하루에 10회씩 연습하면, 내담자의 마음이 훨씬 더 편안해질 것이다.

　　몇 십 년 동안 깊은 호흡법을 변형한 또 다른 두 개의 기법이 사용되어 왔다. Vernon

(1993)은 내담자에게 숨을 내뱉을 때마다 자신의 고민을 털어 내라고 말했다. 이와 비슷한 기법으로 '기다리면서 평화롭게 호흡함'도 있는데, Faelton과 Diamond(1990)는 교통 체증이 심하거나 다른 비슷한 상황에서 기다릴 때, 인내력이 떨어지지 않도록 깊은 호흡을 사용할 것을 제안하였다. 기다리는 동안 조바심을 내면 시간이 더 늦게 간다는 사실을 스스로에게 상기시키는 것도 중요하다. 또한 자신처럼 기다리고 있는 다른 사람들을 "같이 노력하고 있는 동지"(p. 61)로 생각하는 것도 중요하다.

깊은 호흡을 변형한 또 다른 기법은 집단에서 사용되는 기법이다. 상담전문가는 이 기법으로 도움을 받을 수 있다고 생각되는 집단구성원들에게 깊은 호흡법을 가르칠 수 있다. 모든 집단구성원이 깊은 호흡법을 이해하면, 회기를 시작하면서 이 기법을 사용할 수 있다. 롤링 호흡은 깊은 호흡을 변형한 또 다른 기법으로, 파트너와 함께하는 방법이다. 한 사람이 바닥에 눕고, 다른 사람은 그 사람의 배에 자신의 손을 올려놓는다. 누워 있는 사람이 먼저 배로 숨을 마시고 다음으로 가슴으로 숨을 마시면서 다른 사람의 손이 움직이는 것을 관찰한 후, 가슴과 배로 동시에 숨을 내쉰다. 누워 있는 사람이 이 과정을 끝내고 몇 분간 롤링 효과를 경험하면, 다른 사람이 바닥에 누워 똑같은 방법으로 호흡한다(Sam Houston State University Counseling Center, 2014).

3-호흡-내쉼 기법은 또 다른 깊은 호흡의 변형 기법이다. 이 기법은 하루에 적어도 한 번 실시되어야 한다. 가능하면 내담자는 눈을 감아야 한다. 숨을 내쉴 때, 내담자는 몸에서 최대한 힘을 빼 몸이 축 늘어진 상태가 되도록 한다. 이 호흡법을 하는 동안, 내담자는 넘어지지 않게 균형을 잡아야 한다. 이 과정을 세 번 반복한다(Schafer, 1998).

'시각적 호흡으로 통증 통제하기'는 Faelton과 Diamond(1990)가 제안한 또 다른 깊은 호흡의 변형 기법이다. 이 기법은 눈을 감고 횡격막으로 호흡하는 것을 의미한다. 숨을 들이마실 때, 통증이 있는 부위에 고요함이 가득차고 있음을 상상한다. 숨을 내뱉을 때는 몸에서 통증이 떠나고 있음을 상상한다. 10분 후, 눈을 감고, 스트레칭을 한다.

📖 깊은 호흡의 예시

다음의 축어록은 다양한 깊은 호흡의 예시 중 하나이다.

상담자(C): 자, 샘(Sam). 매트에 누워 눈을 감아 주세요. 약간 무릎을 구부리고 발을 벌

려주세요……. 아주 좋아요. 자, 이제, 한 손을 배에 올려 주세요. 다른 한 손은 가슴에 올려 주세요. 코에서 배로 천천히 그리고 깊게 숨을 들이마셔요. 배에 있는 손이 올라가는 걸 느낄 수 있을 거예요. 가슴에 있는 손은 거의 움직이지 않아야 돼요. 이제, 천천히 입으로 숨을 내뱉으세요. 입술을 살짝 오므리고 천천히, 아주 천천히, 촛불이 살짝 깜빡거릴 정도로, 공기가 빠져나가게 해 주세요. 좋아요. 배가 오르내리도록 길게, 천천히 깊은 호흡을 해 주세요. 호흡의 소리와 감정에 주목해 주세요. (잠시 멈춤) 점점 더 편안해집니다.

샘은 상담자의 격려와 피드백을 들으며 5~10분 동안 계속적으로 호흡했다. 그리고 상담자는 다음 회기까지 매일, 하루에 세 번씩, 매번 5~10분간 깊은 호흡하기를 회기 간 과제로 내 줬다.

📖 깊은 호흡의 유용성과 평가

천천히 호흡을 하면, 스트레스가 감소되고 마음챙김이 향상된다(Fontaine, 2010; Kabat-Zinn, 2006; Luskin & Pelletier, 2005). 호흡법은 다양한 목적으로 사용된다. 특히 이 기법은 불안과 스트레스 대처를 다룰 때 가장 많이 사용된다. 또한 "범불안장애, 공황발작, 광장공포증, 우울, 분노, 근육 긴장, 두통, 피곤, 호흡 유지, 과다 호흡, 얕은 호흡과 차가운 손발"(Davis et al., 2009, p. 25)을 감소시키는 데도 사용된다.

깊은 호흡을 변형한 기법으로 출산호흡법으로 유명한 라마즈호흡법이 있다. 라마즈호흡법의 이론적 원리는 호흡을 깊게 하면 대뇌피질이 통증을 인식하지 않는다는 것이다. Nuernberger(1981)는 수면 문제가 있는 사람들에게 호흡법을 어떻게 사용할지 제안하였다. 이 방법은 사람들로 하여금 잠이 들게 도와줄 뿐만 아니라 더 깊게 잘 수 있게 도와주며, 다음과 같이 진행된다. "등을 대고 누워서 8번 호흡, 오른쪽으로 누워서 16번 호흡, 왼쪽으로 누워서 32번 호흡."(p. 197) 대부분의 사람들은 끝나기 전에 잠에 든다.

Kabat-Zinn(2006)은 깊은 호흡이 통증 관리에도 도움을 준다고 말했다. 깊은 호흡을 하는 동안, 통증이 있는 신체 부위를 알아차려야 한다. 통증과 호흡을 알아차림으로써 내담자는 통증과 스트레스를 덜 느끼게 된다.

깊은 호흡법은 금연에도 도움이 된다. 마음을 편안하게 하기 위해 흡연을 하는 사람들이 있는데, 이들은 담배를 피는 동안, 천천히 숨을 마시고 내쉰다. 이 습관은 깊은 호흡법의 이완효과가 비슷하다. 담배 없이 깊은 호흡을 통해 마음을 편안하게 하는 방법을 배운다면 아마 담배를 끊을 수 있을 것이다(Faelton & Diamond, 1990).

깊은 호흡법은 분노를 조절하는 데도 사용될 수 있다. 분노는 정상적인 감정이지만, 적절하게 표현되지 않으면 문제가 발생할 수 있다. Arenofsky(2001)는 깊은 호흡법을 통해 분노를 진정시킬 수 있다고 생각했다. 예를 들어, 갈등을 해소하려고 하기 전에 깊은 호흡법을 사용하면 평화로운 결과를 만들 가능성을 높일 수 있다. 유사하게, 마음챙김을 기반으로 하는 기법들은 우울 증상을 감소하는데 효과적이다. Paul, Stanton, Greeson, Smoski와 Wang(2013)은 깊은 호흡이 정서반응성을 감소시키는 데 효과적이라고 밝혔다.

Laselle과 Russell(1993)이 실시한 설문조사에 따르면, 상담전문가들은 학생들과 상담할 때 호흡 관련 기법을 많이 사용하지 않는다고 응답하였는데, 사실 이 기법은 어린 학생들에게 유용할 수 있다. 학생들에게 이완 기법(예: 깊은 호흡)을 훈련시킴으로써 상담자는 학교에서 학생들의 행동 문제와 갈등을 완화시킬 수 있다. Noggle, Steiner, Minami와 Khalsa(2012)는 호흡증진 요가 집단에 참여한 청소년들이 통제집단에 비해 낮은 부정정서와 높은 긍정정서를 보인다는 결과를 밝혔다.

Brown과 Uehara(1999)는 깊은 호흡법이 스트레스가 많은 직장 환경에서 어떻게 활용될 수 있는지 설명하였다. 많은 직장인이 스트레스 때문에 직장을 그만둔다. 스트레스는 직장인의 결근으로도 이어진다. Brown과 Uehara는 스트레스를 많이 받고 있는 직장인들에게 신체 기반 훈련에 참여할 것을 권유하였다. 이 과정을 통해 직장인은 효과적으로 스트레스를 관리하도록 도와주는 호흡법과 같은 대처전략을 배우게 된다.

Van Dixhorn(1988)은 호흡 알아차리기와 횡격막 호흡 훈련을 포함한 이완치료의 효과성을 살펴보는 연구를 실시하였다. 운동과 비교했을 때, 이완치료가 심근경색증과 같은 심장 문제와 관련된 위험요인을 감소시키는 데 더 효과적인 것으로 나타났다. 2년 후, 이완 치료에 참여했던 참여자들은 다른 참여자들에 비해 심장 관련 문제를 덜 겪는 것으로 나타났다. Cooley 등(2009)은 불안 치료에 있어 자연요법(예: 식이요법, 깊은 호흡, 이완 기법, 비타민 복용, 인도 전통약재)과 심리치료(깊은 호흡 기법과 위약)의 효과성을 비교하였다. 두 집단 참여자의 불안 증상이 모두 다 감소되었는데, 자연요법이 더 효과적인 것으로 확인되었다. 이 결과는, 깊은 호흡이 다른 개입들과 같이 사용되면 다목적으로 사용될 수 있음을 시사한다.

깊은 호흡은 다양한 목적으로 흔히 사용되는 기법이다. 이 기법이 인기가 많은 이유는 쉽고 바쁘게 사용할 수 있기 때문일 것이다. 이 기법은 어느 장소에서든 다른 사람들이 눈치 채지 않게 시행될 수 있다. 깊은 호흡은 대부분의 사람에게 쉽게 사용할 수 있는 이완 기법이다.

제16장

점진적 근육이완 훈련

📖 점진적 근육이완 훈련의 기원

Edmund Jacobson은 침착하고 조용했던 아버지가 집에 화재가 난 후 심하게 불안한 사람으로 변한 것을 본 후, 점진적 이완 기법을 개발하였다. Jacobson은 인간의 골격근을 살펴보는 많은 연구를 진행하였는데, 특히 어떻게 근육을 긴장시키고 이완시킬 수 있는지에 대해 연구하였다. 그리고 Jacobson은 이러한 연구를 통해 정신적 활동이 뇌뿐만 아니라 신경 근육에서도 일어난다는 사실을 밝혔다. Jacobson은 사람이 긴장할 때와 편안함을 느낄 때 신경 근육에서 어떤 정신적 활동이 발생하는지를 측정한 자료를 토대로 점진적 이완 기법(Jacobson, 1977)을 개발하였다. 이 기법을 통해 내담자는 근육을 이완시키는 방법을 배울 수 있다. 에너지를 사용할 필요가 없을 때 근육이 이완된다.

점진적 근육이완 훈련(progressive muscle relaxation training)은 상호억제이론, 즉 긴장과 이완은 동시에 나타날 수 없다는 가정하에 개발되었다. 사람들은 근육이 언제 긴장되는지 그리고 언제 이완되는지에 대해 배움으로써 이완하는 방법을 알게 되고, 이는 스트레스를 감소시킬 수 있다(Kottler & Chen, 2011).

🐚 점진적 근육이완 훈련을 사용하는 방법

내담자에게 점진적 근육이완 훈련을 실시할 때, 상담전문가는 먼저 훈련 장소에 내담자의 주의를 산만하게 하는 자극이 없는지 확인해야 한다. 내담자는 소파나 매트와 같은 장소에 눈을 감고 편안하게 눕는다(Hackney & Cormier, 2012). 점진적 근육이완 훈련은 주로 어두운 곳에서 15~30분간 실시된다. 일반적으로, 6~7회기동안 점진적 근육이완 훈련을 사용하면 내담자의 스트레스가 감소된다(Jacobson, 1977). 내담자는 점진적 근육이완 훈련을 시작하기 전에 편안한 옷을 입어야 하고, 신발을 벗어야 한다. 발가락부터 시작하여 점차 몸의 윗부분으로 옮겨 가며, 근육을 수축하여 긴장감을 느낀 후, 근육을 이완시킨다. 이 과정을 반복적으로 시행하여 내담자가 수축 상태와 이완 상태 간의 차이점을 알아차리는 것이 중요하다. 상담전문가는 내담자에게 신체의 다양한 근육을 이완시키는 방법을 가르친다(Jacobson, 1987).

Jacobson은 처음에 점진적 근육이완 훈련을 30개의 근육(40번 이상의 회기에서!)에 적용할 것을 제안하였으나, 현재 대부분의 상담자들은 한 회기 동안 다음의 근육들, 즉 오른쪽 발, 오른쪽 아래 다리, 오른쪽 허벅지, 왼쪽 발, 왼쪽 아래 다리, 왼쪽 허벅지, 배꼽, 배, 오른팔, 오른손, 왼쪽팔, 왼쪽손, 등 아래, 어깨, 목, 얼굴 아래, 얼굴 위 등에 적용하고 있다(〈표 16-1〉 참고).

일반적으로, 내담자는 특정 부위의 근육을 수축시키며, 깊은 호흡을 들이마시고, 5초간 숨을 참은 후, 천천히 숨을 내뱉으며, 근육에 긴장을 풀어 준다. 근육을 수축시키고 이완시키는 과정은 더 깊은 이완 상태와 이완에 대한 고전적 조건 형성으로 이어진다.

내담자가 근육을 이완시키는 방법을 알게 되면, 상담자는 한 회기 동안 점진적 근육이완 훈련을 실시한다. 이 훈련이 끝나면 내담자는 자신의 근육이 이완되었음을 느낄 수 있다(Jacobson, 1987). 내담자는 매번 회기 마지막에 점진적 근육이완 훈련의 효과를 최대화시키기 위해 몇 분간 조용히 누워 있는다.

표 16-1 주요 근육의 수축·이완을 위한 지침

- 오른팔: 오른쪽 손목과 팔뚝을 굽히고 주먹을 세게 쥐면서 깊은 호흡을 들이마시고 5초간 숨을 멈추세요. 그리고 숨을 내뱉으면서 손목, 팔뚝, 주먹에서 힘을 빼세요.
- 왼쪽팔: 왼쪽 손목과 팔뚝을 굽히고 주먹을 세게 쥐면서 깊은 호흡을 들이마시고 5초간 숨을 멈추세요. 그리고 숨을 내뱉으면서 손목, 팔뚝, 주먹에서 힘을 빼세요.
- 오른쪽 다리: 오른쪽 발가락을 구부리고, 발목과 허벅지에 힘을 주면서 깊은 호흡을 들이마시고 5초간 숨을 멈추세요. 그리고 숨을 내뱉으면서 발가락, 발목, 허벅지에서 힘을 빼세요.
- 왼쪽 다리: 왼쪽 발가락을 구부리고, 발목과 허벅지에 힘을 주면서 깊은 호흡을 들이마시고 5초간 숨을 멈추세요. 그리고 숨을 내뱉으면서 발가락, 발목, 허벅지에서 힘을 빼세요.
- 배: 배에 힘을 주고, 어깨를 앞으로 기대고, 허리를 구부리면서, 깊은 호흡을 들이마시고 5초간 숨을 멈추세요. 그리고 숨을 내뱉으면서 어깨, 배, 허리에서 힘을 빼세요.
- 등 아래와 어깨: 이마를 바닥과 평행하도록 하고 팔꿈치를 뒤로 당기면서 등을 아치형으로 만들어 깊은 호흡을 들이마시고 5초간 숨을 멈추세요. 그리고 숨을 내뱉으면서 이마, 등, 팔꿈치에서 힘을 빼세요.
- 목: 머리를 오른쪽으로 돌려 오른쪽 어깨 위를 쳐다보면서 깊은 호흡을 들이마시고 5초간 숨을 멈추세요. 그리고 숨을 내뱉으면서 머리와 어깨에서 힘을 빼세요. 머리를 왼쪽으로 돌려 왼쪽 어깨 위를 쳐다보면서 깊은 호흡을 들이마시고 5초간 숨을 멈추세요. 그리고 숨을 내뱉으면서 머리와 어깨에서 힘을 빼세요. 머리를 오른쪽으로 기대고 오른쪽 귀를 오른쪽 어깨에 붙이려고 노력하면서 깊은 호흡을 들이마시고 5초간 숨을 멈추세요. 그리고 숨을 내뱉으면서 머리, 귀, 어깨에서 힘을 빼세요. 머리를 왼쪽으로 기대고 왼쪽 귀를 왼쪽 어깨에 붙이려고 노력하면서 깊은 호흡을 들이마시고 5초간 숨을 멈추세요. 그리고 숨을 내뱉으면서 머리, 귀, 어깨에서 힘을 빼세요.
- 얼굴 아래(턱, 입술, 혀): 치아와 입술을 꽉 깨물고 입 속의 혀를 입천장으로 세게 밀면서 깊은 호흡을 들이마시고 5초간 숨을 멈추세요. 그리고 숨을 내뱉으면서 치아, 입술, 혀에서 힘을 빼세요.
- 얼굴 위(이마, 눈, 코): 눈에 힘을 주고, 코에 주름을 만들고, 얼굴 표정을 최대한 일그러뜨리면서 깊은 호흡을 들이마시고 5초간 숨을 멈추세요. 그리고 숨을 내뱉으면서 이마, 눈, 코에서 힘을 빼세요.

📖 점진적 근육이완 훈련을 변형한 기법

Jacobson(1987)에 따르면, 점진적 이완에는 세 가지 유형, 즉 일반적 이완, 상대적 이완, 세부적 이완이 있다. 일반적 이완법은 내담자가 모든 신체 근육을 이완시키는 것을

의미한다. 상대적 이완법은 내담자가 뭔가를 하면서 최대한 이완하는 것을 의미한다. 예를 들어, 사무실 책상에 앉아 있을 때, 상대적인 이완을 할 수 있다. 이때, 완전하게 이완될 수는 없지만, 할 수 있는 만큼 최대한 이완된다. 세부적 이완법은 일부 근육만 수축하고 이완함을 의미한다. Lazarus는 일반적 이완법을 전체(total) 이완, 상대적 이완법을 차별적(differential) 이완이라 명명하였다. Carroll 등(1997)은 소규모 집단상담에서 깊은 호흡법을 사용한 후 점진적 근육이완 훈련을 사용하였다. 이들은 깊은 호흡법을 마친 후, 상대적 이완법을 사용하기를 제안하였다. 내담자는 의자에 앉아서 그 순간에 사용할 필요가 없는 근육 부위를 이완시킨다.

점진적 근육이완 훈련은 오디오 혹은 비디오로도 실시될 수 있다. 상담전문가는 점진적 근육이완 훈련을 실시한 상담회기를 녹음(녹화)하여 내담자가 집에서 편하게 녹음(녹화)본을 들으며 점진적 근육이완 훈련을 연습할 수 있도록 한다. 일부에서는 상담자가 내담자를 관찰 수 없고, 내담자가 범하는 실수를 고쳐 줄 수 없다는 점 때문에 이 방법을 비판하기도 한다. 하지만 점진적 근육이완 훈련을 집에서 연습하면 더 빠른 치료 효과를 초래할 수 있다.

📖 점진적 근육이완 훈련의 예시

이번 회기에서 샘은 점진적 근육이완 훈련을 배운다.

상담자(C): 이번 활동을 하기 위해 편안한 자세로 앉아 주세요. 의자에 등을 대고 똑바로 앉아 주세요. 천천히, 몇 번 깊은 호흡을 하면서 천천히 이완해 보세요. (샘이 깊은 호흡을 하는 동안 잠시 멈춤) 자, 샘. 이제 점진적 근육이완 훈련이라는 걸 해 볼 거에요. 여기서 점진적이라는 건, 주요 근육을 하나씩 하나씩 이완하는 법을 배운다는 것을 의미해요. 자, 먼저, 그동안 연습한 대로 길게, 천천히, 깊게 호흡을 해 보세요.

샘(S): (눈을 감고 천천히 6번의 깊은 호흡을 함)

C: 이 기법은 근육들이 동시에 긴장하고 이완될 수 없다는 이론을 토대로 만들어졌어요. 근육들을 한 번에 하나씩 이완시키면, 전체 근육을 이완시킬 수 있어요. 방법은 간단해요. 특정한 근육에 힘을 주면서 숨을 들이마시고, 5~7초간 숨을 멈춘 후, 숨을 내뱉으면서 근육에서 힘을 빼는 거예요. 숨을 내뱉을 때 근육이 이완되기 때문에, 계

속 연습하다 보면, 숨을 들이마시는 과정을 생략해도 숨을 내뱉으면서 근육을 이완
할 수 있게 될 거예요.

S: 네. 그럼 좋겠네요. 시간을 절약할 수 있겠어요.

C: 맞아요. 그래서 이 과정을 반복적으로 연습하는 게 중요해요. 점진적 근육이완 훈
련은 물리학의 휴전전위라는 개념과 비슷해요. 당신의 근육에서 느끼는 긴장감을
1~10점 혹은 1~100점 척도로 평가할 수 있다고 가정해 볼게요. 휴전전위에 따르면,
만약 현재 긴장감이 7점이라고 한다면, 근육에 힘을 주면 긴장감이 9점이나 10점으
로 올라가겠죠? 그리고 근육에서 힘을 빼면, 근육은 원래 상태였던 7점보다 더 낮은
5점이나 6점으로 이완될 거예요.

S: 아, 알겠어요. 그러니까, 근육에 힘을 주고 빼는 과정을 통해 더 깊게 이완된다는
거죠?

C: 네. 맞아요. 자, 그럼 첫 번째 근육인 오른쪽 팔부터 시작해 볼게요. 먼저, 천천히 깊
게 몇 번 호흡해 주세요(깊은 호흡을 세 번 할 때까지 멈춤). 자, 오른쪽 손목과 팔뚝
을 굽히고 주먹을 세게 쥐면서 깊은 호흡을 들이마시고 5초간 숨을 멈추세요. 그리
고 숨을 내뱉으면서 손목, 팔뚝, 주먹에서 힘을 빼세요. 힘을 빼면서 긴장감이 빠져나
가고 이완되는 과정에 주목해 보세요. 좋아요. 어떻게 하는지 아시겠죠? 근육에 힘
을 주면서 숨을 들이마시고, 숨을 멈추고, 숨을 내뱉으면서 근육에서 힘을 빼면 돼요.
자, 다음 근육으로 가기 전에, 다시 한번 숨을 들이마시고 내뱉어 주세요.

S: 네, 알겠어요. 간단하네요.

샘이 이 과정을 쉽게 이해했기 때문에, 상담자는 나머지 과정을 진행했다.

C: 좋아요. 그럼, 왼쪽 팔로 갈게요. 왼쪽 손목과 팔뚝을 굽히고 주먹을 세게 쥐면서 깊
은 호흡을 들이마시고 5초간 숨을 멈추세요. 그리고 숨을 내뱉으면서 손목, 팔뚝, 주
먹에서 힘을 빼세요.

　　이제, 오른쪽 다리. 오른쪽 발가락을 구부리고, 발목과 허벅지에 힘을 주면서 깊은
호흡을 들이마시고 5초간 숨을 멈추세요. 그리고 숨을 내뱉으면서 발가락, 발목, 허
벅지에서 힘을 빼세요.

　　왼쪽 다리. 왼쪽 발가락을 구부리고, 발목과 허벅지에 힘을 주면서 깊은 호흡을 들
이마시고 5초간 숨을 멈추세요. 그리고 숨을 내뱉으면서 발가락, 발목, 허벅지에서

힘을 **빼세요**.

배에 힘을 주고, 어깨를 앞으로 기대고, 허리를 구부리면서, 깊은 호흡을 들이마시고 5초간 숨을 멈추세요. 그리고 숨을 내뱉으면서 어깨, 배, 허리에서 힘을 빼세요.

등 아래와 어깨로 갈게요. 이마를 바닥과 평행하도록 하고 팔꿈치를 뒤로 당기면서 등을 아치형으로 만들며 깊은 호흡을 들이마시고 5초간 숨을 멈추세요. 그리고 숨을 내뱉으면서 이마, 등, 팔꿈치에서 힘을 빼세요.

목은 약간 복잡해요. 머리를 오른쪽으로 돌려 오른쪽 어깨 위를 쳐다보면서 깊은 호흡을 들이마시고 5초간 숨을 멈추세요. 그리고 숨을 내뱉으면서 머리와 어깨에서 힘을 빼세요. 머리를 왼쪽으로 돌려 왼쪽 어깨 위를 쳐다보면서 깊은 호흡을 들이마시고 5초간 숨을 멈추세요. 그리고 숨을 내뱉으면서 머리와 어깨에서 힘을 빼세요. 머리를 오른쪽으로 기대고 오른쪽 귀를 오른쪽 어깨에 붙이려고 노력하면서 깊은 호흡을 들이마시고 5초간 숨을 멈추세요. 그리고 숨을 내뱉으면서 머리, 귀, 어깨에서 힘을 빼세요. 머리를 왼쪽으로 기대고 왼쪽 귀를 왼쪽 어깨에 붙이려고 노력하면서 깊은 호흡을 들이마시고 5초간 숨을 멈추세요. 그리고 숨을 내뱉으면서 머리, 귀, 어깨에서 힘을 빼세요.

자 이제, 얼굴 아래, 즉 턱, 입술, 혀 쪽으로 갈게요. 치아와 입술을 꽉 깨물고 입 속의 혀를 입천장으로 세게 밀면서 깊은 호흡을 들이마시고 5초간 숨을 멈추세요. 그리고 숨을 내뱉으면서 치아, 입술, 혀에서 힘을 빼세요.

마지막으로, 이마, 눈, 코를 포함하는 얼굴 위쪽을 할게요. 눈에 힘을 주고, 코에 주름을 만들고, 얼굴 표정을 최대한 일그러뜨리면서 깊은 호흡을 들이마시고 5초간 숨을 멈추세요. 그리고 숨을 내뱉으면서 이마, 눈, 코에서 힘을 빼세요.

좋아요. 이제 모든 주요 근육이 다 이완됐어요. 여전히 긴장이 느껴지는 곳이 있는지 살펴보고, 좀 전에 한 것처럼, 그곳에 다시 힘을 줬다 **빼** 주세요.

S: (등 아래와 어깨에 다시 힘을 줬다 **뺐다** 함)

C: 자, 이제 이 활동을 마무리하기 위해, 천천히 길게 깊은 호흡을 하면서 몸에서 편안함을 느껴 보세요. 호흡하면서 몸을 더 이완시켜 보세요.

S: (3번 정도 더 호흡함)

C: 좋아요. 이제. 눈을 뜨고 회기 간 과제가 무엇일지 맞춰 보세요(웃음).

S: 다음 주까지, 이 연습을 매일 하루에 세 번씩 하는 거죠?

📖 점진적 근육이완 훈련의 유용성과 평가

점진적 근육이완 훈련은 다양한 신체적·심리적 호소 문제를 다루는 데 효과적이다 (Harris, 2003). 이 기법은 단독으로도 사용될 수 있고, 체계적 둔감화, 자기주장 훈련, 자기관리 프로그램, 바이오피드백 이완훈련, 최면, 명상, 자율훈련법 등과 같은 다른 기법들과도 함께 사용될 수 있다(Corey, 2015). 또한 점진적 근육이완 훈련은 불안, 스트레스, 고혈압과 기타 심장 관련 문제, 편두통, 천식, 불면증을 완화시키는 데도 사용될 수 있다. 직장이나 다른 일로 스트레스를 받을 때도 점진적 근육이완 훈련이 활용될 수 있다. 또한 점진적 근육이완 훈련은 영재아동의 불안을 감소시키고(Roome & Romney, 1985), 직장에서의 대처전략을 향상시키며, 만성 등 통증을 치료(Carlson & Holye, 1993) 하는 데 효과적인 것으로 밝혀졌다. Bornmann, Mitelman과 Beer(2007)는 학령기 입원 환자들을 대상으로 한 집단상담에서 13.5시간의 점진적 근육이완 훈련을 사용하였는데, 그 결과 기존 치료 방법에 비해 환자들의 공격성과 분노폭발이 더 많이 감소한 것으로 나타났다. 연구자들은 이완과 다른 분노조절기법들을 함께 사용된다면 공격성과 위기 상황을 예방할 수 있다고 결론 내렸다.

치료 효과를 살펴보기 위해 비교연구들이 실시된다. Stevens, Hynan, Allen, Beaun 과 McCart(2007)는 점진적 근육이완 훈련, 바이오피드백, 소위 복합적 심리치료에 대한 26개의 연구를 대상으로 메타분석을 실시하였고, 복합적 심리치료가 점진적 근육이완 훈련과 피드백에 비해 작지만 유의한 치료 효과를 낼 수 있음을 발견하였다. 물론, 복합적 심리치료를 실시하기 위해서는 높은 수준의 훈련과 전문성이 필요하다(일반적으로 점진적 근육이완 훈련은 그렇지 않음). 새로운 기술의 개발이 상담 현장에서의 새로운 가능성을 열었다. 예를 들어, Eonta 등(2011)은 광장공포증과 범불안장애를 겪고 있는 내담자를 대상으로 스마트폰으로 점진적 근육이완 훈련을 실시하여 내담자가 일상생활에서 쉽게 이완 훈련을 할 수 있도록 하였다. 이러한 방법은 관련 기술이 계속 발전하면서 인기를 얻을 것이다.

Kiselica와 Baker(1992)는 상담전문가가 점진적 근육이완 훈련을 사용할 때 주의해야 할 점에 대해 언급하였는데, 특히 점진적 근육이완 훈련이 일부 내담자에게 오히려 불안을 유도할 수 있다고 경고했다. 상담자는 이완에 대해 불안을 느끼는 내담자의 경우 점진적 근육이완 훈련을 하는 동안 색다른 자극을 느낄 수 있다고 미리 설명해야 한다. 또한 점진적 근육이완 훈련이 내담자의 통제감을 낮추는 것이 아니라 높인다는 점을 알려 줘야 한다. 일부 불안한 내담자에게는 불을 키고 이 훈련을 하는 게 도움이 될 수 있다. 어떤 내담자는 불안하게 하거나 유쾌하지 않은 장면을 상상할 수 있는데, 이런 경우에는 내담자가 마음을 편하게 하는 기억을 탐색할 수 있도록 도와야 한다. 점진적 근육이완 훈련을 마쳤을 때 잠에 드는 내담자가 있을 수도 있다. 이를 예방하기 위해, 상담자는 내담자에게 잠들면 안 된다고 말하거나, 상담실을 밝게 하거나, 내담자의 자세를 바꿔야 한다. 또한 내담자가 상담자에게 이완되었지만 깨어 있다고 알릴 수 있는 신호를 만들어 두는 것이 좋다.

40 Techniques

Every Counselor Should Know

인본주의 혹은 현상한적 접근은 과거의 사건이나 문제가 아닌 현재와 미래에 초점을 맞추며 관계를 중시한다. 이 접근은 모든 사람에게 성장과 발전할 수 있는 자유와 책임이 있다고 가정한다. 실제로, 인간은 자기성장과 자기실현을 할 수 있는 선천적인 능력을 가지고 있다(Rogers, 1951, 1957). 하지만 인본주의 접근의 핵심은 내담자-상담자의 관계, 즉 작업동맹에 있다. 상담자는 내담자의 관점에서 현재의 문제에 초점을 맞추기 위해 내담자의 주관적인 세계로 들어가야 한다.

Carl Rogers(1951, 1957)는 인본주의 상담을 지지하는 사람 중 가장 잘 알려진 사람이다. 특히 Rogers는 비지시적이고, 사람 중심의 상담 접근을 개발한 사람으로 유명하다. McWhirter와 Ishikawa(2005)는 인간중심상담을 성장, 적응, 사회화 및 자율성을 향상시키는 데 유용한 비지시적 상담이라고 평하였다. 사람들은 자신의 내적 경험과 외적 경험을 통합시키려고 노력하지만, 부적응적인 사회적·심리적 영향으로 인해 자기실현에 어려움을 겪고, 기본적 욕구(타인으로부터 인정받고 싶은 욕구)가 좌절될 때, 갈등을 경험한다.

Rogers(1975)에 따르면, 상담자는 내담자의 갈등 해결과 자기이해를 촉진하는 편안한 상담관계를 만들기 위해 공감, 진솔성, 무조건적인 긍정적 존중이라는 세 가지 특성을 지녀야 한다. 마음챙김 기법처럼, 인본주의-현상학적 접근도 지금-여기(Kabat-Zinn, 2006)와 비판단적인 태도를 중요하게 생각한다. 인본주의-현상학적 접근을 비판하는 사람들은 통찰이 언제나 문제 해결로 이어지지 않는다고 말한다. 하지만 인간은 자신의 생각과 감정, 정서적 상태를 포함한 내적 세계를 이야기하고 싶어 하고, 현상학적 기법들은 이러한 내담자의 자기 이해를 향상시키고 내적 동기를 찾는 데 도움을 준다.

제5부에서는 자기개방, 직면, 동기면담, 강점폭격이라는 네 가지 기법을 소개한다. 자기개방(상담자의 자기개방을 의미함)은 Freud 때부터 논쟁이 되어 온 기법으로, 관련 연구도 많지 않다. 하지만 상담자의 자기개방을 적절하게 사용한다면 작업동맹과 내담자의 통찰을 향상시킬 수 있다. 내담자가 다른 사람의 경험을 통해 뭔가 배울 수 있다면, 당연히 상담자의 경험을 통해서도 뭔가를 배울 수 있다. 직면은 상담에서 불가피하게 사용되는 기법으로, 내담자가 삶을 긍정적으로 변화시킬 수 있도록 도와준다. 다행히, 상담자가 직면을 통해 변화를 강요하는 시대는 지났다. 지금의 상담자들은 내담자의 변화를 격려하고 촉진하기 위해 비지시적인 직면이나 공감적 직면을 사용한다.

동기면담은 Miller와 Rollnick(2002)이 개발한 방법으로, 합의한 목표를 달성하려는 내담자의 동기를 높이기 위해 사용된다. Miller와 Rollnick은 동기면담의 네 가지 원칙(즉, 공감을 표현하라, 불일치를 발전시켜라, 저항과 함께 굴러라, 자기효능성을 지지하라)을 제안하였다. 동기면담에서는 OARS라고 불리는 네 가지 인간중심 기법을 통해 내담자의 불일치를 발전시킨다. OARS는 개방형 질문(Open-ended questions), 인정 (Affirmations), 반영(Reflecting skills), 요약(Summaries)을 뜻한다. 동기면담은 원래 중독 치료를 위해 개발되었지만, 현재 변화 동기가 높지 않은 내담자의 다양한 문제를 다루는 데 사용되고 있다. 마지막으로, 강점폭격(집단에서 사용될 때)과 자기인정(개인 내담자에서 사용될 때) 기법은 내담자의 강점과 긍정적 특성을 강조할 때 사용된다. 이 기법은 내담자가 어려움이나 도전에 직면했을 때, 내담자가 탄력성과 자원을 찾는 데 도움을 주거나 내담자의 재능, 긍정적 요소, 강점 등을 요약하고 인정하는 데 사용될 수 있다. 강점폭격은 보통 집단상담 마지막 회기에 하이라이트로 사용된다.

📖 인본주의-현상학적 접근의 다문화적 시사점

인간중심상담과 여러 현상학적 접근들은 전 세계의 많은 문화권에 영향을 미쳤다. 하지만 이 접근들을 비판하는 목소리가 없는 것은 아니다. 다문화와 관련하여 인본주의 이론의 한계점은 구조화의 부족, 핵심 원리/개념을 실제 현장에 적용하는 어려움, 외적 평가보다 내적 평가에 초점을 두는 것 등이 있다(Corey, 2015). 긍정적인 면은 진단을 격려하지 않고 내담자의 주관적인 세계에 초점을 맞춘다는 점이다.

상담자의 역할은 내담자가 통찰을 얻고 이미 잘하고 있는 것들을 인식하도록 돕는 데 있다. 인본주의 접근은 낙담하거나 고립되어 있는 취약계층 내담자의 감정과 문제를 공감하고, 그들의 세계관과 문화를 존중한다. 인본주의 접근은 정서적인 측면을 강조하기 때문에 여성에게 매력적일 수 있다. 반대로, 강렬한 감정 표현과 사생활 혹은 가족에 대해 자세하게 이야기하는 상담자-내담자의 상호작용은 감정 표현을 불편하게 생각하는 중동이나 동양계 내담자에게는 적절하지 않을 수 있다. 따라서 상담자는 먼저 일반적인 상담기법을 사용하면서 내담자의 편안함 수준에 맞춰 신중하게 인본주의 접근을 사용해야 한다(Hays & Erford, 2014).

인본주의 접근은 단기상담이 아니며, 종종 몇 달이 소요되기도 한다. 이런 점이 일부 내담자에게 문제가 될 수 있는데, 특히 장기상담을 받을 경제적인 여유가 없는 내담자에게 문제가 될 수 있다. 또한 인본주의 접근에서는 구체적인 목표 달성에 초점을 두지 않기 때문에 일부 내담자를 불편하게 할 수도 있다.

인본주의 접근은 라포, 치료동맹, 강렬한 감정 표현 및 친밀한 삶의 세부사항 등을 강조하고, 현재에 초점을 맞추며, 내담자에게 위협적이지 않게 힘을 북돋워 준다. 이에 인본주의 접근은 다양한 문화적 배경을 가진 내담자에게 매력적으로 보일 수 있다. 하지만 일부 문화권에서는 가족 관련 문제에 대해 이야기하거나(예: 남미 문화) 강렬한 감정을 겉으로 표현하는 것(예: 동양 문화)을 불편하게 생각한다. 이와 같이, 일부 문화권의 내담자들(예: 중동계, 남미계, 동양계)이 비지시적 접근을 불편하게 생각할 수는 있지만, 인본주의 접근은 다양한 문화적 맥락(예: 성별, 인종, 문화, 사회경제적 지위, 장애, 성적 지향)에서 유용하게 사용될 수 있는 것으로 알려져 있다(Hays & Erford, 2014).

제 **17** 장

자기개방

📖 자기개방의 기원

많은 상담이론이 상담자의 자기개방(self-disclosure)에 대해 다른 입장을 보여 왔다. 인본주의 접근과 같은 이론들은 자기개방을 상담자의 따뜻하고 인간적인 모습을 내담자에게 보여 준다는 점에서, 그리고 작업동맹 형성을 촉진한다는 점에서 긍정적으로 인식한다. 하지만 정신역동과 같은 이론들은 자기개방이 상담과정을 방해하고 내담자의 주도권을 빼앗을 수 있다고 비판한다. 하지만 의도하든 혹은 의도하지 않든, 자기개방은 상담에서 불가피하게 일어난다. 자기개방에는 많은 유형과 목표가 존재하며, 내담자가 전혀 눈치채지 못하는 자기개방도 있다. 따라서 상담전문가는 자기개방을 적절하게 사용하기 위해 자기개방에 대해 충분히 이해해야 한다. 인본주의 접근에서는 상담자의 자기개방을 긍정적으로 지각하기 때문에, 이 장에서는 자기개방에 대해 다루고자 한다.

자기개방을 사용하는 방법

사전 동의 과정에서 상담자의 자기개방은 윤리적으로 중요하다(Barnett, 2011). 상담자는 자신의 교육적 배경, 경험, 이론적 배경 등을 내담자에게 알려 줌으로써 내담자가 상담을 받을지 여부를 결정할 수 있도록 해야 하는 윤리적 책임이 있다. 상담실에 있는 물건을 통해 내담자는 상담자의 사생활을 일부 알 수 있고, 상담자가 상담 과정에 영향을 미칠 수 있는 자신의 상황(예: 가족의 죽음, 출산, 휴가)에 대해 내담자에게 알리는 경우도 있다. 이러한 상담자의 자기개방은 의도적이고 불가피하다.

상담전문가의 외모나 문화적 배경도 상담자에 대해 많은 것들을 시사하는데, 이 중 일부는 작업동맹을 형성하는 데 도움이 될 수도 있고 방해가 될 수도 있다. 상담자의 연령, 인종, 성별, 옷, 신체 능력/장애, 언어 능력, 심지어 결혼반지를 끼고 있는지 여부 등이 상담자에 대해 많은 것들을 알려 준다(Barnett, 2011). 내담자는 상담자의 문화나 외모적인 특성을 보고 상담자에 대해 추측하고, 어떤 경우에는 편견을 가지기도 한다. 이러한 내담자의 추측이 정확하여 상담관계를 미리 예상하는 데 도움이 될 수도 있고, 반대로 정확하지 않아 불필요하게 상담관계에 방해가 될 수도 있다.

자기개방을 의도적으로 사용하는 데는 두 가지 방법이 있다. 첫 번째 방법은 작업동맹 형성이라는 큰 목표 아래, 상담자가 자신의 진솔성과 진실성을 보여 주기 위해 개인적인 경험을 공유하는 것이다(Bugental, 1987; Rogers, 1957). 이때, 상담자는 내담자의 문제나 갈등과 비슷한 자신의 경험을 공유하는데, 이는 상담자와 내담자의 경험이 비슷할 수 있음을 강조함으로써 내담자의 어려움을 타당화하고 내담자와 라포를 형성(혹은 강화)하기 위해서이다(Stricker & Fisher, 1990; Williams, 1997).

두 번째 의도적 자기개방 방법은 자부심, 슬픔, 전이와 같이 상담자가 상담에서 느끼는 감정을 솔직하게 공유하는 것이다. 이러한 상담자의 자기개방은 내담자로 하여금 자신의 경험을 재성찰하고 기존에 가지고 있었던 자신에 대한 부정적인 지각이나 해석을 바꿀 수 있도록 도와준다(Aron, 1996; Benjamin, 1998). 상담자가 자신의 생각이나 해석을 공유하고 이를 내담자의 생각이나 해석과 비교함으로써, 상담자와 내담자 모두 상담과정이나 주제에 대한 통찰을 얻을 수 있다.

둘 중 어떤 방법을 사용하든, 자기개방을 사용할 때는 작업동맹이 형성되어 있어야 하고, 그 목적이 내담자를 돕는 데 있어야 한다. 만약 자기개방이 적절하게 사용되지 않으면 부작용이 발생할 수 있다. 자기개방을 적절하고 효과적으로 사용하기 위해 신뢰할 수 있는 전문가로부터 개방적이며 솔직한 자문을 받을 필요가 있다.

우발적인(의도하지 않은) 자기개방도 상담전문가가 알아 두어야 할 자기개방의 한 유형이다. 상담자는 상담할 때 수용적·비판단적 자세를 취해야 한다고 훈련받지만, 가끔 모욕스러운 말을 하는 내담자가 있다. 이럴 때는 경험이 많은 상담자도 눈살을 찌푸리거나 숨이 막힐 때가 있다! 상담자도 자신만의 가치관, 믿음, 배경을 가진 인간이기 때문에 실수를 범한다. Barnett(2001)은 상담자의 의도치 않은 얼굴표정, 언어적 반응, 자기개방이 작업동맹에 얼마나 부정적인 영향을 미치는지에 대해 설명하였다. 상담자의 충격, 놀람, 동의하지 않음 등의 반응들은 내담자에 안전감과 신뢰를 주는 상담자의 중립성을 위배할 수 있다. 어떤 상담자이든 가끔씩 이런 우발적인 자기개방을 한다. 중요한 것은, 우발적인 자기개방이 상담과정에 어떠한 영향을 미칠 수 있는지 살펴보고, 만약 상담관계에 문제가 생겼다면 이를 해결하도록 노력해야 한다는 것이다.

📖 자기개방을 변형한 기법

자기개방은 적절하게 사용하면 역동적이고 장점이 많은 기법인데, 상담이론마다 자기개방에 대해 다른 의견을 제시하였다. 예를 들어, 인본주의 상담자들은 자기개방이 상담자와 내담자 간의 평등한 관계를 형성하는 데 도움이 된다고 생각한다(Stricker & Fisher, 1990; Williams, 1997). 실존주의 상담자들은 자기개방에 모델링 효과가 있다고 생각하며(Journard, 1971; Yalom, 2002). 여성주의 상담자들은 자기개방을 통해 내담자가 자신이 원하는 상담자를 선택할 수 있으며, 상담자와 내담자의 관계에 존재하는 힘을 이해할 수 있다고 생각한다(Simi & Mahalik, 1997). 현대 정신역동주의자들은 자기개방을 전혀 안 할 수는 없기 때문에 어떻게 자기개방을 활용할 수 있을지에 대해 고민하는 것이 중요하다고 말한다(Farber, 1996; Marcus, 1998; Singer, 1977). 또한 인지행동상담자들은 자기개방을 내담자의 경험을 정상화하고 부정적인 사고 패턴을 수정하는 데 사용한다(Ziv-Beiman, 2013). 관련 연구들에 따르면, 자기개방은 작업동맹이 이미 충분히 형성된 후에 통찰과 유대감 및 힐링을 촉진하기 위해 적절하게 사용될 수 있다(Farber, 2003).

📖 자기개방의 예시

다음은 자기개방의 세 가지 예시다.

예시 1: 킴 사례
- - - - - - - - - - - -

킴(Kim)은 불안증상으로 주치의에 의해 의뢰되었다. 킴의 아버지는 알코올 중독자였고, 가족 관련 스트레스가 그녀의 정신건강에 부정적인 영향을 미치고 있었다. 3번째 회기에서, 상담자는 힘든 상황에서 내담자가 느끼고 있는 감정을 정상화하기 위해 자기개방을 사용하였다.

> 킴(K): 이번 주에 무슨 일이 있었는지 믿을 수가 없어요. 선생님께 이런 이야기를 하는 게 한심하게 느껴지네요.
>
> 상담자(C): 여기서는 어떤 이야기든 하셔도 돼요. 저는 당신을 판단하지 않습니다.
>
> K: 네, 그럼…… 금요일에 아버지와 어머니가 다투셨어요. 어머니는 아버지에게 또 술을 마신다고 소리를 질렀어요. 물론 상황이 더 나빠졌어요. 아버지는 집을 나가셨고, 우리는 한 시간 정도 아버지가 돌아오시길 기다렸어요. 그리고 어머니는 "아빠에 대해 신경쓰지 마. 영화나 보러 가자."라고 말했고, 저는 속으로 '아버지가 아무리 미친 듯이 술을 마셔도 어머니랑 나는 정상적인 생활을 할 수 있구나.'라고 생각했어요. 그게 좋은 거 아닌가요? 하여간 우리는 외식을 하고 영화를 보고 집에 왔는데, 아버지가 집 앞에 쓰러져 있었어요! 발가벗은 채로요! 집 앞에 발가벗은 채로! 정말 미친 거 아니에요? 어머니랑 저랑 4시간 정도 나갔다 왔는데, 그럼 아버지는 이 상태로 얼마 동안 쓰러져 있었던 건지? 어떻게 이런 일이 있을 수 있죠? 제 주위에 어떤 아버지도 이렇게 발가벗고 쓰러져 있지 않아요! 제 아버지만 그래요! 이게 정말 저한테 일어난 일이 맞나요?
>
> C: 정말 놀랐을 거 같아요. 그런데 당신이 화가 난 건지 아니면 혼란스러운 건지 잘 모르겠어요. 좀 더 이야기해 주세요.
>
> K: 제가 혼란스러운 건지 아닌지는 모르겠지만, 확실히 당황했어요. 제 말은 정말 이런 일이 일어날 수 있나? 아버지가 쓰러져 있는 걸 봤을 때, 저는 눈을 비비고 내가 지금

보고 있는 장면이 사라졌으면 좋겠다고만 생각했어요. 이건 현실이 아닐 거야. 현실일 리가 없어. 내가 미쳐서 헛것을 보고 있는 거야.

C: 하지만 당신은 아버지를 봤어요. 그게 현실이잖아요.

K: 아니에요. 그럴 리가 없어요. 제가 미친 거예요.

C: 당신은 아버지를 봤어요. 저에게 무슨 일이 있었는지 말하고 있잖아요. 당신은 미치지 않았어요. 실제로 그런 일이 일어난 거예요.

K: 제 인생은 정말 엉망진창이에요. 정말 미쳐 버릴 거 같아요.

C: 알코올 중독의 부작용 중에 하나가 어떤 일이든 일어날 수 있다는 거예요.

K: 이런 일이 일어났다는 걸 믿을 수가 없어요.

C: 저는 믿어요.

K: 어떻게 믿을 수 있죠? 이런 일은 영화나 인터넷에서나 나오는 일이잖아요. 보통 사람들에게 이런 일은 일어나지 않아요.

C: 킴. 전 이런 일이 일어날 수 있다는 걸 믿어요. 저희 어머니도 술을 많이 마셨었어요. 어머니는 집 앞에 발가벗고 쓰러져 있는 적은 없었지만 믿기 어려운 행동들을 많이 했어요. 저도 그때 당신이 말한 대로, 혼란스럽고, 당황스럽고, 화가 났어요. 술 때문에 이런 일이 발생하는 거예요. 당신이 미친 게 아니에요. 술이 사람들로 하여금 미친 짓을 하게 하는 거예요.

이 대화에서 상담자는 자신의 경험을 공유하면서 자신이 내담자처럼 어떤 감정을 느꼈었는지 공유하였다. 상담자는 자신의 경험에 대해 너무 자세하게 이야기 않음으로써 여전히 상담의 초점이 내담자에게 맞춰지도록 하였다. 내담자는 상담자가 자신과 비슷한 경험을 했기 때문에 자신의 감정을 완전히 이해할 수 있음을 알게 되었다.

예시 2: 샘 사례

샘은 중년 남성으로, 분노문제로 상담에 왔다. 샘은 동네 편의점에 화재가 났을 때 불법적인 행동을 하여 체포되었고, 법정 명령으로 상담을 받게 되었다. 샘은 미혼이고, 남동생인 스콧(Scott)과 살고 있다. 6번째 회기에서, 상담자는 샘이 상담에 대해 어떻게 생각하는지 깨닫게 하기 위해 자기개방을 사용하였다.

상담자(C): 샘, 지난주에 당신을 행복하게 하는 게 무엇인지 생각해 보기로 했잖아요. 혹
시 생각해 보셨어요?

샘(S): 네. 생각해 봤어요. 저는 일하러 가는 게 좋아요. 일을 할 때는 제가 쓸모 있는 사
람처럼 느껴지거든요. 그리고 돈을 버는 것도 좋아요. 일이 저를 행복하게 해요. 또한
제 트럭이 깨끗할 때 기분이 좋아요. 트럭을 세차하고 나면 행복감을 느껴요.

C: 뭔가를 성취하는 것이 당신을 행복하게 하는군요. 일하는 것이 좋고, 뭔가를 보여주
는 것도 행복하고요.

S: 네, 제가 열심히 노력한 거에 대한 보상을 받는 게 좋아요.

C: 당신은 여기 상담에서도 많은 노력을 했어요. 그 노력에 대한 보상은 뭘까요?

S: 모르겠어요. 다시 상담을 받지 않아도 되는 거?

C: 그거 말고는 당신의 노력에 대한 보상이 없는 거예요?

S: 없어요. 제가 상담에 오는 이유는 판사가 상담을 받으라고 해서니까요!

C: 지난 6주 동안, 우리는 당신이 화가 났을 때 어떤 문제가 발생하는지에 대해 많은 이
야기를 나눴어요. 당신은 화가 나서 했던 행동들에 대해 후회를 했고요. 뭔가를 성취
하고 그에 대한 보상을 받는 것이 당신을 행복하게 하는데, 그동안 상담에서 이룬 성
취에 대한 보상은 없었던 거예요?

S: 없었어요.

C: 그런 말을 들으니 매우 슬프고 두렵네요.

S: 저도 그래요.

C: 어떤 점이 슬퍼요, 샘?

S: 아니, 슬픈 게 아니고, 두려워요.

C: 어떤 점이 두려워요?

S: 예전의 나로 돌아갈까 봐 두려워요.

이 예시에서, 상담자는 자신이 내담자의 상담에 대한 생각에 대해 어떻게 느끼는지
공유하였다. 이를 통해 내담자는 자신이 상담자와 비슷하게 느끼고 있다는 점을 깨닫
게 되었다.

예시 3: 마샤 사례

　이 마지막 예시는 어떻게 상담자가 실수로 자신의 감정과 가치관을 내담자에게 공유할 수 있는지, 그리고 어떻게 상담관계에 방해가 되지 않도록 이런 상황을 알아차리고 수정할 수 있는지 보여 준다. 마샤(Marsha)는 최근 대학을 졸업하고 뉴욕 월스트리트에 있는 회사에서 근무하고 있다. 마샤는 혼자 뉴욕으로 이사를 왔고 일이 많아 친구를 사귀지 못했다. 마샤는 우울증상 때문에 상담에 왔다. 2회기 때, 상담자는 실수로 마샤의 선택에 동의하지 않는다는 반응을 보였다. 상담자는 이 상황이 두 사람의 관계를 해치지 않게 하기 위해 다음과 같이 상담을 진행하였다.

마샤(M): 목요일에 퇴근하고 동료들과 술 한잔 하러 갔었어요. 주중에 술 마시는 게 좀 이상했지만, 그냥 갔어요.

상담자(C): 즐거운 시간을 보냈어요?

M: 음. 그런 거 같아요. 동료들이 정말 술을 많이 마셨어요. 그들에게 좋은 인상을 주기 위해 저도 그들처럼 술을 많이 마셨어요. 근데 그들이 저를 어떻게 생각하는지 알기 전에 제가 완전 취해 버렸어요.

C: 그래서 뭘 했어요? 안주거리를 주문했어요?

M: 아니요. 화장실에 가서 토했어요. 그리고 물을 한 잔 마셨어요.

C: (상담자는 내담자가 동료들에게 좋은 인상을 주기 위해 술을 많이 마셨고, 토했다는 이야기를 들으면서 충격을 받았다는 표정을 지었다. 마샤는 얼버무리며 자신의 이야기를 마쳤고, 더 이상 말을 이어가지 않았다. 상담자는 무슨 일이 일어났는지 깨달았고, 내담자와 이에 대해 다루었다.)

C: 마샤, 좀 전에 우리 사이에 있었던 일이 당신으로 하여금 더 이상 이야기하지 않는 것이 낫겠다고 생각하게 한 거 같아요. 우리가 계속 상담을 진행하기 위해서는 이 상황에 대해 솔직하게 이야기할 필요가 있을 거 같아요. 당신이 생각했던 것보다 술을 더 많이 마시고 토했다는 이야기를 했을 때, 솔직히 많이 놀랐어요. 걱정도 됐고요. 제가 왜 그렇게 느꼈는지에 대해 설명하고 싶어요. 제가 걱정했던 이유는 이런 행동을 하는 많은 여성에게 원치 않는 일이 생기기 때문이에요. 당신이 왜 그랬었는지 제가 이해할 수 있도록 좀 더 얘기해 줄래요? 저는 당신을 평가하는 게 아니에요. 저는 단지 당신이 안전하고 앞으로도 계속 안전하기를 바라요.

이제 마샤는 상담자가 왜 그렇게 반응했는지 이해하고 이 경험에 대해 얘기하는 것을 편하게 생각할 것이다. 상담자가 실수를 범했지만, 상담관계에는 문제가 생기지 않았다. 오히려 마샤와 상담자 간의 작업동맹이 더 강화될 가능성이 높아졌다.

📖 자기개방의 유용성과 평가

그동안 자기개방에 대해 극과 극의 평가가 내려졌고, 이론적 접근에 따라 자기개방을 바라보는 시각도 다르다. 자기개방의 효과성을 살펴본 연구들도 비일관적인 결과들을 보고하였는데, 명백한 사실은 자기개방의 적절성은 상황에 따라 다르며, 상담자의 상담방식과 다루는 주제에 따라 언제, 얼마나, 어떻게 자기개방이 일어나는지 달라질 수 있다는 것이다(Myers & Hayes, 2006). 상담자와 긍정적인 관계를 형성한 내담자는 상담자의 자기개방을 더 전문적인 개입으로 생각하는 반면, 상담자와 부정적인 관계를 형성한 내담자는 상담자의 자기개방을 덜 전문적인 개입으로 생각한다. Audet과 Everall(2010)은 자기개방이 내담자에게 미치는 영향이 다소 복잡한데, 크게 다음의 세 가지 효과가 있음을 밝혔다. (1) 상담 초반에 상담자와 내담자가 라포를 형성하는 데 도움이 된다. (2) 상담자의 진솔함과 진실함을 보여 준다. (3) 내담자를 상담관계에 참여하도록 격려한다. 하지만 Audet과 Everall은 연구에 참여한 표본의 수가 너무 작고 개인차가 있을 수 있기 때문에 후속 연구가 필요하다고 강조하였다.

몇몇 연구에서 자기개방이 다양한 내담자에게 어떤 효과를 보이는지 살펴보았다. Kronner(2013)는 상담자가 자기개방을 사용했을 때 상담자와 게이 내담자가 더 높은 수준의 작업동맹을 경험했다는 결과를 보고하였다. 동양계 미국인 내담자들은 상담자가 사실과 승인, 상담자 감정을 보여 줄 때 보다 더 편안하게 자기 이야기를 할 수 있었다고 응답하였다(Kim et al., 2003). 마지막으로, 더 많은 연구가 필요하지만, 뇌과학 관점에 따라, Quillman(20120)은 상담자의 자기개방이 내담자로 하여금 자신과 상담자가 더 깊고 의미 있게 연결되었다고 느끼도록 한다고 밝혔다.

제**18**장

직면

📚 직면의 기원

직면(confrontation)은 원래 게슈탈트 치료에서 가장 많이 사용되었으나, 인본주의-현상학적 접근을 포함한 다른 접근에서도 사용되고 있다(Ivey, Ivey, & Zalaquett, 2014). Perls는 게스탈트 치료에서 내담자가 자신의 회피행동을 알아차리도록 돕기 위해 매우 직면적인 기법을 사용하였다(제3부 참조). Corey(2015)에 따르면, 많은 내담자가 (그리고 상담자들도) 이 기법을 과도하게 가혹하고 내담자의 감정을 고려하지 않는 기법이라고 지각한다. 하지만 최근에는 직면이 관계적 맥락에서 공감과 함께 전달되면서 예전보다 더 부드럽게 사용되고 있다(Yonfer, 1999).

📚 직면을 사용하는 방법

공감적 직면(Ivey et al., 2004; 도전 기법이라고도 불림)은 내담자로 하여금 자신이 한 말에 존재하는 불일치, 혹은 말과 행동 간의 불일치를 분석할 수 있도록 돕기 위해 사용된다. 이론적으로 이러한 불일치는 부조화를 일으키고, 내담자는 부조화를 줄이기 위한 방향으로 행동하고자 한다. 직면과 공감적 직면을 적절하게 사용하면, 내담자가 자신의 행동을 바꾸고, 일치감을 느끼며, 더 건강하고, 더 기능적으로 생활할 수 있도록 도울 수 있다(Corey, 2015; Ivey et al., 2014; MacCluskie, 2010; Shechtman & Yanov, 2001; Young, 2013).

처음에 고려해야 할 점

직면은 적절하게 사용되면 긍정적인 성과를 초래한다(Bratter, Esparat, Kaufman, & Sinsheimer, 2008; Corey, 2015; Gold & Hartnett, 2004; Ivey et al., 2014; MacCluskie, 2010). 하지만 부적절하게 사용되면(예: 작업동맹이 이루어지지 않은 상태), 상담관계의 질을 저해할 수 있다. 많은 초보 상담자가 직면이 너무 가혹하고 내담자와의 관계에 부정적인 영향을 미칠 수 있기 때문에 이를 사용하기를 꺼린다. 하지만 상담에서 긍정적인 변화를 만들기 위해서는 내담자가 자신의 행동과 선택이 어떤 결과로 이어지는지 이해해야 하는데, 공감적 직면과 부드러운 직면을 적절하게 사용하면 이를 촉진할 수 있다. 내담자의 이해를 향상시키기 위해서는 상담자가 적극적으로 내담자의 이야기를 경청하고 내담자가 자신의 비이성적인 생각, 행동, 내적/대인관계적 갈등, 방어기제 등을 표현할 수 있도록 도와야 한다. 내담자가 충분히 자신에 대해 이야기한 후에, 상담자는 내담자가 딜레마에서 빠져나올 수 있도록 그리고 변화할 수 있도록 직면적 공감을 사용할 수 있다.

직면을 효과적으로 사용하기 위해서는 높은 수준의 작업동맹이 필요하다. 상담자와 내담자 간의 강한 신뢰와 존중이 있어야 직면이 효과적일 수 있다. 따라서 직면을 사용하기 전에 인간중심상담기법이나 접근을 먼저 사용해야 한다. 무조건적인 긍정적 수용을 통해 상호 간의 신뢰, 존중, 이해, 진솔성 등이 먼저 형성되어야 한다. 이러한 상담관계가 내담자의 상담받고 싶은 동기를 높일 수 있는데, 특히 내담자의 말과 행동 간의 불일치에 대해 직면을 사용할 때 더욱 그렇다(Corey, 2015; Gold & Hartnett, 2004; MacCluskie, 2010).

직면을 사용할 때 중요한 두 번째 요인은 타이밍이다. 적절한 타이밍을 찾기 위해 고려해야 할 요소로는 상담의 어떤 시점에서 사용할 것인가, 내담자의 준비도, 내담자의 행동 위험요인, 내담자의 정서적 안정성 등이 있다. 타이밍을 잘못 잡으면 상담관계에 부정적인 영향을 미칠 수 있다(MacCluskie, 2010). 또한 직면은 적대적이거나 가혹해서는 안 된다. 대신에, 내담자를 진정으로 아끼고, 지지하는 마음을 가지며, 내담자의 부정적인 특성보다는 긍정적인 특성에 주목해야 한다. 그래야 직면을 통해 내담자는 자신의 생각과 행동 간의 불일치를 찾고 이를 다루고자 하는 동기를 가지게 된다.

진정한 이해와 보살핌을 토대로 한 상담관계가 있어야 내담자로 하여금 자신의 생각·행동·감정에서 불일치를 인식하고, 그러한 불일치를 다루려는 동기를 높이는 공감적 직면이 가능하다. 상담자가 내담자를 적극적으로 지지하고 내담자의 강점과 긍정적 특성에 초점을 맞출 때, 상담의 성과가 높아질 수 있다(Corey, 2015; Gold & Hartnett, 2004; MacCluskie, 2010; Shechtman & Yanov, 2001).

직면을 사용하는 단계

일반적으로, 직면은 다음의 4단계로 시행된다. (1) 불일치를 관찰한다. (2) 요약하고 명료화한다. (3) 공감적으로 직면한다. (4) 관찰하고 평가한다. 각각의 단계에서, 상담전문가는 내담자의 생각·감정·행동을 이해하기 위해 계속적으로 인간중심상담기술과 상담대화기술(예: 적극적인 경청, 재진술, 감정반영, 요약)을 사용해야 한다(Ivey et al., 2014; M. E. Young, 2013).

1단계에서, 상담전문가는 내담자의 불일치, 양가성, 이중 메시지 등을 적극적으로 관찰한다(M. E. Young, 2013). Ivey 등(2014)은 상담자가 관찰해야 할 여섯 가지 유형의 불일치를 제안하였다. 이는 (1) 언어적 메시지와 비언어적 메시지 간의 불일치, (2) 믿음과 경험 간의 불일치, (3) 가치와 행동 간의 불일치, (4) 말과 행동 간의 불일치, (5) 경험과 계획 간의 불일치, 그리고 (6) 언어적 메시지 간의 불일치이다. 2단계에서, 상담전문가는 내담자의 불일치를 요약하고 명료화한 후, 추가적인 관찰과 경청 기술을 사용하여 불일치로 나타난 내적·외적 갈등을 해결할 수 있도록 돕는다. 이때 내적·외적 갈등을 탐색하는 것이 중요한데, 예컨대 갈등으로 인해 내담자가 어떤 딜레마에 빠져 있는지, 혹은 불일치를 계속 유지함으로써 내담자의 어떤 욕구가 충족되고 있는지 등에 대해 논의할 수 있다. 달리 말하면, 상담자는 내담자의 갈등과 욕구를 파악하고, 지지적·공감적으로 내담자가 불일치를 다룰 수 있도록 도와야 한다.

갈등이 파악되면 3단계에서 상담전문가는 내담자에게 수용 가능한 정도로 공감과 함께 직면을 한다(Ivey et al., 2014). 직면이 내담자에게 수용 가능할지의 여부를 미리 알기 위해서는 상당한 통찰력, 기술 및 경험이 필요하다. 원래 직면은 긍정성을 토대로 한 질문과 감정반영을 함께 사용할 때 효과성이 높아진다. 직면은 부드러우면서 미묘하게 사용되어야 한다. 예를 들어, "한편으로는 당신은 _____라고 말하면서, 다른 한편으로는 _____라고 말하네요." 혹은 "당신이 _____라고 말하지만, 사실 _____(행동)을 했네요." 이러한 표현들은 긍정적·지지적 언어를 사용하여 내담자가 자신의 불일치를 인식하고, 변화를 위해 노력하는 것과 하지 않는 것의 결과가 무엇일지 생각하도록 격려한다.

마지막으로, 4단계는 직면의 효과성을 관찰하고 평가하는 단계이다. 직면을 평가하기 위해 두 가지 척도가 주로 사용된다. 그 두 가지 척도는 내담자 변화 척도(Client Change Scale: CCS; Ivey et al., 2014)와 내담자 적응 척도(Client Adjustment Scale: CAS; M. E. Young, 2013)이다. 먼저, CCS는 5점 척도로, 직면의 효과성과 내담자의 변화 단계를 측정한다. CCS에서 측정하는 변화단계는 (1) 내담자가 불일치를 인정하지 않음, (2) 내담자가 불일치의 일부만 인정함, (3) 내담자가 불일치를 인정했지만, 아무런 변화가 일어나지 않음, (4) 내담자가 불일치를 해소하기 위해 새로운 해결방안을 사용할 준비가 되었음, (5) 내담자가 불일치를 인정하고 불일치를 다루기 위해 새로운 행동을 계획하고 실제로 하고 있음을 포함한다. 불일치로 인한 갈등의 깊이나 유형에 따라 어떤 내담자는 이 단계를 그대로 따르지만, 어떤 내담자는 그렇지 않다. 이에 비해, CAS는 3개의 변화 단계를 측정한다. (1) 내담자가 불일치를 인정하지 않음, (2) 내담자가 불일치의 일부만 인정함, 그리고 (3) 내담자가 불일치를 완전히 인정하고 이를 해소하기 위해 노력함이다. 3단계에 도달한 내담자는 딜레마에서 빠져 나오고, 행동을 변화시키고 더 긍정적인 자신을 경험할 준비가 되어 있다(M. E. Young, 2013).

내담자가 직면을 받아들이지 않을 때, 상담자는 다시 경청·질문·명료화를 사용하고, 직접적인 직면은 하지 않는 것이 좋다(Ivey et al., 2014; MacCluskie, 2010; M. E. Young, 2013). 이 과정에서 작업동맹을 최대화하고, 상담관계에 문제가 생기지 않았는지 살펴보는 게 중요하다.

📖 직면을 변형한 기법

다른 상담기술과 비슷하게, 직면도 문화적 감수성을 토대로 사용되어야 한다. 좀 더 직접적이고 개방적인 직면을 선호하는 문화권의 내담자들은 직면이 일상생활이나 TV

에서 보는 상호작용과 유사하기 때문에 직면에 긍정적으로 반응할 가능성이 높다(Ivey et al., 2014; MacCluskie, 2010; M. E. Young, 2013). 하지만 다른 문화권 출신의 내담자들은 좀 더 미묘하고, 덜 직접적이며, 더 예의 바른 직면을 선호한다(예: 일부 동양계 미국인, 일부 여성). 특히 남성과 여성의 경우, 권력이나 사회 구조에 대해 다르게 생각하기 때문에 직면을 사용할 때는 성별을 고려해야 한다. 직면을 효과적으로 사용하기 위해서는 내담자의 세계관을 이해하고, 단단한 상담관계를 형성하는 것이 중요하다.

직면을 변형한 기법으로는 자기-직면이 있다. 자기-직면은 내담자가 자신의 말과 행동을 관찰하여(주로 동영상을 통해) 자신의 감정·방어·행동을 파악한 후 자신을 직면하는 기법이다(Popadiuk, Young, & Valach, 2008; M. E. Young, 2013). 자살 사고가 있는 내담자에게 자기-직면을 사용한 연구에서, Popadiuk 등(2008)은 내담자가 자신의 말·감정·행동에서 불일치를 찾을 수 있도록 초점 집단과 자기-직면 회기를 녹화하였다. 이 연구에 참여한 내담자들은 자기-직면이 즉각적인 피드백을 얻고 인지와 감정을 다루는 데 효과적이라고 응답하였고, 상담자들은 녹화 동영상이 내담자로 하여금 자신의 감정과 행동 등을 관찰하고 이해하는 데 효과적이라고 응답하였다.

Gold와 Hartnett(2004)은 가족상담에서 직면을 변형한 또 다른 기법인 강점중심 직면을 사용하였다. 이 기법은 가족들이 가족 내에서 가장 권력을 많이 가진 구성원을 직면하고, 환자로 지목된 구성원(identified patient)의 문제나 약점이 아닌 강점을 찾는 데 집중하도록 도와준다. 이를 통해 가족은 가족 맥락이나 환경에 대해 더 균형 잡힌 시각을 가질 수 있고, 가족의 문제나 문제 해결 방안을 재구성할 수 있다.

상담자는 자신의 이론적 배경에 따라 직면을 다르게 사용할 수 있다(Strong & Zerman, 2010). 예를 들어, 아들러 상담자는 내담자의 사적 논리와 행동에 대해 직면하는 반면, 합리적 정서 행동 치료 상담자는 내담자의 비논리적인 사고와 믿음에 대해 논박 기법을 사용한다(Ryder, 2003). 상담자가 직면할 때 유머나 과장법을 사용하면, 일부 내담자들은 직면을 덜 가혹하고 더 재미있다고 생각하며, 불일치를 너무 부정적이지 않게 지각하고 인정할 수 있다(M. E. Young, 2013).

📖 직면의 예시

상담전문가와 산드라(Sandra)는 그동안 3번 만났고, 강한 작업동맹을 형성하였다. 산드라는 41세 여성으로, 쌍둥이 아들들이 대학에 입학한 후 상담에 왔다. 산드라는 쌍둥이 아들들을 출산한 후부터 계속 전업주부였다. 하지만 산드라의 남편은 이제 쌍둥이가 대학에 갔으니 산드라가 파트타임 일을 구해서 바쁘게 지내면서 쌍둥이의 대학 등록비를 보태 주기를 바라고 있다. 산드라는 왜 자신이 일을 해야 하는지 모르겠다고 말하면서도, 남편이 일하러 가면 집에서 혼자 외롭고 우울하다고 말했다. 쌍둥이가 집을 떠난 것에 대해 어떻게 생각하는지 묻자, 산드라는 행복하다고 응답했다. 쌍둥이가 좋은 대학에 입학했고 잘 적응하고 있다는 사실이 자랑스럽다고도 말했다. 상담자는 산드라가 쌍둥이가 집을 떠나 느끼는 슬픔과 상실감에 잘 대처하지 못하고 있다고 판단하였다.

> 상담자(C): 산드라, 지난주에 쌍둥이가 떠난 후에 어떻게 지내고 있는지 말해 주셨잖아요. 자녀들이 떠나서 빨랫감이 줄어 좋긴 하지만, 남편이 일하러 가면 외롭다고요. 이 문제에 대해 좀 더 이야기 해 주실래요?
>
> 산드라(S): 네. 그럴게요. 지난주는 정말 최악이었어요. 정말 우울증에 걸릴 수도 있겠다고 생각했어요. 힘이 전혀 없었어요. 거의 매일 낮잠을 잤어요. 이해가 안 돼요. 저는 늘 활기가 넘치는 사람이었거든요! 공원에서 조깅도 하고, 수영도 하고, 과외도 했어요. 아이들이 집에 없어서 다행이에요! 집에 있었으면 좋은 영향을 미치지 못했을 거예요!
>
> C: 이렇게 피곤하고, 외롭고, 슬픈 게 당신에게 새로운 일인가요?
>
> S: 네! 이 전에는 한 번도 이런 적이 없었어요. 요새 너무 지루해요.
>
> C: 산드라, 그렇다면 당신의 기분이 어때야 한다고 생각해요?
>
> S: 음. 홀가분해야죠. 아이들이 독립했고, 집에서 할 일이 별로 없으니까요.
>
> C: 산드라, 얼마나 자주 자녀들에 대해 생각하세요?
>
> S: 당연히 매일하죠.
>
> C: 쌍둥이가 그리우세요?
>
> S: 네. 당연하죠! 하지만 이게 인생이잖아요. 이제 아이들이 다 컸고, 아이들을 생각하면

행복하고 자랑스러워요(팔짱을 끼고 손으로 팔을 치기 시작함. 자신을 안정시키려고 노력하는 것처럼 보임).

C: (공감적 직면으로 불일치를 지적하려고 함) 산드라, 당신은 행복하고 자녀들이 자랑스럽다고 말했어요. 그리고 자녀들이 떠나서 집안일이 훨씬 줄어서 좋다고도 말했고요. 그런데 조금 전에 자녀들에 대해 얘기할 때 별로 행복해 보이지 않았어요.

S: 당연히 저는 행복해요. 모든 부모가 자녀가 자라서 성공하기를 바라잖아요. 좋은 대학에 가는 것이 성공으로 가는 첫 걸음이고요. 이보다 더 행복할 수 없어요.

C: 자녀들을 생각하면 행복하지만, 자신을 생각하면 어때요?

S: 자랑스러워요. (산드라는 이 말을 하면서 자리에서 일어서서 자랑스러운 듯 가슴을 활짝 폈으나, 곧 다시 자리에 앉아 팔짱을 낌)

C: 자녀들이 대학에 간 후 달라진 자신의 일상생활에 대해서는 어떻게 느끼세요? 일을 하기를 바라는 남편에 대해서는 어떻게 생각하세요?

S: 음. 다시 일을 하는 건 되게 부담스러워요. 어디서부터 시작해야 할지 전혀 모르겠어요. 해야 할 집안일이 많지 않지만, 새로운 일을 하고 싶지는 않아요.

C: 그럼, 최근의 변화들이 부담스러운 거네요.

S: 네. 그리고 집에서 뭘 해야 할지 잘 모르겠어요. 이제는 아이들을 위해 밥을 할 필요가 없어서 장도 거의 보지 않아요.

C: 전보다 엄마로서 할 일이 많이 줄어든 거네요.

S: 네, 맞아요. 와! 맞아요. 정말 그래요. 좀 슬프지 않나요?

C: 당신은 그동안 아이들의 어머니로서 최선을 다했어요. 근데, 이제는 자녀들이 대학에 가고, 자녀들을 위해 할 수 있는 게 별로 없어요.

S: 네. 아이들은 예전만큼 절 필요로 하지 않을 거예요. 이제는 제가 아이들을 챙겨야 할 필요가 없어졌어요.

C: 자녀들이 대학에 들어가서 기쁘긴 하지만, 예전만큼 자녀들에게 필요한 존재가 아니라는 생각 때문에 슬프고 외로울 수 있어요.

S: 저는 정말로 아이들이 자랑스러워요. 하지만 아이들이 보고 싶고, 아이들을 위해 뭔가를 했던 때가 그리워요. 가끔 아이들이 밥은 잘 먹고 있는지, 깨끗한 옷을 입고 다니는지 걱정이 돼요. 이전에는 제가 다 챙겼으니까 걱정할 필요가 없었어요. 이제는 아이들이 떠났으니 이런 걱정을 하면 안 되겠지만…… 저는 여기에 있고, 아이들은 떠났고…… 아이들이 이제 자기 스스로를 챙겨야 해요.

산드라는 자녀들이 떠나서 외롭고 우울하다는 것을 깨닫기 시작했다. 이전에 산드라는 자녀들이 떠난 후 어머니로서 자신의 정체성이 일부 상실되었다는 점, 그리고 자신이 이러한 변화에 대해 준비하지 못했다는 점을 깨닫지 못했다. 이제, 상담전문가는 산드라가 새로운 삶에 적응할 수 있도록 자신의 상실과 그리움, 슬픔을 다룰 수 있게 도와줄 수 있다.

📖 직면의 유용성과 평가

상담성과 연구에 따르면, 직면은 내담자로 하여금 현재의 상태를 그대로 받아들이고 안주하기보다는 좀 더 충족된 삶을 살고 싶은 동기를 높일 때 가장 적절하고 효과적이다. 직면을 사용하기 전에 상담자와 내담자의 관계가 튼튼해야 하고, 상담자는 내담자의 세계관에 대해 잘 알고 있어야 한다(Gold & Hartnett, 2004; Ivey et al., 2014). 직면은 자신에게 해를 끼칠 위험이 있는 내담자(예: 자살; Polcin, Galloway, Bond, Korcha, & Greenfield, 2010; Popadiuk et al., 2008)와 니코틴을 포함한 중독 문제를 겪고 있는 내담자(Kotz, Huibers, West, Wesseling, & Van Schayck, 2009)에게 효과적으로 사용될 수 있다. 예를 들어, Polcin 등(2010)은 직면이 심각한 알코올, 마약, 신경증 문제를 호소하는 내담자에게 효과적임을 밝혔고, 이는 6개월과 12개월 추후검사에서도 확인되었다. 또한 Popadiuk 등(2008)은 비디오 동영상을 사용하여 내담자에게 자살사고와 관련이 있는 요소가 무엇인지 그리고 자신의 불일치를 인식하는 방법을 가르친 결과, 자기-직면이 자살사고를 하는 내담자에게 효과적인 것으로 나타났다.

직면은 모든 내담자에게 다 효과적이지 않으며, 상담전문가는 상담 초반에 이 점에 대해 알고 있어야 한다(Ivey et al., 2004; Shechtman & Yanov, 2001). 예를 들어, 금연 관련 연구를 실시한 Boardman, Catley, Grobe, Little과 Ahluwalia(2006)에 따르면, 부적절하게 사용한 직면은 상담관계에 부정적인 영향을 미치고, 낮은 성과로 이어진다. 이와 반대로, 적절하게 사용한 직면은, 적어도 한 연구에서, 지금-여기에서 감정을 인식하는 능력을 향상시키는 것으로 나타났다(Town, Hardy, McCullough, & Stride, 2012). 일반적으로, 자기중심적이거나 자기애가 강한 내담자는 직면을 받아들이지 못한다(Shechtman & Yanov, 2001).

직면은 딜레마에 빠져 있거나 상담목표를 달성하는 데 어려움을 겪고 있는 내담자에게 가장 유용하다. 직면을 사용하는 데 있어 효과적이고 공감적인 상담관계를 형성하는 것이 무엇보다 중요하며(Corey, 2015; Gold & Hartnett, 2004; Ivey et al., 2014; MacCluskie, 2010; M. E. Young, 2013), 내담자의 문화적 배경과 특성에 따라 유연성을 가지는 것이 중요하다(Cheung & Nguyen, 2012; Gold & Hartnett, 2004; Ivey et al., 2014; MacCluskie, 2010; Popadiuk et al., 2008; Ryder, 2003; Strong & Zeman, 2010; M. E. Young, 2013).

제**19**장

동기면담

📖 동기면담의 기원

상담의 목표는 변화이며, 상담전문가는 다양한 접근과 기법, 전략을 사용하여 내담자가 변화하도록 돕는다. 그런데 만약 내담자가 변하고 싶지 않다면 상담자는 무엇을 할 수 있을까? 필자는 종종 물질남용장애, 행동문제 등의 문제를 호소하는 내담자 중 변화에 대한 동기가 없는 내담자를 만난다. 나는 이런 내담자와의 상담을 사전상담이라고 부르고, 내담자의 변화하고자 하는 동기를 높이는 것을 사전상담의 목표로 설정한다.

Miller와 Rollnick(2002)이 개발한 동기면담(motivational interviewing)은 내담자의 변화와 상담 목표를 달성하고자 하는 동기를 높이는 데 그 목표가 있다. 1983년에 William Miller는 만성 알코올 사용자를 대상으로 단기상담을 실시하였는데, 이때 내담자들이 상담자의 직면에 저항한다는 사실을 깨닫고 동기면담을 개발하였다(Naar-King & Squrez, 2011). Miller와 Rollnick은『동기강화상담: 변화에 대해 준비하기(Motivational Interviewing: Preparing People for Change)』를 발간하였다. 처음에는 약물중독 내담자의 저항을 다루기 위해 개발된 동기면담은 이제 다른 신체 및 정신 건강 문제를 다루는 데 널리 활용되고 있다(Narr-King & Suarez, 2011).

　동기면담은 Carl Rogers와 James Prochaska의 영향을 받아 개발되었다. Miller와 Rollnick(2002)은 Carl Rogers의 인간중심상담, 특히 공감, 따뜻함, 진솔함, 무조건적 긍정적 존중을 기반으로 한 강한 작업동맹이 내담자의 저항을 낮추고 변화를 유도할 수 있다고 믿었다. 하지만 Miller와 Rollnick은 Rogers의 비지시적인 상담접근에는 동의하지 않았다. 대신, 내담자의 저항과 양가성을 다루기 위한 좀 더 적극적인 개입이 내담자의 동기와 자기효능감을 높여 주고, 궁극적으로 변화를 초래한다고 생각했다. Prochaska의 초이론적 변화 단계 모델도 동기면담에 영향을 미쳤는데, 이 모델에서는 변화가 다음의 5단계로 일어난다고 가정한다.

(1) 전숙고 단계: 내담자가 변화의 필요성을 인정하지 않는다.
(2) 숙고 단계: 내담자가 양가적이긴 하지만 변화의 긍정적인 면과 부정적인 면에 대해 고려할 의향이 있다.
(3) 결정/준비 단계: 내담자가 변화의 필요성을 인정하지만, 변화에 대한 구체적인 계획은 세우지 않았다.
(4) 실행 단계: 변화 계획에 전념하여 합의한 상담목표를 달성하게 위해 적극적으로 노력한다.
(5) 유지 단계: 변화 후 새로운 삶을 산다.

　Miller와 Rollnick(2002)은 동기면담의 주요 정신으로 협동 정신, 유발성 그리고 자율성을 강조하였다. 협동 정신은 상담전문가와 내담자가 함께 내담자의 동기를 탐색함을 의미한다. 유발성은 상담전문가가 내담자의 동기를 높임을 의미한다. 자율성은 내담자의 자유 의지를 존중하여 내담자에게 변화에 대한 책임이 있다고 믿는 것을 의미한다. 동기면담은 이론이나 기법이라기보다는, Rogers의 상담 방식처럼, 내담자와 '함께 하는' 과정 혹은 접근이다. Narr-King과 Suarez(2011)는 동기면담을 "상대방을 존중하면서 부드럽게 그 사람이 변화에 대해 어떤 어려움을 느끼는지, 그리고 그 사람이 자신의 목표와 가치관을 반영한 새로운 행동을 할 수 있다는 가능성에 대해 이야기하는 방법"(p. 5)이라고 설명하였다.

📖 동기면담을 사용하는 방법

동기면담은 상담과정 전반에서 사용되거나 다른 상담접근을 사용하기 전에 내담자의 동기를 높이기 위해 사용될 수 있다(Lewis, 2014). Tahan과 Sminkey(2012)는 동기면담을 사용하는 상담자는 높은 수준의 정서지능과 자신 및 타인의 감정과 반응, 강점·약점을 이해하고 있어야 한다고 강조했다. 감정을 잘 이해하는 상담자는 내담자가 한 말이나 동기를 관찰할 수 있고, 언제 내담자의 저항에 직면할지 혹은 함께 구를지 판단할 수 있다.

Miller와 Rollnick(2002)은 동기면담의 네 가지 핵심 원리인 공감 표현하기, 불일치감 발전시키기, 저항과 함께 구르기, 그리고 자기효능감 지지하기에 대해 설명하였다. 첫째, 공감 표현하기는 Rogers의 치료적 관계 요소를 토대로 강한 치료동맹을 형성하는 것과 관련이 있다. 상담전문가는 내담자를 무조건적으로 수용하고, 반영과 적극적인 경청을 통해 내담자를 지지하며, 내담자가 자신의 생각·감정·행동이 중요하다는 것을 깨달을 수 있도록 도와야 한다(Tahan & Sminkey, 2012). 또한 상담자는 내담자의 변화에 대한 양가적 태도를 인정하고 수용해야 한다(Miller & Rollnick, 2002). 둘째, 불일치감 발전시키기는 내담자의 생각·감정·갈등을 경청하면서 현재 내담자의 삶과 내담자가 원하는 삶 간의 불일치에 대해 짚어 주는 것을 의미한다.

Miller와 Rollnick은 내담자의 불일치를 발전시킬 수 있는 방법으로 개방형 질문(Open-ended questions), 인정(Affirmations), 반영(Reflecting skills), 요약(Summaries), 즉 OARS를 제안하였다. 개방형 질문(O)은 '예/아니요'로 답할 수 없는 질문이기 때문에 내담자로부터 더 많은 정보를 얻을 수 있고, 내담자의 반응을 명료화할 수 있다. 예를 들어, 내담자의 '일상적인 하루'가 어떤지 물어봄으로써 상담자는 내담자의 생각·감정·행동 패턴에 대한 정보를 얻을 수 있다(Narr-King & Suarez, 2011). 인정(A)은 내담자가 자신의 강점과 자원을 인식하도록 도와주는데(Lewis, 2014), 상담자는 진심으로 내담자의 특정 행동에 대해 인정해야 하고, 내담자의 자기효능감을 높이는 데 초점을 두어야 한다. 이때, 상담자는 내담자가 평가받는다는 느낌을 받지 않도록 '나'라는 단어를 사용하지 말아야 한다. 반영(R)을 통해 상담자는 공감을 전달할 수 있고, 내담자는 이해받고 있음을 느끼고, 자신이 한 말 이면에 있는 감정을 알아차리게 되며, 자신이 인식하지 못했던 중요한 정보가 사실은 중요함을 깨달을 수 있다. 또한 Narr-King

과 Suarez(2011)는 좀 더 복잡하고 이중적인 반영이 내담자의 양가적인 감정을 드러나게 하기 때문에 불일치를 발전시키는 데 도움이 된다고 말했다. 마지막으로, 요약(S)은 내담자가 한 말 중에 중요한 내용을 리뷰하고 연결시킴으로써 변화를 촉진한다(T. Young, 2013). Lewis(2014)는 요약에는 목표를 설정하기 위해 필요한 내담자의 변화에 대한 느낌과 태도(변화대화)가 포함되어야 한다고 강조했다. 일반적으로, 요약은 회기가 끝날 때 사용되지만, 동기면담에서는 상담 중에 이야기를 전환하거나 주제를 연결시킬 때도 사용된다.

동기면담의 세 번째 원리인 저항과 함께 구르기는 내담자의 변화에 대한 저항을 설득하거나 논쟁하려고 하지 말고, 저항은 변화 과정에서 중요하며, 자연스러운 것임을 인정하는 것을 의미한다(Watson, 2011). 만약 변화에 대한 저항이 없었다면, 변화는 이미 일어났을 것이다! 반영을 통해 상담자는 피드백을 주고, 다양한 관점에서 문제를 재해석하며, 내담자가 이전에 언급했던 변화에 대한 동기를 상기시킨다. 여기서 중요한 것은 변화가 가져다줄 이익과 불이익에 대해 탐색하는 것이다(Lewis, 2014). 또한 내담자가 이전에 고려하지 못했던 생각을 제시함과 동시에 내담자의 저항을 인정함으로써 불일치를 만들어야 한다. 상담자는 저항과 함께 구르기를 할 때 내담자가 문제와 변화에 대한 느끼는 저항에 대해 책임감을 느낄 수 있도록 해야 한다(Miller & Rollnick, 2002).

네 번째 원리는 자기효능감 지지하기(Miller & Rollnick, 2002)로, 내담자로 하여금 자신이 변화할 수 있다는 자신감을 향상시켜 주는 것을 의미한다. 상담자는 내담자가 과거 장애물을 극복하고 변화에 성공했던 자신의 경험들에 대해 이야기 함으로써 자기효능감을 높일 수 있도록 도와야 한다(Lewis, 2014). 이때 상담자는 내담자가 가능한 한 변화대화를 많이 할 수 있도록 격려해야 한다. Watson(2011)은 변화대화가 자기효능감 및 변화에 대한 의지가 높아졌음을 시사한다고 말했다. 실제로, 변화대화는 내담자가 목표를 세우고 계획을 실행할 준비가 되었음을 의미한다(Naar-King & Suarez, 2011).

마지막으로, Tahan과 Sminkey(2012)에 따르면, 상담자는 내담자의 변화에 대한 욕구를 높이고자 할 때 다음을 유념해야 한다. 내담자로 하여금 변화의 필요성을 깨닫게 도와줄 뿐만 아니라 변화의 필요성을 인정할 수 있는 시간을 주고, 변화를 위한 구체적인 전략을 제시하며, 내담자가 긍정적으로 변화할 때 건설적인 피드백을 제공하는 것이 중요하다(Naar-King & Suarez, 2011).

📖 동기면담을 변형한 기법

원래 동기면담은 중독 치료에서 사용되었지만, 점차 다양한 문제에 적용되어 현재 커플상담, 건강관리, 사법제도 체계에서도 사용되고 있다. 동기면담을 변형한 기법들은 특히 변화에 대한 동기가 낮은 청소년과 청년을 대상으로 한 집단상담에서 활용되고 있다. T. Young(2013)은 동기면담을 변형한 기법들이 집단상담 초기, 즉 협동 정신(함께 작업하고 개인의 목표와 더불어 집단의 목표에 전념해야 함), 유발성(변화 대화와 새로운 생각과 행동을 유도함) 그리고 자율성(모든 집단구성원을 인정하고 존중함)이라는 개념들을 소개할 때 유용하다고 설명하였다. 집단상담자는 OARS를 사용하여 집단구성원들의 목표 설정 및 달성에 대한 동기를 높일 수 있다.

동기면담은 변화에 대한 동기가 낮은 청소년과 청년, 특히 약물사용, 흡연, 위험한 성행동, 섭식장애, 파괴적 행동 등의 문제를 가진 청소년과 청년과 상담할 때 많이 사용된다(Naar-King & Suarez, 2011). 어린 청소년은 단기목표와 장기목표를 설정하는 것을 낯설게 느끼고, 왜 이런 목표를 설정해야 하는지 이해하지 못할 수 있다. 가끔 상담이나 변화에 저항하는 청소년과 청년에게 자율성은 중요한 발달적 욕구이다(Baer & Peterson, 2002). 동기면담은 저항과 함께 구르기를 통해 청소년과 청년의 자율성 욕구를 인정하면서도 이들의 변화를 유도할 수 있는 효과적인 기법이다.

📖 동기면담의 예시

숀(Shawn)은 15세 백인 남성으로, 마약 문제로 기소된 후 법정 명령으로 상담에 의뢰되었다. 숀은 상담을 받고 싶지 않았기 때문에 상담에 대해 저항적이었다. 숀은 주변 사람들이 모두 과민반응을 보이고 자신을 통제하려 하기 때문에 문제가 생겼다며, 주변 사람들이 자신을 그냥 내버려 두면 모든 것이 다 괜찮아질 거라고 주장했다.

상담자(C): 숀, 지난주에 마리화나를 피우는 게 좋고 마리화나가 그렇게 위험한 게 아니라고 말했잖아. 그리고 어머니가 네가 마리화나를 핀다는 걸 아시고 화를 많이 내셨고, 마리화나를 피우는 게 너의 가장 큰 문제라고 생각하신다고도 말했어. 이 문제에 대해 계속 이야기해 볼까?

손(S): 네. 그래야 할 거 같아요. 어머니가 또 제 방에서 마리화나를 발견하셨고, 가석방 담당관에게 이 사실을 알리겠다고 저를 협박하고 있어요. 어머니는 정말 바보 같아요! 제가 더 이상 곤경에 빠지지 않았으면 좋겠다고 말하면서도, 결국 가석방 담당자에게 전화해서 저를 곤경에 빠뜨릴 거예요. 정말 이해가 안 돼요. 그냥 절 좀 내버려 뒀으면 좋겠어요!

C: 어머니가 가석방 담당자에게 전화할 거 같아서 화가 났구나.

S: 어머니가 자신과 상관없는 남의 일에 상관하는 게 화가 나요.

C: 그럼, 어머니가 네 일에 신경 쓰지 않는다면, 무슨 일이 일어날까?

S: 아무런 일도 일어나지 않아요. 나는 들키지 않을 거고, 곤경에 빠지지도 않을 거예요.

C: 어머니가 네가 마리화나를 핀다는 사실을 모른 척하면, 너는 아무런 문제없이 계속 마리화나를 필 수 있다는 거야?

S: 음…… 아마도요. 전혀 문제없을 거예요.

C: "아마도"라니? 그게 무슨 뜻이야?

S: 어떤 미술용품 회사에서 일하고 싶어 지원을 했는데, 채용 검사할 때 마약검사를 받아야 한다면. 아마 저는 취직을 못 할 거 같아요.

C: 그 회사에서 일하고 싶어?

S: 네.

C: 마리화나를 끊어야 한다고 해도?

S: 글쎄요. 아마 안 끊어도 될 거예요. 그냥 얼마 동안만 안 피우면 돼요.

C: 언제부터 안 피울 건데?

S: 모르겠어요.

C: 지금 끊으면 안 돼? 지금 끊으면 어머니도 널 그냥 내버려 두실 거고, 취직도 되지 않을까?

S: 아니요. 지금 끊을 필요는 없어요. 어차피 어머니가 어떻게 생각하든 신경 안 써요. 그리고 회사에서 언제 마약검사를 받아야 하는지 알려 줄 거예요.

C: 너한테 마리화나를 계속 피운다는 게 어떤 의미야?

S: 글쎄요, 전 그냥 마리화나를 피우는 게 좋아요. 이게 뭐 심각한 일도 아니고. 그냥 좋아요.

C: 마리화나를 피우면 행복해져?

S: 네. 행복해져요.

C: 또 뭐가 좋아?

S: 또 뭐가라는 게 무슨 뜻이에요? 그냥 행복해진다고요. 그럼 충분한 거 아니에요?

C: 행복해지는 것 이외에 마리화나를 피우면 뭐가 좋은지 물어본 거야.

S: 글쎄요. 없어요.

C: 만약 마리화나를 그만 피운다면, 너한테 무슨 일이 일어날까?

S: 바보 같은 엄마가 행복해지겠죠.

C: 그럼, 네가 엄마를 행복하게 만드는 거네. 취직하는 건 어때?

S: 언제든지 취직해서 일을 시작할 준비를 할 수 있겠죠.

C: 그 회사에서 일하고 싶으니까, 일하게 되면 행복해지겠네? 맞아?

S: 당연하죠.

C: 그럼, 네가 마리화나를 피우지 않으면, 어머니는 더 이상 간섭하지 않을 거고, 너는 미술용품 회사에서 일할 준비도 할 수 있겠네. 둘 다 니가 원하는 일이잖아.

S: 네.

C: 어떻게 하면 네가 원하는 이 두 가지를 다 하면서 마리화나를 계속 피울 수 있을까?

S: 어머니가 나를 그냥 내버려 두고 나를 곤경에 빠뜨리지 않는다면……

C: 숀. 어머니가 아니라 '네가' 할 수 있는 일이 뭐야?

S: 마리화나를 피우지 않으면 돼요. 하지만 그러고 싶지 않아요.

이 시점에서, 숀은 마리화나를 피우지 않으면 뭐가 좋은지 생각할 수 있었다. 상담자는 마리화나를 끊고 싶지 않은 숀의 저항과 숀의 목표를 함께 탐색하였다. 숀은 마리화나를 피우는 것이 어떻게 자신이 원하는 것을 이루는 데 방해가 될 수 있는지 깨닫기 시작했다. 축어록 마지막에 숀이 "마리화나를 피우지 않으면 돼요."라고 말한 것에서 알 수 있듯이, 숀은 변화에 대한 동기를 가지기 시작했다. 비록 숀이 "그러고 싶지 않아요."라고 말했지만, 그는 적어도 자신에게 선택의 여지가 있음을 인식하게 되었다. 동기면담은 종종 긴 시간이 걸리고, 이 축어록은 전체 과정의 아주 일부만 보여 준다.

🕮 면담의 유용성과 평가

Miller와 Rollnick의 책은 최소 8개 이상의 언어로 번역되었고, 전 세계적으로 사용되고 있다(Lewis, 2014). 동기면담의 효과성을 살펴본 연구는 200개가 넘는다(Fisher & Harrison, 2013). 미국 약물중독 및 정신보건청은 지금까지 발표된 약물중독 상담 프로그램들의 효과성을 표준화된 평가 기준으로 재평가하여 효과성이 입증된 프로그램을 정리하여 배포하였는데, 여기서 동기면담은 4점 만점에서 3.9점을 받았다. 동기면담은 목표 행동이 바람직하고 측정 가능할 때(예: 성행위를 할 때 콘돔 사용하기, 영양가 있는 음식 섭취하기, 마시는 술의 양 줄이기) 특히 효과적이다(Koken, Outlaw, & Green-Jones, 2011; Lewis, 2014). 동기면담은 청소년의 위험한 행동을 감소시키고(Koken et al., 2011), 학업성취와 수업출석률(예: 고등학교 중도탈락률을 10% 감소시킴)을 높이는 데(Kaplan, Engle, Austin, & Wagner, 2012) 유용한 것으로 밝혀졌다.

의료계전문가들도 동기면담을 사용하고 있다. 미국의학협회는 동기면담이 건강관련 행동(예: 체중 줄이기)을 증진시키는 데 활용될 수 있다고 발표했고, Hardcastle, Taylor, Bailey, Harley와 Haggar(2013)는 심장질환이 있는 환자를 대상으로 6개월간 5회기의 동기면담을 실시한 결과, 사후 검사에서 혈압, 체중, BMI 등에서 긍정적인 변화가 나타났다고 보고하였다. 다만, 이러한 긍정적 변화는 1년 후 추후검사에서는 유지되지 않은 것으로 확인되었다. 또 다른 연구에서는 동기면담이 다른 기존의 치료법과 비교했을 때 심장질환이 있는 환자들의 혈압, 체중, 콜레스테롤 수치를 더 많이 낮춘 것으로 나타났다(Groeneveld, Proper, van der Beek, & van Mechelen, 2010). Fleming 등(2010)이 실시한 무선통제 연구에서는 의사들이 대학생을 대상으로 두 번의 15분 면대면 상담과 두 번의 전화상담을 통해 동기면담을 실시하였는데, 그 결과 대학생들의 28일 동안의 음주량과 Rugters 알코올 문제 척도의 점수가 유의하게 감소한 것으로 나타났다. 하지만 심각한 음주, 건강관리 서비스 사용, 부상, 음주운전, 우울, 흡연 횟수는 감소하지 않은 것으로 확인되었다.

몇몇 연구자들은 전화로 동기면담을 사용해도 효과적일 수 있다는 결과들을 보고하였다. Bombardier 등(2013)은 다발성경화증과 주요우울장애를 겪고 있는 환자들을 대상으로 전화로 동기면담 신체활동치료를 실시하였고, 그 결과 대기집단에 비해 환자들의 우울증상이 유의하게 감소한 것으로 나타났다. 또한 Seal 등(2012)은 심리적 문제가

있는 퇴역군인을 대상으로 전화 동기면담을 실시하였고, 그 결과 퇴역군인들이 심리치
료를 받을 가능성이 높아진 것으로 확인되었다.

변화대화를 사용하는 것이 동기면담의 강점이다. OARS를 사용해 내담자로 하여금
변화대화를 하도록 격려하면, 실제로 내담자가 변할 가능성이 높아진다(Morgenstern et
al., 2012). 내담자에게 중요한 사람들도 내담자의 변화대화에 영향을 미칠 수 있다. 음
주량을 줄이기 위한 한 연구(Apadoca, Magill, Longabaugh, Jackson, & Monti, 2013)에서
자신에게 중요한 사람들의 지지를 받은 참여자들이 변화대화를 많이 하고, 실제 변화
를 보인 것으로 나타났다.

동기면담을 어떻게 사용하는지, 그리고 기존의 프로그램에 추가하는지에 따라 긍
정적인 결과가 나타날 수도 있고, 아무런 변화가 나타나지 않을 수도 있다. Sussman,
Sun, Rohrbach와 Spruijt-Metz(2011)는 약물 사용과 위험한 성행동을 감소시키기 위해
개발한 12회기 고등학교 생활지도 프로그램과 이 프로그램에 3회기의 20분 대면동기
면담과 2회기의 전화 동기면담을 추가한 프로그램의 결과를 비교하였는데, 그 결과 유
의한 차이가 없는 것으로 나타났다.

제**20**장

강점폭격

📖 강점폭격의 기원

강점폭격(strength bombardment)은 인본주의-현상학적 접근에서 시작되었고, 일부 인지-행동치료에서도 사용되고 있다. 강점폭격의 기본 가정은 타인으로부터 강점에 기반을 둔 메시지를 들으면 내담자들은 그 메시지를 내면화해서 자기 자신에게 말하게 되고, 결과적으로 내담자의 기분, 자기인식, 자존감 등이 향상된다는 것이다(Steele, 1988). 강점폭격은 과거의 경험(정신분석적)이나 행동(행동주의)이 아닌 현재 내담자의 생각과 감정에 초점을 맞춘다. 내면화한 강점에 기반을 둔 메시지는 내담자가 미래에 힘든 일 혹은 트라우마를 겪을 때, 회복탄력성의 원천이 될 수 있다.

📖 강점폭격을 사용하는 방법

강점폭격은 개인상담과 집단상담 모두에서 사용될 수 있다. 강점폭격이 어디에서 사용되든 상호 존경과 진실성을 기반으로 한 강한 치료동맹이 있어야 진실하게 들릴 수 있다. 그렇지 않으면 내담자는 강점폭격을 부정하고, 자신의 감정 · 생각 · 행동을 중요하게 생각하지 않을 수 있다.

　Steele(1988)은 개인상담에서 사용하는 강점폭격은 자기인정 기법과 같다고 말하였다. 자기인정 기법은 제2장에서 소개한 예외질문과 함께 사용될 수 있다. 개인상담에서 강점폭격(자기인정)을 사용하는 방법은 먼저 내담자에게 과거에 비슷한 문제를 성공적으로 혹은 일부 해결했던 경험이 있는지를 생각하도록 하고, 당시 내담자의 강점과 성공 요인이 무엇이었는지에 대해 탐색한다.

　일부 내담자는 과거의 성공 경험이거나 당시 자신의 강점이 무엇이었는지 떠올리는 데 어려움을 겪는다. 따라서 상담전문가는 효과적인 면담 기술을 활용하여 이러한 경험과 정보를 유도할 수 있어야 한다. 예를 들어, 상담자는 "당시 상황이 많이 힘들고 어려웠는데, 당신은 그 상황을 이겨 냈어요. 어떻게 그렇게 할 수 있었어요?" 혹은 "그 상황을 이겨 냈을 때 기분이 어땠어요? 당신 자신에게 뭐라고 말했어요?"라는 질문을 할 수 있다. 종종 내담자들은 당시의 성공경험이 가지는 의미를 축소하거나 상황이 완벽하게 해결되지 않았다는 사실을 비판하기도 한다. 상담자는 내담자로 하여금 이러한 부정적인 생각을 하는 대신 아무리 사소하거나 작은 것이라도 자신의 감정·행동·생각과 관련하여 이룬 성취나 성공에 초점을 맞추어야 한다.

　강점폭격은 집단상담에서도 사용되는데, 내담자는 다른 집단구성원들로부터 자신의 강점을 듣고 이를 내면화하여 자존감을 높일 수 있다. 그리고 어떻게 자신의 강점을 활용하여 앞으로 닥칠 어려움 혹은 딜레마에 대처할 것인지에 대해서도 탐색하게 된다. 이 방법이 가장 전형적으로 강점폭격을 사용하는 방법이며, 강점폭격의 내용은 미래의 어려움을 대처하는 데 필요한 회복탄력성의 원천이 된다. 강점폭격이 집단에서 사용될 때는 한 번에 한 내담자에 주목하여, 예컨대 "자, 한 바퀴 돌면서 그동안 샴바르(Shambar)의 긍정적인 특성이나 강점이라고 생각했던 한 가지를 말해 주세요." 혹은 "샐리(Sally)가 자신의 장점이나 강점을 찾을 수 있도록 도와주세요."를 실시한다. 또한 강점폭격은 종종 집단상담의 마지막 회기에 사용되는데, 예컨대 집단상담자는 집단구성원에게 "여러분이 정말 좋아하거나 훌륭하다고 생각하는 이 사람(특정 집단구성원을 지목하면서)의 장점 한 가지를 말해 주세요."라고 말하고, 한 바퀴 돌면서 모두가 그 사람에게 한 가지 장점을 이야기할 수 있도록 하고, 모든 사람이 지목을 받아 칭찬을 들으면 활동을 마무리한다. 물론, 모든 집단구성원들이 실제로 장점·강점에 대해 이야기하는지 살피는 것이 중요하다. 강점폭격은 집단의 특성에 맞게 변형되어 사용될 수 있다. 강점폭격이 개인상담에서 사용되든 집단상담에서 사용되든, 중요한 것은 상담전문가가 각각의 내담자가 강점 메시지를 어떻게 받아들이고 내면화하는지 확인하고 강점 메시지를 최대한 긍정적이고 유용하게 재구성해야 한다는 것이다. 가끔, 상담전문가는 집단구성원이 말한 강점 메시지를 반복해서 말하거나 구체화 혹은 명료화해야 할 때가 있다. 또한 내담자가 이 기법에 대해 어떻게 생각하는지, 그리고 서로의 메시지가 얼마나 도움이 되었는지 등에 대해 이야기할 수 있는 시간을 주는 것이 중요하다. 강점폭격을 통해 모든 집단구성원들이 지지받고 인정받았다는 느낌을 가지는 것이 중요하다.

🕮 강점폭격을 변형한 기법

감정폭격을 변형한 기법으로는 내담자로 하여금 인식하게 된 자신의 강점을 모두 적고 숙제로 하루에 한 번씩 그 내용을 읽고 자기대화에 반영하게 하는 기법이 있다. 또한 한 주 동안 자신의 강점을 살펴보고 적게 하는 방법도 있다. 이 방법은 개인상담과 집단상담에서 모두 사용될 수 있다.

제5장에서 다룬 지뢰표시하기처럼, 강점폭격 혹은 자기인정 기법은, 스트레스에 대한 면역을 높이거나 재발 방지를 위해 사용될 수 있다. 즉, 향후 어려운 일이 생겨도 강점폭격을 통해 자신의 자존감을 유지할 수 있다는 것이다. 상담전문가는 내담자가 자신의 문제 해결 능력, 강점, 흥미, 가치관 등에 대해 구체적으로 탐색하도록 격려함으로써 앞으로 발생할 어려운 상황들이 내담자의 자존감을 해치지 않도록 '보호막'을 형성할 수 있다. 또한 후속 대화를 통해 내담자가 이전에 찾았던 강점들을 상기시키고 성공적으로 문제에 대처했던 과거 경험들을 기억함으로써 현재나 미래의 부정적인 사건으로부터 자신을 보호할 수 있도록 도와줄 수 있다. 내담자는 힘든 상황에서도 탄력성과 자기인정을 유지할 수 있음을 깨닫는다면, 현재 상황을 더 효과적으로 해결할 뿐만 아니라 자신의 강점과 회복탄력성을 재확인할 수 있다(Lannin, Guyll, Vogel, & Madon, 2013).

강점폭격은 여러 버전으로 수정되어 집단상담에서 사용될 수 있다. 예를 들어, 상담전문가는 메모지를 나눠 주고 집단구성원에게 메모지 상단에 자신의 이름을 적도록 한다. 그리고 집단구성원들이 돌아가며 메모지에 해당 구성원의 장점과 강점, 존경받을 만한 특성 등에 대해 적는다. 내담자는 이렇게 완성된 자신의 메모지에 자신의 강점을 계속 추가하고, 힘든 일이 생겼을 때 자신의 강점과 긍정적인 특성이 무엇인지 다시 살펴볼 수 있다.

📖 강점폭격의 예시

예시 1. 사라 사례

다음은 개인상담에서 강점폭격(혹은 자기인정 기법)을 사용한 예시다. 사라(Sara)는 산후우울증을 겪고 있는 27세 여성으로 오랫동안 우울증으로 인해 상담을 받았다 그만 두었다를 반복했다. 상담자는 사라가 출산하기 전에, 사라에게 자신의 과거 성공경험과 강점을 최대한 자세하게 적은 (자신에게 보낼) 편지를 쓰도록 하였다. 사라의 아이는 이제 태어난 지 3개월이 되었고, 사라는 도움이 필요해 다시 상담소를 찾았다. 상담자는 몇 달 전에 사라가 자신에게 쓴 편지의 내용을 읽도록 했다.

사라(S): 사라에게. 안녕, 나 사라야. 나는 네 삶이 그렇게 나쁘지만은 않다는 걸 알려 주고 싶어. 너는 너 자신한테 너무 가혹할 때가 있는데, 정말 그러면 안 돼. 너는 유연하고 강한 여성이야. 너는 매우 용감해. 너는 수없이 많은 힘든 상황을 다 이겨 냈어. 당시에는 정말 힘들었지만, 지금 돌이켜보면 너 자신을 충분히 자랑스럽게 생각해도 돼. 그 모든 일이 너를 더 강하게 만들었어. 가장 친했던 친구가 교통사고로 죽었을 때 기억나? 그때 다시는 친구들과 즐거운 시간을 보낼 수 없을 거라고 생각했지만, 지난주 금요일에 친구들이랑 즐거운 시간을 보냈잖아. 맞아. 그 친구가 세상에 없다는 건 정말 슬픈 일이야. 하지만 그렇다고 네가 친구들과 즐거운 시간을 보내지 말아야 하는 건 아니잖아. 죽은 친구도 네가 그렇게 살기를 바라지 않을 거야. 너도 그렇게 살기를 원하지 않고. 네가 이 편지를 읽고 있는 걸 보니, 아마도 넌 또 다른 산을 올라가고 있나 봐. 어떤 것도 네가 그 산을 성공적으로 올라가는 데 걸림돌이 될 수 없어! 어려워 보이는 일을 해 내는 건 보람찬 일이잖아. 보람찬 일을 해! 너는 충분히 자격이 있어. 가장 중요한 건, 나는 너를 사랑하고, 네가 무엇을 하든 나는 너를 자랑스럽게 생각할 거라는 거야. 사랑해, 사라.

상담자(C): 와! 자신에게 정말 감동적인 편지를 썼네요. 편지를 쓸 때 어떤 기분이 들었는지 생각나요?

S: 음, 기분이 되게 좋았어요. 당시에는 모든 일이 잘 풀리고 있어서 제 자신이 강한 사람같이 느껴졌거든요. 일이 잘 풀릴 때는 제가 훌륭한 사람처럼 느껴져요. 하지만, 이

제 아이가 있으니, 제 삶이 다시 좋아지기는 힘들 거 같아요.

C: 아이를 키우는 건 정말 어려운 일이에요. 예상할 수 없는 일도 많이 생길 거고요. 하지만, 그렇다고 "삶이 다시 좋아지지" 않을까요?

S: 제 말은…… 저를 보세요! 잠을 거의 못 자고, 집은 엉망이고, 어떤 일도 제대로 못하고 있어요.

C: 아이는 어때요?

S: 아이는 순해요. 배고프거나 기저귀를 갈 때만 울고, 금방 조용해져요.

C: 그 말은 아이가 울 때 아이에게 필요한 걸 해 주고 있다는 뜻이네요?

S: 네.

C: 제가 보기에 당신은 되게 아이를 잘 보살피는 어머니인 거 같은데요?

S: 네. 항상 아이를 옆에 두면서 아이가 필요한 게 뭔지 살펴요.

C: 그럼 당신은 정말 좋은 어머니네요.

S: 네. 뭐 그런 거 같긴 한데…….

C: 좀 더 크게 말씀해 보세요. "나는 좋은 엄마다."

S: 나는 좋은 엄마다.

C: "나는 엄마가 되는 큰 산을 잘 올라가고 있다."

S: (웃으며) 나는 엄마가 되는 큰 산을 잘 올라가고 있다!

C: 아까 읽은 그 편지 솔직하게 쓰신 거죠?

S: 네. 가끔 잊어버리긴 하지만 편지에 쓴 내용 모두 다 사실이에요.

C: 여전히 그 내용이 사실이라고 생각하는 거예요?

S: 네. 다 맞는 말이고 사실이라고 생각해요. 그냥 그 사실을 잊고 일이 잘 안 풀릴 거라고 생각했던 거 같아요.

C: 편지에 그런 말을 썼잖아요. 어려운 상황들을 이겨 냈지만 당시에는 힘들었다고.

S: 네. 그리고 힘들어도 전 이겨 낼 거라고 보람을 느낄 거라고. 아들을 키운다는 건 분명히 보람찬 일이에요!

사라는 스스로 자신의 부정적인 생각을 떨쳐 낼 수 있는 도구(편지)를 만들어 두었기 때문에 다시 용기를 얻었다. 사라의 경우, 스스로 자신의 강점을 찾았기 때문에, 힘든 일이 있어도 자신의 강점을 쉽게 떠올릴 수 있을 것이다. 이 기법은 사라가 이미 알고 있던 자신의 강점을 강화시키며, 연습을 하면 할수록 더 쉽게 사용할 수 있을 것이다.

예시 2. 집단상담에서 강점폭격을 사용한 예시

다음은 성인을 대상으로 한 집단상담에서 강점폭력을 사용한 예시다. 이 집단상담의
목표는 스트레스와 우울 증상을 완화시키는 것이었고, 이제 마지막 회기다.

> 상담자(C): 이제 우리 집단을 마치면서, 강점폭격 혹은 인정 활동을 통해 서로의 강점과
> 긍정적인 특성에 대해 생각하는 시간을 가지려고 합니다. 실비아(Sylvia), 당신이 내
> 옆에 앉아 있으니까 당신부터 시작하려고 해요. 괜찮으세요?
>
> 실비아(S): 좋아요!
>
> C: 이쪽부터 한 사람씩 실비아의 장점 한 가지씩 말해 주세요. 무엇이든 여러분이 실비
> 아를 존경하는 이유 한 가지만 말해 주시면 돼요.
>
> 하비에르(J): 음. 쉽네요. 누구든 기분이 좋지 않을 때, 실비아는 늘 따뜻하고 지지적인
> 말을 해줬어요. 실비아가 하는 말을 들으면 늘 기분이 좋아졌어요.
>
> C: 감사합니다. 하비에르(Javier)! 너무 좋은 말씀을 해 주셨어요. 여러분이 하시는 말씀
> 을 제가 적어 볼게요. 자. 다음은, 에보니(Ebony)?
>
> 에보니(E): 실비아의 미소요. 그녀의 미소를 보면 늘 행복해졌어요.
>
> S: (미소를 지으며) 감사해요. 에보니!
>
> 마이클(M): 제 차례네요. 집단에서 공감과 감정에 대해 많이 이야기했잖아요. 그때마다
> 저는 실비아가 제 감정을 공감하고 있다는 걸 알 수 있었어요. 실비아가 저를 많이 배
> 려하고 우리 모두를 많이 배려한다는 사실을 알고 있었어요. 실비아 덕분에 우리가
> 가까워졌고, 자신의 개인적인 이야기를 할 수 있었어요. 정말 고마워요. 실비아.

모든 집단 구성원이 실비아에 대해 한마디씩 한 후, 상담자는 실비아 옆에 앉아 있는
하비에르에 대해 모두가 한마디씩 하도록 하였다. 이 과정은 모두가 모두에게 한마디
씩 할 때까지 계속되었다.

상담자는 자신도 이 활동에 참여할지 아니면 그냥 진행만 할지 결정해야 한다. 또한
이 예시에서는 차례대로 한 바퀴 돌며 강점폭격을 사용했지만, 꼭 그럴 필요는 없다.
집단구성원들이 말하고 싶을 때 자연스럽게 말할 수 있도록 진행해도 된다. 다만, 이런
경우에는 상담자가 모든 사람이 강점 메시지를 들었는지 확인해야 한다.

📖 강점폭격의 유용성과 평가

아직까지 강점폭격의 효과성을 살펴본 연구는 소수에 불과하다. 하지만 자기인정기법에 대한 최근 연구들에 따르면, 이 기법은 정서와 자신감을 향상시키는 데 효과적인 것으로 나타났다. 다만, 대부분의 상담성과 연구에서 자기인정이 다른 기법들과 함께 사용되기 때문에 강점폭격의 효과성만을 따로 구분하여 살펴보기 어렵다는 한계가 있다.

Armitage(2012)는 자기인정 기법이 여자 청소년들의 신체상에 어떠한 영향을 미치는지 살펴보았는데, 그 결과 자기인정 활동에 참여한 여자 청소년들이 통제집단에 비해 높은 신체만족도와 낮은 수준의 체중 관련 스트레스를 보이는 것으로 확인되었다. 남미계 학생들을 대상으로 한 Sherman 등(2003)의 연구에서는 자기인정 활동에 참여한 학생들이 통제집단에 비해 고정관념과 정체성을 위협하는 사건에 대해 높은 면역력을 보였고, 이로 인해 높은 학업성취를 보이는 것으로 나타났다.

Healey(1974)는 진로 집단상담에서 집단구성원들의 자기효능감과 자존감을 높이기 위해 강점폭격을 사용하였다. 강점폭격은 초등학교 학생과 특수아동에게도 효과적인 것으로 나타났다. 마지막으로, 다른 표현 도구들(예: 그림 그리기, 스티커, 구슬, 도장, 찰흙, 인형, 새롭게 개발되고 있는 기술)은 내담자가 자신의 강점을 찾거나 다른 집단구성원들의 강점을 찾아주는 데 도움이 될 수 있다.

40 Techniques *Every Counselor Should Know*

제6부

인지행동적 접근 기반 기법

인지치료는 생각을 거의 다루지 않는 행동치료의 한계점을 보완하기 위해 개발되었다(제8부와 제9부 참고). 내담자의 인지 혹은 행동 중 한 가지만 다루어도 긍정적인 변화가 나타날 수 있지만, 인지주의와 행동주의가 통합되면 더욱 효과적일 수 있다. 이에 지난 몇 십 년 동안 두 접근을 통합하여 사용하는 상담자가 늘면서 인지행동치료가 나타났다. Albert Ellis, William Glasser 그리고 Donald Meichenbaum과 같은 선구자들은 인지행동치료를 토대로 자신만의 상담이론을 개발하였다. 인지행동치료가 나타난 또 다른 이유는 미국 의료보험체계가 등장하면서 시간과 비용 면에서 효과적인 치료의 중요성이 부각되었기 때문이다. 제6부에서는 아홉 가지 인지행동적 기법을 다룬다.

　　자기대화는 대부분의 사람들이 8세 정도 되면 할 수 있는 내면적 대화를 모니터링하고, 내면적 대화를 바꿔 자신에 대해 긍정적으로 생각하고, 자신에 대한 부정적인 생각을 차단하도록 돕는다.

　　재구성은 내담자가 문제라고 지각하는 상황을 좀 더 긍정적이거나 유용한 방향으로 재해석하는 것을 의미한다. 예를 들어, 청소년의 반항적인 행동은 독립적 · 자율적으로 의사 결정하고 싶은 욕구로 재구성된다. 이를 통해 청소년의 반항적인 행동은 더 이상 역기능적이거나 병리적인 행동이 아니라 발달적으로 정상적인 혹은 심지어 친사회적인(예: "아이는 당신에게 어른이 되기 위해 노력하고 있다고 말하고 있는 거예요.")으로 받아들여질 수 있다. 재구성을 아들러 이론의 기법으로 보는 견해도 있으나, 인지적 요소가 강하기 때문에 제6부에서 다루기로 하였다(이것도 일종의 재구성인가!).

　　사고 중지는 특히 강박으로까지 이어질 수 있는 생각의 순환 과정을 깨는 데 효과적이다. 이 기법은 생각의 순환을 신체적으로 깨고 긍정적인 자기대화와 긍정자기진술로 대체한다. 인지적 재구성은 부정적인 생각과 해석을 긍정적인 생각과 해석으로 바꿈으로써 내담자가 체계적으로 인지적인 문제를 분석 · 탐색 · 해결하도록 돕는다.

　　합리적 정서 행동 치료(REBT)도 여기서 다루는데, Albert Ellis가 자신의 REBT를 하나의 기법으로 소개한다는 사실을 알게 되면 화가 나서 무덤에서 나오려고 할 것이다! REBT는 하나의 기법이라기보다는 역기능적 사고를 바꾸기 위해 단계별로 내담자를 훈련시키는 일련의 과정이다. 따라서 필자는 REBT 전체를 다루기보다는 REBT의 핵심 요소인 ABCDEF 모델과 합리적 정서 심상에 대해 다루기로 결정하였다.

　　독서치료는 여러 상담이론에서 언급되었는데, 인지적 요소가 많기 때문에 여기서 다루려고 한다. 이 기법은 상담자와 내담자가 어떤 스토리나 문단을 읽고 그 내용과 의미, 시사점에 대해 이야기하는 것을 의미한다. 저널링은 내담자로 하여금 자신을 모니터링하고, 생각과 감정을 표현하고, 문제나 해결 방안에 대한 통찰을 얻도록 도와준다. 또한 저널링은 상담시간 외에 실시되기 때문에 상담경험을 확장시키고, 상담회기 간에 상담목표, 상담과정 및 상담성과에 대해 지속적으로 생각할 수 있도록 한다.

연구들에 따르면, 인지행동치료 기법들은 특히 스트레스와 공포증을 치료하는 데 효과적이다. 체계적 둔감화는 상호억제 이론을 기반으로 하며, 척도기법을 수정한 주관적 고통 점수와 공포 위계를 활용하여, 내담자를 이완된 상태에서 불안 유도 상황에 노출시키는 기법이다. 이를 통해 고전적 조건화로 형성된 공포의 순환이 깨질 수 있다.

제6부에서 다룰 마지막 기법은 스트레스 면역 훈련이다. Donald Meichenbaum이 처음 개발한 이 훈련은 내담자가 체계적으로 스트레스 상황을 분석하고 해결할 수 있도록 돕는다.

📖 인지행동상담의 다문화적 시사점

인본주의-현상학적 상담이나 정신역동상담과 비슷하게, 인지행동상담 라포와 작업동맹을 강조한다. 하지만 다른 상담들과 달리, 인지행동상담은 내담자에게 사적인 정보나 과거 경험을 이야기하도록 요구하지 않고, 강렬한 감정에 주목하지 않는다. 인지행동상담은 현재에 초점을 맞추고, 내담자에게 부담되지 않는 방식으로 논리적이고 명확한 기법을 사용한다. 특히 체계적으로 생각하는 내담자들이 이 접근을 선호한다. 인지행동상담은 다양한 문화적 배경을 가진 내담자, 특히 가족 문제에 대해 이야기하는 것을 꺼리는 문화(예: 라틴 문화) 혹은 강렬한 감정을 드러내는 것을 불편하게 생각하는 문화(예: 동양 문화)의 내담자에게 매력적으로 다가갈 수 있다.

인지행동상담은 다양한 문화적 맥락(예: 성별, 인종, 민족, 사회경제적 지위, 장애, 성적 지향)에서 유용하게 활용할 수 있는 기법들을 제시한다(Beck & Weishaar, 2007). Thomas(1992)는 이 상담이 아프리카계 내담자의 부정적인 기대를 탐색하고 긍정적인 기대를 높이는 데 특히 효과적이라고 말하였다. 경제적으로 취약한 내담자는 때때로 인지적 기법을 통해 자신이 상황과 상황에 대한 생각을 통제할 수 있다는 사실을 알게 되고, 이로 인해 삶에 대한 긍정적인 기대를 가지며, 긍정적인 변화를 위해 한 단계 나아가는 힘을 얻게 된다.

인지행동상담자들은 종종 단기상담을 통해 내담자가 명확하고 논리적으로 생각할 수 있도록 돕는데, 많은 내담자가 이를 피상적이거나 자신의 정서적인 욕구 혹은 자기 이해 욕구를 충족시켜 주지 못한다고 생각한다. 다른 상담이론들과 비슷하게, 인지행동상담기법 중 일부 기법들은 더 많은 훈련과 주의를 요구한다. 인지행동상담 상담자들은 내담자를 판단하지 않고 위협하지 않으며, 내담자의 문제와 행동을 나쁘거나 열등하다고 보지 않기 때문에 다양한 문화권 내담자에게 수용적이다. 이들은 내담자의 문제가 왜곡된 사고에서 기인한다고 개념화하며, 왜곡된 사고를 분석·수정할 수 있다고 믿는다.

인지행동상담은 상담관계를 중요시하면서 상담자와 내담자가 협동하여 믿음·사고·행동을 수정해야 한다고 가정한다. REBT 같은 접근은 문화적 가치관이나 규범에 대해 의문을 가지지 않는다. 대신, 내담자의 문화와 관련이 있는 당위적 사고가 유연하지 않게 적용되고 있다는 점을 문제로 간주한다. 인지행동상담에서는 내담자의 생각·감정·행동에 대한 자율성과 유연성을 인정함으로써 내담자가 자신의 생각을 고수할 것인지, 포기할 것인지 혹은 수정할 것인지 스스로 결정할 수 있도록 한다.

많은 내담자가 자신의 문화적 가치관에 대해 지적당하는 것을 좋아하지 않기 때문에 상담전문가는 내담자의 문화적 배경을 이해하기 전에 내담자의 생각을 논박해서는 안 된다. 예를 들어, 일부 중동계 미국인들은 종교와 가족, 자녀 양육에 대해 매우 엄격한 규칙과 믿음을 고수한다. 상담자가 이러한 규칙과 믿음에 대해 논박하면(심지어 질문을 해도), 내담자는 딜레마에 빠질 수 있다.

인지행동상담은 꽤 지시적이기 때문에 상담자는 자주 내담자에게 전문가로 여겨질 수 있다. 일부 문화권의 내담자들(예: 중동인, 남미계, 동양인)은 상담자가 전문가의 역할을 하는 것을 선호하지만, 다른 내담자들(예: 일부 남성)은 이를 불편하게 생각할 수 있다(Hays & Erford, 2014). 내담자가 상담자를 모든 정답을 알고 있는 전문가로 인식하면 상담관계에 의존할 가능성이 있으므로, 상담자는 이를 주의해야 한다. 다양한 인종, 종교, 문화적 배경을 가진 내담자들은 인지행동상담이 개인의 본능, 사회문화적 배경 혹은 문화적 믿음에 초점을 두는 대신 생각과 행동에 초점을 두기 때문에 이 접근을 선호할 수 있다.

독서기법이나 저널링과 같은 기법들은 특히 스토리텔링을 중시하는 문화권 내담자들에 효과적일 수 있다(Hays & Erford, 2014). 예를 들어, 미국 원주민들은 스토리텔링과 관련하여 오래된 역사를 가지고 있고, 쿠텐트(cuento) 치료는 남미계 사람들을 위해 개발되었다. 이 접근은 오랫동안 전해져 내려오는 역사적 · 문화적 스토리를 사용하여 내담자가 삶에 대한 중요한 교훈을 얻고 삶의 상황들에 적응할 수 있도록 돕는 데 목표가 있다.

제**21**장

자기대화

📖 자기대화의 기원

Seligman과 Reichenberg(2013)는 자기대화(self-talk)를 개인이 자신에게 매일 하는 격려의 말이라고 정의하였다. 즉, 사람들은 어려운 상황에 당면했을 때, 자신에게 유용하고 지지적인 말을 반복적으로 한다는 것이다. 자기대화는 REBT와 다른 인지행동적 접근에서 시작되었다(제25장 참고). REBT에서는 "사람들은 자신에게 비이성적인 요구를 하고"(Ellis, 1993, p. 200) 이로 인해 심리적 스트레스를 받는다고 가정한다. 사람들이 가진 자신에 대한 생각이 자기대화의 내용이 된다. 자기대화는 자기충족적 예언과 같은 기능을 하기 때문에 비이성적인 생각을 논박하는 방법을 배우는 것이 중요하다. 자기대화는 비이성적인 생각을 논박하고 더 건강한 생각을 만들기 위해 사용되는 기법으로, 이 과정을 통해 긍정적인 자기대화가 나타난다. 자기대화는 자신에게 보내는 부정적인 메시지에 대처하는 방법이다.

개인은 두 가지 유형(긍정적인, 부정적인)의 자기대화를 사용한다(Egan, 2010). 사람들이 하는 자기대화는 다른 사람들(예: 부모, 교사, 친구)이 자신에 대해 뭐라고 말하는지에 영향을 받는다(Burnett & McCrindle, 1999). 앞에서 언급한 긍정적인 자기대화는 상담전문가가 내담자에게 사용하도록 격려하고 싶은 유형의 자기대화다(Egan, 2010). 내담자는 긍정적인 자기대화를 사용할 때 목표를 달성하려는 높은 동기를 보인다(Pearson, 2000). 반면, 부정적인 자기대화는 종종 자기패배적이기 때문에 내담자의 성장과 성공을 방해하며(Egan, 2010), 비관주의와 불안을 야기한다(Pearson, 2000). Borton, Markowitz와 Dieterich(2005)는 부정적인 자기대화와 가장 관련이 있는 주제가 무엇인지 살펴보았고, 그 결과, 대인관계 문제, 외모, 성격적 특성이 가장 큰 세 가지 핵심 주제인 것으로 나타났다. Schafer(1998)는 부정적인 자기대화의 16가지 유형[부정성(예: 부정적인 측면에 초점을 맞춤), 파국화(예: 상황이 아주 끔찍하다고 지각함), 재앙화(예: 상황을 재앙적이라고 지각함), 과잉일반화, 최소화, 비난하기, 완벽주의, 당위적 사고(예: 나는 '반드시 _____을 해야만 한다.'라고 생각함), 개인화, 인간의 가치 평가하기, 통제 오류(예: 모든 것이 나의 통제하에 있다고 지각함), 극단적 사고(예: 흑백논리), 공평성 오류(예: 삶이 늘 공평해야 한다고 생각함), 당위적 바람(예: 나는 _____을 할 필요가 있다고 지각함), 그리고 과장]을 제안하였다. 내담자는 자기대화를 통해 자신의 경직된 생각을 바꿈으로써 현재 상황에 대한 통제감을 더 느낄 수 있다(Corey, 2015). 부정적인 자기대화가 늘 부적응적인 것은 아니다. 부정적인 자기대화는 내담자로 하여금 위험한 상황을 인식할 수 있도록 도와준다. 따라서 긍정적인 자기대화와 부정적인 자기대화 간의 균형을 유지하는 것이 중요하다.

자기대화를 사용하는 방법

상담전문가는 내담자에게 자기대화를 어떻게 사용하는지에 대해 교육하기 전에 먼저 내담자가 자신에 대해 긍정적인 태도를 가질 수 있도록 도울 필요가 있다. 이를 위해 상담전문가와 내담자는 내담자의 자기-사고를 탐색하여 어떤 생각들이 내담자의 웰빙에 도움이 되는지 살펴봐야 한다. 나중에 내담자에게 자기대화에 대해 교육할 때, 상담자는 내담자가 이러한 생각에 초점을 맞출 수 있도록 돕는다(Weikle, 1993).

부정적인 자기대화를 줄이기 위한 방법으로 많이 알려진 4단계 방법을 반박 기법(countering method)이라고 부른다(M. E. Young, 2013). 1단계에서는 내담자의 부정적인 자기대화를 찾고 논의한다. 이때, 상담전문가는 내담자의 부정적인 자기대화가 어떤 유형인지, 얼마나 자주 나타나는지, 어떤 상황에서 나타나는지 등에 대해 이해할 필요가 있다. Young은 내담자에게 메모지를 들고 다니면서 부정적인 자기대화를 기록하라고 제안하였다. 내담자가 기록한 메모지는 상담자에게 중요한 정보를 제공하고, 내담자로 하여금 부정적인 자기대화가 어떤 감정을 유발하는지 이해하도록 돕는다.

1주일 동안 자기 모니터링을 한 후, 상담전문가와 내담자는 2단계로 넘어갈 수 있다. 2단계에서는 내담자의 부정적인 자기대화가 어떤 기능을 하는지 탐색한다. 보통 상담자와 내담자는 (내담자가 자신의 부정적인 자기대화를 기록한) 메모지를 살펴보면서 3~4개의 공통된 패턴을 찾을 수 있는데, 이때 상담자는 내담자가 이러한 핵심믿음에 대해 이해하도록 도와야 한다. 대부분의 경우, 내담자들은 오랜 습관과 자기보호 욕구 때문에 자신의 생각을 바꾸지 못한다(M. E. Young, 2013). 부정적인 자기대화의 기능을 탐색하기 위해, 상담전문가는 "이 부정적인 생각이 어떻게 도움이 돼요?"(p. 157)와 같은 질문을 할 수 있다. 이러한 질문을 통해 내담자와 상담자는 부정적인 자기대화의 핵심믿음을 파악할 뿐만 상담에서 다루어야 할 게 무엇인지 더 이해할 수 있다.

내담자가 왜 부정적인 대화를 하는지 이해하게 되면, 기존의 생각과 반대되는 혹은 일치하지 않는 생각을 만들 수 있도록 돕는다(M. E. Young, 2013). 비논리적인 생각을 효과적으로 반박하는 반대되는 생각은 내담자의 가치와 일치하는 생각이어야 한다. Pearson(2000)은 '나' 단어('나' 진술문)를 사용하여 반대되는 생각이 내담자 자신의 생각이라는 점을 부각시키는 것이 중요하다고 말했다. 반대되는 생각은 긍정적, 현재형으로 진술되어야 하고, 현실적이고, 쉽게 외울 수 있으며, 자주 반복되어야 한다. 예를 들어, 내담자가 당위적 사고(예: 나는 '반드시' _____을 해야만 한다고 생각한다)를 한다면, 효과적인 반대되는 생각은 "내가 원하는 것을 절대 가져야 하는 것은 아니다. 나는 단지 그것을 선호할 뿐이다."(Ellis, 1997a, p. 97)이다.

마지막 단계의 목표는 반대되는 생각을 연습하고 이에 대해 논의하는 데 있다. 반대되는 생각을 연습하는 데 걸리는 시간은 내담자마다 다르지만, 보통 적어도 일주일 이상의 시간이 소요된다. 반대되는 생각의 효과성을 평가하기 위해 주관적 고통 지수(제28장 참고)를 사용할 수 있다. 먼저, 내담자는 자신의 부정적인 자기대화를 찾고, 100점 척도로 불편감의 점수를 매긴다. 그리고 반대되는 한 가지 생각을 찾은 후, 다시 100점 척도로 불편감의 점수를 매긴다. 반대되는 생각이 얼마나 효과적인지는 첫 번째 점수에서 두 번째 점수를 빼면 알 수 있다. 만약 두 번째 점수가 첫 번째 점수보다 낮으면, 반대되는 생각이 효과적이라고 볼 수 있다. 당연히 두 번째 점수가 첫 번째 점수 보다 낮을수록 반대되는 생각이 더 효과적임을 의미한다. 상담자와 내담자는 효과적이지 않은 반대되는 생각이 효과적일 때까지 그 생각을 수정·연습·재평가해야 한다(M. E. Young, 2013).

📖 자기대화를 변형한 기법

자기대화를 변형한 기법으로 P와 Q 기법이 있다. 내담자가 부정적인 자기대화를 하기 시작하면, 잠시 멈추고(Pause: P), 호흡을 깊게 하고, 지금 왜 짜증 혹은 화가 나는지 이해하기 위해 스스로에게 질문(Question: Q)한다. 질문 중 하나는 반드시 발생한 일에 대한 대안적인 사고를 다루어야 내담자가 자신의 감정에 적절하게 대처할 수 있다(Schafer, 1998).

즉시 재생도 자기대화를 변형한 기법이다. 내담자는 특정 상황에서 자신이 원치 않는 방향으로 반응하고 있다는 걸 인식하면, 부정적인 자기대화를 즉시 "알아차리고 논박하고 바꿔야 한다."(Schafer, 1998, p. 373) 내담자는 자신의 부정적인 자기대화를 논박하기 위해 해당 자기대화가 사실인지 혹은 왜곡된 건지, 중간 수준인지 혹은 과도한 수준인지, 도움이 되는지 혹은 방해가 되는지 평가한다. Southam-Gerow와 Kendall(2000)은 아동과 상담할 때는 내담자가 자신의 생각을 말풍선이라고 상상하도록 격려하라고 제안했다. 이를 통해, 아동은 자신의 생각을 만화 주인공 머리에서 나오는 말풍선으로 그려 볼 수 있다. 이 방법은 어린 아동으로 하여금 자기대화라는 개념을 쉽게 이해하도록 돕는다.

📖 자기대화의 예시

니콜(Nicole)은 시험공포증이 있는 17세 고등학교 3학년 학생이다. 니콜은 제28장에서 다룰 체계적 둔감화의 예시에서도 등장한다. 이 축어록은 니콜의 증상과 그 증상의 결과에 대한 정보를 포함하고 있고, 척도질문으로 끝을 맺는다. 니콜은 상담에서 시각적 심상과 점진적 근육이완에 대해 배웠다. 니콜은 원래 학습장애와 주의집중 문제가 있어 심리검사를 받고 싶어 했다. 하지만 심리검사 결과, 시험공포증이 주요 문제인 것으로 나타났다.

상담자(C): 한 달 전쯤에, 네가 시험에 대해 느끼는 불안과 공포에 대해 얘기했었잖아. 시험 볼 때 너한테 무슨 일이 일어나는지 구체적으로 말해 줄래?

니콜(N): 음, 일단 시험 보기 전에 되게 떨리고, 떨리니까 시험을 제대로 치를 수가 없어요.

C: 좀 더 구체적으로 시험을 제대로 치를 수가 없다는 게 무슨 뜻이야?

N: 너무 걱정하니까 시험을 망쳐요.

C: 시험에 대해 걱정할 때, 구체적으로 어떤 생각들이 떠올라?

N: "아 어쩌지, 시험을 망치면 어떡하지?" "시험을 망치면 무슨 일이 일어나지?" 그런 생각들이요.

C: 너 자신한테 하는 말이 있어? 마음속으로 하는 대화같은 게 있어?

N: 저 자신한테 진정하라고 말해요.

C: 너 자신한테 진정하라고 말하는구나. 그럼, 너한테 불안하고 떨리게 하는 말을 한 적도 있어?

N: 음, 저한테 이런 말을 해요. "너는 잘못할 거야. 만약 잘하지 못하면 아주 안 좋은 일이 생길 거야."

C: 잘하지 못하면 아주 안 좋은 일이 생길 것이다? 안 좋은 일이 뭐야?

N: 음, 예를 들어, 좋은 대학에 들어가지 못하거나 실패할 것이다. 뭐 그런 거요.

C: 그런 말들을 너 자신한테 하면 기분이 어때?

N: 나빠요.

C: 몸으로도 그런 나쁜 기분이 느껴져?

N: 배랑 목에서요.

C: 또 다른 부위는?

N: 없어요.

C: 배에 나비가 있는 거 같은 느낌? 목도 뻐근하고?

N: 네.

C: 지난번에 내가 내 준 과제 중 하나가 떨리거나 긴장될 때 너 자신에게 할 수 있는 말 몇 가지를 적어 보는 거였잖아. 우리가 자기 자신에게 하는 말을 자기대화라고 하는데, 즉 머릿속으로 생각하는 것, 너 자신에게 말하는 걸 자기대화라고 해. 우리는 우리 자신을 긴장시키고 힘들게 하는 그런 나쁜, 부정적인 자기대화를 할 수도 있고, 반대로 긍정적이고 확신을 주는 자기대화도 할 수 있어.

N: 네. 기억나요.

C: 만약 네가 긍정적이고 확신을 주는 자기대화를 한다면, 나쁜 생각을 할 수 없게 되는

거지.

N: 나쁜 생각?

C: 응. 나쁜 생각. 전문용어로 표현하자면 상호억제 원리라고 하는데. 그러니까 상반된 혹은 정반대의 두 가지 생각을 동시에 할 수 없다는 거야. 그래서 만약 네가 긍정적인 생각을 하고 있으면, 부정적인 생각은 할 수 없는 거지.

N: 네. 알겠어요.

C: 자, 그러면, "내가 시험을 못 보면 아주 안 좋은 일이 생길 거야. 좋은 대학에 못 갈 거야." 이런 생각이 너를 불안하고 긴장하게 하니까. 그런 말 대신에 너 자신한테 할 수 있는 말이 뭐가 있을까? (니콜이 주머니에서 긍정적인 생각들을 적은 종이 한 장을 꺼냄). 아. 적어 왔구나.

N: 네. 숙제로 내 주셔서 적어 봤어요.

C: 네가 이 숙제를 진지하게 생각하고 노력해 줘서 너무 고마워. 종이에 뭐라고 적었어?

N: 음…… 결국은 모든 게 다 잘될 거니까 걱정하지 마. 스트레스 받을 필요 없어.

C: (내담자가 한 말을 적으며) 걱정하지 마, 스트레스 받을 필요 없어. 또?

N: 깊게 호흡하고 마음을 편하게 하라고.

C: 좋아. 깊은 호흡과 편안한 마음. 깊게 호흡하려고 노력해 본 적이 있어?

N: 몇 번 있어요. 너무 불안할 때 해 봤어요.

C: 어땠어?

N: 괜찮았어요. 도움이 되는 거 같았어요.

C: 좋아. 그럼 의자에 등을 기대고 똑바로 앉아서 눈을 감아 봐. 그리고 그동안 네가 너한테 했던 말들을 큰 소리로 말해 봐. 예를 들어, "나는 이 시험을 잘 봐야 해." "나는 좋은 대학에 입학해야 돼." 등. 그리고 몸 안에 긴장감을 느껴 봐. (15초간 멈춤) 자, 이번에는 마음을 편하게 해 주는 말들을 너 자신한테 해 봐. 이렇게 말해 봐. "모든 게 다 잘될 거니까 걱정하지 마. 스트레스 받지 마. 깊게 호흡하고 마음을 편하게 해." (30초간 멈춤) 어땠어?

N: 좋았어요. 긴장감이 안 느껴지고 정말 두려움 없이 할 수 있을 거 같은 긍정적인 느낌이 들었어요. 근데, 이게 교실에서도 통할지 모르겠어요.

C: 좋아. 시험을 망칠 거 같다는 나쁜 생각을 하면 불안하고 스트레스를 받지만, 너 자신에게 긍정적인 말들을 하면 실제로 깊게 호흡하고, 마음도 편해지기 시작한 거지?

N: 네.

C: 좋아. 이게 바로 인지적 자기대화야. 아까 설명한 대로, 이 방법은 상호억제 원리, 즉
부정적인 생각과 긍정적인 생각을 동시에 할 수 없다는 원리를 바탕으로 만들어졌
어. 너 자신에게 긍정적이고 마음을 편하게 하는 말을 하면, 불안하고 부정적인 말들
을 막을 수 있어. 이렇게 하면 스트레스를 훨씬 덜 받고, 해야 하는 일에 집중할 수 있
어. 자, 다음 회기까지 하루에 5번씩, 매번 적어도 1분 동안, 이 긍정적인 자기대화를
연습해 봐. 오전, 오후, 저녁에 각각 한두 번씩 해 봐.

📖 자기대화의 유용성과 평가

자기대화는 완벽주의, 걱정, 자존감, 분노 조절 등을 다루는 데 많이 사용된다(Corey,
2015). 이 기법은 아동의 동기를 높이기 위해서도 사용된다. 예를 들어, 내담자가 운동
하려는 동기를 높이고 싶다면, 메모지에 운동이 좋은 이유에 대해 적고, 매일 그 메모
지를 읽게 할 수 있다. 이를 통해 내담자는 운동에 대해 긍정적인 태도를 가질 수 있다
(Shafer, 1998). 상담전문가는 내담자의 스트레스 대처 능력을 향상시키기 위해서도 이
기법을 사용할 수 있다. 부정적인 자기대화가 스트레스를 초래한다는 점을 고려할 때,
긍정적인 자기대화는 당연히 스트레스를 줄여 줄 수 있다. 스트레스가 내담자에게 미
치는 영향에 대한 생각을 바꾸면, 스트레스가 감소할 수 있다(Corey & Corey, 2013). 긍
정적인 자기대화는 아동이 긍정적인 것들에 주목하게 도와줌으로써 그들의 대처기술
을 강화할 수 있다. 여기서 목표는 아동으로 하여금 부정적인 생각 혹은 부정적인 자기
대화를 인식하고, 자신의 상황이 생각보다는 덜 끔찍하다는 것을 깨닫게 도와주는 것
이다. 이 방법으로 내담자의 부정적인 감정을 간과하거나 내담자의 문제를 단순화시키
려는 것이 아니다. 대신, 비현실적으로 부정적인 생각을 하는 내담자가 자신의 부정적
인 생각 패턴을 인식하고 좀 더 현실적이고 적응적인 생각을 할 수 있도록 도와주려는
것이다(Pearlman, D'Angelo Schwalbe, & Clotre, 2010).

Weikle(1993)은 내적귀인 양식을 사용하고 건강을 중요하게 생각하는 내담자에
게 자기대화를 사용하라고 제안하였다. 이 기법은 코칭 행동과 운동선수의 자기대화
와 관련해서도 사용되고 있다. 운동선수의 자기대화는 선수의 인지적 · 행동적 · 정
서적 패턴과 동기에 영향을 미치며, 결과적으로 운동 성적에도 영향을 미친다(Hardy,
Oliver, & Tod, 2008). 코치가 선수의 자존감을 지지하는 행동을 하면, 선수의 긍정적인

자기대화가 높아진다(Zoubanos, Theodorakis, & Hatzigeorgiadis, 2016). 또한 Zoubanos, Theodorakis, Hatzigeorgiadis와 Theodorakis(2007)의 연구에 따르면, 코치의 긍정적인 발언과 부정적인 발언은 각각 선수들의 긍정적인 자기대화와 부정적인 자기대화에 영향을 미치는 것으로 나타났다.

Smith(2002)는 교사들이 문제 행동을 하는 학생들에게 사용할 수 있는 인지행동적 기법으로 자기대화를 사용하는 방법에 대해 설명하였다. Vernon과 Clemente(2004)는 성인들(특히 권위자)에게 반항하는 고등학교 학생들에게 자기대화를 사용하였다. 학생들로 하여금 성인(특히 권위자)에게 반항하고 싶은 상황이 발생하면, "나는 괜찮아. 나는 ○○이 나를 대하는 방식이 마음에 들지 않지만, 그건 ○○의 문제지 내 문제가 아니야."라는 말을 반복적으로 하도록 가르쳤다. 학생들은 "나는 괜찮아."라는 말을 함으로써 자신을 덜 피해자라고 생각하고 해당 상황에서 통제감을 더 느껴 반항하는 행동을 덜하게 되었다.

많은 연구를 통해 자기대화가 통제 관련 문제(Thompson, Sobolew-Shubin, Galbraith, Schwankovsky, & Cruzen, 1993), 학업행동(Wolters, 1999), 불안(Prins & Henewald, 1999; Tredwell & Kendall, 1996) 등을 다루는 네 효과적이라는 결과가 보고되었다. Grainger(1991)는 자신이 하는 모든 부정적인 생각을 부정해서는 안 된다고 경고하였다. 대신, 상담전문가는 내담자가 부정적인 자기대화를 초래하는 부정적인 생각과 자신을 안전하게 지켜 주는 부정적인 생각을 구분할 수 있도록 도와주어야 한다고 강조하였다. 위험한 상황에 처했을 경우에는 부정적으로 생각해야 한다. 이러한 부정적인 생각은 위험에 빠진 사람에게 살기 위해 혹은 효과적으로 대처하기 위해 계획을 세워야 함을 알려 준다.

제**22**장

재구성

 재구성의 기원

재구성(reframing)은 문제 상황을 새로운 시각으로 재해석함으로써 내담자가 좀 더 긍정적인 관점을 취하도록 도와주는 기법이다. 이 기법은 상황에 대한 개념적·정서적 관점을 바꾸거나 상황에 대한 의미를 바꾸기 위해 사용된다. 물론 새로운 관점과 의미는 해당 상황에 대한 논리적인 해석을 반영해야 한다. 구체적으로, 재구성의 목표는 내담자로 하여금 자신의 상황을 보다 덜 심각한 문제로 혹은 더 정상적으로 바라볼 수 있도록 도와줌으로써 문제 해결을 촉진하는 데 있다(Corey, 2015). 재구성과 비유는 강점을 강조함으로써 희망과 동기를 높일 수 있다(Scheel, Davis, & Henderson, 2013).

재구성을 사용할 때, 상담전문가는 내담자가 다른 관점으로 상황을 바라보고 좀 더 적절하게 행동할 수 있도록 새로운 관점을 제시한다. 이 새로운 관점이 내담자에게 설득력 있게 보이기 위해서는 객관적인 사실을 포함하고, 내담자의 원래 관점보다 더 나아 보여야 한다. 재구성이 성공적으로 사용된다면, 내담자는 전에는 해결할 수 없다고 생각했던 문제를 더 이상 문제로 인식하지 않거나 해결할 수 있는 문제라고 생각하게 된다(Hackney & Cormier, 2012). 혹은 재구성은 내담자가 현재 문제를 완전히 새로운 시각으로 볼 수 있도록 도와주기도 한다. 다만, 재구성이 성공하려면 상담자가 제시하는 새로운 관점이 완전히 믿을 만해야 한다.

역사적으로 볼 때, 재구성은 인지행동상담, 아들러 상담, 전략적 가족상담과 구조적 가족상담 등에서 사용하는 역설적 기법에 속한다(Eckstein, 1997). 이 기법은 원래 아들러 이론에서 처음 사용되었는데, 인지적 요소가 크기 때문에 제6부에서 다루기로 하였다. 체계적 이론이나 문제 해결 상담의 경우, 문제의 원인을 사회적·문화적 맥락에서 재구성하는 것을 중요하게 생각한다(Becvar & Becvar, 1993). 재구성은 사회적 구성주의 인식론을 토대로 한 기법이다(Martin, 1994).

또한, 재구성은 Ivey와 Ivey(2007)의 상담 대화 기술에 포함된 여섯 가지 상담기술 중 하나다. 기본적으로 재구성은 발생한 사건 자체가 아닌 사건에 대한 해석 때문에 행동이나 정서 문제가 나타난다는 가정하에 사용된다. 사건이 내담자의 가치, 믿음, 목표 등을 방해한다고 인식하면 문제가 발생한다. 또한 재구성 기법은 사람은 이미 긍정적인 변화를 만들 수 있는 자원을 가지고 있다고 가정한다. 재구성을 사용할 때, 상담전문가는 내담자의 주관적인 세계를 인정하고, 그 세계 안에서 문제를 해결하려고 한다. 재구성은 특히 기분 나쁘게 하는 행동을 문제가 아닌 좋은 의도를 가진 행동으로 정의할 수 있을 때 유용하다(Hackney & Cormier, 2012).

문제 행동이 거의 습관처럼 된 경우가 많으므로 재구성은 이러한 행동을 재해석하기 위해서도 사용된다. 문제 행동에 대한 해석을 바꾸면 새로운 해석에 맞게 행동도 바뀌게 된다. 또한 재구성은 내담자로 하여금 타인을 비난하는 대신 자신의 행동에 책임을 지도록 돕는 데 사용되며(M. E. Young, 2013), 개인 내적인 문제와 대인관계 문제를 다루는 데 모두 사용된다.

📖 재구성을 사용하는 방법

재구성은 간단한 3단계에 걸쳐 이루어진다. 첫째, 상담전문가는 비판단적인 태도로 내담자의 이야기를 경청하며 내담자의 문제를 완전히 이해해야 한다(M. E. Young, 2013). 이 단계는 재구성이 내담자의 믿음과 세계관을 토대로 사용되어야 효과적이기 때문에 중요하다. 둘째, 상담전문가가 내담자의 문제를 파악하면, 내담자의 관점과 새로운 관점을 연결시킨다. 이때 중요한 것은 상담자가 제시하는 새로운 과점에 내담자의 기존 생각이 어느 정도 포함되어야 한다는 것이다. 셋째, 상담전문가는 내담자가 새

로운 관점을 받아들일 때까지 내담자의 관점과 새로운 관점의 연결점을 계속 강화해
야 한다. 새로운 관점을 강화하는 방법 중 하나는 내담자에게 문제를 새로운 관점으로
보도록 자신을 강하게 밀어붙이는 과제를 내 주는 것이다. Kolko와 Milan(1983)은 재
구성 기법을 확장시킬 수 있는 3단계 방법, 즉 (1) 행동 재구성하기, (2) 행동 처방하기,
그리고 (3) 계약을 통해 행동 유지하기를 제안하였다.

📖 재구성을 변형한 기법

재구성을 변형한 기법으로 재명명하기, 탈명사화하기, 긍정적으로 표현하기 등이 있
다(Eckstein, 1996). 재명명하기는 부정적인 형용사를 좀 더 긍정적인 형용사로 대체하
는 것을 의미한다. 예를 들어, 한 여성이 자신의 남편을 '질투가 많은' 사람이라고 묘사
한다면, '질투가 많은'을 '신경을 많이 쓰는'으로 대체한다. 탈명사화하기는 진단적인
표현을 통제 가능하고 구체적인 행동으로 대체하는 것을 의미한다. 예를 들어, 신경성
식욕부진증을 겪고 있는 여성을 먹는 것을 거부하는 사람으로 재구성한다. 긍정적으로
표현하기는 문제 혹은 증상과 관련이 있는 행동을 긍정적으로 동기화된 행동으로 재구
성하는 것을 의미한다. 예를 들어, "어머니는 제가 원하는 것을 하도록 내버려 두지 않
으세요."를 "어머니는 저를 사랑하시기 때문에 제가 할 수 있는 일의 범위를 설정하세
요."라고 재구성한다(Vernon & Clemente, 2004).

📖 재구성의 예시

로리(Lori)는 34세 여성으로, 우울 증상, 무기력감, 절망감 등을 호소하고 있다. 로리
는 최근에 이런 일이 발생하기 전에는 한 번도 우울 증상을 경험한 적이 없으며, 전반적
으로 행복하고 자신의 삶에 대해 통제감을 느껴 왔다. 따라서 로리는 지금 일어나고 있
는 일이 자신의 우울 증상과 직접적으로 관련이 있다고 생각하고 있다.

상담자(C): 당신의 이야기를 들어 보니 당신은 정말 통찰력이 있는 사람인거 같아요. 지
금 당신이 느끼고 있는 이 우울감이 현재 당신의 상황과 관련이 있다고 생각하는 거

네요. 제 생각에도 그런 거 같아요. 당신의 현재 상황에 대해 더 이야기해 주세요.

로리(L): 네. 음. 대략 6개월 전까지, 전 잘 살고 있었어요. 전 회계학 석사학위를 땄고, 공인회계사예요. 아니, 공인회계사였다고 과거형으로 말해야겠네요.

C: 그럼, 더 이상 공인회계사가 아닌 건가요?

L: 맞긴 한데, 현재 일하고 있지 않아서 더 이상 공인회계사가 아닌 거 같이 느껴지네요.

C: 아, 네. 계속 이야기해 주세요.

L: 네. 하여간, 전 잘 살고 있었어요. 남편을 만나기 전에 석사학위를 땄어요. 전 늘 공인회계사가 되고 싶었거든요. 그래서 대학원에 바로 들어갔고, 학생으로서, 공인회계사로서 제 능력에 자부심이 있었어요. 대학원을 마치고, 바로 큰 회사에 취직했고, 그곳에서 승진도 했어요. 그때 제 남편인 테리(Terry)를 만났고, 우리는 3년 전에 결혼했어요. 결혼하자마자 임신을 했고, 너무 예쁜 쌍둥이 아들을 낳았어요. 저랑 남편은 아이들을 돌봐 줄 사람을 구했고, 전 회사에 복귀했어요. 이후에 모든 것이 다 괜찮았어요.

C: 네. 특별한 문제없이 만족스러운 삶을 살고 있었네요. 남편을 만나기 전에 학위도 땄고 좋은 회사에 취직도 하고요. 아이들을 출산했고, 아이들을 돌봐 줄 사람도 구했고요. 이후에도, 당신에게 중요한 것처럼 보이는 일도 계속하게 됐고요.

L: 네. 저에게 일이 되게 중요해요. 제가 일을 잘하기도 하거든요. 일을 할 때는 제가 중요한 사람인 거 같고, 다른 사람한테 인정도 받아요. 누구나 그런 인정을 받고 싶어 하잖아요. 그런데 회사에서 받는 인정이랑 집에서 받는 인정은 달라요. 아이들의 기저귀를 간다고 인정을 받는 건 아니니까. 아이들의 기저귀를 간다고 얼마나 인정받을 수 있겠어요? 얼마나 자신이 중요한 사람이라고 느낄 수 있겠어요? 아이들을 사랑하지 않는다는 게 아니에요. 아이들을 정말 사랑해요! 하지만 아이들이, "와, 엄마, 브래드포디 계좌에 투자한 거 정말 대단해요! 월급 인상되는 거예요?" 이런 말을 하지는 않으니까요.

C: 네. 아이들이 그런 말을 하지는 않죠.

L: 저를 고마워하지 않는 한 살 아이들에 대해 불평을 하는 게 아니에요. 정말 그런 건 아니에요. 제가 하고 싶은 말은 저는 제 일을 정말 소중하게 생각한다는 거예요. 그리고 일을 통해 제 자신에 대해 가치를 느낄 수 있다는 거예요. 저는 그동안 정말 열심히 일해서 여기까지 왔어요. 다시 일을 하기 위해 아이들과 보낼 수 있는 시간을 포기하기도 했어요. 아이들을 두고 출근하는 게 쉽지 않았어요. 특히, 출근할 때 아이들이

울거나 아플 때는 정말 쉽지 않았어요……. 어쨌든, 그래도 모든 게 다 괜찮았어요. 저는 다른 여성들이 가지고 싶어 하는 모든 걸 다 가졌었어요. 그런데…… 쾅!

C: 쾅?

L: 네, 쾅! 갑자기 모든 것이 다 사라졌어요! 아…… 제가 정말 쉴 새 없이 말을 하고 있네요. 그냥 누군가에게 자유롭게 이런 말을 하니까 마음이 편해지는 거 같아요.

C: 네. 그렇게 느끼신다니 다행이에요. 당신에게 무슨 일이 있었는지에 대해 이야기하면 마음이 편해질 수 있어요. (잠시 멈춤) 그래서 모든 것이 다 사라졌다……. 당신의 일이 사라졌다는 건가요?

L: 네. 맞아요. 제가 그동안 열심히 일해서 이룬 모든 것이 다 사라졌어요. 남편 때문이에요. 남편은 자기 부모님과 되게 가까워요. 쌍둥이가 태어난 후, 시부모님은 계속 우리가 너무 멀리 살아서 손자들이 자라는 걸 자주 볼 수 없다고 불평했어요. 그리고 남편은 아버지가 되더니 제가 일하는 것에 대해 부정적으로 생각하기 시작했어요. 제가 일보다는 엄마의 역할을 해 주길 기대하기 시작했죠. 정말 불공평한 게, 왜 여성은 일과 가정 중에 하나를 선택해야 하거나 둘 다 하기 위해서는 학대 수준으로 고생해야 하는 거죠? 어쨌든, 어느 날, 시부모님이 사시는 지역에 있는 회사에서 남편을 스카우트하고 싶다는 제안이 왔어요. 월급을 2배로 더 주겠다고요. 남편은 새로운 직장을 찾고 있지 않았는데 우연히 이런 스카우트 제의를 받았다며, 이 모든 게 다 운명같다고 말했어요. 전 사실 남편의 말을 믿지 않아요. 정말 모든 게 우연이었는지. 아니면 남편이 일부러 그곳에 지원을 했는지 알 수 없어요. 어쨌든 남편은 그렇게 말했고, 스카우트 조건이 너무 좋아서 거절하기 힘들다고 했어요. 돌이켜 보면, 그런 일을 예상했어야 했는데……. 하지만 전 당시 너무 놀랐어요. 더 기가 막힌 게, 남편이 이미 시부모님께 새로운 직장에 대해 말씀드렸고, 시부모님은 모든 게 다 결정되었다고 생각하셨다는 거예요. 시부모님은 너무 기뻐하셨고, 마치 우리가 이미 당신들 근처로 이사 온 것처럼 말씀하셨죠. 상황이 이렇게 되니까 저는 점점 일을 한다는 사실에 죄책감을 느끼기 시작했어요. 그리고 남편은 부모님에게 의무감을 느끼고 시어머니의 마음을 아프게 하지 말아야 한다고 생각했죠. 제가 이 상황을 모두 받아들이기도 전에 우리는 이곳으로 이사를 왔어요. 남편은 급히 예전 집을 팔았고, 새로운 직장에서 일하기 시작했어요. 저는 사직서를 냈고요.

C: 아. 상황이 그렇게 진행된 거군요.

L: 네. 그렇게 됐어요.

C: 현재 당신을 가장 힘들게 하는 게 뭐예요? 당신을 우울하게 하는 게 뭔지 말씀해 주세요.

L: 제가 너무 말을 많이 하는 거 같네요. 제가 말을 너무 많이 하고 있죠?

C: 전혀 아니에요. 저는 당신에게 중요한 게 뭔지, 당신을 힘들게 하는 게 뭔지 구체적으로 알고 싶어요.

내담자가 수용할 수 있는 재구성을 하기 위해서는 내담자에게 무슨 일이 일어나고 있는지, 내담자의 생각과 세계관이 무엇인지 정확하게 파악하는 것이 중요하다.

L: 네. 좋아요. 음, 지금 상황에서…… (잠시 멈추고 가장 힘든 게 무엇인지 생각함) 음, 제 생각에는……. (천천히 말함) 모든 것이 제 통제 밖이라는 점? 제가 되게 큰 실수를 한 거 같다는 점? 제가 할 수 있는 게 아무것도 없다는 점? 그리고 남편이 너무 이기적이라는 점? 저는 삶에서 어떤 의미도 찾을 수가 없어요. 제가 했던 모든 노력이 다 사라졌고, 다시는 제 커리어를 가질 수 없을 거예요…….

C: 네. 이제 알 거 같아요. 당신은 아무런 잘못도 하지 않았는데, 당신에게 가장 큰 의미를 주던 일이 없어졌고, 지금은 의미를 찾을 수가 없는 거잖아요.

L: 네. 맞아요.

C: 현재 상황 때문에 많이 슬플 거 같아요.

L: 완전 우울해요.

C: 그리고 분노도 느껴져요.

L: 맞아요. 그동안 제가 분노하고 있다는 걸 인정하고 싶지 않았지만, 분명히 전 화가 났어요.

C: 당연히 그럴 수 있어요. 분노와 우울을 동시에 느낄 수 있어요. 현재 상황을 전혀 바꿀 수 없다고 느낄 때 우리는 화가 나고 동시에 포기하고 우울해지잖아요.

L: 네. 맞아요. 제가 지금 딱 그래요. 완전히 그래요.

다양한 방법으로 인지적 재구성을 할 수 있다. 다음은 다양한 방법 중 한 가지 방법을 보여 준다.

C: 네. 로리, 이제 브레인스토밍을 해 보려고 해요. 이 상황에 대한 우리의 해석과 다른 어떤 해석이 가능할지 생각해 보죠.

L: 네. 그래요.

C: 그러니까 마치 악마의 변호인 놀이를 하는 거예요. 제가 먼저 오늘 당신이 한 말을 반영해서 이야기를 시작할게요. 그러면 당신은 저와 반대되는 입장을 취해서 이야기해 주세요. 이해되세요?

L: 네.

C: 좋아요. 그럼, 제가 먼저 시작할게요. "나는 일상생활을 통제할 수 없어."

L: 아. 음…… 그러니까 선생님이 말씀하신 것을 반박하면 되는 거죠?

C: 네, 맞아요, 다만 당신에게 사실처럼 느껴지는 말을 하셔야 돼요.

L: 네. 알겠어요. 음. 어떤 면에서 나는 이전보다 더 많은 자유를 가지게 됐어. 내가 원하는 대로 하루하루 스케줄을 짤 수 있어. 늦게 자도 되고. 상사의 지시를 따를 필요도 없어. 이렇게요?

C: 네. 맞아요. 자, 그럼, 이건 어때요? "내 삶의 어떤 것도 의미가 없어."

L: (자신에게 말하듯) 내 삶의 어떤 것도 의미가 없어…… 음, 반대로 말하면…… 나는 엄마이고, 동생이고, 친구야. 그런 역할들이 나에게 의미가 있어. 그리고 나한테는 내가 잘하는 취미도 있어. 취미를 통해 자부심을 느끼잖아. 아마도.

C: 좋아요. 이건요? "아이들과 함께 집에 있어서 좋은 점은 하나도 없다."

L: 그건 전혀 사실이 아니에요. 아이들이 다시 한 살이 될 수 없잖아요. 제가 일을 할 때는 제가 얼마나 많은 것을 놓치고 있는지 몰랐어요. 아이들이 다시 한 살이 될 수 없으니까 집에 있으면서 아이들의 지금 모습을 보는 게 좋아요.

C: 좋아요. 그럼 두 개만 더 해 볼게요. "나는 다시 일을 할 수 없다."

L: 그렇게 들으니까 아닌 거 같긴 하네요. 언젠가 다시 일을 할 수 있을 거예요. 다만, 이 지역에서 제가 하고 싶은 일을 찾기는 힘들 거예요. 하지만 제가 영원히 이 지역에서 살 필요는 없겠죠. 그러니까, 언젠가는 다시 제 일을 가질 수 있을 거예요.

C: 좋아요. 그럼 마지막으로, "내 남편은 완전히 이기적이다."

L: 음…… 이건 반대되는 말을 하기가 힘드네요. 남편이 늘 완전히 자기만 아는 그런 사람은 아니지만, 이번 일을 보면, 반대되거나 반박하는 말을 찾기 힘들 거 같아요. (잠시 멈추고 생각함) 반박하는 말을 못 찾겠어요.

C: 네. 그럼 제가 도와드릴게요. 상대방의 동기나 입장을 알고, 그 사람에 대해 혹은 그 사람의 선택에 대해 동정이나 공감을 느낀다면, 화를 내기 힘들잖아요. 즉 만약에 남편에게 더 이상 화를 내고 싶지 않다면……

L: 네. 더 이상 화내고 싶지 않아요. 화내고 싶지 않고 우울하고 싶지 않아요.

C: 네. 그럼, 상대방을 이해하면 화가 줄어들 수 있어요. 예를 들어, 누군가가 사람 많은 곳에서 새치기를 할 때, 그 사람이 얼마나 힘들면 저럴까에 대해 한두 가지 이유를 생각해 보는 거예요. 이런 식으로요. "오늘 해고를 당했을 거야." 혹은 "오늘 남자친구에게 차였을 거야."라고요.

L: 네. 흥미롭네요. 그런 식으로 생각하면 그 사람에게 화가 나지 않을 거 같아요.

C: 네. 맞아요. 그럼 남편에게 이걸 적용해 볼까요? 아까 그런 말을 하셨잖아요. 남편이 두 배나 되는 월급을 받을 수 있는 스카우트 제의를 받았다고요. 맞죠?

L: 네.

C: 남편이 그 스카우트 제의를 받기 전에 경제적인 부분에 대해 걱정하고 있었을 가능성이 있을까요?

L: 가능성이 아니라 그건 확실해요. 남편은 늘 경제적인 문제를 걱정했었어요. 특히 쌍둥이가 태어난 후로는 더욱 그랬어요. 남편은 늘 우리에게 필요한 돈이 없을까 봐 걱정했어요.

상담자는 내담자의 남편에게 '이기적'이 아닌 '부양자'라는 이름을 붙이려고 한다. 앞서 언급한 대로, 재명명하기는 재구성의 한 기법으로, 남편의 선택을 문제가 아닌 좋은 의도가 있었던 것으로 재구성한다.

C: 그렇다면, 혹시, 남편이 완전히 이기적이라서 아니라 가족의 부양자가 되기 위해 그런 선택을 했다고 볼 수 있을까요?

L: 네. 그럴 수 있다고 생각해요.

C: (일어나서 창문 쪽으로 걸어가 블라인드를 올림) 창문 밖으로 뭐가 보이세요?

L: (좀 당황한 듯) 쓰레기통이요! 왜 선생님이 늘 블라인드를 내려 두는지 알겠네요!

C: 쓰레기통 뒤쪽을 보세요. 전망이 좋지 않나요? 뭐가 보이세요?

L: 작은 꽃들이요. 쓰레기통 뒤에 예쁜 나무도 있네요.

C: 네. 누가 의도적으로 심은 게 아니라 자연스럽게 핀 꽃과 멋진 나무가 있어요.

L: 네. 꽃이랑 나무 앞에 저렇게 큰 쓰레기통이 있다니 안타깝네요.

C: 아마 우리 힘으로는 저 쓰레기통을 못 옮기겠죠?

L: 네. 못할 거 같아요.

C: 아마도 쓰레기통을 옮기거나 바꾸지 못할 거 같아요. (로리가 생각할 수 있게 잠시 멈추고 의자로 돌아옴) 여기서 봐도 쓰레기통이 꽃과 나무를 가리고 있어요. 근데 저쪽에 있는 빌딩 보이세요?

L: 네.

C: 제 상담실이 저 빌딩 안에 있다고 가정해 보죠. 그리고 그 사무실의 창문에서 밖을 내다본다고 가정해 볼게요.

L: 네.

C: 바깥 풍경이 별로 달라지지 않겠죠?

L: 네. 여전히 쓰레기통이 보일 거 같아요.

C: 네. 맞아요. 그런데 만약 저 반대쪽에서 보면 어떨까요? 바깥 풍경이 다를까요?

L: 네…… 그쪽 창문에서 보면, 나무가 앞에 있고, 쓰레기통이 뒤에 있겠네요. 물론 쓰레기통이 여전히 보이지만, 나무가 쓰레기통을 거의 가릴 거 같아요.

C: 네. 저도 그렇게 생각해요. 바깥으로 본 풍경이 당신이 오늘 상담 초반에 자신의 인생에 대해 설명한 것과 비슷하다고 생각해 보세요. 그리고 제가 당신의 인생을 전혀 바꿀 수 없다고 가정해 보세요. 저는 쓰레기통을 치울 수 없어요. 하지만 저는 당신을 다른 창문으로 가게 해서, 다른 풍경을 볼 수 있게 도와줄 수 있어요. 다른 창문으로 봐도 여전히 밖에는 쓰레기통이 있지만, 그게 핵심이 아니에요. 나무가 쓰레기통을 가리고 있어요. 어때요? 이게 당신한테 도움이 될까요?

L: 네. 도움이 될 거 같아요.

C: 자, 오늘 다르게 생각할 수 있는 방법에 대해 이야기해 봤어요. 정리해 볼게요. 오늘 당신이 상담실에 왔을 때, 지금의 상황 때문에 많이 힘들어했어요. 당신은 자신의 인생을 전혀 통제할 수 없어서, 사는 의미가 없어서, 다시는 일을 할 수 없어서, 남편이 이기적이어서 화가 나고 우울하다고 말했어요. 저는 당신의 상황을 바꿀 수 없어요. 하지만 당신이 상황을 새롭게 볼 수 있는 틀을 제공해 줄 수 있어요. 이 새로운 틀로 만든 창문으로 보면, 같은 풍경도 다르게 보여요. 실제로 오늘 이야기를 나눠 보니, 당신은 자신의 인생을 어느 정도 통제하고 있었어요. 어떤 면에서는 예전보다 더 많은 자유를 가지고 있고, 상사의 지시를 따를 필요도 없어요. 원하는 대로 하루 스케줄을 짜고, 매일 독립적으로 많은 선택을 하고 있었어요. 당신의 인생에는 의미도 있어요. 당신은 누군가의 어머니이고, 동생이고, 친구예요. 그리고 잘하는 취미도 있고, 그래서 자신을 자랑스럽게 생각하고 있어요. 지금은 돈 버는 일을 하고 있지 않지만,

그렇다고 영원히 일을 할 수 없는 건 아니에요. 시간이 좀 걸릴 수 있지만 다시 일을 할 수 있어요. 지금은 한 살배기 아이들이 주는 즐거움을 마음껏 즐기세요. 아이들이 자라면 다시는 지금의 모습으로 돌아오지 않잖아요. 마지막으로, 아까 남편이 완전히 이기적이어서가 아니라 가족을 위해 스카우트 제의를 받아들였을 수도 있다고 말했 잖아요. 그런 이유였다면 남편에게 계속 화를 낼 수만은 없을 거 같아요. (로리가 생 각할 수 있는 시간을 줌)

L: 네! 저 스스로 계속 그런 말들을 할 수 있었으면 좋겠네요! 그럴 수 있다면 기분이 훨 씬 더 좋아지고 심지어 이 상황을 즐길 수도 있을 거 같아요.

내담자의 상황은 전혀 바뀌지 않았다. 하지만 상담자는 내담자가 자신의 생각을 반 박하도록 도와줌으로써 대안적인 해석을 찾을 수 있었다.

📖 재구성의 유용성과 평가

재구성은 다른 많은 상황에서도 사용될 수 있다. 특히 이 기법은 문제 상황을 재정의 함으로써 그 문제를 좀 더 이해할 수 있거나, 수용 가능하거나, 해결할 수 있는 것으로 지각하도록 도와준다(James & Gilliland, 2003). 또한 비이성적인 생각 때문에 나타난 부 정적인 행동이나 감정으로부터 새로운 의미를 찾도록 도와준다(Wicks & Buck, 2011). Robbins, Alexander와 Turner(200)는 재구성이 내담자의 상담에 대한 태도를 수정하는 데도 효과적이라고 말했다.

재구성은 가족상담에서도 유용하게 활용될 수 있다. Frain 등(2007)은 장애로 인해 재활치료가 필요한 내담자의 가족들을 상담할 때 재구성을 사용했다. 이들은 내담자 의 장애를 영원히 일을 못 하게 하는 문제가 아닌 도전이자 기회로 재구성할 수 있도 록 도왔다. Davidson과 Horvath(1997)는 재구성이 부부간 적응과 갈등을 다루는 데 효과적이라고 말했다. 가족치료에서 재구성은 가족의 문제를 가족구성원 개개인으 로 귀인하는 대신 환경적 요인으로 귀인하도록 하여 가족 간의 비난을 감소시킬 수 있 다(Eckstein, 1997). 예를 들어, 부모가 자녀의 통금시간을 정하는 것을 자녀를 믿지 못 해서가 아니라 자녀의 안전을 걱정하기 때문이라고 재귀인한다. 부정적인 행동에 대 한 긍정적인 재귀인은 가족 문제의 희생양에 대한 비난을 줄이고, 문제 행동을 문제가 있는 행동으로만 보지 않고, 긍정적인 기능을 하는 행동으로 볼 수 있도록 도와준다 (Jesse, Jurkovic, Wilkie, & Chiglinsky, 1982). 재귀인은 중독 환자나 동반의존 배우자에게 도 사용될 수 있다. LaClave와 Brack(1989)는 긍정적 재구성이 내담자의 저항을 성공적으로 다룰 수 있음을 보여 주는 몇 가지 사례를 발표하였다.

재구성에 대한 연구는 많지 않지만, 일부 연구를 통해 긍정적인 재구성이 부정적인 정서를 감소시키고 경미한 우울 증상을 감소시키는 데 효과적일 수 있음이 밝혀졌다 (Swoboda et al., 1990). Kraft 등(1985)은 재구성을 사용한 집단이 대기 집단에 비해 낮은 수준의 우울이나 다른 부정적인 정서를 보인다는 결과를 보고하였다. 또 다른 연구로 Swoboda 등(1990)은 우울 치료에서 긍정적인 재구성 집단, 역설적 제지 기법 집단 그리고 대기 집단을 비교하였다. 이 연구에서 사용한 재구성의 예는 다음과 같다. "혼자 울적한 기분을 느낀다는 것은 고독에 대한 인내력이 높고 기본적으로 자기만족을 하고 있음을 보여 준다."와 "타인에게 불만을 표현하는 대신 자신에 대해 부정적으로 생각하는 걸 보니, 당신은 희생정신이 높은 거 같다."(p. 256) 재구성 집단의 참여자들은 여러 결과 척도에서 유의한 향상을 보였다. 이러한 결과는 재구성이 우울 치료에서 유용하게 사용될 수 있음을 시사한다.

제**23**장

사고 중지

📖 사고 중지의 기원

사고 중지(thought stopping)는 인지적 사고의 흐름을 막을 수 있는 능력을 향상시키기 위한 기법이다(Bakker, 2009). 이 기법은 1875년에 나체 여성에 대해 강박적인 사고를 하는 남성을 치료하기 위해 처음으로 사용되었다(Wolpe, 1990). 이 기법은 1928년에 Alexander Brain이 발간한 『일상생활에서 사고 통제하기(Thought Control in Everyday Life)』라는 책에서 소개되면서 주목받기 시작했다(Davis, Robbins-Eshelman, & McKay, 2009). 이후 James G. Taylor는 강박과 공포적 사고를 치료하는 데 사고 중지를 사용하라고 제안하였고, 실제 Joseph Wolpe가 이 기법을 사용하면서 행동치료의 기법으로 알려졌다(Davis et al., 2009; Wolpe, 1990). 현재, 사고 중지는 성적 가해자를 대상으로 많이 사용된다(Worling, 2012). 사고 중지는 내담자로 하여금 원하지 않는 생각이 떠오르지 않게 '중지'라는 명령어를 사용하여(Wolpe, 1990), 가능한 한 빨리 바람직하지 않은 생각을 차단하도록 한다(Davis et al., 2009).

사고 중지는 다음과 같은 이유로 효과적이다(Davis et al., 2009). 첫째, '중지'라는 명령어가 처벌의 기능을 하기 때문에 원하지 않는 생각이 다시 떠오를 가능성이 줄어든다. 둘째, '중지'는 주의를 산만하게 하고, 원하지 않는 생각과 양립할 수 없다. 셋째, 원하지 않는 생각이 다시 나타나지 않도록 하기 위해 '중지' 후 대안적인 생각이 뒤따라오도록 할 수 있다. 예를 들어, 상호억제 이론에 따라 자기수용적 진술문은 자신에 대한 부정적인 생각을 대체할 수 있다.

📖 사고 중지를 사용하는 방법

사고 중지는 4단계로 실시된다. 첫째, 내담자와 상담전문가는 사고 중지를 통해 어떤 생각을 중지시킬지에 대해 함께 결정한다(Wolpe, 1990). 둘째, 내담자는 눈을 감고 그 생각이 떠오르는 상황을 상상한다(Davis et al., 2009). 셋째, '중지' 명령어를 사용하여 그 생각을 방해한다. 넷째, 원하지 않는 그 생각을 긍정적인 생각으로 대체한다. 이 단계에서, 내담자는 초반에는 크게 대안적인 생각을 말하지만, 점차 시간이 지나면 마음속으로 그 생각을 말하게 된다. 일반적으로, 이 4단계는 15~20분 정도 소요된다. 목표는 원치 않는 생각의 빈도를 줄이고 궁극적으로 그 생각을 내담자의 통제하에 없애는 것이다.

이 네 가지 단계 중에서 3단계에서 실시하는 사고 방해는 다시 4단계로 진행된다(단계가 올라갈수록 상담자의 역할이 줄어들고, 내담자의 역할이 늘어남; Horton & Johnson, 1977). 첫째, 상담전문가는 내담자가 이제 그 생각이 더 이상 떠오르지 않는다고 말할 때까지 내담자의 생각을 방해한다. 내담자가 이야기를 하는 동안, 상담자는 내담자가 중지하고자 했던 생각을 언급할 때마다 '중지'라고 외친다. 둘째, 상담자는 내담자의 마음속의 생각을 중지시킨다. 내담자가 자신이 지금 그 생각을 하고 있다고 조용히 신호를 주면, 상담자가 '중지'라고 외친다. 셋째, 내담자 스스로가 그 생각을 할 때마다 '중지'라고 외친다. 넷째, 내담자는 자신의 생각을 조용히 마음속으로 방해한다. 즉, 자신이 그 생각을 할 때마다 마음속으로 그 생각을 멈추라고 명령한다.

📖 사고 중지를 변형한 기법

어떤 내담자에게는 '중지'라는 명령어만으로는 원하지 않은 생각이 멈추지 않을 수 있다. 이럴 때는 좀 더 강력하게 생각을 방해하는 방법이 필요하다. 예를 들어, 고무 밴드를 손목에 차고 원하지 않는 생각을 할 때마다 고무 밴드를 잡아당길 수 있다(Davis et al., 2009). 또는 부정적인 생각을 멈추기 위해 자신을 꼬집거나 손톱으로 손바닥을 찌를 수도 있다. 또한 원하지 않는 생각을 할 때 '중지'라고 말하면서 동시에 큰 소리가 나는 장치를 누르면 원하지 않는 생각을 방해할 수 있다(Wolpe, 1990). 신체적인 움직임이 인지적 악순환을 깰 수도 있는데, 예컨대 일어났다 앉았다 하기, 여러 번 돌기 혹은 다리 꼬기 등이 고무 밴드 당기기, 꼬집기처럼 부정적인 사고의 악순환을 방해할 수 있다.

📖 사고 중지의 예시

농(Nong)은 16세 여성으로, 불안과 완벽주의 성향이 있다. 농은 자신의 목표인 명문 대학에 들어가기 위해 강박적으로 좋은 성적을 받아야 한다고 생각하고, 이로 인해 스트레스를 많이 받고 있다. 농은 이러한 강박적 생각을 멈추고 싶어 상담실을 찾았다.

상담자(C): 구체적으로 어떤 생각을 항상 하는 거야?

농(N): 좋은 성적을 받아야 한다고 생각해요. 아니면 성적이 떨어질 거라고 생각해요. 좋은 성적을 받아야 제 목표를 달성하고 성공할 수 있다고요.

C: 만약 좋은 성적을 받지 못하면 무슨 일이 일어날까?

N: (긴장한 듯 웃으며) 제 자신이 한심하게 느껴지고, 자신감이 떨어질 거예요. 제가 똑똑하지 않다고 느끼게 될 거고요.

C: 이런 생각을 많이 해?

N: 네. 늘 해요. 이런 생각을 늘 해요. (잠시 멈추고 생각하기 시작함)

C: 학교에서 공부를 잘해야 하고 똑똑해야 한다고 생각하는구나.

N: 네. 그런 거 같아요.

C: 좀 더 구체적으로 너 자신에게 어떤 말들을 하는 거야? 지금까지 네가 한 말들은, 예를 들어 "저는 저 자신에 대해 자신감을 가졌으면 좋겠어요."는 너무 딱딱하게 들려. 정확히 너 자신한테 뭐라고 말하는 거야?

N: 나는 바보 같애. 내가 바보 같이 느껴져. 이번 시험을 망칠 거야. 나는 좋은 대학에 가지 못할 거야. 이런 것들이요. 되게 울적해요.

C: 울적하다는 게 어떤 감정이야?

N: 나쁜, 네. 끔찍한.

C: 1~10점 척도로 몇 점 정도? (척도기법을 소개함)

N: 1점이나 2점 정도요. 아주 안 좋아요.

C: 그런 생각을 할 때 얼마나 자주 울적해져?

N: 할 일이 되게 많을 때 그런 거 같은데…… 최근에는 늘 그런 거 같아요.

C: 그럼, 지난주에는 얼마나 자주 그랬어?

N: 항상 그랬어요. 특히 학기 말이라 심했어요. 학기 말에 선생님이 진도를 빨리 나가
    셔서…….

C: 바쁠 때?

N: 네. 학기 말에 바쁘니까 이런 일이 생겨요.

C: 안 좋은 생각을 줄일 수 있는 방법을 배워 볼래?

N: 네. 그 방법을 배우려고 상담에 왔는걸요!

C: 좋아. "나는 한심해." "나는 어리석어."처럼 자신을 비하하는 말을 자신에게 계속하
    면 왜 자신이 부정적으로 느껴지는지 이해돼?

N: 네.

C: 그런 말들을 계속하면 너 자신이 더 한심하고 어리석게 느껴지기 때문이야. 이제, 사
    고 중지라는 기법에 대해 알려 줄게.

N: 좋아요.

C: 이 방법은 "나는 한심해." "나는 어리석어."와 같은 말을 포함한 자기비하적인 생각
    을 반복적으로 할 때 도움이 돼. 계속 반복해서 같은 생각을 할 때, 아무리 노력해도
    그 생각이 머릿속에서 떠나지 않을 때, 그 생각을 강박적 사고라고 하잖아. 지난주에
    강박적 사고에 대해 얘기한 거 기억나지? 주로 잠 잘 시간에 이런 강박적 사고가 나
    타나고, 그래서 잠을 잘 수 없다고 했잖아. 똑같은 생각을 또 하고 또 하고. 이런 강박
    적 사고의 악순환을 깨고 좀 더 긍정적인 사고를 하기 위해 사고 중지를 사용할 수 있
    어. 자, 시작해 보자. 큰 소리로 그동안 너 자신에게 했던 말들을 말해 볼래?

N: 나는 한심하고 어리석어.

C: 자, 좀 더 진짜처럼 말해 봐.

N: 나는 한심하고 어리석어!

C: 좋아. 그런 식으로 너 자신한테 말하는 거지? "선생님, 글쎄요. 저는요. 제가 너무 어
    리석은 거 같아요." 이렇게 말하지 않고 "아. 진짜, 내가 왜 그런 한심한 짓을 했지?

정말 바보 같아. 나 진짜 한심한 바보야!"라고 말하잖아. 맞지?

N: 네. 완전 맞아요! 그런 식으로 말해요!

C: 자. 지금부터 너 자신에게 그런 말을 하기 시작할 때마다 '중지'라고 외쳐 볼래? 시작해 보자! 다시 한번 크게 너 자신에게 뭐라고 말하는지 말하고, '중지'라고 외쳐 봐.

N: 네, 그렇게 시험을 망치다니 난 정말 한심한 바보야. 어떻게 그렇게 한심할 수가······ 중지!

C: 좋아. 신체적으로 뭔가를 하는 것도 도움이 되는데, '중지'라고 말하는 것처럼, 신체적인 활동도 부정적인 악순환을 깨는 데 도움이 될 수 있어. 무엇이든 진짜 몸을 써서 신체적으로 하는 게 중요해. 그리고 부정적인 악순환을 깨면, 좀 더 긍정적인 생각을 하게 되고 긍정적인 말을 너 자신에게 할 수 있게 돼. 긍정적인 생각이나 말의 예시를 하나 들어 줄래?

N: 모든 게 다 괜찮아질 거야.

C: 모든 게 다 괜찮아질 거야. 걱정하지 마. 모든 게 다 괜찮아질 거야. 그리고 시각적 심상도 도움이 될 수 있어. 마음이 편하고 고요한 그런 장소를 상상하는 거야. 원한다면, '중지'라고 아주 큰 소리로 외치고 반복적으로 긍정적인 말을 해 봐. "모든 게 다 괜찮아질 거야."라고. 그리고 나서 깊게 호흡하고 편하고 조용한 장소를 상상하고.

N: 네.

C: 자, 한 번 더 해 보자.

N: 나는 한심하고 어리석어! 나는 바보야. 중지! (잠시 중지함) "모든 게 다 괜찮아질 거야." (호흡하고 상상함)

C: 어땠어?

N: 좋아요. 마음이 편해졌어요.

C: 1~10점 척도로 몇 점?

N: 6점 정도요. 정말 마음이 편해졌어요.

C: 아주 좋아. 네가 어디에 있든, 그게 학교든, 쇼핑몰이든, 주유소든. 너 자신에 대해 부정적으로 생각하기 시작하면, '중지'라고 소리를······.

N: (웃기 시작하며) 그건 너무 창피할 거 같아요! 제가 정말 그렇게 하면 또 다른 문제로 상담을 받아야 할 거 같아요(농담조로).

C: 그래. 맞아. 공공장소에서는 그렇게 할 수 없으니 방법을 좀 바꿔야겠지? 내가 손목에 찰 수 있는 고무밴드를 가져왔어. (상담자가 고무밴드를 농의 손목에 채워 줌) 자,

이렇게!

N: 와! 감사해요. 항상 차고 있을게요.

C: 그래. 꼭 그렇게 해. '중지'라고 크게 외치는 대신, 고무밴드를 잡아당겨 봐. (농이 고
무밴드를 당김) 어때? 어땠어?

N: 약간 따끔거려요. 아픈 정도는 아니고요.

C: 그래. 약간 따끔거리는 거. 그게 너 자신의 부정적인 사고 악순환을 깨기 위해 신체
적으로 뭔가 하는 거야. 부정적인 생각을 하기 시작하면, '중지'라고 속으로 외치면서
고무밴드를 한 번 잡아당겨. 그리고 긍정적인 말을 한 번 하고, 깊게 호흡하고, 편한
장소를 상상하면 돼. 자, 한 번만 더 해 보자. 자기비하적인 생각을 해 봐. 그리고 마
음속으로 '중지'라고 외치면서 고무밴드를 잡아당기고, 깊게 호흡하고, 편한 장소를
상상하면서 긍정적인 생각을 해 봐.

농은 상담자가 하라는 대로 사고 중지를 연습했다.

C: 어땠어?

N: 좋았어요. 어떻게 하는지 알겠어요.

C: 좋아, 다음 주에 다시 만날 때까지 고무줄 밴드를 빼지 말고, 강박적인 생각을 할 때
마다 사용해 봐.

N: 네.

**상담전문가와 농은 사고 중지기법을 더 자주 사용할 수 있도록, 이 기법이 어떤 다른 상황에
서도 사용될 수 있는지 탐색하였다.**

C: (결론을 내리며) 이런 부정적인 생각들을 하기 시작할 때, 그 생각들이 머릿속에서
나가지 않을 때, 기분이 안 좋아지잖아. 너 자신에게 안 좋은 말들을 하면서 상황을
더 어렵고 힘들게 만드는 거지. 이럴 때는 '중지'라고 말하고, 고무밴드를 잡아당기는
거야. 그리고 긍정적인 자기대화를 하고, 깊게 호흡하고, 편하고 조용한 장소를 상상
하는 거야. 그러면, 조금씩 마음이 편해지면서 해야 하는 일에 집중할 수 있을 거야.

📖 사고 중지의 유용성과 평가

사고 중지는 다양한 문제를 다루는 데 사용되는데, 특히 우울과 강박, 두려운 생각 (예: 건강염려증, 성적 강박, 실패자라는 생각, 성적으로 부족하다는 생각, 강박적 기억, 공포) 등을 다루는 데 가장 많이 사용된다(Davis et al., 2009). 또한 성적으로 누군가를 공격 하는 상상을 강박적으로 하는 성범죄자를 대상으로도 사용된다(Worling et al., 2012). Leger(1979)는 불안 혹은 강박을 겪고 있는 세 명의 내담자를 대상으로 사례연구를 실 시하였고, 그 결과 사고 중지가 두 명의 반추 횟수를 감소시킨 것으로 나타났다. 유사 하게, Horton과 Johnson(1977)은 강박적으로 부인을 죽이는 생각을 하는 남성을 치료 할 때 사고 중지를 사용하였다. 27일 동안 4번의 회기를 실시하였는데, 그 결과 20초에 한 번씩 나타나던 강박적 사고가 일하는 동안에는 2시간에 한 번씩, 일하지 않을 때는 30분에 한 번씩 나타나게 되었다.

사고 중지는 자기비하적 생각, 흡연, 환각, 환청(Horton & Johnson, 1977)과 불면증을 감소시키는 데도 사용된다(Katofsky et al., 2012). Samaan(1975)은 환각, 강박, 우울사고 를 경험하고 있는 여성에 대한 사례연구를 실시하였다. 10회기 동안 사고 중지, 홍수 법, 상호강화치료 등을 사용한 후, 여성의 문제가 감소되었다. 치료 전에는 일주일 동 안 22번의 환각, 14번의 강박, 8번의 우울 사고가 나타난 반면, 치료 초기에는 일주일 에 1~2번, 치료가 종결된 후에는 전혀 나타나지 않았다. 또한 Peden, Rayens, Hall과 Beebe(2001)는 사고 중지를 포함한 다양한 인지행동치료 기법을 사용하여 우울증이 있는 여대생들을 치료하였는데, 그 결과 우울 증상, 특히 부정적인 사고가 감소한 것으 로 나타났고, 이는 18개월 후의 추후 검사에서도 유지된 것으로 확인되었다.

일부 연구자들(Macrae, Bodenhausen, Milne, & Jetten, 1994; Wegner, Schneider, Carter, & White, 1987; Wenzlaff, Wegner, & Roper, 1988)이 부정적이고 강박적인 생각을 억제하려 고 할수록 이런 생각들이 더 강화된다는 결과들을 보고한 반면, 다른 연구자들(Purdon & Clark, 2001; Roemer & Burkovec, 1994; Rutledge, 1998)은 정반대의 결과를 보고하였다. Bakker(2009)는 인지행동치료 치료에서 사고 중지를 어떻게 사용할지에 대해 분석했는 데, 특히 사고 중지는 내담자의 대처 능력을 향상시키는 효과적인 사고억제 기법이라 고 설명하였다. 하지만 이 기법은 일부에서 생각을 방해하는 자극으로 경미한 정도의 충격을 사용하여 비판받아 왔다. 절대 충격을 사용해서는 '안 된다'.

제**24**장

인지적 재구성

📖 인지적 재구성의 기원

인지적 재구성(cognitive restructuring)은 인지 치료에서 시작된 기법으로 Albert Ellis, Aaron Beck 및 Don Meichenbaum에 의해 개발 및 사용되었다. 이 기법은 인지적 왜곡 수정이라고도 불린다. 인지적 재구성은 학습이론을 사고에 적용한 기법으로, 습관적인 인지적 반응을 바꿈으로써 좀 더 나은 정서적 반응이 나타날 수 있도록 돕는 것을 목표로 한다(Dombeck & Wells-Moran, 2014). 인지적 재구성은 다음의 두 가지를 가정한다. (1) 비이성적이고 역기능적인 사고는 자기비하적인 행동으로 이어진다. (2) 이러한 사고는 개인적인 태도나 인지를 바꿈으로써 변화될 수 있다(James & Gilliland, 2003). 일반적으로, 상담전문가는 부정적인 생각과 해석을 좀 더 긍정적인 것으로 바꿀 필요가 있는 내담자에게 이 기법을 사용한다.

📖 인지적 재구성을 사용하는 방법

Doyle(1998)은 다음과 같이 인지적 재구성을 사용하는 7단계 방법을 제안하였다.

1. 내담자가 과거와 현재의 문제들에 어떻게 대처해 왔는지에 대한 정보를 수집하라.

2. 내담자가 자신의 사고 패턴을 이해하도록 도와라. 내담자의 사고를 지지하는 증거들이 무엇인지, 그리고 그 증거들을 다르게 해석할 수 있는지에 대해 논의하라.

3. 내담자의 사고가 내담자의 웰빙에 어떠한 영향을 미치는지 살펴봐라. 상담전문가는 내담자가 사고-감정의 관계를 이해할 수 있도록 돕기 위해, 내담자의 비이성적인 생각을 과장하기도 한다.

4. 내담자가 자신에 대한 생각과 다른 인지적 패턴을 평가하도록 도와라.

5. 내담자가 자신의 사고와 가정을 바꾸는 방법을 배울 수 있도록 도와라.

6. 다시 한 번 실제 예시를 통해 내담자의 인지적 패턴이 내담자가 중요하게 생각하는 영역에 어떠한 영향을 미치는지 살펴봐라. 내담자가 현실적으로 달성 가능한 목표를 세울 수 있도록 도와라.

7. "논리적인 인지적 패턴이 안정화될 때까지 사고 중지, 과제, 호흡법 등을 함께 사용하라."(p. 92)

Hofmann과 Asmundson(2008)은 인지적 재구성을 통해 상담전문가와 내담자가 어떻게 비이성적 혹은 역기능적인 사고를 재구성하고 논리적 논박, 소크라테스 질문법, 행동적 실험 등을 통해 그런 생각을 논박할 수 있는지에 대해 논의하였다. Meichenbaum(1995)은 Doyle(1998)가 제안한 7단계를 통해 상담자와 내담자는 다음의 세 가지 목표를 달성할 수 있다고 말했다.

1. 내담자는 자신의 생각을 이해해야 한다. 이 목표는 Doyle(1998)의 두 번째 단계를 통해 달성될 수 있다. 이를 위해 Meichenbaum(1995)은 내담자에게 그들의 생각과 감정에 대해 직접적으로 물어보는 것이 좋다고 제안하였다. 또한 상담전문가는 심상 기법을 통해 내담자의 생각을 구체적으로 탐색할 수 있다. 즉, 내담자로 하여금 천천히 특정 상황을 떠올리도록 하고 내담자가 그 상황에서 어떤 생각과 감정을 느꼈는지 묘사할 수 있도록 한다. 이때, 상담전문가는 내담자에게 만약 내담자의 지인이 동일한 상황 때문에 스트레스를 받는다면 어떤 조언을 해 줄 것인지 질문할 수 있다. 또한 Meichenbaum은 내담자가 자신의 생각들을 기록하는 것이 중요하다고 강조하였다. 스트레스를 받을 때, 내담자는 무슨 일이 일어났는지, 그리고 어떤 생각과 감정을 경험했는지 기록해야 한다.

2. 내담자는 자신의 사고 패턴을 바꿔야 한다. 이 목표는 Doyle(1998)의 네 번째 단
계를 통해 달성될 수 있다. 상담전문가는 내담자로 하여금 "자신의 생각과 믿음을
평가하고, 예측하며, 대안적 사고를 탐색하고, 잘못된 사고에 대해 의문을 품도
록"(Meichenbaum. 1995, p. 422) 도와줌으로써 내담자가 자신의 생각을 바꾸고 그
변화를 깨달을 수 있도록 도와야 한다. 상담전문가는 내담자의 생각과 믿음을 평
가할 때 내담자에게 자신이 사용하고 있는 단어들이 구체적으로 무슨 의미를 갖
는지 질문할 수 있다. 또한 내담자로 하여금 결과를 미리 예측하도록 함으로써 자
신의 어떤 생각이 이성적인지 혹은 자기패배적인지 구분할 수 있도록 도울 수 있
다. 예를 들어, 상담자는 "만약 X가 발생한다면, 어떤 일이 일어날까요? 어떻게 알
수 있죠? 어떻게 진짜 그 일이 일어나는지 알 수 있어요?"(p. 423)라고 묻는다. 대
안적 사고 탐색의 핵심은 내담자가 다른 관점들을 고려해 본다는 것이다. 내담자
가 자기패배적이 아닌 대안적인 이성적인 사고를 할 수 있다면, 긍정적인 변화가
생길 수 있다. 이 과정에서 상담전문가는 "흑백논리, 이분법적 사고, 과잉일반화,
개인화"(p. 424)와 같은 내담자의 잘못된 사고에 대해 의문을 품어야 한다.

3. 내담자는 자신과 세상에 대한 생각을 탐색하고 바꾸기 위해 실험을 해야 한다. 이
목표는 Doyle(1998)의 5단계를 통해 달성될 수 있다. 상담전문가는 내담자가 상
담회기 내에서 실험을 할 수 있도록 도와주고, 준비가 되면 실제 생활에서도 적용
할 수 있도록 격려한다. 도식 일기(scheme diary)도 내담자의 생각을 수정하는데
도움이 될 수 있다(Meichenbaum, 1995). Meichenbaum(p. 429)은 다음과 같이 도
식 일기를 구성할 수 있다고 제안하였다.

- 촉발요인: 나의 반응을 촉발한 요인이 무엇인가?
- 감정: 나는 어떤 감정을 느꼈는가?
- 사고: 나는 어떤 생각을 했는가?
- 행동: 나는 어떤 행동을 했는가?
- 삶의 함정: 나에게 민감한 어떤 문제가 건드려졌는가? 어떤 어릴 적 경험과 관련
  이 있는가?
- 대처: 현실적인 걱정−나의 반응이 합리적이었나? 나의 어떤 행동이 이 상황을
  초래하거나 더 악화시킨 것인가? 이 문제에 대해 상의할 사람이 있는가?
- 과잉반응: 내가 어떻게 이 상황을 과장하거나 잘못 해석했는가?

- 문제 해결: 앞으로는 이러한 상황을 어떻게 잘 대처해서 문제를 해결할 수 있을까?
- 배운 점: 이 상황으로 인해 내가 배운 점은 무엇인가?

📖 인지적 재구성을 변형한 기법

인지적 재구성을 변형한 기법 중 하나는 내담자에게 스트레스 사건 이전, 도중, 이후에 들었던 생각과 감정을 기록하게 하는 것이다. 상담전문가는 내담자가 기록한 내용을 읽고 분석하는데, 특히 내담자의 스트레스를 초래하는 자기패배적인 생각과 구체적인 상황에 초점을 맞춘다. 구체적인 생각과 상황을 파악하면, 내담자가 자기패배적인 생각을 좀 더 적응적인 생각으로 수정할 수 있도록 돕는다.

Doyle(1998)은 내담자가 스스로 자신의 생각을 분석할 수 있도록 돕기위해 인지적 재구성을 변형한 기법을 개발하였다. 이 기법은 내담자가 자신의 생각을 이해할 수 있도록 '세 칸' 방법을 사용한다. 내담자는 첫 번째 칸에 불안을 초래한 어떤 사건이 일어났는지 기록한다. 두 번째 칸에는 그 사건과 관련해 어떤 생각을 했는지를, 세 번째 칸에는 그 생각들에 어떤 오류가 있었는지 기록한다.

Hackney와 Cormier(2012)는 인지적 재구성에서 어떻게 대안적인 생각을 사용할 수 있는지에 대해 설명하였다. 상담전문가는 내담자와 함께 내담자의 자기패배적인 생각을 찾는다. 내담자는 자신의 부정적인 생각을 이해한 후에 대안적인 생각을 만들어야 한다. 대안적인 사고는 자기패배적인 생각에 대한 논리적인 반응으로, 긍정적인 사고를 포함해야 효과가 있다. 예를 들어, "나는 비행기가 너무 무서워."라는 생각(자기패배적인 생각) 대신에 "항공 전문가들이 이 비행기를 검사했고, 아무런 문제를 찾지 못했어."(대안적인 사고)라고 생각할 수 있다(p. 195).

Southam-Gerow와 Kendall(2000)은 아동에게 사용할 수 있는 변형된 인지적 재구성 기법을 소개했다. 내담자의 자기대화를 찾는 2단계에서, 상담전문가는 내담자에게 자신의 머릿속에 돌아다니는 생각 말풍선이 무엇인지 상상해 보도록 한다. 아동은 만화에 나오는 것처럼, 자신의 생각을 말풍선으로 그려 볼 수 있다. 이런 변형된 방법은 어린 아동이 자기대화를 더 쉽게 이해하도록 도와준다.

📖 인지적 재구성의 예시

케이(Kay)는 48세 여성으로, 대인관계 문제로 상담소를 찾았다. 케이는 하루에도 몇 번씩 가족들에게 화가 났고, 하루 종일 짜증 나고 신경질이 난다고 말했다.

상담자(C): 오늘 종이 몇 장을 가져오신 걸 봤어요.

케이(K): 네. 우리가 지난주에 얘기한 걸 해 봤어요.

C: 지난주에 당신을 화나게 한 상황들을 기록하신 거예요?

K: 네. 그리고 왜 화가 났는지 이유도 적어 봤어요. 보실래요?

C: 괜찮으시다면, 몇 개 읽어 주실래요?

K: 네. 좋아요. 음. 일단 첫 번째 상황부터 읽어 볼게요. 지난주에 상담이 끝나자마자, 남편이 전화를 해서 제가 어디에 있는지 물어봤어요. 제가 남편에게 그날 오후에 상담 약속이 있다고 말했었는데, 남편은 그 사실을 완전히 잊어버리고 저한테 전화해서 어디 있는지 물어보는 거예요. 그래서 화가 났었어요. 게다가 제가 오전에 사오라고 한 저녁거리를 사는 걸 잊어버렸다며 저더러 사 오라고 말했어요. 당연히 남편이 했어야 하는 일을 하지 않았다고 하니까 정말 화가 나더라고요.

C: 이 상황에서 당신이 '화'가 났다는 게 무엇을 의미하는지 더 정확하게 이해하고 싶어요. 남편의 전화를 받고, 1~10점에서 몇 점 정도로 화가 나셨던 거예요? 1점은 아주 약간 짜증남을 의미하고, 10점은……

K: 10점은 창문을 박살을 내기 직전?

C: 네. 10점은 창문을 박살을 내고 싶을 만큼 화가 난 걸 의미해요.

K: 쉽네요. 전 10점이었어요. 집에 도착했을 때, 집에 있는 모든 창문과 남편이 수리하고 있는 빌어먹을 차 중에 하나를 박살 내고 싶을 정도로 화가 났었어요.

C: 네. 이제 어느 정도 화가 났었는지 알 거 같아요. 그럼 그날 남편이 전화해서 한 말을 생각해 볼 때, 다시 10점 척도로, 남편의 행동에 몇 점을 주겠어요? 1점은 작은 실수를 의미하고, 10은 사람이 할 수 있는 가장 최악의 행동을 의미해요.

K: 다시 10점이요.

C: 네. 잠시 후에 다시 이 주제로 돌아올게요.

다음으로, 상담자는 사다리 기법이라고 알려진 기법을 사용하였다. 이 기법은 내담자의 감정과 행동 이면에 있는 핵심 믿음을 파악하는 데 효과적이다.

C: 화가 났던 다른 상황에 대해서도 기록하셨네요. 차차 다른 상황들에 대해 얘기하겠지만, 일단 지금은 남편이 전화한 그 상황에 대해 더 얘기해 보는 게 좋을 거 같아요! 아까 남편이 전화한 상황에서 두 가지 이유로 화가 났다고 말씀하셨어요. 하나는 남편이 당신의 상담 약속에 대해 잊어버리고 전화해서 어디 있는지 물어봐서, 그리고 또 하나는 남편이 사 오기로 한 저녁거리를 사지 않고 당신에게 사 오라고 말해서 화가 난 거라고요. 맞나요?

K: 네. 맞아요.

C: 남편이 당신의 상담 약속을 잊어버리고 전화해서 어디에 있냐고 물어봤잖아요. 그게 당신에게 무슨 의미예요?

K: 남편이 제 말을 듣지 않는다는 거죠.

C: 남편이 당신의 말을 듣지 않는다는 게 당신에게 무슨 의미예요?

K: 남편이 저에게 집중하지 않는다는 거죠.

C: 남편이 당신에게 집중하지 않는다는 건 당신에게 무슨 의미예요?

K: 저에 대해 관심이 없는 거죠! (아래를 내려다보고 잠시 생각한 후, 다시 앞을 봄) 만약 남편이 저에 대해 관심이 있다면, 저에게 더 집중하지 않을까요?

케이는 자신의 핵심믿음을 파악하였고, 이에 대해 스스로 질문하기 시작했다.

C: 좋아요. 케이. 어렵겠지만, 계속해 보죠. 만약 남편이 당신에 대해 관심이 없다면, 그게 당신에게 어떤 의미예요?

K: 아무도 저에게 관심이 없다는 거죠. 저는 누구에게도 사랑받지 못하는 사람이라는 거죠. (매우 부드럽게 말하고 다시 목소리가 커지면서 화를 냄) 제 남편이 저에게 관심이 없다면 누가 저한테 관심이 있겠어요?

C: 맞아요. 케이. 당신은 남편이 당신에게 집중하지 않거나, 당신이 한 말을 기억하지 못하면, 남편이 당신에 대해 관심이 없는 거라고 생각해요. 만약 남편이 당신에 대해 관심이 없다면, 당신은 사랑받지 못하는 사람이고, 아무도 당신에게 관심이 없다고 생각하고요.

K: 네. 맞아요! 정확히 그렇게 생각해요!

상담전문가는 내담자의 분노에 공통된 패턴("모든 길은 같은 목적지로 향한다.")이 있음을 의심하기 시작했다. 내담자의 분노는 사랑받지 못하고 관심받지 못한다는 감정과 관련이 있어 보였다.

C: 네. 그리고 남편이 전화했을 때 화가 났던 두 번째 이유는 남편이 사 오기로 한 저녁 거리 때문이었죠? 남편이 당연히 했었어야 하는 일을 안 해서 화가 났다고 하셨어요.

K: 네. 남편이 당연히 했었어야죠. 제가 요리를 거의 다 해요. 저는 정말 힘든 주를 보내고 있었거든요. 집안일과 사람들 때문에 지쳐 있었고, 남편은 그 사실을 알고 있었어요. 적어도 저를 위해 저녁거리 정도는 사 왔었어야 해요! 제가 힘들어 한다는 걸 알고 있으면서 남편은 손가락 하나 까딱하려고 하지 않았어요!(다시 화를 냄).

C: 네. 당신의 핵심믿음을 더 이해하기 위해 좀 전에 한 걸 다시 해 볼게요. 남편은 당신이 피곤하다는 걸 알고 있었고 힘든 한 주를 보내고 있다는 걸 알고 있었는데, 저녁거리를 사 오지 않았어요. 그게 당신에게 무슨 의미예요?

K: 아! 선생님이 뭘 하고 계신지 알겠어요. 네. 남편은 제가 피곤하고 이미 모든 집안일을 하기 때문에 지쳐 있다는 걸 알면서도 제가 부탁한 작은 일도 하지 않았어요. 그건 남편한테 제가 우선순위가 아니라는 거죠.

C: 네. 남편한데 당신이 우선순위가 아니라는 게 당신에게 무슨 의미예요?

K: 제가 중요하지 않은 사람이라는 뜻이죠.

C: 당신이 남편에게 중요하지 않은 사람이라는 게 당신에게 무슨 의미예요?

K: 그건 이미 제가 아는 대로, 저는 중요하지 않은 사람이란걸 의미해요. 제가 전혀 좋은 사람이 아니라는 거죠.

C: 네. 케이. 혹시 지금 말한 문장과 몇 분에 전에 말한 문장 간에 어떤 공통점이 있는지 알겠어요?

K: 몇 분에 전에 말한 문장이라면, 아무도 저에 대해 신경쓰지 않는다는 거요?

C: 네. 맞아요.

케이는 잠시 조용히 생각에 잠겼다. 케이는 그동안 남편을 비난하는 걸 선호해 왔기 때문에 자신의 생각이 남편에 대한 분노와 관련이 있다는 걸 인정하기 어려울 수 있다.

K: 그리고 지금 말한 문장은 제가 중요하지 않고, 전혀 좋은 사람이 아니라는 거죠?

C: 네, 맞아요.

K: 네, 어떻게 두 문장이 비슷한지 알겠어요. 나는 사랑받을 가치가 없다. 나는 좋은 사람이 아니다. 비슷하네요.

C: 케이, 누구나 이런 생각을 해요. 우리는 오랫동안 이런 생각을 해 왔기 때문에 어떨 때는 이런 생각을 하는지조차 깨닫지 못할 때가 있어요. 하지만 이런 생각들은 매우 강하고 믿을 만하기 때문에 우리가 어떤 해석을 하는지, 어떤 감정을 느끼는지, 어떤 행동을 하는지에 지대한 영향을 미쳐요. 제 생각에는 우리가 좀 전에 찾은 당신의 생각들이 아마도 지난주에 당신이 기록한 내용의 핵심일 거 같아요. 당신이 기록한 상황들에 대해 좀 전에 했던 그 질문("X는 당신에게 무슨 의미죠?")을 반복적으로 한다면, 또 비슷한 생각을 찾을 수 있을 거 같은데 어떻게 생각하세요?

K: (자신이 기록한 내용을 1~2분 정도 살펴봄) 네, 맞아요. 그런 거 같아요. 머릿속으로 몇 가지 상황에 대해 그 질문들을 던져 보니, 비슷한 생각을 찾을 수 있네요. 하지만 남편이 저한테 하는 행동은 공평하지 않아요. 남편이 하는 모든 부적절한 행동을 다 이해하고 싶지 않아요. 내가 왜 남편의 행동에 책임을 져아 하죠? 그럴 수 없어요!

C: 아니에요, 케이, 전혀 아니에요. 당신이 남편의 행동에 책임을 져야 하는 게 아니고, 우리는 사실 남편의 행동을 바꿀 수 없어요. 하지만 우리가 할 수 있는 건 남편의 행동이 어떻게 당신의 기분에 영향을 미치는지, 특히 어떻게 당신을 화나게 하는지, 어떻게 당신을 힘들게 하는지에 다루는 거예요.

K: 네, 그건 할 수 있어요.

C: 자, 우리 이제 두 가지 주제에 대해 얘기해 보죠. 먼저, 남편이 왜 그렇게 행동하는지에 대한 다른 이유를 찾아보고, 다른 사람의 행동이 어떻게 당신을 정의하는지에 대해 다시 생각해 봐요.

K: 네, 일단 남편이 왜 그렇게 행동하는지에 대해 몇 가지 다른 이유를 생각할 수 있을 거 같아요.

C: 좋아요, 좋아요.

K: 제가 남편한테 상담 약속이 있다고 말했을 때, 남편이 차 밑에서 작업을 하고 있었거든요. 아마 자기 일에 집중하고 있어서 제 말을 제대로 들을 수 없었던 거 같아요.

C: 좋아요, 또 다른 이유가 있을까요?

K: (잠시 생각하며) 네, 남편이 전화했을 때 걱정하는 목소리였어요. 제가 어디 있는지

정말 걱정하는 거 같았어요. 아닌가? 물론 그냥 저녁에 뭘 먹을지 걱정했을 수도 있어요. 모르겠어요.

C: 그럼, 남편이 일에 너무 집중하고 있어서 상담 약속이 있다는 말을 제대로 듣지 못했을 수 있네요. 그리고 당신이 어디 있는지 몰라서 걱정을 했을 가능성도 있고요.

K: 네.

C: 아까 남편의 행동에 10점을 줬어요.

K: 네. 그랬어요.

C: 이제, 그런 가능성을 고려할 때, 남편의 행동에 몇 점을 주시겠어요?

K: 훨씬 낮은 점수요. 2점이나 3점 정도요.

C: 이런 이유들이 정말 남편의 행동을 설명할 수 있을까요?

K: 네. 충분히 가능성이 있어요.

C: 그럼, 이제 남편의 점수가 2점 혹은 3점인데, 당신은 그날 10점, 그러니까 창문을 박살내고 싶을 만큼 화가 났었어요. 어떻게 생각하세요?

K: 제가 좀 과했던 거 같아요. 요새 제 반응들이 좀 그렇다는 걸 인정해요. 나중에 후회하지만, 다시 화를 내고 사과를 할 시간조차 없는 거 같아요. 내가 과하게 반응했다고 깨닫는 순간 또 누군가가 나를 화나게 하는 거 같아요.

C: 네. 남편이 당신이 말한 걸 잊어버리고, 하라고 한 걸 안 하고, 그래서 당신은 자신이 사랑스럽지 않고 좋지 않은 사람이라고 생각하고, 이런 일들이 반복되니까 계속 화가 나는 거 같아요.

K: 네, 맞아요. 그럼, 제가 어떻게 해야 하죠?

C: 좋은 질문이에요. 당신은 이미 상당한 진전을 보였어요. 오늘 매우 열심히 상담에 임해 주셨어요. 이런 생각들이 하룻밤 안에 만들어진 게 아니라는 점을 기억 하세요. 아마 40년 이상의 세월 동안 만들어지고 강화되었을 거예요. 그래서 이걸 바꾸는 데 시간이 걸릴 거예요.

K: 설마 40년이 걸리는 건 아니겠죠?!

C: 네. 그건 아니에요. 하지만 시간이 걸리고 오늘처럼 많은 노력이 필요해요.

K: 할 수 있어요.

C: 자, 아까 제가 이야기하자고 한 두 번째 주제로 넘어갈까요? 남편이 왜 그런 행동을 했는지에 대한 다른 이유를 찾았으니, 이제 다른 사람들의 행동이 당신을 어떻게 정의하는지 생각해 봤으면 좋겠어요.

K: 네, 해 보죠.

C: 다시 화가 날 수도 있지만, 잠시 남편이 정말로 당신에 대해 신경쓰지 않고 당신을 중요하지 않은 사람이라고 생각한다고 가정해 볼게요. 아까 이런 남편의 행동이 당신이 사랑스럽지 않고 좋지 않은 사람이라는 걸 의미한다고 했잖아요. 근데 정말로 그렇나요? 정말 남편의 행동이 그걸 의미할까요?

K: 남편이 아내를 신경을 쓰지 않는다는 건 매우 나쁜 거죠. 뭔가를 의미하긴 할 거예요.

C: 네. 뭔가를 의미하겠죠. 남편이 당신을 정말 신경쓰지 않을 수도 있어요. 근데, 남편의 행동이 꼭 뭔가를 의미해야 하나요? 남편이 당신에 대해 어떻게 생각하고 느끼는지가 당신을 정의할 필요가 있나요?

K: 그러니까 남편이 설령 그렇게 생각한다 하더라도 아무도 저를 사랑하지 않거나 중요하지 않다고 생각하지 않는다는 거죠?

C: 네. 맞아요. 그렇지 않나요?

K: 네. 맞아요. 그냥 남편이 저를 신경쓰지 않는 거죠.

C: 그건 힘든 일이죠?

K: 네. 힘들어요.

C: 네. 맞아요. 남편이 그렇게 생각한다면 힘든 일이죠. 하지만⋯⋯.

K: 하지만 세상에서 일어날 수 있는 가장 최악의 일은 아니죠. 그리고 모두가 남편처럼 저에 대해 생각하는 것도 아니고요.

C: 네. 맞아요. 케이, 아시겠어요? 이게 거의 다 왔어요. 뭔가 다른 감정이 느껴지지 않나요?

K: "모두가 남편처럼 저에 대해 생각한다는 건 아니고요."라고 말할 때 좀 어색했어요.

C: 네. 이렇게 생각해 본 적이 없어서 그래요. 하지만 당시 남편이 전화했을 때, 이렇게 생각했다고 가정해 보세요. 집에 갔을 때, 10점, 즉 창문을 부수고 싶을 만큼 화가 났을까요?

K: 아니요. 전혀요. 화가 나지 않고 약간 슬펐을 거 같아요. 항상 화가 나 있는 것보다 슬픈 게 나을 거 같아요.

📖 인지적 재구성의 유용성과 평가

　Johnco, Wuthrich와 Rapee(2012)는 성인이 인지적 재구성 전략을 배우고 사용할 수 있는지를 예측하는 중요한 요인으로 인지적 유연성을 꼽았다. 인지적 재구성은 집단에서 사용될 수 있지만 일대일, 즉 개인상담에서 사용될 때, 내담자가 더 잘 반응하는 것으로 나타났다(Madu & Adadu, 2011). 인지적 재구성은 주로 극단적인 생각을 하거나, 특정 상황에 대해 공포나 불안을 보이거나, 인생에서 흔히 일어나는 문제에 대해 과민 반응하는 사람들에게 사용된다. Velting, Setzer와 Albano(2004)는 불안장애가 있는 아동·청소년에게 인지적 재구성을 사용할 것을 제안하였다. 불안을 초래하는 생각을 파악함으로써 아동·청소년은 자신의 부정적인 생각을 대안적인 생각으로 바꾸는 방법을 배울 수 있다.

　최근에 인지적 재구성은 외상 후 스트레스 장애(PTSD)를 겪고 있는 청소년(Rosenberg, Jankowski, Fortuna, Rosenberg, & Mueser, 2011)과 성인(Bryant et al., 2008)을 대상으로도 사용되었다. 다만, 인지적 재구성의 효과는 PTSD 치료 기법으로 더욱 알려진 지속노출 치료의 효과를 유의하게 향상시키지는 못했다(Foa et al., 2005). 인지적 재구성과 심상 기법을 함께 사용하면, 아동기 성적 학대 생존자들이 느끼는 부정적인 정서가 감소하는 것으로 나타났다(Jung & Steil, 2012). 인지적 재구성은 우울장애(Evans, Velsor, & Schumacher, 2002), 공황장애(Beamish et al., 2002; Beck, Berchieck, Clark, Solkol, & Wright, 1992; Overhusler, 2000), 낮은 자존감(Horan, 1996), 스트레스(Hains & Szyjakowski, 1990), 부정적인 자기 생각(Deacon, Fawzy, Lickel, & Wolitzky-Taylor, 2012), 불안(Shurick et al., 2012), 사회공포증, 강박장애 및 약물중독(Saltzberg & Dattilio, 1996)에도 효과적인 것으로 확인되었다. 중요한 시험에 대한 불안을 감소시키기 위한 연구에서 인지적 재구성은 체계적 둔감화를 사용한 전통적인 치료와 유사한 수준의 효과를 내는 것으로 나타났다(Baspinar Can, Dereboy, & Eskin, 2012).

제 **25**장

합리적 정서 행동 치료:
ABCDEF 모델과 합리적 정서 심상

 ABCDEF 모델과 합리적 정서 심상의 기원

　Albert Ellis는 Rogers의 인간중심치료와 정신분석치료가 내담자의 현재 사고나 믿음을 간과하기 때문에 비효과적이라고 판단하고, 1955년에 합리적 정서 행동 치료 (Rational-Emotive Behavior Therapy: REBT)를 개발하였다. 이 이론은 처음에는 합리적 치료라는 이름으로 시작하였지만, 이후 합리적 정서 치료로 개명되었다가 정서 · 행동 · 사고를 모두 강조한다는 의미에서 현재의 이름인 합리적 정서 행동 치료로 불리게 되었다. Ellis는 합리적 정서 행동 치료라는 이름을 사용하면서 정서 · 행동 · 사고는 서로 분리될 수 없다고 말했다(Seligman & Reichenberg, 2013).

　REBT에서는 정서를 중요시하지만, 개인의 사고가 심리적 문제의 주요 원인이라고 가정한다. 상담전문가는 내담자로 하여금 자신의 감정이 상황, 타인, 과거 등에 의해 기인된 것이 아니라 상황에 대한 자신의 생각 · 해석 · 믿음에 의해 기인된다는 점을 이해하도록 돕는다. 이 이론에서는 개인의 비합리적인 생각을 좀 더 유연하고 합리적인 생각으로 수정하면 행동과 감정도 변할 수 있다고 가정한다(Davies, 2006). REBT의 핵심 목표는 내담자의 무조건적인 자기 수용, 무조건적인 타인 수용, 무조건적인 삶의 수용을 높이는 데 있다(Dryden & David, 2008).

📖 ABCDEF 모델과 합리적 정서 심상을 사용하는 방법

REBT를 사용하는 상담전문가는 내담자를 돕기 위해 지시적인 접근을 사용하고, 주로 단기치료를 실시한다(Seligman & Reichenberg, 2013). 상담자는 내담자의 비합리적인 사고를 객관적으로 살펴보기 위해 내담자와 적절한 거리를 유지한다. REBT에서는 치료적 동맹을 바람직하지만, 굳이 필요하지 않은 요소로 간주한다. REBT의 세 가지 목표는 다음과 같다. (1) 내담자가 얻은 통찰을 자기 대화로 사용할 수 있도록 돕는다. (2) 내담자가 자신의 생각 · 감정 · 행동을 평가하도록 돕는다. (3) 내담자에게 REBT 원리를 교육하여 상담 종결 후에도 효과적으로 기능하도록 돕는다(Ellis & Wilde, 2002).

REBT의 핵심 개념은 ABCDE 모델로, 이후에 Corey와 Corey(2013)가 이 모델에 F를 추가하였다. 여기서 F는 성공적인 논박의 결과로 내담자가 새롭게 느끼는 감정을 의미한다. ABCDE 모델에서 A는 선행사건으로, 실제 일어난 일, 상상한 일, 외적인 일, 내면적인 일, 과거, 현재, 미래의 사건을 다 포함한다(Dryden, 2002). 상담전문가는 실제로 무슨 일이 일어났는지, 그리고 내담자가 무슨 일이 일어났다고 지각하는지에 대해 충분히 이해해야 한다. 또한 내담자가 A에 대해 충분히 설명할 수 있도록 도와야 한다. A에 대해 너무 구체적으로 설명하는 내담자가 있는 반면, 너무 애매하게 설명하는 내담자도 있다. 내담자가 여러 A에 대해 이야기하면, 상담전문가는 한 번에 한 가지 A를 선택하여 이야기 할 수 있도록 도와야 한다.

REBT에 따르면, 신념(B)에는 두 가지 유형, 즉 합리적인 신념과 비합리적인 신념이 있다(Hackney & Cormier, 2012). 개인의 신념은 사고와 행동에 영향을 미친다. 합리적인 신념은 현실적이고, 근거를 기반으로 하고, 유연하고 논리적이며, 내담자가 목표를 이루도록 돕는다. 이에 비해, 비합리적인 신념은 비현실적이고, 종종 '절대적인 당위적 사고'를 기반으로 하고, 경직되고 비논리적이며, 내담자가 목표를 이루는 데 방해가 된다. 상담전문가는 내담자의 비이성적인 신념을 파악하기 위해 내담자가 당위적 사고, 재앙화 사고, 견딜 수 없다는 사고, 가치가 없다는 생각, 과잉일반화 사고 등을 하는지 살펴봐야 한다(Ellis, 1996). 일반적으로, 내담자의 비합리적인 사고는 자기비하 혹은 타인 비난과 관련이 있다.

A에 대해 충분히 파악한 후, B를 탐색하기 전에 결과(C)를 먼저 살펴봐야 한다. C는 내담자의 정서적 · 행동적 반응을 의미한다. 대부분의 내담자가 C로 인해 상담실을 찾

는다. 걱정과 슬픔, 후회는 적응적인 부정적 정서인 반면, 불안과 우울, 죄책감은 부적응적인 부정적 정서다(Dryden, 2002).

　A, B, C를 탐색한 후, 상담전문가는 내담자의 비합리적인 신념을 논박(D)한다. 이때 "내담자가 경험적으로, 논리적으로, 실용적인 차원에서 자신의 비합리적인 신념을 평가할 수 있도록"(Dryden, 1995, p. 34) 격려하는 질문을 한다. 논박은 반박, 변별, 그리고 정의라는 세 단계에 걸쳐 이루어진다(James & Gilliland, 2003). 상담전문가는 A와 관련한 내담자의 C를 반박하고, 내담자가 합리적인 반응과 비합리적인 반응을 변별하고, 좀 더 합리적인 신념을 찾도록 돕는다. 상담전문가는 내담자의 C를 반박할 때 다음과 같은 질문을 할 수 있다. "이게 좋은 논리인가요? 만약 친구가 그런 생각을 한다면 그 생각에 찬성하실 거예요? 왜 꼭 그렇게 생각해야 하죠? 증거가 어디 있어요? 만약 ～한다면, 무슨 일이 생길까요? 왜 ～을 해야 할까요? 원하는 걸 갖지 못해도 행복할 수 있을까요?"(Hackney & Cormier, 2012)

　다양한 인지적·정서적·행동적 기법을 통해 D를 실시한다(James & Gilliland, 2013). 상담전문가는 내담자가 가진 신념의 정확성을 반박하는 논리적 반박, 내담자의 비합리적인 생각의 진실성을 반박하는 경험적 반박, 그리고 내담자의 불편감을 줄일 수 있도록 신념을 바꾸기 위한 기능적 반박을 사용할 수 있다. 합리적인 자기 분석도 사용될 수 있는데, 이는 내담자가 A, B, C, D를 진행하고 대안적인 반응을 만들도록 돕는 기법이다(Walsh, 2002).

　논박 후, 상담전문가와 내담자는 D의 결과를 평가(E)한다. 만약 D가 성공적이었다면, 내담자는 자신의 신념을 수정하게 되어 새로운 감정과 행동을 경험하게 된다. 이를 통해 내담자는 A가 발생할 때 좀 더 합리적인 결론을 내리게 된다.

　Dryden(1995)은 구체적으로 REBT를 실시하는 13단계를 다음과 같이 제안하였다.

1. 내담자에게 무슨 일로 상담에 왔는지 물어본다.
2. 상담에서 다룰 문제와 상담 목표에 대해 합의한다.
3. A를 살펴본다. 비합리적인 신념으로 나타난 행동에 주목해야 한다(4단계를 먼저 실시하고 3단계를 진행해도 된다).
4. 내담자를 상담에 오게 한 C를 살펴본다. C는 행동·감정·사고를 포함한다.
5. 내담자에게 이차적인 정서 문제가 있는지 파악한다.
6. 내담자에게 A에 대한 내담자의 생각이 C를 야기한다는 점을 교육시킨다.

7. B를 살펴본다. 절대적인 경직된 생각과 좀 더 합리적인 생각을 구분한다.

8. 비합리적인 B와 C가 어떤 관련성이 있는지 살펴본다.

9. 내담자가 자신의 비합리적인 B를 D하도록 돕고, 비합리적인 B에 대해 더 깊게 이해할 수 있도록 돕는다.

10. 내담자가 새로운, 대안적인 생각에 대해 더 자신감을 가질 수 있도록 돕는다.

11. 내담자가 상담에서 배운 것을 실제 생활에 적용할 수 있도록 회기 간 과제를 낸다.

12. 다음 회기에 과제에 대한 내담자의 수행을 평가한다.

13. 내담자가 문제나 과제에 대해 겪은 어려움을 해결할 수 있도록 돕고, ABCD 과정을 다른 이슈에도 적용할 수 있도록 돕는다.

필자는 직접 그리고 영상을 통해 Albert Ellis가 상담하는 모습을 많이 관찰하였는데, 그는 상담할 때 공통적으로 다음의 7단계를 사용한다.

1. **내담자의 자기 대화를 평가하기**: A와 C를 살펴보기 전에 내담자가 호소문제에 대해 충분히 이야기하도록 격려한다. 내담자가 자신에게 어떤 말을 하고 있는지, 즉 내담자의 자기대화에 주목하고, 내담자가 이를 인식할 수 있도록 돕는다.

2. **내담자의 핵심 신념을 파악하기**: 내담자의 자기대화를 바탕으로 내담자의 핵심 신념을 파악한다. 만약 핵심 신념이 비합리적이라면, 내담자와 그 신념을 수정하여 더 바람직한 감정과 결과들을 끌어내기로 합의한다.

3. **좀 더 합리적인 신념을 만들기**: 내담자와 상담전문가는 함께 바람직한 감정과 결과를 야기하는 더 합리적이고 적절한 신념을 만든다.

4. **합리적 정서 심상을 사용하기**: 다음 페이지에서 이 기법에 대해 자세하게 설명할 것이다. 내담자가 이 기법을 충분히 사용할 수 있도록 회기마다 적어도 한 번 이 기법을 사용한다.

5. **회기 간 과제**: 더 합리적인 생각을 만들 수 있도록 내담자는 회기 간 과제로 다음 회기까지 매일 적어도 3~5번 합리적 정서 심상법을 연습한다.

6. **긍정적인 결과**: 내담자는 매일 회기 간 과제를 수행하면 자신에게 보상을 준다.

7. **부정적인 결과**: 내담자는 매일 회기 간 과제를 수행하지 않으면 자신에게 벌을 준다.

이 과정을 하는데 보통, 20~50분 정도의 시간이 소요된다.

합리적 정서 심상

Maultsby가 1974년에 개발한 이 기법은 많은 심리적 에너지와 연습을 필요로 한다 (Corey, 2015). 상담전문가의 도움을 받으며, 내담자는 원하는 대로 느끼고 생각하고 행동하는 자신을 상상하게 된다. 이 기법의 목표는 상담전문가의 도움하에 내담자의 부적응적인 감정을 적응적인 감정으로 바꾸는 데 있다(Seligman & Reichenberg, 2013).

이 기법을 사용하기 전에 상담전문가는 내담자가 합리적인 자기 분석을 사용하여 선행 사건에 대한 자신의 비합리적인 신념을 인식할 수 있도록 도와야 한다(Maulsby, 1984). 또한 상담전문가는 REBT의 ABCDEF를 이해해야 한다. 내담자가 자신의 비합리적인 신념을 인식하면, 상담전문가와 내담자는 다음의 7단계를 실시할 수 있다 (Seligman & Reichenberg, 2013).

1. **유쾌하지 않은 사건을 상상하기**: 상담전문가는 내담자에게 유쾌하지 않은 사건을 최대한 생생하게 상상하도록 한다.
2. **부적응적인 부정적 정서를 경험하기**: 내담자는 몇 분 동안 그 사건에 대한 부정적인 정서를 최대한 느낀다. 이렇게 부적응적인 정서를 상상하는 것을 부정적 심상이라고 한다. 내담자가 최대한 생생하게 사건을 상상해야 부정적인 정서를 충분히 느낄 수 있다.
3. **정서를 바꾸기**: 내담자가 부적응적인 정서를 경험한 후에는, 동일한 사건에 대해 더 적응적인 정서를 느끼는 자신의 모습을 상상한다. 이렇게 내담자가 적응적인 정서를 상상하는 것을 긍정적 심상이라고 한다.
4. **과정을 평가하기**: 이 단계에서, 상담전문가는 내담자가 A에 대한 B를 바꾸면 어떻게 C가 달라질 수 있는지 이해할 수 있도록 돕는다. 이때, 2단계에서 내담자가 했던 자기대화와 3단계에서 했던 자기대화를 비교할 수 있도록 돕는 것이 중요하다.
5. **반복과 연습**: 내담자는 매일 적어도 10분간 1~3단계를 연습해야 한다. 이 연습은 내담자가 더 이상 해당 사건에 대해 부적응적인 정서를 느끼지 않을 때까지 지속되어야 한다.
6. **목표를 강화하기**: 몇 주 후에 내담자는 해당 사건을 경험할 때, 원래 느꼈던 부적응적인 정서를 거의 느끼지 않고 건강하고 적절한 정서를 느낄 수 있게 된다.

7. **기술을 일반화하기:** 내담자가 이 기법을 충분히 학습한 후에는 부적응적인 정서를 느끼는 다른 사건에 이 기법을 사용한다.

📖 ABCDEF 모델과 합리적 정서 심상을 변형한 기법

일반적인 REBT는 다양한 문제에 적용되는 반면, 우아한(elegant) REBT는 철학적이며 실존적인 변화를 추구하는 내담자에게 사용된다(Seligman & Reichenberg, 2013). 우아한 REBT를 사용할 때, 상담전문가는 내담자로 하여금 합리적이고 긍정적인 대처 진술문을 사용하도록 한다(James & Gilliland, 2003). 내담자는 자신의 비합리적인 신념, 반박, 효과적인 합리적 신념들을 적는다. 상담전문가는 내담자가 효과적인 합리적 신념을 읽는 장면을 녹화하여 내담자가 집에서 녹화 장면을 보고 상담에서 배운 과정을 연습할 수 있도록 한다.

📖 ABCDEF 모델과 합리적 정서 심상의 예시

바브(Barb)는 교사이고, 두 명의 십대 자녀를 둔 어머니로, 어릴 때부터 완벽주의 문제를 겪고 있다. 다음은 REBT와 합리적 정서 심상을 사용한 예시다. 상담 초반에 바브가 호소한 공황장애 증상이 성공적으로 완화되어 4회기부터는 바브의 다른 문제인 완벽주의를 다루기 시작했다. 선행 사건(A: 바브의 완벽주의 관련 사건)을 파악하였고, 바브는 A가 자신에게 어떤 영향을 미치는지, 즉 C에 대한 몇 가지 예시를 제시하였다. 상담자는 단계 1, 즉 바브의 자기 대화를 평가하기 시작했다.

상담자(C): 어떻게 당신에게 완벽주의 문제가 있다는 걸 아세요? 구체적인 예를 들어 주실래요?

바브(B): 음, 먼저, 저는 계획한 대로 일이 진행되지 않으면 많이 힘들어요. 일이 제대로 진행되지 않으면 많이 화가 나고, 두려워요. 음, 일이 제대로 진행되지 않으면, 그러니까 일이 계획대로 진행되지 않으면, 다 제 탓인 거 같고, 스트레스를 많이 받아요.

C: 그래서 스트레스를 많이 받으시는 거네요. 이런 스트레스가 당신의 삶이나 일상생활

에 어떤 영향을 미치나요?

상담자는 내담자가 C를 탐색하도록 돕는다.

B: 음, 저는 뭔가를 계획하고 계획대로 일을 진행해야 한다는 생각을 많이 해요. 아시다시피, 제 기준이 되게 높거든요. 어렸을 때는 더 심했어요. 정말 안 좋았어요. 계획한 것을 즉시 수행하지 못하면, 아무것도 할 수 없다는 생각이 들면서 더 이상 노력하지 않았어요. 분명히 더 노력하면 뭔가를 이룰 수 있겠지만, 바로 포기했어요. 그리고 지금은, 아시다시피, 예전보다는 많이 좋아졌어요. 하지만 여전히 일을 성공적으로 처리하지 못할까 봐 노력하는 거 자체가 두려워요. 다른 사람들이 저를 어떻게 생각할지도 걱정되고, 일을 망칠까 봐 두려워요.

C: 네. 완벽주의 때문에 새로운 것을 시도하고 노력하는 것이 두렵고, 그래서 쉽게 포기하시는 거네요. 근데 다른 사람들은 보통 그럴 때 반대로 더 노력하거든요. 상황을 더 통제하려고 해요. 예를 들어, "결과가 어떻든 난 이걸 해내고 말겠어." 이런 식으로요.

B: 네, 근데 저는 반대예요. 내가 해낼 수 없다고 생각하면, 실패에 대해 두려워지고, 그러면 회피해요. 음. 제가 실패하는 걸 다른 사람들이 보게 될까 봐 두렵기도 해요.

C: 네, 회피하시는 거네요. 자, 그럼 완벽주의에 대해 다뤄 보도록 해요. 이름이 좀 거창한데, 지금부터 합리적 정서 심상이라는 기법을 사용할 거예요. 이 기법에서는 자신에 대한 합리적 생각, 자신에 대한 감정적인 생각, 행동, 그리고 행동하는 자신 등 여러 요소들을 다루게 돼요. 이 기법을 통해 당신이 가진 완벽주의 신념, 그리고 관련된 감정과 행동을 수정할 거예요. 자, 아까 당신이 가진 완벽주의적 생각 몇 개를 말씀해 주셨어요. 예를 들어, 일이 제대로 진행되어야 한다. 당신은 일이 제대로 진행되어야 한다고 생각하면서, 자신을 압박하는 생각들을 많이 하는 거 같아요. 그리고 자신에게 이런 말들도 하고요. "일에 제대로 진행되지 않으면, 아무것도 할 수 없다. 다 내 탓이다." 이런 생각들 때문에 스트레스를 받고, 불안해하고, 걱정하고요.

B: 네, 맞아요.

상담자는 2단계, 즉 내담자의 핵심 믿음(B)을 파악한다.

C: 당신의 이런 생각들 이면에 어떤 가치나 신념이 있을까요?

B: 음, 글쎄요. 가치가 있는 일이니까. 가치가 있는 일이라면 잘하는 게 좋겠죠! 음, 저는 제가 하는 모든 걸 다 잘해야 한다고 생각해요. 뭔가를 시작하면, 무조건 잘해야 한다고 생각해요. 실패하면 안 되니까요. 일을 망치면 안 되니까요.

C: 그럼, 어떤 일을 시작하면 무조건 잘해야 한다고 생각하는 거네요. 무조건 정말 잘해야 한다. 만약 그렇지 못하면……. (잠시 멈춤)

B: 실패하면, 저한테 뭔가 문제가 있는 거죠!

C: 실패하면, 실패하면(기록함), 나에게 뭔가 문제가 있다. 당신한테 어떤 문제가 있다고 생각하시는 거예요? 오랫동안 이런 생각을 하신 거 같은데요.

B: 음, 나는 완벽하지 않다. 나는 좋은 사람이 아니다. 사람들은 나를 좋은 사람이 아니라고 생각한다. 사람들이 나를 무시할 것이다. 나는 다른 사람들에 비해 뛰어나지 못하다. 나는 동료나 친구들에 비해 열등하다.

C: 그렇게 생각하면, 예컨대 "나는 완벽하지 않다. 나는 동료나 친구들에 비해 열등하다."라고 생각하면 기분이 어떠세요? 그런 생각에 대한 당신의 정서적 반응이 궁금해요.

B: 눈물이 왈칵 쏟아질 거 같아요. 심장이 터질 거 같고, 압도당하는 느낌. 뭘 해야 할지 모르겠고, 어떻게 문제를 고쳐야 할지 모르겠어요. 저는 항상 이랬어요. 내가 잘하지 못할 거 같으면, 그만둘 핑계를 찾았어요. 더 노력하고 최선을 다하는 대신, 그만뒀어요. 잘하지 못할 거라면, 아예 안 하는 게 낫다고 생각해요.

C: 신체적인 변화를 느끼는 거네요. 몸이 긴장되고, 눈물이 날 거 같고. 당신 손을 보니까 긴장하고 떨고 있는 걸 알 수 있어요.

B: 네. 맞아요.

C: 좋아요.

B: 좋다니요?

C: 제가 좋다고 말한 이유는 당신이 이렇게 자세하게 자신의 신체적·정서적 반응을 설명할 수 있어서예요. 당신을 이해하는 데 도움이 됐어요.

척도기법을 소개한다(제 1장 참고).

C: 자, 1점에서 10점 척도가 있어요. 1점은 침착하고 편안하고 이완되고 문제가 전혀

없는 상태를 의미하고, 10점은 공황증상을 경험할 만큼 속이 뒤집히고 화가 나고 불안한 상태를 의미해요. 당신이 자신에게 "나는 완벽하지 않아." 혹은 "나는 친구나 동료, 이웃들에 비해 열등해."라고 말할 때, 당신의 점수는 몇 점인가요?

B: 9점이나 10점 정도요.

C: 9점이나 10점. 그럼, 되게 부정적인 쪽이네요. 뭔가 안 좋은 일이 생길 거 같은 느낌인 거네요.

B: 네.

C: 그럼, 나는 완벽하지 않아, 나는 다른 사람들에 비해 열등해. 그럼 다른 사람도 당신에 대해 그렇게 생각할 거라고 예상하세요? 아님, 그냥 자신에게만 그렇게 말하는 거예요?

B: 음. 저 자신한테 그런 말들을 해요. 머릿속에서 이런 생각들이 떠올라요. 그리고 다른 사람들이 내가 완벽하지 않고 어떤 일을 잘 해내지 못할 거라고 생각하면, 나를 좋아하지 않고, 나를 고용하지 않고, 내 옆에 살고 싶어 하지 않고, 내 친구가 되고 싶어 하지 않을 거라고 생각해요. 저에게 말을 안 걸고, 스포츠 행사나 그런 장소에서 제 옆에 앉지도 않을 거라고…… 사람들이 내가 완벽하지 않다고 생각하면, 나를 좋아하지 않을 거야. 나를 수용하지 않을 거야. 이런 생각을 해요.

C: 굉장히 강력한 신념들이네요. 자, 이런 생각을 하면 어떤 감정이 떠올라요? "나는 완벽해야 해. 나는 뛰어나야 해. 나는 다른 사람들만큼 적어도 유능해야 하고, 이왕이면 더 뛰어나야 해. 만약 그렇지 못하면, 너무 끔찍해." 이렇게 생각하시잖아요.

B: 네.

C: 이런 생각을 하면 어떤 감정이 떠올라요? 그 감정들에 이름을 붙일 수 있다면요?

B: 음. 상황마다 달라요. 어떨 때는 가식적으로 행동하게 돼요.

C: 음. 그건, 감정이라기보다는 감정에 대처하는 행동이에요. 아까 말씀하신 내용을 보면, 되게 불안하고, 걱정하고…….

B: 상처받은…… 누군가로부터 상처받은 느낌이에요. 누군가가 진짜로 나에게 상처를 준 건지 확실히는 모르겠지만, 제 머릿속에서는 "그들이 나를 평가하고 있어. 나를 부정적으로 평가하고 있어."라는 생각이 떠올라요.

C: 모두가 당신을 관찰하고 평가한다. 그럴 때마다 불안하고 상처받고 걱정하며, 신체적인 반응도 겪어요. 당신은 "나는 완벽하지 않아. 그건 정말 끔찍한 일이야. 내가 완벽할 때에만, 내 삶이 훨씬 나아질 거야."라고 생각하는 거 같아요.

B: 네. 맞아요.

C: 그동안 당신의 삶이 완벽했나요?

B: 아니요.

C: 그럼, 삶이 완벽했던 사람은 있나요?

B: 아니요. (웃기 시작함)

C: 머리로는 그걸 이해하고 있네요. 당신은, "나도 알아. 이렇게 생각하는 게 합리적이지 않다는 건 알고 있어. 이렇게 생각하면 안 돼. 하지만 이 생각을 멈출 수 없어. 오랫동안 이렇게 생각해 왔고, 이런 생각들 때문에 거의 공황 수준으로 불안하고, 상처받고, 걱정도 많이 해."라고 생각하고 있어요. 이 생각들이 합리적인가요?

B: 아니요. 전혀 아니에요.

상담자는 3단계, 즉 더 합리적인 믿음과 정서적 결과에 대해 합의하기를 시작한다.

C: 당신이 완벽하지 않을 때, 불안하고 걱정하는 대신에 어떻게 하면 좀 더 합리적으로 반응할 수 있을까요?

B: 모르겠어요. 아마도…… 다른 사람들은 좀 실망하거나 아니면 그냥 해야 하는 일을 계속할 거 같아요. 모르겠어요.

C: 실망한다(기록함). 그리고 이런 생각을 하면 9점이나 10점 상태가 된다고 하셨어요. 당신은, "내가 나 자신을 힘들게 하고 있어. 내가 나 자신에게 이런 말을 하고 있어."라는 점을 깨닫고 있어요. 이제 당신이 어떻게 하면 좀 더 합리적으로 생각할 수 있을지 얘기해 보죠. 좀 더 합리적이란, 아시다시피, 누구나 가끔 실수를 하잖아요. 물론, 당신은 똑똑하고 능력 있는 여성이니까 원하는 대로 일을 진행시키지 못하면 아쉬움이 들 거예요. 좀 더 잘했으면 좋았을 텐데. 이렇게 생각할 수 있어요. 완벽하게가 아니라 좀 더 효율적으로 일을 진행했으면 좋았을 텐데라고 생각할 수 있어요. 이렇게 좀 더 합리적으로 생각할 수 있도록 합리적 정서적 심상을 해 볼게요.

4단계인 합리적 정서 심상을 시작한다.

C: 자, 눈을 감고, 어떤 일에 실패하고 있는 자신을 상상해 보세요. 그리고 자신에게 이렇게 말해 보세요. "믿을 수 없어. 나는 완벽하지 않아. 주위 사람들이 나에 대해 뭐라고

말하겠어? 내 동료들과 이웃들이 나에 대해 어떻게 생각하겠어? 분명히 나를 열등한 사람이라고 생각할 거야." 그리고 9점이나 10점 상태일 때 나타나는 신체적 반응을 최대한 느껴 보세요. 불안하고 떨리고, 울 거 같은 그 기분을 느끼세요. 느껴지세요?

B: (웃으며, "네"라는 신호를 보냄) 네.

C: 네. 어렵지 않으시죠? 불편하더라도 최대한 느껴 보세요. (1분간 멈춤) 자, 이제 9점이나 10점 정도의 끔찍한 기분을 바꿔 보세요. 불안하고 두려움 대신 실망감을 느껴 보세요. 10점 척도에서 아주 높은 정도의 실망감이 아니라 경미한 수준의 실망감을 느껴 보세요. 그냥 조금 실망한 정도요. 좀 더 노력했으면 좋았겠다. 시간이 좀 더 많았으면 좋았겠다. 하지만 다 괜찮아질 거야. 이렇게 완벽하게 마무리하지 못했다는 사실에 조금 실망감을 느껴 보세요. 조금 실망감이 느껴지면, 저에게 신호를 주세요. 필요하다면 깊은 호흡을 해 보세요. 마음이 더 편안해질 거예요. 자, 아까의 상황을 다시 상상하면서 조금 실망감을 느껴 보세요. 걱정하거나 화내지 말고 그냥 실망감만 느끼세요. (바브가 고개를 끄덕일 때까지 기다림) 아시겠어요?

B: 네.

합리적 정서 심상을 통해 내담자는 새로운 자기대화를 하게 되고, 상담자는 자연스럽게 D 단계로 넘어갈 수 있다.

C: 자, 9점 혹은 10점에서 낮은 점수로 내려오기 위해 무엇을 하셨어요? 이제 눈을 뜨셔도 됩니다. 9점이나 10점에서 내려와 조금 실망감을 느끼기 위해 무엇을 하셨어요? 자신에게 뭐라고 말했어요? 머릿속에 어떤 생각들이 떠올랐어요?

B: 나는 완벽할 필요가 없다.

C: 네.

B: 나는 완벽하지 않다. 아무도 완벽하지 않다. 다른 사람들도 완벽하지 않다. 가장 최악의 결과를 생각해 보면, 예전에 이런 이야기를 한 적이 있잖아요. 아무도 내가 완벽하지 않다고 나를 총으로 쏘거나 몽둥이로 때리지 않는다. 아무도 나를 해고하지 않고, 나를 비난하지 않을 것이다. 사람들은 나에게 설명할 기회를 줄 것이다. 만약 기회를 주지 않아도, 걱정할 필요 없다. 최악의 결과는 생각하는 것보다 그렇게 나쁘지 않으니까 걱정할 필요 없다.

C: 결과가 생각했던 것만큼 나쁜 적이 있었어요?

B: 네. 제 인생에서 한 번 그런 일이 있었던 거 같아요.

C: 네. 굉장히 나쁘고 안 좋은 일이 있었지만, 한 번뿐이라 다행이네요. 아까 말씀하신 대로, 이런 최악의 결과는 거의 발생하지 않잖아요. 그리고 너무 걱정을 많이 하면, 당신의 몸과 마음이 힘들어지기만 하고 당신의 인생에 별로 도움이 안 되잖아요.

B: 네.

C: 걱정을 많이 하면 신경질만 나요.

B: (크게 웃음)

상담자는 이제 5단계(회기 간 과제)로 넘어갈 준비가 되었지만, 회기 간 과제를 주기 전에 6단계(긍정적인 결과)와 7단계(부정적인 결과)를 먼저 실시한다.

C: 좋아요. 이제, 당신이 정말 좋아하는 게 뭔지 알려 주세요. 당신이 재미있다고 생각하거나 좋아하는 거…… 뭐든지 당신에게 보상이 될 수 있는 거면 돼요.

B: 쇼핑이요

C: 쇼핑. 좋아요.

B: 아님, 재미있는 책 읽기요

C: 쇼핑하고, 재미있는 책 읽기. 아마 남편 분은 당신이 쇼핑보다는 재미있는 책을 읽기를 더 바라겠어요.

B: 네. 그럴 거예요.

C: 그럼, 하고 싶지 않은 일 혹은 피하고 싶은 일이 뭔지 알려 주세요.

B: 다림질하는 거요!

C: 네, 그럼, 다음 회기까지 해야 할 과제를 드릴게요. 매일 하루에 5번씩 합리적 정서 심상을 연습해 주세요. 오전, 오후, 저녁으로 나눠서 5번 연습하시면 돼요. 그리고 하루에 5번 합리적 정서 심상을 연습하는 데 성공하시면, 30분 동안 재미있는 책을 읽으세요. 반대로, 이 기법을 5번 동안 연습하지 못한 날에는 30분 동안 다림질을 하세요. 다림질해야 하는 가족들의 옷부터 다림질하고, 옷장에서 다른 옷을 꺼내 다림질하세요. 만약 다림질해야 하는 옷이 더 필요하면 친구나 이웃의 옷도 다림질해 주세요.

B: (웃음) 선생님이 하라는 대로 하든지, 아님 다림질을 해야 하는 거네요. 제가 뭘 선택하게 될까요?

C: 다음 회기까지 이런 식으로 매일 당신에게 보상을 주거나 벌을 주시면 돼요.

상담자는 오늘 회기가 바브에게 어땠는지 평가(E)한다.

📖 ABCDEF 모델과 합리적 정서 심상의 유용성과 평가

상담전문가는 REBT를 높은 스트레스(Abrams & Ellis, 1994), 관계 문제와 장애관련 문제(Ellis, 1997b)를 포함한 다양한 호소문제를 치료하는 데 사용할 수 있다. Yankura와 Dryden(1997, p. 1)은 "아동·청소년, 문화적으로 다양한 내담자, 장애인 내담자, 가족, 집단 상담" 등에 적용할 수 있는 REBT 모델을 제시하였다. REBT는 여성, 커플, 성인 상담에 유용하게 활용될 수 있다(Seligman & Reichenberg, 2013). 또한 개인, 커플, 가족, 집단 상담에서도 모두 활용될 수 있다(Ellis & Dryden, 2007). REBT는 중독행동, 불안, 경계선 성격장애, 우울, 강박적인 질투, 강박장애, PTSD 등 다양한 문제에 사용되고(Ellis, 2001), 정서교육(Ellis, 1971), 대화집단(Ellis, 1969), 리더교육(Ellis, 1972), 마라톤과 에너지가 많이 소요되는 집단 활동(Ellis & Dryden, 2007) 등에도 사용되고 있다.

REBT는 단기간에 증상을 완화하고 내담자의 철학을 유의하게 바꾸는 데 효과적이다(Seligman & Reichenberg, 2013). REBT는 아동과 성인의 불안, 우울, 낮은 좌절감에 대한 인내, 완벽주의, 강박장애, PTSD(Ellis, 2001), 자존감, 시험 불안, 정서문제(Banks, 2006), 학습장애와 학업 수행(Ellis & Wilde, 2002; Hajzler & Bernard, 1991)에 효과적이다. 또한 아동·청소년의 방해하는 행동(Gonzalez et al., 2004), 불안과 후회(Weinrach et al., 2001)를 감소시키는 데 효과적이다. REBT는 "사람들로 하여금 좀 더 합리적으로 생각하고, 실패하거나 거절을 당할 때 불안, 우울, 분노를 덜 느끼도록"(Ellis, Shaughnessy & Mahan, 2002, p. 356) 도와준다. 또한 다양한 문화적 배경을 가진 아동(Lega & Ellis, 2001), 사별 후 정서적 문제를 겪고 있는 사람들에게도 효과적인 것으로 나타났다(Boelen, Kip, Voorsluijs, & van den Bout, 2004).

REBT는 효과적이지만, 한계점도 있다. REBT는 내담자의 과거를 중요하게 생각하지 않고, 너무 빠른 속도로 진행된다는 점에서 비판 받는다(Seligman & Reichenberg, 2013). 또한 변화에 대한 동기가 높지 않은 내담자, 심각한 성격장애(Ellis et al., 2002), 충동통제장애(예: 알코올 중독, 강도, 소아성애증, 관음증)를 진단받는 내담자에게 사용할 때, 한계가 있다.

제**26**장

독서치료

📖 독서치료의 기원

독서치료(bibliotherapy)는 상담과정에서 책을 활용한다는 것으로, 1916년에 Samuel Crothers에 의해 처음 사용되었다(Jackson, 2001). 여러 이론에서 독서치료를 하나의 기법으로 사용하지만, 이 책에서는 인지행동치료의 한 기법으로 다룬다. 1930년대에, 이 기법은 사서들과 상담전문가들이 독자들의 생각과 감정, 행동을 바꾸는 데 도움이 되는 책의 목록을 만들면서 유명해지기 시작했다(Abdullah, 2002). 현재는 생각을 바꿔야 하는 내담자를 치료할 때 독서치료가 많이 사용된다(Seligman & Reichenberg, 2013). 독서치료는 내담자가 책을 읽으면서 즐거움을 느끼고 스트레스를 풀 수 있도록 도와주기도 한다(Brewster, 2008). 이 기법의 핵심 가정 중 하나는 내담자가 자신과 비슷한 문제를 겪고 있는 책의 캐릭터와 동일시할 수 있다는 것이다. 책을 읽고 등장인물과 동일시함으로써, 내담자는 "문제를 해결하는 방법을 배우고 감정을 해소하며, 인생의 새로운 방향을 찾고, 새로운 상호작용 방법을 찾을 수 있다."(Abdullah, 2002, p. 2) 필름, 비디오, 영화도 독서치료에서 사용될 수 있다. 즉, 이 기법에서는 책만 사용되지 않는다. 독서치료는 다음과 같은 다섯 가지 목표가 있다(Vernon, 1993, p. 93).

(1) 건설적이고 긍정적인 생각을 가르친다. (2) 문제에 대해 자유롭게 이야기하도록 격려한다. (3) 내담자가 자신의 생각과 행동을 분석하도록 도와준다. (4) 대안적인 문제 해결 방법을 찾는 과정을 촉진한다. (5) 자신의 문제가 다른 사람의 문제와 비슷하다는 점을 깨닫는다.

📖 독서치료를 사용하는 방법

독서치료를 사용하는 4단계(식별, 선정, 실행, 사후관리)는 다음과 같다. 1단계에서, 상담전문가는 내담자의 욕구를 파악해야 한다. 2단계에서, 상담전문가는 내담자의 상황에 적합한 책을 선정해야 한다. 책의 내용은 내담자가 이해할 수 있는 수준이어야 하고, 책에 나오는 등장인물은 현실적이어야 한다(Jackson, 2001). 상담전문가는 직접 읽어 보고 내담자의 가치관과 목표에 일치하는 책을 추천해야 한다(M. E. Young, 2013). 3단계에서, 내담자가 책을 읽는데, 대부분 상담시간 외에 책을 읽고 상담에서는 책의 중요한 내용에 대해 논의한다. 어린 아동의 경우, 상담자와 내담자가 책을 같이 읽기도 한다. 상담전문가는 내담자에게 책에서 중요하다고 생각하는 부분에 밑줄을 긋거나, 필요하다면 책에 대한 자신의 생각을 기록하도록 한다.

Jackson(2001)은 내담자가 스토리의 등장인물에 동일시하도록 돕는 방법에 대해 설명하였다. 상담전문가는 내담자로 하여금 자신이 원하는 방법으로(예: 언어나 예술적 도구를 통해) 스토리를 다시 이야기하도록 한다. 이 과정에서 중요한 것은 내담자가 등장인물의 감정에 주목해야 한다는 것이다. 다음 단계에서는 내담자가 등장인물의 감정·관계·행동 중 어떤 것들을 변화시켜 경험했는지 인식하도록 격려한다. 이때 상담전문가는 내담자가 자신의 경험과 캐릭터의 경험을 비교하도록 돕는다. 이 단계의 핵심 중 하나는 내담자의 문제에 대한 대안적인 해결방안을 찾고 각각의 결과에 대해 논의해야 한다는 것이다.

독서치료의 마지막 단계인 사후관리에서, 상담전문가와 내담자는 내담자가 독서치료와 등장인물를 통해 무엇을 배웠는지 논의한다(Abdullah, 2002), 내담자는 논의, 역할연습, 예술적 도구 혹은 다른 창의적인 방법을 통해 자신의 경험을 표현할 수 있다(Jackson, 2001). 독서치료를 하는 동안, 상담전문가는 내담자가 현실 인식을 유지할 수 있도록 도와야 한다.

📖 독서치료를 변형한 기법

Brewster(2008)에 따르면, 독서치료에는 세 가지 종류가 있다. 첫째, 자기계발 독서 치료는 정신건강에 대한 논픽션과 충고의 내용이 담긴 책을 사용하는 방법이다. 둘째, 창의적인 독서치료는 픽션, 시, 자서전, 창의적 서적 등을 사용하여 내담자의 정신건강 과 웰빙을 향상시키는 방법이다. 셋째, 비공식 독서치료는 유연하게 독서치료를 사용 하는 방법으로, 예컨대 독서집단 사용하기, 사서들이 추천한 책 사용하기, 도서관에 전 시된 책 사용하기 등이 있다.

독서치료를 변형한 여러 기법이 있다. 앞서 언급하였듯이, 전통적인 독서치료에서 는 상담전문가가 내담자의 문제를 해결하는 데 도움이 될 수 있는 책을 선정한다. 상호 작용적인 독서치료는 내담자가 책 내용에 대해 좀 더 적극적으로 성찰하도록 격려하 는 방법이다. 상담전문가는 내담자의 참여를 유발하기 위해 여러 방법(예: 집단토론, 저 널링)을 사용할 수 있다. 임상적 독서치료는 심각한 심리적 문제를 겪고 있는 내담자를 돕기 위해 훈련받은 상담전문가에 의해서만 사용되며, 저널링, 역할연습, 그림 그리기 등을 사용한다. 인지적 독서치료는 우울 증상을 겪고 있는 내담자에게 인지행동치료를 훈련시키기 위해 사용된다(Gregory, Canning, Lee, & Wise, 2004). 교사들의 경우, 집단지 도나 글 읽기 교육시간에 아동의 정상적인 발달을 촉진하기 위해 독서치료를 사용한다 (Abdullah, 2002).

학생들에게 독서치료를 사용할 때는, 초반에 학생들의 관심을 유도하는 것이 중 요하다. 이를 위해 인형을 스토리에 나오는 등장인물로 사용하기도 한다. 교사는 학 생들이 많이 생각해야 하는 사후 논의에도 참여하도록 격려해야 한다(Johnson, Wan, Templeton, Graham, & Sattle, 2000). Johnson 등은 교실에서 독서치료를 사용하는 5단계 방법을 제안하였다. (1) 몸풀기 활동을 통해 학생들의 동기를 높인다. (2) 책 읽을 시간 을 준다. (3) 생각할 수 있는 시간을 준다. (4) 사후 논의를 실시한다. (5) 마무리와 평가 의 시간을 가진다. 최근에는 많은 책이 오디오 책으로도 출간되기 때문에 집이나 차에 서 오디오 책을 들을 수 있다. 또한 비디오, 영화 및 동영상 등도 사용될 수 있다.

📖 독서치료의 예시

다음은 아버지를 잃은 아동에게 독서 치료를 사용한 좋은 예시다. 이 스토리는 J. M. Hammond가 쓴 『나의 아버지가 돌아가셨을 때(When My Dad Died)』에서 발췌한 것이다.

아버지가 돌아가셨을 때 끔찍한 일이 일어났다. 어머니가 울기 시작하자, 나도 너무 고통스러워 울기 시작했다. 나는 영원히 울음을 그칠 수 없다고 생각했지만…… 나는 울음을 그쳤다.

나는 어머니와 장례식에 갔다. 꽃들이 많이 있었고, 많은 사람이 있었다. 어떤 사람들은 울고 있었다. 어머니와 나는 아버지가 누워 있는 관을 같이 쳐다보고 있었다. 나는 아버지가 자고 있는 것처럼 보인다며 곧 일어날 거 같다고 말했다. 어머니는 사람은 죽으면 다시 살아나지 못한다고 말했다. 죽으면, 자지 않고, 생각하지 않고, 느끼지 않고, 먹지 않는다고 말했다.

죽은 것은 전혀 자고 있는 게 아니었다.

나는 누가 나를 돌봐 줄지, 누가 우리를 위해 돈을 벌지, 누가 나와 놀아줄지에 대해 가끔씩 걱정했다. 어머니는 걱정하지 말라고 당신이 나를 잘 돌봐 줄 거라고 말했다. 아버지가 살아계실 때는 내가 학교에서 돌아오면 어머니가 집에 계셨다. 하지만 이제 어머니는 하루 종일 일을 하신다. 처음에는 이 사실에 화가 났지만, 이제는 어머니가 일을 해야 돈을 벌 수 있다는 걸 이해한다. 어머니는 일을 하시지만 우리랑 같이 놀아 줄 시간도 있다.

가끔씩 나는 어머니가 슬퍼서 죽을지도 모른다고 걱정한다. 그리고 내가 죽을 수도 있다는 생각을 한다. 어머니는 대부분의 사람이 오랫동안, 아주 오랫동안 산다고 말했다. 어머니는 우리가 아주 늙은 할머니와 할아버지가 될 때까지 살 거라고 말했다. 나는 가끔 아버지가 돌아가시고 우리를 떠났다는 사실 때문에 화가 난다. 가끔씩 그냥 이렇게 소리치고 싶다. "아버지가 돌아오셨으면 좋겠어요."

아버지가 돌아가셨을 때, 아버지가 나 때문에 돌아가신 거 같아 두려웠다. 이제는 안다. 나는 아버지를 돌아가시게 한 적이 없다는 걸 안다. 전혀 내 잘못이 아니라는 걸.

어느 날, 어머니와 나는 아버지가 했던 재미있는 행동에 대해 이야기했다. 둘 다 많이 웃었고, 나는 웃다가 소파에서 떨어질 뻔했다. 그리고 나는 어머니에게 아버지가 돌아가셨는데 이렇게 웃어도 되냐고 물었다. 어머니는, "우리가 아버지에 대해 이야기하는 게 좋은 거야. 아버지는 우리가 자신이 했던 재미있는 행동에 대해 이야기 하면서 웃는 걸 기쁘게 생각하실 거야." 어머니의 말을 듣고 나는 안심했다. 우리가 다시 행복해도 되는구나. 내가 가진 것 중 최고는 나의 어머니다. 우리는 예전보다 더 많은 대화를 하고 서로를 돕는다. 나는 어머니를 사랑하고, 어머니가 나를 사랑하고 있다는 걸 알고 있다.

좋은 독서치료는 이러한 스토리를 읽는 데서 멈추지 않는다. 다음은 이 책에 대한 내담자의 생각과 감정을 탐색할 수 있도록 돕는 몇 가지 예시다.

아버지가 돌아가셨을 때, 나는 ＿＿＿＿＿＿＿＿ 느꼈다.

가끔씩, 나는 ＿＿＿＿＿＿＿＿을 걱정한다.

아버지에 대해 기억나는 건 ＿＿＿＿＿＿＿＿＿이다.

내가 즐기는 것은 ＿＿＿＿＿＿＿＿이다.

나는 이제 ＿＿＿＿＿＿＿＿을 느낀다.

이제 이 책을 다 읽었다. 이 책에서 내가 배운 점은 ＿＿＿＿＿＿＿＿이다.

📖 독서치료의 유용성과 평가

상담전문가는 질병, 정체성, 폭력과 학대, 인종과 편견, 성과 성적 지향, 성별 등과 관련한 다양한 문제를 호소하는 내담자에게 독서치료를 사용할 수 있다(Christen-bury & Beale, 1996). 또한 수학불안이 있는 학생(Hebert & Furner, 1997), 신체상 문제가 있는 여성(Corey, 2015), 우울증(Mahalik & Kivlighan, 1988), 청소년 성소수자 (Vare & Norton, 2004), 이혼가정의 자녀(Yauman, 1991)에게도 독서치료가 유용하게 활용될 수 있다. Couser(2008)에 따르면, 독서치료는 잠재적인 낙인을 줄이거나 근절시킬 수 있기 때문에 직장에서도 사용될 수 있다. 독서치료에서 사용할 책이나 비디오는 심리적 문제가 있는 직장인을 미리 선별하지 않고 모든 직장인에게 배포될 수 있다.

독서치료는 논리적인 생각(James & Gilliland, 2003), 다른 관점, 사회적 관심을 강화하는 데 도움이 될 수 있고, 상담의 어떤 시점에서든 사용될 수 있다(Jackson, 2001). 책은 내담자로 하여금 다른 방법으로는 알 수 없었던 자신에 대해 깨닫게 해 준다. 독서치료 는 "문제에 대한 논의를 촉진하고, 새로운 가치와 태도를 전달하고, 문제에 대한 현실 적인 해결방안을 제공"(Abdullah, 2002, p. 3)하기 위해 사용된다. 이 기법은 치료적 목표 를 설정하는 과정을 촉진하거나(Schumacher & Wantz, 1995) 회기 간 과제로 사용될 수 있다(M. E. Young, 2013). 교실에서, 작은 집단상담에서, 개인상담에서 모두 독서치료 를 사용할 수 있다(Gladding & Gladdking, 1991).

　독서치료의 효과성을 살펴본 대부분의 연구들은 우울이나 불안 증상을 보이는 내 담자를 대상으로 하였지만, 독서치료는 다양한 문제에 적용되어 왔다. Jeffcoat와 Hays(2012)는 수용전념치료(ACT)에서 독서치료를 기반을 한 자기계발 프로그램을 사 용했을 때, 참여자들의 우울과 불안 증상이 감소하고, 심리적 기능이 향상되었다고 보 고하였다. SongPrakun과 McCann(2012)은 매뉴얼 기반 독서치료가 우울한 태국인들 의 우울증과 심리적 스트레스를 감소시켰다고 밝혔다.

　독서치료에 대한 많은 연구들은 이 기법이 기존의 전통적인 대면 상담에 비해 가성 비가 좋다고 보고하였다. Kilfedder 등(2010)은 직장 관련 스트레스를 치료하는 데 있어 대면 상담, 전화상담, 독서치료를 비교하였는데, 그 결과 종결 시점에서 세 가지 상담 의 효과에는 유의한 차이가 없는 것으로 나타났다. Kilfedder 등은 독서치료가 더 전통 적이고 시간이 많이 소요되는 접근 방식의 일부에 불과한 비용으로 사용될 수 있기 때 문에 치료 초반에 사용할 것을 권유하였다. Stice, Rohde, Seely와 Gau(2008)는 청소년 을 대상으로 한 우울예방 연구에서 인지행동집단치료, 지지집단치료, 독서치료 및 대 기집단을 비교하였다. 그 결과, 인지행동집단치료가 다른 집단에 비해 종결 시점에서 우울, 사회적응, 물질남용에 있어 가장 많은 긍정적인 변화를 초래하였지만, 독서치료 는 대기집단에 비해 6개월 추후 검사에서 우울 증상을 더 많이 감소시킨 것으로 확인되 었다. 즉, 독서치료의 비용-효과성이 확인된 것이다. 이에 연구자들은 인지행동치료 가 독서치료에 비해 더 효과적이지만, 독서치료도 우울 증상을 감소시키는 데 비용-효 과적인 치료라고 결론 내렸다.

　독서치료가 효과적이기 때문에 많은 상담자가 이 기법을 사용한다(Jackson, 2001). 여 러 연구에 따르면, 독서치료는 연구를 통해 문제 행동을 보이는 청소년의 공격성을 감 소시키고(Shechtman, 2000), 내적 통제 소재를 많이 하는 사람의 우울 증상을 감소시키 며(Shechtman, 2000), 초등학생의 발달 성장을 촉진시키는 것으로 나타났다(Borders & Paisley, 1992).

독서치료에서 사용되는 책의 내용을 읽고 이해하는 것도 중요하지만, 독서치료를 좀더 적극적으로 사용하기 위해서는 책을 읽은 후에 추후 질문을 하고 의견을 나누는 것이 중요하다. 예를 들어, 경도 우울증을 치료하는 무선통제 연구에서, Joling 등(2011)은 독서치료와 일반적인 돌봄 간에 유의한 차이가 없다는 결과를 보고하였다. 이 연구에서 연구자들은 일반 지역사회 성인들에게 읽을거리만 제공하고 추후 토론을 실시하지 않았다. Nordin, Carlbring, Cuijpers와 Andersson(2010)은 도움을 제공하지 않은(상담자와의 접촉이 없는) 독서치료가 종결과 추후 검사 결과, 대기집단보다 더 낮다는 결과를 발표하였다. 유사하게, Rapee, Abbott와 Lyneham(2006)의 무선임상 연구에 따르면, 부모가 실시한 독서치료(상담자와의 접촉 없음)는 대기집단에 비해 더 효과적인 반면, 아동의 불안을 치료하는 일반적인 집단치료에 비해서는 덜 효과적인 것으로 확인되었다. 아마도 상담자가 독서치료를 실시했다면, 좀 더 긍정적인 결과가 나타났을 수도 있다. Furmark 등(2009)은 사회불안을 치료하는 데 있어 자기계발 독서치료(상담자와의 접촉 없음), 상담자가 온라인으로 토론을 진행하는 인터넷 기반 독서치료, 대기집단을 비교하였다. 그 결과, 두 유형의 독서치료 모두 종결 시점과 1년 후 사후 시점에서 대기집단에 비해 더 큰 효과를 보였다. 자기계발과 인터넷 기반 독서치료의 효과 차이는 통계적으로 유의하지 않았지만, 후자의 효과크기가 전자의 효과크기보다 더 큰 것으로 나타났다. Dixon, Mansell, Rawlinson과 Gibson(2001)은 상담자가 일부 실시한 독서치료의 효과성을 살펴보았는데, 그 결과 공포증의 증상이 감소한 것으로 나타났고, 상담자 접촉이 없는 자기계발 독서치료의 효과성을 살펴보았는데, 그 결과 심리적 스트레스가 감소한 것으로 확인되었다. 또한 상담자 접촉이 없는 자기계발이 대기집단에 비해 큰 효과를 보인 것으로 확인되었다. Abramowitz, Moore, Braddock과 Harrington(2009)은 자기계발 독서치료가 대기집단에 비해 종결시점과 3개월 추후시점에서 불안과 우울증을 더 감소시켰다는 결과를 보고하였다.

일부 반대되는 결과도 보고되었지만, 일반적으로 상담자가 실시하는 독서치료가 상담자와의 접촉이 없는 자기계발 독서치료에 비해 더 효과적인 것으로 밝혀졌다. 물론, 어떤 주제의 책이 효과적인지 알기 위해서는 독서치료의 내용에 따른 효과성이 밝혀져야 하고, 특정 책이나 토론 질문의 효과크기도 살펴보아야 한다. 독서치료를 실시하는 속도는 결과에 큰 영향을 미치지 않는 것으로 나타났다. Carlbring 등(2011)은 공황장애가 있는 성인 내담자를 대상으로 임상연구를 실시한 결과, 독서치료의 속도는 결과에 영향을 미치지 않는다는 결과를 보고하였다. 천천히 진행한 독서치료와 빠르게 진행한 독서치료 모두 2년 추후 검사에서 효과크기가 1.00에 가까운 것으로 확인되었다.

　Riordan과 Wilson(1989)은 독서치료에 대한 연구들을 고찰하였고, 태도 · 자기개념 · 행동 등을 바꾸는 데 있어 독서치료의 효과성에 대한 비일관적인 결과들을 발견하였다. 상담전문가는 내담자들이 "자신의 동기나 감정을 등장인물에 투사하기 때문에 기존의 관점과 해결방안이 오히려 더 강화될 수 있음"(Gladding & Gladding, 1991, p. 8)을 기억해야 한다. 또한 내담자가 "부족한 사회 및 정서적 경험, 실패, 공상에 빠짐, 방어기제"(Gladding & Gladding, 1991, p. 9) 등의 문제를 가지고 있으면 독서치료는 효과적이지 않다. 내담자가 변화할 준비가 되어 있지 않거나 독서치료 방법을 사용할 의향이 없을 수도 있다. 독서치료의 또 다른 한계점은 특정 주제에 대한 책이나 비디오가 없을 수 있다는 점이다(Abdullah, 2002). 독서치료에 도움이 될 수 있는 책 목록은 Thompson, Rudolph와 Henderson(2011), Christenbury와 Beale(1996) 및 Dreyer(1997)에서 찾을 수 있다.

제**27**장

저널링

📖 저널링의 기원

저널링(journaling)은 내담자로 하여금 사적이고 내면화된 생각·감정·욕구 등을 표현할 수 있도록 한다. 사람들은 공식적·비공식적으로 오랫동안 저널링을 해 왔다. 하지만 저널링이 치료적 기법으로 사용될 수 있는 이유는 저널에 쓴 내용이 상담자와 공유·탐색되기 때문이다. 또한 저널링은 상담 회기 밖에서도 내담자가 상담목표에 집중할 수 있도록 돕는다.

일반적으로 저널링을 사용하는 상담자는 내담자에게 회기 간 혹은 매일 저널을 쓰게 하고, 다음 회기에 그 내용을 공유하게 한다. 상담전문가는 내담자가 원하는 것을 무엇이든 쓸 수 있게 하기도 하고, 상담목표에 맞게 저널의 주제를 정해 주기도 한다(M. E. Young, 2013).

Kerner와 Fitzpatrick(2007)은 치료적 글쓰기의 두 가지 주요 유형(정서적/감정적, 인지적/구성적)에 대해 설명했다. 정서적/감정적 저널링은 내담자로 하여금 자유롭게 자신의 감정을 표현하도록 하며, 이를 통해 내담자는 자신의 감정을 알아차리고, 표현하며, 조절할 수 있게 된다. 인지적/구성적 저널링은 내담자의 생각과 의미 만들기에 초점을 둔, 좀 더 구조화된 방식의 글쓰기로, 내담자의 통찰과 재구성(제22장 참고)을 촉진하는

데 그 목표가 있다. 정서적/감정적 저널링은 인본주의-현상학적 접근과 관련이 있는 반면, 인지적/구성적 저널링은 인지행동치료와 관련이 있다. 상담전문가가 둘 중 어떤 저널링을 사용하든, 내담자는 저널링을 통해 자신의 생각·감정·행동에 대해 더 이해하게 된다(M. E. Young, 2013).

인지적 혹은 사고 저널링은 이론적으로 REBT(제25장 참고)을 기반으로 한다. REBT에서는 왜곡되거나 비이성적인 생각과 믿음이 내담자의 정서와 행동에 영향을 미치고, 때론 스트레스를 야기한다고 가정한다(Corey, 2010). Ellis의 ABCDEF는 발생한 사건(A)에 대한 비이성적인 생각과 믿음(B)이 정서적인 결과(C)를 야기하는 과정을 내담자가 이해할 수 있도록 돕는 이론적 모델이다. 내담자는 이 모델을 다양한 상황들에 적용하고 기록함으로써 자연스럽게 활용할 수 있게 된다(Dryen, David, & Ellis, 2010).

인간중심상담의 창시자인 Carl Rogers는 상담에서 저널링을 사용하는 것이 효과적이라고 생각하였다(Corey, 2015). 지시적인 접근을 선호하는 인지행동주의 상담자와 달리, Rogers는 내담자는 지시적인 도움없이 진정한 자신에 대해 이해할 수 있으며, 그래야만 스스로 문제 해결 능력을 키워 미래에 닥칠 문제에 대처할 수 있다고 믿었다. 저널링은 창의적인 표현과 글쓰기 과정을 통해 내담자의 자기 발견, 성장, 자기실현을 촉진할 수 있다.

📖 저널링을 사용하는 방법

저널링을 사용하는 방법은 생각나는 대로 쓰게 하는 비지시적 방법부터 구조적인 양식을 채우게 하는 방법까지 다양한데, 중요한 것은 선택한 방법이 내담자의 욕구에 맞아야 한다는 것이다. M. E. Young(2013)에 따르면, 저널링 글쓰기는 매일 하는 것이 좋고, 지침은 내담자와 상담자가 합의해야 하며, 필요한 경우에는 수정·보완되어야 한다. 지침은 다음과 같이 간단할 수 있다. "매일 적어도 하루에 5분씩 아무거나 쓰고 싶은 걸 쓴다." 혹은 "술 마시고 싶다는 생각이 들 때마다 그 상황에 대해 적는다." 일반적으로 저널링은 다음의 순서대로 이어진다. (1) 저널링의 목적과 내용을 설명한다. (2) 내담자가 저널링을 한다. (3) 내담자가 저널링의 내용과 과정에 대해 탐색한다. (4) 필요할 때마다 저널링의 방법이나 내용을 수정한다(Lent, 2008; M. E. Young, 2013). 저널링을 시작하기 전에 그 내용을 상담자와 공유할지의 여부를 결정하는 것이 중요하다. 앞서 언급하였듯이, 저널링 내용을 상담전문가와 공유하는 것이 상담의 성과를 향상시키는데, 특히 내담자의 감정·사고·행동에 대한 통찰과 논의를 촉진할 수 있다.

🕮 저널링을 변형한 기법

저널링을 변형한 다양한 기법들(예: 그림, 춤, 음악으로 자기표현 하기)이 있다(Corey, 2015). Kerner와 Fitzpatrick(2007)은 치료적 글쓰기를 여섯 가지 범주, 즉 (1) 프로그램화된 글쓰기, (2) 일기, (3) 저널링, (4) 자서전/회상록, (5) 스토리텔링, 그리고 (6) 시로 구분하였다. Lent(2006)는 인터넷 사용이 비밀보장 문제를 야기할 수 있어 주의가 필요하지만, 블로그 글쓰기도 치료적 글쓰기의 한 유형이라고 말했다. 다른 창의적인 저널링 기법으로는 소설, 시, 자서전, 창의적 글쓰기 등을 사용하여 내담자의 심리건강과 웰빙을 향상시키는 방법이 있다.

Kottler와 Chen(2011)은 간단하면서도 효과적으로 인지적 혹은 사고 저널링을 사용하는 방법을 제안하였다. 기본적으로, 내담자는 종이에 세 개의 칸을 그리고, 첫 번째 칸은 '상황', 두 번째 칸은 '감정', 세 번째 칸은 '생각'이라고 제목을 붙인다. 이 인지적 혹은 사고 저널링의 예는 〈표 27-1〉에 제시하였다.

M. E. Young(2013)은 내담자가 저널링을 일상화할 수 있도록 격려하였다. 다음은 비지시적인 생각나는 대로 쓴 저널링의 예시다.

> 늦어서 마음이 급했다. 고속도로에서 속도를 높여 가능한 한 빨리 도착하려고 열심히 운전을 하고 있는데, 옆 차가 끼어드는 게 아닌가! 나는 "어이가 없네! 이 차 때문에

표 27-1   인지적 저널링 예시

상황	감정	생각
최근에 살이 많이 쪘다.	부적절한, 매력적이지 않은, 뚱뚱한, 바람직하지 않은, 사랑받을 수 없는	날씬한 몸매를 유지하지 않으면, 사람들은 나를 안 좋게 생각할 것이다.
제시간에 과제를 제출하지 못할 거 같다.	바보 같은, 게으른, 창피한, 미루는 버릇이 있는	나는 열등한 학생이고, 이 수업에서 F를 받고 학교에서 퇴학당할 것이다.
상사의 능력이 부족해서 내 업무량이 늘었다.	화가 난, 짜증 난, 너무 스트레스 받은, 압도당한, 우울한, 무기력한	모든 사람이 나에게 의존한다. 성공하든 실패하든 내 책임이다.

늦겠네! 본때를 보여 줘야겠다.”라고 생각했다. 하지만 나는 참았고, 5~6번 깊은 호흡을 했다. 그리고 자기대화를 시도했다. “모든 게 다 괜찮을 거야.” “다음에는 집에서 좀더 빨리 출발해야겠다. 그래야 이렇게 급하게 운전 안 해도 되지.” “옆 차 운전자도 되게 급했나 보네.” “이렇게 차가 막힐 때는 다 같이 조심해야 돼.” 이런 생각을 하니까 기분이 좀 나아졌고, 스트레스도 좀 사라지는 거 같았다. 나는 마음을 편하게 해 줄 약간 빠른 템포의 노래를 틀었다. 감성적인 노래는 아니고. 난 감성적인 노래는 싫어! 등을 의자에 기대고, 핸들을 잡은 손에서도 힘을 약간 빼고…… 훨씬 기분이 좋아졌다!

📖 저널링의 유용성과 평가

저널링은 비용이 거의 들지 않는 효과적인 치료적 기법으로, 내담자가 상담회기 밖에서도 계속 상담에 동기를 가지고 집중할 수 있도록 돕는다. 이 기법을 통해, 내담자는 일주일 동안 일어났던 중요한 일과 예시를 기억할 수 있고, 상담전문가는 내담자에게 일어났던 중요한 일과 정보를 수집할 수 있다. 저널링은 다양한 문화적 배경을 가진 내담자에게 사용할 수 있고, 내담자에게 힘을 북돋워 준다.

저널링은 신체화 증상을 감소시키고, 작업기억력을 높이며, 긍정적인 성장을 촉진하는 것으로 나타났다(Kerner & Fitzpatrick, 2007). Utley와 Garza(2011)는 저널링이 외상 증상을 감소시키는 데도 효과적이라는 결과를 보고하였다. Smyth, Hockemeyer와 Tulloch(2008)는 PTSD를 진단받는 내담자를 대상으로 무선할당 연구를 실시하였는데, 이 연구에서는 외상적 사건에 대한 저널링의 효과와 일반적인 시간관리 문제에 대한 저널링의 효과를 비교하였다. 그 결과, 전자의 저널링 집단에 참여한 참여자들의 기분이 더 많이 향상되고, 코르티솔 수준이 더 많이 감소한 것으로 나타났다.

저널링은 기분을 향상시키고 생각을 바꾼다. McManus, Van Doorn과 Yiend(2012)는 대기-통제 집단에 비해 사고기록지를 사용했을 때 유의한 생각의 변화가 나타났다고 보고하였다. Chan과 Horneffer(2006)는 15분 저널링 집단, 15분 그림 그리기 집단, 통제집단을 비교하는 무선할당 연구를 실시하였는데, 그 결과 15분 저널링 집단이 다른 두 집단에 비해 심리적 증상이 더 많이 감소시킨 것으로 확인되었다. Keeling과 Bermudez(2006)는 4주 동안 저널링과 조각하기 기법을 사용하였고, 이 기법들이 “내담자로 하여금 감정을 표현하고, 자신의 자원을 알아차리며, 자신과 문제를 분리할 수 있

도록 도와 결과적으로 증상과 문제 행동을 감소시키고, 용기를 북돋워 준 것으로 나타났다."(p. 405)

또한 저널링은 중독치료에서도 유용한 것으로 나타났다. Kleinpeter, Brocato, Fischer와 Ireland(2009)는 기존의 법원 약물 프로그램에 추가적으로 저널링을 기반으로 하는 집단 프로그램을 사용하는 것이 효과적이라고 말했다. 저널링은 법원 약물 프로그램 참여자들의 프로그램 참여률과 성공적인 종결률을 높인 것으로 나타났다. Dwyer, Piquette, Buckle과 McCaslin(2013)은 저널링의 성찰적 과정과 지적 과정이 게임중독이 있는 성인 여성에게도 도움이 된다고 밝혔다.

제28장

체계적 둔감화

📖 체계적 둔감화의 기원

1950년 후반에 Joseph Wolpe가 체계적 둔감화(systematic desensitization) 기법을 개발하였고, 이 기법은 불안과 공포증을 치료하는 데 가장 널리 사용되고 있는 기법 중 하나다(Corey, 2015). 체계적 둔감화는 과거에는 행동주의적 기법으로 알려져 있었지만, 지금은 인지적 요소도 포함하고 있어 인지행동주의적 기법으로 볼 수 있다. 체계적 둔감화는 내담자로 하여금 반복적으로 불안을 유발하는 상황을 상기, 상상 혹은 경험하게 하고, 이로 인해 높아진 불안을 완화시키기 위해 이완기법을 사용한다.

체계적 둔감화은 고전적 조건화, 역조건화 이론, 특히 상호억제 이론, 즉 "정반대되는 현상들은 동시에 발생할 수 없다."(Seligman & Reichenberg, 2013)는 가정을 토대로 개발되었다. 두려움을 느끼면서 동시에 평온할 수 없다. 핵심은 바람직하지 않은 반응(두려움)을 차단하기 위해 바람직한 반응(평온함)을 높이는 것이다. 체계적 둔감화의 경우, 이완기법을 통해 어떤 특정 사건이나 상황이 불안을 초래할 가능성을 낮춘다. 불안과 이완은 동시에 나타날 수 없는 정반대의 반응이기 때문에 내담자는 두려운 상황에 점차 노출되면서 이완기법을 통해 상황에 대해 둔감해질 수 있다(M. E. Young, 2013). 체계적 둔감화가 공포증 치료에 사용되는 예로는 동물과 벌레 공포(예: 개, 벌, 거미), 고

소공포 혹은 폐쇄공포(예: 엘리베이터, 옷장) 등이 있다.

체계적 둔감화는 상담실에서 상상 노출(예: 벌을 상상하거나 아주 높은 곳에 서 있다고 상상함) 혹은 실제 상황 노출(예: 실제로 내담자 앞에 벌을 놓아둠, 실제로 아주 높은 곳에 올라가 서 있음)을 통해 실시된다. 두 방법 다 효과적이지만, 필자는 상담전문가가 환경이나 상담과정을 더 통제할 수 있는 상상 노출을 선호한다.

📖 체계적 둔감화를 사용하는 방법

체계적 둔감화의 과정에는 세 가지 요소가 포함된다. 첫째, 내담자는 이완기법(예: 호흡법, 점진적인 근육 이완 훈련)을 배우고 이를 능숙하게 사용하게 된다. 둘째, 불안위계 목록을 만든다. 셋째, 이완된 상태에서 불안을 유발하는 자극을 제시한다(M. E. Young, 2013). 첫 번째와 두 번째가 어느 정도 만족스럽게 이루어져야 상담자와 내담자가 본격적으로 체계적 둔감화를 사용할 수 있다.

상담자와 내담자 간에 치료적 동맹이 형성되면, 체계적 둔감화의 1단계에서는 개입의 대상이 되는 행동을 파악해야 한다. 이를 위해 상담전문가는 내담자의 배경에 대한 정보를 수집해야 한다. 또한 질문을 통해 내담자의 문제를 개념화해야 하며(M. E. Young, 2013), 다음 단계로 넘어가기 위해 불안을 유도하는 상황이나 맥락에 대해 이해해야 한다(Corey, 2015).

2단계에서 상담전문가는 내담자가 자신의 불안과 관련이 있는 요인들을 인식하도록 도와야 한다. 이때, 내담자가 불안을 유발하는 상황에 대해 자세하게 묘사하는 것이 중요하다. 상담자가 내담자의 심리적 스트레스와 관련이 있는 모든 상황을 이해해야 체계적 둔감화가 효과적일 수 있다. 이러한 정보는 면담과 논의, 그리고 공포조사목록(Fear Survey Schedule), Willoughtby의 질문지(Willoughtby Questionnaire) 혹은 Bernsenter의 자활 척도(Bernsenter Self-Sufficiency Questionnaire) 등을 통해 수집할 수 있다(M. E. Young, 2013).

다음으로, 상담전문가는 내담자가 불안위계목록을 작성하도록 돕는다. 이 목록은 구체적이고 현실적이어야 한다(M. E. Young, 2013). Willoughtby의 질문지 결과가 목록을 만들 수 있는 자료를 제공할 수 있다. 또한 상담전문가는 내담자에게 자신의 불안과 관련이 있는 자극을 기록하는 회기 간 과제를 줘야 한다. 상담자는 내담자가 적어도 10개의 상황을 생각할 수 있도록 도와야 한다. 일반적으로 목록에 포함되는 상황은 15개를 넘어서는 안 된다. 상담자는 목록을 살펴보고, 공포유형별로 상황들을 분류한다. 내담자는 주관적 고통 척도(이 장의 니콜 예시 참고)를 사용하여 각 상황들에 대해 평가하고, 목록의 아래에는 불안 정도가 높은 상황을, 목록의 위에는 불안 정도가 낮은 상황을 순서대로 배열해 불안위계목록(〈표 28-1〉 참고)을 완성한다.

불안위계목록이 만들어지면, 내담자는 이완기법을 배운다(M. E. Young, 2013). Wolpe(1958)는 내담자가 가장 많이 배워야 할 기법으로 점진적 근육 이완을 제안하였다. 내담자는 몸의 근육을 이완시키는 방법을 배워야 한다. 내담자가 완전히 이완할 수 있어야 체계적 둔감화가 효과적일 수 있다. 이완기법을 능숙하기 하기 위해, 내담자는 집에서 이완기법을 연습해야 한다(M. E. Young, 2013).

이후 상담전문가는 어떻게 불안위계목록에 포함된 상황들을 내담자에게 노출시킬지 계획을 세워야 한다(M. E. Young, 2013). 일반적으로, 불안 정도가 낮은 상황부터 높은 상황으로, 그리고 미묘한 상황부터 직접적인 상황으로 노출을 시킨다. 상담전문가와 내담자는 내담자가 너무 불안해지면 상담자에게 어떤 신호(예: 손을 살짝 듦, 손가락을 가볍게 튕김)를 보낼지에 대해 미리 논의해야 한다.

상담전문가와 내담자가 둔감화 과정을 시작할 준비가 되면, 내담자는 다시 깊은 이완 상태가 되어야 한다. 내담자는 눈을 감고 있어야 한다. 상담전문가는 불안위계목록에 없는 자연스러운 상황부터 시작한다. 내담자가 불안을 느끼지 않고 그 상황을 상상할 수 있다면, 상담자는 불안 정도가 가장 낮은 상황을 상상하게 한다(Corey, 2015). 30초 정도가 지나면, 다음으로 불안 정도가 낮은 상황을 상상하게 한다. 이 과정에서 내담자가 불안을 느끼면, 이전에 합의했던 신호를 상담자에게 보내고, 상상을 멈춘 후, 이완 기법을 통해 다시 이완상태로 돌아간다. 내담자가 다시 이완되면, 상담전문가는 불안위계목록의 상황을 이어서 진행한다. 보통, 한 회기에 5~6개의 상황에 노출되면 충분하다. 첫 회기에 불안위계목록에서 몇 개의 상황까지 노출했는지에 따라 두 번째 회기의 내용이 결정된다. 내담자가 불안을 느끼지 않는 상황은 목록에서 제외시킨다. 내담자가 목록에서 불안 정도가 가장 낮은 상황에도 유의하게 높은 불안을 보이면, 불안 정도가 더 낮은 상황을 목록에 추가해야 한다. 불안 강도가 너무 높으면 오히려 해가 될 수 있다. 차라리 불안 정도가 너무 낮은 상황을 사용하는 것이 해가 되지 않기 때문에 더 바람직하다. 이후 회기들도 비슷하게 진행하면 된다. Wolpe(1985)에 따르면, 경도 혹은 중도의 불안을 유발하는 15개의 상황을 포함한 불안위계목록의 경우, 5~6회기 내에 다 마칠 수 있지만, 일반적으로 체계적 둔감화의 모든 과정은 10~25회기 정도 소요된다. 내담자가 이완된 상태를 유지하면서 불안 정도가 가장 심한 상황을 상상할 수 있으면 치료가 끝난 것이다.

마지막 단계는 상담자와 내담자가 후속 계획을 세우는 것이다. 계획에는 내담자가 어떻게 이 기법을 집에서 연습할지에 대한 내용이 포함되어야 한다. 치료의 성과를 유지하기 위해서는 강화가 필요하므로, 상담자와 내담자가 후속 약속을 잡는 것이 좋다.

주관적 고통 척도

불안 수준이 어떻게 변화하는지 측정하기 위해, Joseph Wolpe는 주관적 고통 척도(Subjective units of distress scale: SUDS)를 개발하였다. SUDS는 제1장에서 다룬 척도 기법의 한 유형이다. SUDS는 원래 체계적 둔감화를 실시할 때 사용하려고 개발되었다(Kaplan & Smith, 1995). 상담전문가는 어떤 상황이 내담자의 불안을 가장 많이 야기하는지 살펴보고 이해하기 위해 SUDS를 사용한다. Wolpe(1990, p. 91)는 내담자에게 SUDS를 설명하기 위해 다음의 시나리오를 사용하였다.

> 당신이 상상할 수 있는 최악의 불안을 생각하고, 그 최악으로 불안한 상태에 100점을 주세요. 그리고 완전히 편안한 상태, 즉 전혀 불안이 없는 상태를 생각하고, 그 상태에는 0점을 주세요. 자, 이렇게 불안 척도가 있는 거예요. 당신은 무엇을 하든 깨어 있다면 0점에서 100점 사이의 불안을 느껴요. 지금은 몇 점인가요?

일반적으로 점수 범위가 넓다는 장점 때문에 0~100점 척도를 많이 사용한다. 하지만 0~10점 척도도 사용할 수 있다. SUDS에 대한 내담자의 반응이 내담자의 불안 수준과 관련한 기초선이 된다(Wolpe, 1990). 내담자가 여러 가지 이유로 불안을 느낄 때, 상담전문가는 SUDS를 사용하여 내담자가 어떤 이유로 가장 불안을 느끼는지 파악할 수 있고, 내담자가 그 이유에 초점을 맞출 수 있도록 도울 수 있다(Shapiro, 2001).

Wolpe(1990, p. 160)는 SUDS를 사용하여 불안위계목록(불안을 유발하는 정도에 따라 순위를 매긴 목록)을 만드는 방법에 대해 설명하였다. 내담자의 내적 경험이 목록에 포함될 수 있지만, 대부분은 외적 경험(예: 상황)이 목록에 포함된다. 위계목록을 만들기 위해 상담전문가와 내담자는 내담자가 생각하는 불안을 유발하는 자극들에 대한 목록을 만든다. 그리고 내담자는 SUDS를 사용하여 각 자극에 대한 점수를 매긴다. 마지막으로, 상담전문가는 내담자가 매긴 점수를 토대로 불안 정도가 가장 적은 자극부터 불안 정도가 가장 높은 자극을 순서대로 정리하여 위계목록을 만든다(Thopre & Olson, 1997). 이 불안위계목록을 토대로 체계적 둔감화를 실시한다.

📖 체계적 둔감화를 변형한 기법

Corey(2015)는 가장 많이 사용되고 있는 체계적 둔감화의 변형 기법으로 실제적 둔감화를 꼽았다. 앞서 설명한 일반적인 체계적 둔감화에서도, 내담자가 특정 상황을 상상하지만, 이 실제적 둔감화 방법에서는 특히 실제 두려움을 느꼈던 상황을 상상한다. 적절할 경우, 내담자는 실제적 둔감화 과정을 스스로 관리한다. 필요하면, 상담자가 내담자와 불안을 유발하는 상황에 함께 들어간다. 이 대안적인 방법을 선호하는 사람들은 이 방법이 내담자로 하여금 노출 경험을 더 일반화할 수 있게 하기 때문에 다른 체계적 둔감화보다 효과적이라고 주장한다.

M. E. Young(2013)은 공포 감소가 아닌 불안 감소에 목표를 둔 또 다른 체계적 둔감화 변형 기법을 제안하였다. 이 방법에서는 불안위계목록을 만들고 상황들을 유형화하여 여러 유형들을 다루는 대신, 한 가지 유형의 목록에만 초점을 맞춘다. 이 치료는 6회기로 구성되는데, 이완기법과 불안위계목록은 여전히 사용된다. 목록의 상황들을 개별적으로 메모지에 적는다. 먼저 내담자는 이완되고 자연풍경을 상상하고, 상담전문가는 메모지에서 가장 불안 정도가 낮은 상황을 묘사한 글을 읽는다. 내담자가 계속 이완된 상태를 유지할 수 있다면, 상담자는 다음의 메모지로 넘어간다. 상담자는 각각의 메모지에 해당 상황의 (불안) 순위, 노출 전에 내담자가 보고한 SUDS 점수, 불안을 유발하는 상황에 대한 묘사, 노출 시도 횟수, 얼마나 오랫동안 내담자가 이완된 상태를 유지할 수 있었는지, 그리고 각 노출 시도마다 내담자가 보고한 SUDS 점수 등을 기록한다. Young은 적절할 때에 실제적 둔감화를 소개하라고 권유하였다.

또 다른 체계적 둔감화를 변형한 기법으로는 Richmond(2013)가 제안한 내담자가 스스로 시행하는 체계적 둔감화가 있다. 이 기법도 기존의 체계적 둔감화와 동일한 세 가지 요소를 포함한다. 내담자는 먼저 이완기법에 익숙해지고 불안을 유도하는 상황에 대해 자세히 묘사되어 있는 불안위계목록을 작성한다. Richmond는 각각의 메모지에

10~15개 정도의 상황을 적고 각 상황에 대해 SUDS 점수를 매길 것을 권장하였다. 그리고 내담자는 SUDS 점수별로 가장 낮은 불안 상황부터 가장 높은 불안 상황까지 위계목록을 만든다. 다음 날, 내담자는 이완하면서 가장 불안 정도가 낮은 상황부터 노출을 시작한다. 각 회기는 30분 정도 소요되어야 하고, 내담자는 각 회기마다 3개 정도의 상황에 스스로를 노출시킨다. 회기 마지막에는 몇 분 동안 깊게 이완되어야 한다.

내담자들은 상담회기 간에 체계적 둔감화를 시도해서는 안 된다. 하지만 상담전문가는 회기 간 과제로 내담자가 깊은 호흡, 점진적 근육이완 훈련, 시각적 심상 및 자기대화를 연습할 수 있도록 격려해야 한다.

📖 체계적 둔감화의 예시

체계적 둔감화는 다음의 세 가지 요소, 즉 (1) 이완기법 훈련, (2) SUDS를 사용하여 불안위계목록 작성, 그리고 (3) 이완하면서 동시에 노출을 포함한다. 이전 회기에서 니콜은 긍정적인 자기대화, 시각화, 깊은 호흡, 점진적 근육이완훈련에 대해 배웠다. 니콜은 이제 자신의 공포증을 치료하기 위해 체계적 둔감화 과정을 시작할 준비가 되었다. 니콜의 치료는 실제 상황으로의 노출 대신 상담실에서 실시하는 상상 노출로 구성되었다. 실제 상황 노출을 사용할 때보다 상상노출을 사용할 때, 상담자가 불안 자극을 더 잘 통제할 수 있으며(예: 내담자가 실제로 엘리베이터에 있는 것보다 상담실 의자에 앉아 엘리베이터에 있는 장면을 상상할 때, 상담자가 내담자의 공포반응에 잘 대처할 수 있다), 상상 노출과 실제 상황 노출의 효과는 비슷한 것으로 알려져 있다. 다음은 SUDS를 사용하여 불안위계목록을 만들고, 심상 노출을 토대로 한 체계적 둔감화를 사용한 예시다.

> 상담자(C): 자, 좋아. 이제까지 우리는 자기대화와 시각적 심상을 배워 봤어. 그리고 깊은 호흡과 점진적 근육이완 훈련도 해 봤어. 이제, 체계적 둔감화라는 기법을 사용하여 너의 호소문제인 공포증을 다룰 준비가 된 거 같아. 기본적으로, 체계적 둔감화는 단계별로 너를 시험 상황에 노출시키고, 너의 불안을 이완으로 대체하는 기법이야. 이 기법을 사용하기 위해 두 가지를 더 해야 돼. 먼저, 불안위계목록을 작성할 거야. 이 목록에 시험과 관련하여 별로 불안을 유발하지 않는 상황부터 아주 불안을 많이 유발하는 상황, 예컨대 SAT 시험을 치르기 위해 시험장에 들어가 의자에 앉았는데,

몸이 떨리고, "아 이게 끝인가 봐."라는 생각을 하는 그런 상황. 즉 공포척도에서 9점 혹은 10점 정도 되는 그럼 상황 등을 다 포함시킬 거야.

니콜(N): 네.

C: 그리고, 이미 네가 알고 있는 이완기법을 사용할 건데. 체계적 둔감화의 세 번째 요소인 불안위계목록과 이완기법을 동시에 사용할 거야. 이해돼?

N: 네. 해 볼게요.

C: 일단, 위계목록에 대해 이야기해 보자. 이 목록에 대략 10∼15개 정도의 상황 혹은 자극을 넣을 거야. 시험과 관련하여 어떤 상황이 너를 불안하게 하는지 말해 줄래? 경미한 불안을 경험한 상황부터 아주 두렵고 무서웠던 상황까지 생각나는 대로 다 말해 주면 돼.

N: 시험과 관련한 어떤 상황도 괜찮나요?

C: 응. 시험불안과 관련한 상황이라면 다 괜찮아.

N: 음. 그러니까 제가 가장 스트레스를 받는 상황을 말하면 되는 거죠?

C: 응. 10점 척도에서 9점이나 10점 정도로 심한 불안을 유발하는 상황.

N: 음. 제가 잘 모를 때가 정말 안 좋은 거 같아요. 예를 들어, 모르는 문제가 나오거나 이해가 안 되는 문제가 나오면, 그때 제일 안 좋아요.

C: 그래, 그러니까, 시험을 치르고 있는데, 시험에서 이해가 안 되는 문제가 나올 때(상담자는 이 상황을 기록함) 많이 불안하구나.

N: 네.

C: 좋아. 또 다른 상황을 생각해 볼래?

N: 주위를 둘러봤는데, 다른 학생들은 시험을 다 마친 거예요. 저만 여전히 시험을 보고 있고, 다른 아이들은 시험을 다 끝낸 것처럼 보일 때…… 안 좋아요.

C: 그러니까 다른 학생들이…….

N: 다른 학생들은 시험을 다 끝내고 펜을 책상에 내려놓고 편하게 앉아 있을 때…….

C: 또 다른 상황은?

N: 시간이 부족하면 큰일인데, 나는 아직 끝내려면 멀었는데, 시간이 거의 남지 않았고…….

C: 그래, 또?

N: 시험이 시작될 때, 혹은 시험 문제가 되게 많거나 페이지 수가 많을 때, 너무 불안해요. 절대 끝낼 수 없을 거 같아서요.

C: 좋아. 불안 정도가 심한 상황에 대해 말해 줘서 고마워. 이제 불안 정도가 중간인 상황들, 그리고 불안 정도가 아주 낮지만 그래도 너를 신경쓰이게 만드는 상황들에 대해 이야기해 보자. 어떤 상황들이 생각나?

N: 음. 선생님이 조만간에 시험을 볼 거라고 공지하실 때…… 불안 정도가 중간쯤인 거 같아요. 곧 시험이 있으니, 더 열심히 공부를 해야 한다고 생각할 때요.

C: 더 열심히 공부를 한다고?

N: 네.

C: 더 열심히 공부해야 한다고 생각하는 게 선생님이 조만간에 시험을 볼 거라고 공지하시는 것보다 더 불안해?

N: 네.

C: (계획대로 시험공포에 대한 위계목록을 만드는 과정이 진행되었고, 상담자는 낮은 혹은 중간정도의 불안 상황도 목록에 넣음) 그리고 아마도 시험 보는 날 아침에도 불안할 거 같은데?

N: 네.

C: 좋아. 그럼 그 전날 밤에도 불안해?

N: (고개를 끄덕임)

C: 그 전날 학교에 있을 때도 불안해?

N: (고개를 끄덕임)

C: 보통 선생님이 며칠 전에 시험에 대해 공지 하셔? 일주일 전 아님 며칠 전?

N: 보통 일주일 전이요. 일주일 전에 공지하세요.

C: 그럼, 이틀 전, 3일 전, 4일 전 이렇게 목록에 넣으면 되겠다.

N: 네.

C: 또 다른 상황을 생각할 수 있겠어?

N: 그 정도가 다인 거 같아요.

C: 근데, 시험 보는 당일 아침에 일어나서 실제로 시험을 보는 시간까지 많은 일이 있을 거 같은데……

N: 시험이 있는 날은 아침에 일어나서 시험 범위를 다시 한번 읽어 봐요.

C: 시험 당일 아침에 시험 범위를 읽어 보는구나.

N: 네.

C: 시험 당일 등교할 때는 어때?

N: 네. 되게 긴장돼요.

C: 학교에 도착하면 어때?

N: 계속 긴장돼요. 시험이 시작될 때까지 계속 긴장해요.

C: 그럼, 학교에 도착해서 실제로 시험을 칠 때까지, 그러니까 선생님이 시험지를 나눠
　 주실 때까지는 무슨 일이 일어나?

N: 점점 더 긴장하고 불안해져요. 시험이 가까워질수록 그래요.

C: 응. 기다리는 시간 동안에 그런 거지?

N: 네.

C: 그럼, 학교에 도착해서 선생님이 시험지를 나눠 주실 때까지 기다리는 시간이 있는
　 거네. 그리고 시험지를 받는데, 문제가 너무 많을 때가 있고, 아직 풀어야 할 문제
　 가 많이 남아 있는데 시간은 계속 가고, 다른 학생들은 시험을 다 마치고 펜을 내려놓
　 은 적도 있고. 이해가 안 되는 문제들이 있는 적도 있고.

N: 네.

C: 좋아. 내가 계산하기로는 총 16개의 상황이 있는 거 같아. 곧 상담을 끝내야 하니까,
　 몇 개를 더 추가하거나 지워 보자. 다음으로 해야 할 건, 주관적 고통 척도를 사용해
　 서, 각 상황에 대해 0~100점 척도로 점수를 매기는 거야.

N: 좋아요.

C: 이런 상황들에 대해 얼마나 불안을 느껴? 어떤 상황들은 90점 혹은 100점 정도일 거
　 고, 어떤 상황들은 10점, 15점 혹은 20점 정도일 거야.

N: 네. 맞아요.

C: 자, 이제 이 상황들에 점수를 매기면, 그 점수에 따라 순서대로 위계목록을 만들고,
　 체계적 둔감화를 시작할 거야. 눈을 감고, 각각의 상황을 상상하면 돼. 쉬운 것부터
　 시작할 거야. 먼저, 이완을 하고, 쉬운 것부터 상상하는 거야. 상상할 때 깊은 호흡을
　 하면서 너 자신을 이완시키면 돼. 또한 점진적 근육이완 기법도 사용하고, 자기대화
　 도 하고, 만약 필요하면, 불안한 상황을 상상하는 대신 편안한 바닷가를 상상하면 돼.
　 알겠어?

N: 네. 좋아요.

C: 우리는 점점 위계목록 위로, 즉 점점 더 불안 수준이 높은 상황으로 옮겨 갈 거야. 아
　 마 매 회기마다 4~5개 정도 할 수 있을 거야. 다음 회기부터는 4~5개 상황을 마치면
　 상담을 끝낼 거라 상담시간이 짧아질 수도 있어. 그리고 그 다음 회기에 다시 만나서

4~5개 상황을 더하고 멈추고. 네가 가장 불안한 상황에도 불안을 느끼지 않을 때까지 이걸 계속할 거야.

다음은 2회기를 시작하는 내용이다.

C: 자, 좋아. 개학할 때까지 이제 한 주 남은 거지?

N: 넵.

C: 와, 올해 시험이 많을 거 같아?

N: 네. 많을 거예요.

C: 그래? 많을 거라고? 시험이 많을 거 같구나.

N: 넵.

상담자는 이전 회기에 했던 활동들을 살펴보고, 체계적 둔감화를 실시하기 전에 Nichole이 과제를 했는지 확인한다. 앞선 회기에 만든 니콜의 불안위계작성 목록은 〈표 28-1〉과 같다.

표 28-1 Nicole의 불안위계목록

주관적 고통 척도	상황
015	다음 주에 시험을 본다고 선생님이 공지를 하신다.
025	시험이 4일 남았다.
032	시험이 3일 남았다.
040	시험이 이틀 남았다.
055	시험이 다가오고 있고 공부를 더 열심히 해야 한다.
068	시험 전날이 왔다.
078	시험 전날 밤이다.
084	시험 당일 아침이다.
096	시험 당일 등교하고 있다.
087	시험 당일 학교에 도착했다.
089	선생님이 시험지를 나눠 주신다.
091	시험지가 두껍고 시험 문제가 많다.
094	이해할 수 없는 문제가 있다.
096	다른 학생들이 시험을 마무리하고 책상 위에 펜을 내려놓는다.
097	시간이 거의 없고, 풀어야 할 문제가 아직 많이 남아 있다.

C: 지난주에 우리가 만든 불안위계목록을 표로 작성해 봤어. 오늘 가장 먼저 해야 하는 일은 주관적 고통 척도(SUDS)를 사용하여 각 상황에 대한 점수를 매기는 거야. 이를 통해 각각의 상황들에 대해 네가 얼마나 불안을 느끼는지 평가할 수 있어. 모든 상황에 대한 점수를 매겨야 이 상황들을 순서대로 정리하고 목록을 작성할 수 있겠지? 아래에 가장 낮은 불안 상황을 넣고, 점점 위로 가면서 높은 불안 상황을 넣을 거야. 이 목록을 완성하면, 목록에서 가장 아래의 상황부터 시작해서 이완, 시각적 심상, 자기대화, 깊은 호흡 등을 사용하여 불안을 완화시키면서 가장 높은 곳까지 갈 거야. 이 과정을 통해 너는 이완된 상태에서 불안한 상황을 생각하고 상상하기 때문에 점차 불안한 상황에 대해 둔감해질 거야. 그리고 상담실에서 둔감화가 되기 때문에 실제 상황에서도 불안을 느끼지 않게 될 거야. 어때?

N: 네. 좋아요.

C: 자, 그럼, SUDS를 사용해서 점수를 매겨 보자. LCD 알람 시계 본 적 있어? 그 시계를 보면, 배경이 검은색이고, 붉은색이나 다른 색깔의 숫자가 있잖아. 그런 LCD 모니터를 생각해 봐. 그리고 그 모니터에 000부터 100까지의 세 자리 숫자가 나온다고 상상해 봐. 000은 전혀 스트레스를 받지 않고 완전 마음이 편안한 상태를, 100은 공황 발작이 올 정도로 심각하게 불안한 상태를 의미해. 알겠지?

N: 네.

C: 내가 목록에 있는 상황들을 읽을게. 0점부터 100점 척도를 사용하여 각 상황에 대해 점수를 매겨 줘. 자, 이제 읽을게. 눈을 감고, 내가 읽는 상황을 상상해 봐. 상상을 잘하기 위해 눈을 감아. 그 상황이 지금 발생하고 있다고 상상하고 아까 말한 LCD 모니터가 오른쪽 코너에 있다고 상상해.

N: 네.

C: 이해돼?

N: 네, 이해했어요.

C: 자, 교실에 있다고 상상해 봐. 어떤 수업이든 상관없어. 선생님이 일주일 후에 시험이 있다고 공지하고 있는 상황이야. 0점에서 100점 중, 0점은 전혀 스트레스를 느끼지 않는 상태, 100점은 완전히 스트레스를 받고 있는 상태일 때, 이 상황이 몇 점이야?

N: 015요.

C: 015? 그럼 거의 스트레스가 없는 거네.

N: 네.

C: 그럼, 시간이 지나서 시험 보기 4일 전이라고 상상해 봐. 몇 점이야?

N: 025요.

C: 025? 아까보다 조금 높아졌네.

N: 넵.

C: 그럼 3일 전이라면?

N: 040.

C: 040?

N: 넵.

C: 시험이 점점 다가오고 너는 공부를 더 해야 돼.

N: 055.

C: 055?

N: 네.

C: 그래, 이제 시험 이틀 전이야.

N: 050.

C: 시험 전날은?

N: 더 올라가요. 068 정도요.

C: 068. 시험이 하루 남았으니 이제 정말 긴장이 되기 시작하는구나.

N: 네.

C: 좋아. 그럼 시험 전날 밤에는? 오후까지는 068이었지?

N: 078.

C: 078. 그럼 시험 당일 아침에는?

N: 087. 아니, 084.

C: 084. 그래. 자, 이제 침대에서 일어나서 다시 한번 더 시험 범위를 살펴봐.

N: 086요.

C: 이제 집에서 나와 학교로 가고 있어.

N: 여전히 086이요. 아까랑 별로 달라진 게 없어요.

C: 그럼 학교에 도착하면 어때?

N: 087요.

C: 아주 조금 올라갔네.

N: 네.

C: 자, 이제 선생님이 시험지를 나눠 주시고, 넌 시험지를 받을 때까지 기다리고 있어.

N: 안 좋아요. 089.

C: 089. 좋아. 시험 문제를 풀기 시작하는데, 모르는 문제가 나왔어. 문제 자체가 이해가 안 돼.

N: 그럴 때 전 완전히 불안해요. 094.

C: 094?

N: 네.

C: 그래, 이제 다른 학생들이 펜을 내려놓아.

N: 오, 안 좋아요. 096요.

C: 시간이 거의 남지 않았고, 아직 풀어야 할 문제가 남아 있어.

N: 최악의 상황이에요. 097.

C: 097?

N: 네.

C: 거의 100점에 가깝네.

N: 네.

C: 그럼 어떤 상황이 100점이야? 100점을 줄 만한 상황이 있어?

N: 100점을 줄 만한 상황은 없는 거 같아요. 하지만 97점이면, 이미 완전하게 불안해서 거의 기절할 직전이에요.

C: 교실에서 너를 데리고 나오거나 그래야 할 수준인 거야?

N: 네.

C: 좋아, 여기에 상황별로 네가 매긴 점수를 기록했어. 정리해 보면, 선생님이 일주일 후에 시험을 본다고 공지하시면 015. 점점 시간이 지나면서 시험 당일 아침이 될 때까지 계속 불안 점수가 조금씩 올라가. 그리고 당일 아침에 일어나 학교에 가고 학교에 도착하면, 거의 090에 가깝고 선생님이 시험지를 나눠 주시면 089야. 시험지를 보니 문제가 많고, 네가 이해할 수 없는 문제가 있어. 다른 학생들은 거의 시험을 마친 거 같아 보이고, 너는 시간이 없는데 아직 풀어야 할 문제가 많이 남았고……

N: 네, 그게 최악이에요.

C: 혹시 이 목록에 더 추가할 게 있어? 혹시 너에게 중요한데 우리가 깜빡한 게 있을까?

N: 아니요, 없는 거 같아요. 모든 상황이 다 포함된 거 같아요.

C: 좋아, 네가 학교에 가는 상황과 아침에 시험 범위를 다시 살펴보는 상황에 똑같은 점

수를 줘서 둘 중에 하나는 삭제할게. 그러면 총 15개의 상황이 남아. 이제 시작하기 전에 내가 알아야 할 게 있을까?

N: 없어요.

상담전문가는 이제 체계적 둔감화를 본격적으로 시작한다.

C: 자, 이제 시작해 보자. 먼저, 가장 아래부터 시작해 보자. 오늘 3~4개 아님 5개 정도까지 할 수 있을 거 같아.

N: 네.

C: 자, 깊은 호흡과 점진적 근육이완 훈련을 사용해서 근육에 있는 긴장을 모두 풀어 보자. 자, 깊이 호흡해 봐.

N: 지금 시작할까요?

C: 응. 눈을 감고 여러 번 호흡을 깊게 들이마시고 내쉬고. 원한다면, 평화롭고 고요한 바닷가로 너를 데려가. 아니면 자기대화를 통해 최대한 마음을 편안하게 해 봐. (2분 남짓 멈춤)

C: 자, 이제, 아주 편하게, 깊게, 천천히 한 번 호흡하면서, 우리가 좀 전에 이야기한 목록의 상황들을 상상해 보자. 먼저, 가장 아래에 있는 것부터 시작할게. 그 상황을 마음속으로 상상해 봐. 그리고 동시에 깊게, 천천히 호흡해. 만약 너무 불안하거나 힘들면, 시험 관련 상황 대신 바닷가를 다시 상상하면 돼. 알겠지?

N: 알겠어요.

C: 그리고 다시 마음이 편해지고 다음 상황으로 넘어갈 준비가 되면 나한테 신호를 줘. 손가락을 가볍게 튕겨서 신호를 주면 돼.

N: 이렇게요? (신호를 보냄)

C: 맞아. 아주 좋아. 자, 가장 아래부터 시작해 보자. 선생님이 일주일 후에 시험이 있다고 공지하시는 상황을 상상해 봐. 그 상황을 상상하면서, 계속 호흡하면서 근육을 이완시켜 봐. 좋아. 그 상황을 충분히 이완된 상태에서 상상할 수 있다면 신호를 줘. (멈춤). 자, 이제 눈을 뜨고 나에게 돌아와. 0~100점 척도로 지금 기분이 어때?

N: 003 정도요. 마음이 되게 편해요.

C: 원래 이 상황의 점수는 015였어. 지금은 003이 되었네. 마음이 편하고, 고요한 상태네.

N: 네. 맞아요.

C: 좋아. 그럼 계속해 보자. 다시 눈을 감고, 몇 번 깊게 호흡하면서 다음으로 이동할 준비가 됐으면, 신호를 줘. (내담자가 신호를 보낼 때까지 기다림) 이제, 시험이 4일 앞으로 다가왔다고 상상해 봐. 상상하면서 계속 호흡하고, 근육을 이완시키면 돼. (내담자의 신호를 기다림) 좋아, 이제 시험이 이틀 앞으로 다가왔다고 상상해 보자. 호흡하면서 마음을 편안하게 해. (신호를 기다림). 좋아, 이제, 시험 전날이 되어 공부를 열심히 해야 한다고 상상해 보자. 열심히 공부해야 한다고 생각하는 자신을 상상해 봐. (신호를 기다림) 좋아, 니콜. 이제 천천히 눈을 뜨면서 그 상황에서 멀어져 여기로 돌아와. 0~100점 척도로 기분이 어때?

N: (하품하며) 010이요.

C: 010?

N: 아니, 008이요.

C: 좋아. 아주 좋아. 너무 잘하고 있어! 이미 목록의 1/3을 해냈어. 원래 055점이었던 상황까지 온 거야. 원래 055점이었던 상황을 상상하는 동안 불안 수준이 010점으로 떨어졌어. 앞으로 3~5회기 동안 이 과정을 계속할 거야. 이 과정을 마치면, 네가 실제로 시험을 볼 때 스트레스를 많이 받지 않을 거야. 실제 상황에서도 너는 깊은 호흡이나 다른 이완 방법을 사용해서 평온한 마음 상태를 유지하고 부정적인 생각을 조절하여 스트레스에 대처할 수 있을 거야. 어때?

N: 좋아요.

C: 혼자 상담회기 밖에서 이 기법을 사용하면 안 돼. 알았지? 이 기법은 반드시 상담회기 내에서만 사용해야 돼. 그래야 네가 이 기법을 효과적으로 그리고 안전하게 사용하도록 내가 도와줄 수 있어.

N: 네. 그렇게 할게요.

3회기 때, 불안목록의 4단계부터 다시 시작하여 문제없이 10단계까지 진행하였다. 4회기에는 9단계부터 시작하여 14단계까지 진행하였다. 이제 치료가 거의 마무리된 것이다. 만약 니콜이 노출 과정에서 부정적인 반응을 보였다면, 상담자는 상호억제 원리를 사용하여 스트레스 상황에 대한 노출을 중지시키고, 깊은 호흡, 자기대화, 점진적 근육이완 기법을 사용하여 내담자를 다시 이완할 수 있도록 하고, 회기를 마쳤을 것이다. 마치 운명처럼, 니콜은 4회기와 5회기 사이의 상담 예약을 지키지 않았고, 그 사이에 학교에서 여러 번 시험을 봤다.

C: 지난주에 못 만났네. 학교에서 무슨 일들이 있었어?

N: 시험을 몇 번 봤어요.

C: 아, 정말? 어땠어? 어려운 시험이었어?

N: 네. 미적분이랑 화학 시험이었는데 어려웠어요. 하지만 이상하게 별로 불안하지 않았어요. 어려운 문제를 풀 때도 심호흡을 하니까 괜찮아졌어요.

이 시점에서, 원하던 결과가 확인되었다. 상담자는 13단계를 시작하여 15단계까지 마친 후, 지뢰표시하기(제5장 참고)를 사용하고, 회기를 마쳤다. 니콜은 특별한 시험 불안 없이 고등학교를 졸업했고, SAT 점수가 150점이나 올랐으며, 가장 가고 싶어 했던 대학에 입학했다.

📖 체계적 둔감화의 유용성과 평가

체계적 둔감화는 특정 공포증을 치료하기 위해 가장 많이 사용되고, 상상노출의 경우 한 회기만으로도 성공적으로 사용될 수 있다(Ost, 1989; Zinbarg, Barlow, Brown & Hertz, 1992). 특정 공포증이란 개인이 어떤 특정한 상황이나 대상(예: 시험, 높은 곳에 서 있기)에 대해 공포를 느끼는 것을 의미한다(George & Christiani, 1995). 예를 들어, Triscari, Faraci, D'Angelo, Urso와 Catalisano(2011)는 체계적 둔감화를 포함한 인지행동치료가 비행공포증을 치료하는 데 효과적이라는 결과를 보고한다. 체계적 둔감화는 필요한 대처기술은 가지고 있지만 불안 수준이 높아 특정 자극을 회피하는 내담자에게 가장 효과적이다.

Egbochukuand와 Obodo(2005) 그리고 Austin과 Patridge(1995)는 체계적 둔감화를 시험 불안과 같은 학생들의 스트레스를 완화시키는 데 사용할 것을 권유하였다. 시험 불안을 완화하는 데 인지적 재구성과 체계적 둔감화가 비슷하게 효과적인 것으로 나타났다(Bispinar Can, Dereboy, & Eskin, 2012). Crawford(1998)는 읽기 불안이 있는 교사 준비생에게 체계적 둔감화를 사용할 수 있다고 말하였다.

대부분의 상담전문가는 체계적 둔감화가 공포증을 치료하는 데 효과적임에 동의할 것이다. 하지만 실제 상황 노출과 상상노출 중 어떤 방법을 사용할지에 대해서는 의견이 분분하다(Zinbarg et al., 1992). Graziano, DeGiovanni와 Garcia(1979)는 아동들의 공포증 치료에 대한 연구를 살펴보았고, 그 결과 체계적 둔감화가 개인상담에서 사용되든, 집단상담에서 사용되든 혹은 실제 노출로 사용되든, 상상 노출로 사용되든, 다른 기법들에 비해 효과적인 것으로 나타났다. 이러한 결과는 실제 상황 노출과 상상노출 중 어떤 방법이 더 우수한지에 대한 논의로 이어질 수 있다. 사실, 이 두 방법은 서로의 단점을 보완해 주고, 내담자의 선호에 따라 사용될 수 있다. 예를 들어, Pagoto, Kozak, Spates와 Spring(2006)은 실제 상황 노출을 거부한 여성이 상상 노출에는 잘 반응했다고 보고하였다.

체계적 둔감화가 효과적인 이유가 상호억제 원리 때문이라고 주장하는 사람들이 있다(Wolpe, 1958). 반면, 어떤 사람들은 체계적 둔감화가 효과적인 이유로 내담자가 반복적인 노출을 통해 특정 자극이 자신에게 해를 입히지 않는다는 사실을 깨닫기 때문이라고 주장한다(M. E. Young, 2013). 내담자가 체계적 둔감화를 통해 통찰을 얻었기 때문에 체계적 둔감화가 효과적이라는 주장도 있다. Meichenbaum(M. E. Young, 2013에서 재인용)은 체계적 둔감화 과정에서 실제 인지적인 변화가 일어나 내담자가 불안을 유발하는 상황에 대한 생각을 바꾼다고 말했다. 또한 이 기법이 효과가 있는 이유로 내담자가 불안에 대처할 수 있는 좀 더 효과적인 새로운 대처기술(이완기법)을 배웠기 때문이라는 주장도 있다.

체계적 둔감화가 불안을 경험하는 모든 내담자에게 효과적인 것은 아니다. 이 기법이 효과적이기 위해서는 내담자가 반드시 점진적 근육이완이나 다른 이완기법을 유능하게 사용할 수 있어야 한다. 만약 이완하는 방법을 배우지 못하면, 체계적 둔감화가 아닌 다른 기법을 사용해야 한다. 또한 어떤 내담자들은 불안을 유도하는 상황을 충분히 상상하지 못하기 때문에 체계적 둔감화가 효과적이지 않을 수 있다(M. E. Young, 2013). Richmond(2013)는 만약 내담자가 불안위계목록에 포함된 특정 상황에 반복적으로 노출된 후에도 높은 불안을 느낀다면, 다음을 고려할 것을 제안했다. 첫째, 그 상황에 너무 낮은 (불안) 점수를 매겼을 수 있다. 둘째, 그 상황이 너무 자세하게 묘사되어 목록에서 더 높은 불안 점수를 받은 상황에까지 함께 노출될 수 있다. 상담전문가는 내담자가 신호를 주지 않은 채 불안한 상황을 너무 오랫동안 집중하여 상상하고 있지 않은지 살펴야 한다.

제**29**장

스트레스 면역 훈련

📖 스트레스 면역 훈련의 기원

스트레스 면역 훈련(stress inoculation training)은 Donald Meichenbaum에 의해 개발되었다. 이 훈련의 기본 가정은 내담자가 경미한 수준의 스트레스를 대처하는 방법을 배우면 더 심각한 스트레스를 견디는 능력이 향상된다는 것이다(Corey, 2015). Meichenbaum은 내담자가 스트레스 상황에서 자신의 대처능력에 대한 생각을 바꾸면 실제로 대처능력이 향상된다고 믿었다. 스트레스 면역 훈련에서는 내담자의 대처 능력을 향상시킬 뿐만 아니라 내담자가 이미 사용하던 대처기술도 사용하도록 격려한다(Meichenbaum, 1995). 스트레스 면역 훈련에서는 소크라테스식 교육과 강의식 교육, 자기 모니터링, 인지적 재구성, 문제 해결, 이완 훈련, 행동 시연, 환경 변화 등을 모두 사용한다. 이 기법은 스트레스를 받는 모든 내담자에게 동일하게 적용되지 않는다. 대신, 개인 내담자에 맞게 수정되어야 하는 일반적인 원리와 임상적 기법을 제시한다.

스트레스 면역 훈련은 1970년대 초에 Meichenbaum에 의해 처음으로 소개되었다. Meichenbaum이 초반에 상담했던 내담자들은 다양한 공포를 경험하고, 분노를 조절하지 못하며, 신체적 통증 때문에 어려워하는 내담자들이었다(Meichenbaum, 1993). Meichenbaum은 내담자의 자기대화를 수정하는 인지행동 재구성의 중요성을 강조하였다. 스트레스 면역 훈련은 인지적 접근을 통해 내담자의 자기대화를 수정하여 내담자가 스트레스 상황에 더 효과적으로 대처할 수 있도록 돕는다. 이 기법은 내담자가 스트레스를 개념화하고 재구성하도록 도와줌으로써 자신의 삶에 대한 이야기를 다시 쓰거나 자신의 대처 능력에 대한 새로운 이야기를 쓸 수 있게 한다.

스트레스 면역 훈련에 따르면, 스트레스는 한 개인이 지각한 환경적 요구가 자신이 대처할 수 있는 수준을 넘었다고 지각할 때 나타난다(Meichenbaum, 1993). 따라서 스트레스는 환경과 개인의 상호작용의 결과이며, 자신의 대처능력으로는 당면한 과제를 해결할 수 없다고 생각할 때 나타난다. 이에 스트레스 면역 훈련에서는 내담자의 대처기술, 그리고 대처기술에 대한 자신감을 높임으로써 내담자가 효과적으로 스트레스를 대처할 수 있도록 돕는다.

스트레스 면역 훈련에는 몇 가지 목표가 있다. 첫째, 내담자는 스트레스를 정상적이고 적응적인 반응으로 인식하게 된다(Meichenbaum, 1993). 둘째, 자신의 문제에 대한 배경, 스트레스의 특성, 스트레스를 유지하는 데 자신이 어떤 역할을 하고 있는지 등에 대해 알게 된다. 또한 스트레스에 대한 자신의 생각을 바꾸고 자신이 스트레스 상황에서 바꿀 수 있는 것과 바꿀 수 없는 것을 구분함으로써 스트레스에 대처하는 방법을 배운다. 마지막으로, 자신을 압도하고 있는 스트레스 상황을 구체적인 단기·중기·장기 대처 목표로 나누는 방법을 배운다.

📖 스트레스 면역 훈련을 사용하는 방법

스트레스 면역 훈련은 개인, 커플, 소규모 혹은 대규모 집단에서 모두 사용될 수 있다(Meichenbaum, 1993). 일반적으로, 스트레스 면역 훈련은 8~15회기로 진행되며, 상담 종결 후 3개월과 12개월 사이에 추후 회기들도 진행된다. 스트레스 면역 훈련은 (1) 개념화, (2) 기술 훈련과 연습, (3) 적용과 사후 관리 등의 3단계를 포함한다.

첫 번째 단계인 개념화 단계에서는 내담자에게 스트레스의 특성과 내담자가 스트레스를 만드는 데 어떤 역할을 하고 있는지 교육한다(Corey, 2015). 내담자와 상담전문가는 호소문제를 함께 파악한다(Meichenbaum, 1993). 전반적인 스트레스 상황이 파악되면, 상담전문가는 스트레스 상황을 구체적인 스트레스 상황들로 나누고, 각 상황에 대한 내담자의 대처방안을 평가한다. 내담자는 스트레스 상황 중에 일부는 바꿀 수 있고,

일부는 바꿀 수 없음을 이해하고, 단기 · 중기 · 장기 행동 목표를 설정한다. 또한 스트레스 상황에서 나타나는 자신의 자기대화, 감정, 행동에 대해 모니터링한다. 이후 상담전문가는 내담자의 자기-모니터링 결과를 토대로 내담자가 스트레스에 대해 새롭게 개념화 할 수 있도록 돕는다.

두 번째 단계인 기술 훈련과 연습 단계에서, 내담자는 스트레스 상황에서 사용할 수 있는 다양한 행동적 · 인지적 대처기술을 배운다(Corey, 2015). 예를 들어, 스트레스 상황에서 필요한 정보 수집하기, 자원을 모으거나 피하는 계획 세우기, 부정적인 자기대화 재구성하기, 문제 해결에 초점을 둔 자기 지시하기, 이완기법, 자기주장, 자기 보상하기 등과 같은 행동적 기법을 배우게 된다(Meichenbaum & Deffenbacher, 1988). 또 다른 중요한 대처기술로는 사회적 기술, 시간 관리, 사회적 지지체계 구축하기, 우선순위 재평가하기 등이 있다. 내담자가 학습한 대처기술들은 행동적 시연, 심상적 시연, 모델링, 자기지시 훈련 등을 통해 더욱 강화될 수 있다(Meichenbaum, 1993). 또한 상담전문가와 내담자는 이러한 대처기술들을 사용하는 데 있어 어떤 방해물이나 장애물이 있을지에 대해 논의한다.

세 번째 단계인 적용과 사후 관리 단계의 핵심 목표는 상담에서 배운 대처전략을 실제 생활에 적용하는 것이다(Corey, 2015). 이 단계에서 내담자는 역할연습, 시연, 상상, 점진적인 실제 적용 등을 통해 배운 대처기술들을 연습한다(Meichenbaum & Deffenbacher, 1988). 내담자가 대처기술들을 충분히 연습한 후에는, 상담회기 간 과제를 통해 점진적으로 대처기술들을 실제 상황에 적용한다. 마지막 단계의 또 다른 중요한 목표는 재발 예방이다(Meichenbarm, 1993). 재발 예방을 위해 내담자와 상담전문가는 고위험 상황을 미리 파악하고, 이런 상황에서 어떤 스트레스 반응이 나타날지 예상해 보고, 어떤 기술을 사용할지 연습한다. 또한 스트레스 면역 훈련은 종종 추후 회기를 포함하며, 주위 사람들의 지지와 도움을 활용한다.

🕮 스트레스 면역 훈련을 변형한 기법

지금까지 스트레스 면역 훈련을 변형한 한 개의 기법이 보고되었다. 이 기법은 아이들의 스트레스 대처 능력을 향상시키기 위해 Archibald Hart 박사가 개발한 방법으로, 5단계로 이루어져 있다(Shapiro, 1994). 하트 박사는 아동들에게 점진적으로 문제에 노출하라고 제안하였다. 또한 아동의 연령에 맞는 가족 문제에 대한 정보를 제공해야 하며, 아동을 과잉보호해서는 안 된다고 말했다. 부모는 아동을 보호하고 싶은 욕구를 자제하고 아동이 스스로 자신의 문제를 해결할 수 있도록 허용해야 한다. 부모는 아동에게 건강한 자기대화를 하는 방법, 즉 자신을 격려하는 말과 논리적인 말을 할 수 있도록 가르쳐야 한다. 또한 아동에게 스트레스로부터 회복할 수 있는 충분한 시간을 줘야 하며, 아동 스스로도 자신에게 그런 시간을 주는 방법을 배워야 한다. 마지막으로, 아동은 어떤 상황이 정말 스트레스 상황인지 아닌지 판단할 수 있는 방법을 배워야 한다.

📖 스트레스 면역 훈련의 예시

사라(Sarah)는 21세의 대학생으로, 과도한 스트레스와 최근 성폭행을 당한 트라우마 때문에 상담실을 찾았다. 약 10개월 전 쯤(봄 학기가 끝나갈 때쯤), 사라는 학교 파티에서 성폭행을 당했다. 이 일이 있은 후, 사라는 어머니의 권유로 바로 본가로 돌아와 상담소를 찾았고, 여름 학기와 가을학기를 휴학했다. 4개월 동안 상담을 받은 후, 사라는 정서적으로 많은 진전을 보였다고 생각하여 상담을 종결하고, 봄 학기 수업을 신청하였다. 하지만 학교로 돌아오자마자, 사라는 과거 트라우마가 떠올라 정서적으로 불안정해졌다. 이에 학교 근처에 있는 상담실을 찾았고, 다음은 2회기의 내용이다.

> 사라(S): 이 정도 시간이 지났으면 잊을 수 있어야 하는데. 여전히 그 일이 저에게 이런 식으로 영향을 미친다는 게 너무 좌절스러워요. 이렇게 학교로 돌아오는 게 힘들지 몰랐어요. 아무래도 다시 본가로 돌아가야 할 거 같아요.
>
> 상담자(C): 본가에서는 안전함을 느꼈나 봐요.
>
> S: 네. 맞아요. 근데, 여기서는 전혀 그렇지 않아요. 여기에는 그 일을 상기시키는 것들이 너무 많고, 그 남자와 마주칠까 봐 너무 두려워요.
>
> C: 이곳이 당신에게 얼마나 힘든 곳인지 알 거 같아요.
>
> S: 정말 불공평해요. 여기에는 제 마음을 이해할 수 있는 사람도 없어요. 작년에 친하게 지내던 친구들과 연락도 안 해요. 아마 그 친구들은 제가 갑자기 학교를 그만두고 본가로 갔다는 사실을 비웃을 거예요.
>
> C: 아니면, 당신이 학교에 돌아올 만큼 용감하다고 생각하겠죠.

S: 그럴 수도 있겠죠. 모르겠어요.

C: 학교로 돌아오는 선택을 한 거잖아요. 충분히 할 수 있다고 생각했던 거 아니에요?

S: 네 맞아요. 그런데 막상 돌아오니 아니었어요. 당장이라도 금방 무너질 거 같아요. 1년 전에도 무너졌고요. 이 상황을 견딜 수 없을 거 같아요. 만약에 그 남자를 우연히 만나면 어쩌죠? 모든 사람이 제가 무슨 일을 당했는지 알게 되고, 제가 그런 일을 당해도 싸다고 생각하면 어쩌죠? 모두가 그 남자 편을 들고 그 남자를 여전히 좋은 사람으로 생각하면 어쩌죠? 그리고 곧 재판이 있는데, 그건 상상조차 못하겠어요. 괜히 엄마한테 모든 걸 다 말했나 봐요. 엄마가 그 남자를 고소하라고 해서 그렇게 했는데, 제가 더 견디기 힘들어졌어요. 법정에서 그 남자를 다시 봐야 하는데, 너무 끔찍해요. 못할 거 같아요. 그냥 본가로 돌아가서 아무 일도 없었던 것처럼 살고 싶어요.

C: 전 솔직히 당신이 걱정하고 있는 모든 것이 다 쓸데없는 걱정이라고 말하고 싶어요. 하지만 어느 정도는…… 당신이 걱정하고 있는 것들이 다 가능할 수 있어요. 학교에서 혹은 학교 밖에서 그 남자와 우연히 마주칠 수 있어요. 어떤 사람들은 당신이 겪은 일을 이해하지 못할 수도 있고, 당신을 오해할 수도 있어요. 또 그 남자를 여전히 좋은 사람이라고 생각하는 수도 있어요. 그리고 재판은 예정대로 열릴 거고, 거기서 당신은 그 사람을 보게 될 거예요. 이 모든 게 확실하지는 않지만 다 가능한 일이에요. 그리고 당신은 이 모든 상황을 다 대처할 수 있어요.

S: 어떻게 대처할지 모르겠어요.

C: 먼저, 우리가 바꿀 수 있는 게 무엇이고 바꿀 수 없는 게 무엇인지 구분하는 게 중요해요.

S: 무슨 말씀이세요? 바꿀 수 있는 건 아무것도 없어요. 전 아무것도 할 수 없어요. 그게 이 상황에서 최악인 점이에요.

C: 음, 그 남자와 우연히 마주치는 건 바꿀 수 없죠. 하지만 그 상황이 당신에게 어떠한 영향을 미칠지, 그리고 당신이 그 상황에서 어떻게 반응할지는 바꿀 수 있어요. 그 남자가 당신을 성폭행했다는 사실도 바꿀 수 없어요. 하지만 그 사건이 당신에게 얼마나 영향을 미칠지는 어느 정도 바꿀 수 있어요. 이미 지난번 상담을 통해 그럴 수 있다는 걸 경험했잖아요. 지난번 상담을 통해 나아졌으니, 또 그렇게 할 수 있어요.

상담전문가는 내담자와 작업동맹을 형성하려고 노력했다. 또한 내담자의 생각에 어떤 인지적인 오류가 있는지, 예컨대 회피, 반추, 재앙화 등이 있는지 찾고자 했으며, 내담자가 해결할 수 없다고 생각하는 문제를 해결 가능한 문제로 재구성하였다. 상담전문가는 내담자로 하여금 자신이 상황을 직접적으로 통제하지는 못해도 그 상황이 자신에게 미치는 영향력은 통제할 수 있음을 깨닫도록 기초 작업을 하였다.

다음은 4회기의 내용이다.

상담전문가는 내담자가 심리적으로 재판을 준비할 수 있도록, 재판보다는 낮은 강도의 스트레스 상황에 대해 이야기하고, 내담자가 그 상황을 성공적으로 대처하는 경험을 할 수 있도록 도와주고 싶었다. 재판은 높은 수준의 탄력성을 요구하는 큰 스트레스 요인이다.

C: 만약, 그 남자[트레이(Tray)]와 우연히 마주친다면 어떨 거 같아요?

S: (티셔츠 소매를 만지작거리며 안절부절못함) 음. 그런 상황을 꼭 생각해야 하나요?

C: 이미 그런 상황에 대해 여러 번 생각해 봤을 거 같은데, 아닌가요?

S: 네. 그렇긴 해요. 마음속으로 상상해 봤어요.

C: 상상한 상황에 대해 말씀해 주세요.

S: 음. 그 남자와 도서관에서 마주치는 상상을 했어요. 그 남자는 도서관에서 나오고, 저는 도서관으로 들어가는 그런 상황이요. 마주치는 그 상황이 되게 길게 느껴지고, 저는 완전 패닉 상태에 빠져요. 온몸이 떨리기 시작하고 도와달라고 소리를 지르고 싶어요. 누군가가 그 남자와 제 사이를 막고 저를 지켜 줬으면 좋겠어요. 근데, 아무도 없어요. 전 소리도 지를 수 없어요. 제 목소리가 사라졌어요. 그리고 몸이 아프기 시작해요. 토할 거 같이 많이 아파요.

C: 그리고?

S: 그리고, 배에 힘을 주기 시작했고, 이미지가 사라졌어요.

C: (깊은 호흡을 하며) 사라, 정말 끔찍한 상황을 상상했네요.

S: 네. 정말 죽을 거 같이 무서웠어요.

C: 제가 당신을 힘들게 하는 문제들이 다 해결될 거라고, 그리고 각각의 문제마다 적어도 일부는 당신이 통제할 수 있다고 말했던 거 기억해요?

S: 네. 기억나요. 그 말을 들으니까 마음이 편안해졌어요. 물론, 어떻게 그게 가능한지 잘 모르겠지만요.

C: 좋아요. 그럼, 이 상황, 트레이와 마주치는 상황을 예로 들어 보죠. 이 상황에서 당신

이 무엇을 통제할 수 있을까요?

S: 글쎄요. 음. 아까 선생님이, 상황을 바꿀 수는 없지만, 그 상황이 저에게 미치는 영향, 그리고 그 상황에서 제가 어떻게 반응할지는 통제할 수 있다고 하셨죠?

C: 맞아요. 당신이 상상하는 그 이미지요. 패닉 상태에 빠지고, 목소리가 사라지고, 토할 거 같이 아프고…… 실제 트레이와 마주친다면 그렇게 될 거 같아요?

S: 계속 그런 상상을 하고, 그런 이미지를 떠올리다 보니까 진짜 그렇게 될 거 같다는 생각이 들어요.

C: 저 같아도 그럴 거 같아요. 하지만, 음. 이렇게 물어볼게요. 당신이 원하는 게 그렇게 하는 거예요? 상상했던 이미지대로 하고 싶어요? 만약 당신이 어떻게 행동할지 선택할 수 있다면, 어떤 선택을 하고 싶어요?

S: 아니요! 당연히 아니죠. 그렇게 하고 싶지 않아요. 그렇게 할까 봐 두려운 거예요.

C: 이미지를 자꾸 떠올리고 상상하니까 더 그런 기분이 드는 거죠?

S: 네.

C: 자, '만약' 당신이 선택할 수 있다면 어떻게 할 거예요? '만약' 당신이 통제할 수 있다면?

S: 당연히 당당하고 전혀 당황하지 않은 것처럼 보이고 싶어요.

C: 일반적으로 학교 도서관에서 어떻게 행동해야 당당하고 당황하지 않은 모습일까요?

S: 글쎄요. 똑바로 서서 정면을 쳐다보고, 아무런 표정도 짓지 않으면 될 것 같아요.

C: 지금 보여 줄래요? 다리에서 일어나서 좀 전에 묘사한 대로 걸어 봐 줄래요?

S: 좀 이상할 거 같아요.

C: 하지만 실제로 이런 상황이 발생할 수 있으니까, 한번 해 보는 게 좋을 거예요.

S: (머리를 끄덕이며 상담자에게 동의하고 심각한 표정을 짓고, 상담자가 하라는 대로 의자에서 일어나서 자신이 묘사한 대로 당당하게 사무실 안을 걸음) 다시 해 보고 싶어요.

C: 네. (사라는 고개를 더 들고 사무실 안을 걸음) 아주 좋아요. 자, 이제, 두 번 정도만 더 걸어 볼게요. 이번에는, 그냥 걷기만 하지 말고, "나는 강해. 내가 이 상황을 통제할 수 있어."라고 큰 소리로 말해 보세요. (사라는 상담자가 지시한대로 당당하게 걸으며, 큰 소리로 "나는 강해. 내가 이 상황을 통제할 수 있어."라고 말함) 좋아요, 사라! 너무 당당해 보여요! 전혀 당황하지 않은 것처럼 보여요!

S: 정말요?

C: 네. 물론, 여기가 상담실이니까 쉽게 했을 수도 있어요. 이번 주에 더 연습해 볼 수 있겠어요?

S: 무슨 말씀이세요?

C: 하루에 5번씩, 옆에 지나가는 아무 남자나 선택해서 그 남자가 트레이라고 생각하고 오늘 했던 걸 연습하세요. 너무 어려운 과제인가요?

상담전문가는 내담자가 이 과제에 대해 어떻게 생각하는지, 특히 너무 어렵게 생각하지 않는지 확인하였다. 상담자는 어느 정도 난이도가 있으나 내담자가 성공할 수 있는 과제를 내 주고 싶었다.

S: 아니요. 진짜 트레이가 아니니까 할 수 있어요.

C: 좋아요. 그럼, 하루에 5번씩, 아무 남자든 선택해서 그 남자 옆을 지나가면서, 속으로 이렇게 말해 주세요. "좋아, 나는 당당해야 해. 당황하지 말아야 해." 아까 한 대로, 허리를 세우고, 정면을 쳐다보면서, 표정 없이 걸어야 해요. 아시겠죠?

S: 네. 재미있을 거 같아요.

사라는 벌써 죽을 만큼 두렵다고 말했던 상황을 즐길 수 있는 상황으로 생각하기 시작했다.

다음은 5회기 내용이다.

C: 그 말이 당신에게 한 말이 확실해요?

S: 네, 확실해요. 어떻게 반응해야 할지, 무슨 말을 해야 할지 모르겠어서, 그냥 식당에서 나와서 집에 갔어요.

C: 같이 밥 먹던 친구들은요?

S: 그 친구들한테는 몸이 안 좋다고 말하고, 제가 먹은 것만 계산하고 나왔어요.

C: 그 일로 저녁 내내 기분이 안 좋았겠어요. 그리고 이런 일이 또 생기면, 피하지 않고 직접적으로 대응하고 싶다는 거죠?

S: 네, 그날 밤에 많이 우울했거든요. 무기력하고. 그런 기분을 또 느끼고 싶지 않아요. 근데, 뭐라고 말해야 할지 모르겠어요.

C: 좋아요. 그럼, 잠시 제가 당신이라고 가정해 볼게요. 당신은 그 말을 한 사람들 중 한

명을 맡아 주세요.

S: 네.

C: 그 말을 들었을 때, 앉아 있었어요? 서 있어요? 그 말을 들었을 때의 상황을 좀 더 구체적으로 얘기해 주세요.

S: 음식을 주문하고, 화장실로 걸어가다가 그 사람들의 테이블을 지나갔고, 그 말이 들렸어요.

C: 그 사람들이 뭐라고 말했는지 가능한 한 똑같이 말해 주세요.

S: 네. 한 사람이 "저기 봐. 트레이의 여자 친구가 왔어."라고 말했고, 다른 사람이 "저 여자애 그때……."

C: 저 같으면 이렇게 말할 거예요. "맞아, 네가 한 말이 사실이야. 하지만 나를 트레이의 여자 친구라고 부르지 마." 어때요?

S: 좋아요. 기죽지 않고, 당당하고, 감정적이지 않게.

C: 이런 상황들이 또 발생하면, 어떻게 반응할지 몇 번 더 연습해 볼까요?

다음은 6회기 내용이다.

C: 정말로 이걸 해 보고 싶어요?

S: 네. 제가 계속 피하면, 이 문제가 계속 저를 괴롭힐 거예요. 지난 1년 동안 저는 늘 불안하고 두려웠어요. 하지만 이제는 선생님이 말씀하신 대로 애도할 준비가 됐어요. 전 지난 1년간 많은 것을 잃었어요. 다시는 그것들을 가질 수 없을 수도 있어요. 그래서 애도하고 싶어요. 이제, 정확히 1년이 지났으니, 그동안 피했던 장소를 더 이상 피하지 않고, 지난 일에 대해 애도하고, 앞으로 나아가고 싶어요. 준비가 됐어요. 쉽지 않겠지만, 자신감이 생겼어요. 다음 단계로 넘어갈 준비가 된 거 같아요.

C: 좋아요. 당신이 그런 결심을 했으니, 저는 당신에게 필요한 전략들을 알려 줄게요. 어머니랑 벌써 이야기했다고요?

S: 네, 어머니가 오셔서 지지해 주기로 하셨어요.

C: 좋아요. 오늘은 근육이완과 깊은 호흡법에 대해 배우고 연습할 거예요. 다음 주까지 하루에 세 번 이상 집에서 이 기법들을 연습해 보세요. 그리고 준비가 되면, 그 일이 일어난 장소, 트레이가 당신을 성폭행했던 그 곳에 가 보세요. 어머니가 그곳에서 당신을 기다리고 있을 거예요.

S: 네.

C: 자, 이제 의자에 편안하게 앉아서 눈을 감아 보세요. 의자에 가해지는 당신의 체중을 느껴 보세요. 이제 의자가 당신의 등을 어떻게 느끼는지 압니다. 의자가 당신의 다리를 어떻게 느끼는지 압니다. 발가락을 최대한 오므려 보세요. 그리고 오므린 상태로 잠시 있어 주세요. 발가락에서 천천히 힘을 빼세요. 발바닥에 최대한 힘을 주세요. 최대한 할 수 있는 만큼 힘을 주세요. 그리고 그 상태로 잠시 있어 주세요. 이제, 발바닥에서 힘을 빼세요. 발바닥에서 모든 에너지가 빠져 나가는 걸 느껴 보세요. 종아리에 최대한 힘을 주세요. 종아리 부위에 최대한 집중해서 힘을 주고, 긴장감을 느껴 보세요. 자, 이제 힘을 빼세요.

상담전문가는 사라가 다른 근육(허벅지, 배, 등 아래, 가슴, 등 위, 손가락, 손, 팔, 어깨, 목, 얼굴)에도 힘을 줬다 뺐다를 할 수 있도록 도왔다.

S: 너무 좋아요.

C: 이걸 하루에 세 번 하면 얼마나 좋을지 상상해 보세요. 자, 이거 받으세요. (CD를 줌). 이 CD에 근육이완법과 호흡법들이 들어 있어요. 이걸 들으면서 매일 연습해 보세요. 일주일 정도 연습하면 훨씬 더 쉽고 빠르게 할 수 있을 거예요. 실제 이 기법들을 사용할 때가 오기 전에 미리 충분히 연습해 두는 게 중요해요.

📖 스트레스 면역 훈련의 유용성과 평가

스트레스 면역 훈련은 치료 목적과 예방 목적으로 사용될 수 있다. 이 기법은 아동의 발표 불안, 시험 공포, 분노, 자기주장 훈련, 부족한 사회적 기술, 우울, 사회적 고립 등 다양한 문제를 다루는 데 사용된다(Corey, 2015). 지난 20년 동안, 직장인 대상 스트레스 관리 교육에서 가장 많이 사용된 기법이 스트레스 면역 훈련이다(Flaxman & Bond, 2010). 이 기법은 의료 환자, 운동선수, 교사, 군인, 경찰관 및 삶에서 큰 변화를 경험한 성인들을 대상으로도 사용된다(Meichenbaum, 1993).

많은 연구가 스트레스 면역 훈련의 효과성을 증명하였다. Sheely와 Horan(2004)은 법대 학생들을 대상으로 스트레스 면역 훈련을 실시하였는데, 그 결과 학생들의 스트레스와 비이성적 사고가 감소한 것으로 나타났고, 이는 추후 평가에서도 확인되었다. Schuler, Gilner, Austrin과 Davenport(1982)는 발표 불안을 치료하는 데 있어 교육 단계를 포함한 스트레스 면역 훈련과 교육 단계를 제외한 스트레스 면역 훈련의 효과성을 비교하였다. 그 결과, 교육 단계를 포함한 스트레스 면역 훈련을 받은 참여자들이 교육 단계를 제외한 스트레스 면역 훈련을 받은 참여자들에 비해 낮은 불안과 발표자로서의 높은 자신감을 보이는 것으로 나타났다. 아직까지 스트레스 면역 훈련의 부정적인 결과를 보고한 연구는 없었다.

상당수의 연구가 스트레스 면역 훈련이 PTSD 치료에 어떻게 사용되는지 살펴보았다. 한 연구에 따르면, 스트레스 면역 훈련은 성범죄 생존자의 PTSD를 치료하는 데 있어 지속적 노출치료보다 덜 효과적인 것으로 나타났다(Foa, Dancu, Hembree, Jaycox, Meadows, & Street, 1999). Vickerman과 Margolin(2009)은 성범죄 생존자의 PTSD 치료에 대한 32개의 연구 리뷰를 실시하였고, 그 결과 스트레스 면역 훈련이 (지속적 노출치료 만큼 효과적이지는 않지만) 참여자들의 증상을 줄이는 데 효과적인 것으로 나타났다. 반면, 8개의 관련 연구에 대한 메타분석을 실시한 Kehle-Forbes 등(2013)에 따르면, 통계적으로 유의하지는 않지만, 지속적 노출치료와 스트레스 면역 훈련을 함께 사용하는 것이 지속적 노출치료만을 사용하는 것보다 더 효과적인 것으로 나타났다. Ponniah와 Hollon(2009)은 성인을 대상으로 한 PTSD 치료에 대해 살펴보았고, 그 결과 스트레스 면역 훈련이 '효과가 있을 가능성'이 있는 치료법이라고 결론내렸다.

전쟁과 관련이 있는 내담자를 대상으로 스트레스 면역 훈련의 효과성을 살펴본 연구도 있었다. Hourman 등(2011)은 재향군인들의 트라우마와 전쟁 관련 스트레스를 치료하기 위해 스트레스 면역 훈련을 사용하였다. Hansel-Dittmann 등(2011)이 스트레스 면역 훈련을 사용할 결과, 전쟁과 고문을 겪은 생존자들의 PTSD 증상은 유의하게 감소하지 않았다[효과크기(ES)= .12].

스트레스 면역 훈련이 고혈압 환자들의 스트레스를 효과적으로 낮출 수 있는지 살펴본 연구도 있었는데, 이 연구에 따르면, 스트레스 면역 훈련을 받은 참여자들이 통제집단에 비해 전반적으로 더 나은 건강 상태를 보이는 것으로 확인되었다(Ansari, Molavi, & Neshatdoost, 2010).

스트레스 면역 훈련이 교육 현장에서도 사용될 수 있는지 살펴본 연구도 있었다. Szabo와 Marian(2012)은 학생들의 스트레스와 스트레스 반응에 있어 스트레스 면역 훈련이 일반적인 학교 스트레스 관리 프로그램보다 더 효과적이라는 결과를 보고하였다.

Cook-Vienot과 Taylor(2012)는 30명의 대학생을 대상으로 안구운동 민감소실 재처리 요법(EMDR), 바이오피드백, 스트레스 면역 훈련을 실시하였는데, 그 결과 학생들의 시험 불안이 감소한 것으로 나타났다.

40 Techniques *Every Counselor Should Know*

제7부

사회학습 접근 기반 기법

Albert Bandura(2006)의 사회학습이론에 따르면, 인간은 강화와 체벌과 같은 결과와 상관없이 학습할 수 있다. Bandura는 조작적 조건화에 기반을 둔 고전적인 행동주의 치료가 인지적인 요소를 간과한다고 비판하였다. Bandura는 인간은 어떤 행동을 취하기 전에 많이 관찰하고 미리 계획하고 생각한다며, 고전적인 행동주의가 이러한 인간의 특성을 고려하지 않는다고 말했다. Bandura는 사람과 행동, 환경이 서로 상호작용한다고 강조했다.

Bandura는 내담자들이 다른 사람의 행동을 관찰하고 모방하는 것만으로도 학습할 수 있다는 사실을 깨달았다. Bandura는 이 과정을 대리적 학습이라 명명하였고, Bandura와 후배 상담자들은 이 개념을 토대로 모델링, 행동시연, 역할연습과 같은 개입을 개발하였다. 모델링은 상담자가 내담자에게 특정 기술을 보여 줌으로써 내담자가 그 기술을 모방하도록 하는 기법이다. 예를 들어, 상담전문가는 내담자에게 자신을 성인에게 적절하게 소개하는 방법, 혹은 또래와의 갈등을 적절하게 해결하는 방법 등에 대해 보여 준다.

내담자가 특정 기술이나 행동을 이해하고 나면, 행동시연을 사용한다. 행동시연은 상담전문가나 다른 상담 구성원들로부터 피드백을 받으면서 특정 기술이나 행동을 연습하는 기법을 의미한다. 역할연습은 내담자와 상담자(혹은 다른 상담 구성원)와의 자연스러우면서 역동적인 상호작용 작용 내에서 가상 관계를 설정하여 새로운 행동을 연습하는 기법을 의미한다. 역할연습의 가장 큰 장점은 실제 내담자에게 일어날 수 있는 상황에 새로운 행동을 적용하여 연습한다는 점이다. 사회학습이론을 기반으로 한 상담기법들은 강력한 학습의 기회를 제공한다.

📖 사회학습 접근의 다문화적 시사점

사회학습 이론을 토대로 한 기법들은 내담자의 사회문화적 맥락을 고려하기 때문에 다양한 문화권에서 사용되고 있다. 사회학습 접근은 내담자의 문화적 맥락 내에서 내담자의 호소문제를 개념화하고, 구체적인 목표를 설정하며, 상담성과를 최대화하는 치료계획을 세우고, 이러한 목표를 달성하기 위해 내담자와 상담자(혹은 다른 사람들)와의 사회적 상호작용을 사용한다. 일부 문화권내의 내담자(예: 남미계·중동계·동양계 미국인)는 구체적인 목표와 목적을 달성하는 행동중심, 교육적 접근을 선호하는 반면, 감정

표현이나 카타르시스에 초점을 둔 접근은 다소 불편해하는 경향이 있다(Hays & Erford, 2014).

특히 상담자는 내담자의 문화적 맥락에서 무엇이 정상인지 혹은 비정상인지, 그리고 호소문제를 어떻게 정의하고 개념화하는지에 대한 지식이 있어야 한다(Hays & Erford, 2014). 사회학습이론을 기반으로 한 행동주의 접근은 특정 행동에 초점을 두고 사회적 상호작용을 통해 내담자가 문제를 해결할 수 있도록 돕기 때문에 일부 문화권의 선호도나 기대에 부합한다. 마지막으로, 다문화 상담과 관련하여 사회학습 접근의 장점은 내담자의 문제를 내적 요인으로 귀인하는 기존의 행동주의 접근의 한계점을 보완했다는 점이다. 다양한 문화의 내담자들이 사회문화적 맥락에서 사회적 상호작용과 기술 향상에 초점을 맞춘 사회학습 접근을 유용하다고 생각한다.

제30장

모델링

🕮 모델링의 기원

모델링(modeling)은 다른 사람을 관찰하면서 학습하는 과정을 의미한다. 이 기법은 Albert Bandura가 개발한 사회학습이론의 기법(Bandura, 2006)으로, 널리 활용되는 증거에 기반을 둔 심리학적 훈련이다(Taylor, Russ−Eft, & Chan, 2005). 모델링은 모방, 식별, 관찰 학습, 대리 학습으로도 알려져 있다. Miller와 Dollard(1941)가 실시한 모델링 초기 연구에 따르면, 참여자들은 강화를 받는 모델을 모방하는 반면, 강화를 받지 않는 모델은 모방하지 않고, 두 모델을 구별하고, 이를 다른 유사한 사람들에게 일반화시킬 수 있는 것으로 나타났다.

모델링에는 세 가지 유형이 있다. 첫째, 외현적 모델링(라이브 모델링)은 한 사람 혹은 그 이상의 사람들이 학습할 행동을 보여 주는 것을 의미한다(Hays & Erford, 2014). 외현적 모델은 상담자, 교사, 혹은 내담자의 또래가 될 수 있다. 한 명의 모델만을 관찰하는 것보다 한 사람 이상의 모델을 관찰하는 것이 여러 다른 사람들의 강점이나 스타일을 학습한다는 점에서 내담자에게 더 도움이 될 수 있다. 둘째, 상징적 모델링은 비디오나 오디오 파일을 통해 학습할 행동을 보여 주는 기법으로, 외현적 모델링 비해 상담전문가가 행동 시연의 정확성에 대해 더 통제할 수 있다. 또한 상징적 모델링의 컨텐

츠가 만들어지면 이를 반복해서 사용할 수 있다는 장점이 있다. 자신이 모델이 되는 활동의 경우, 내담자가 목표 행동을 하는 장면을 녹화한다. 내담자는 녹화한 파일을 보거나, 혹은 긍정적인 자기심상을 통해 성공적으로 목표 행동을 하는 자신의 모습을 떠올린다. 셋째, 내현적 모델링은 모델이 학습할 행동을 보여 주는 것이 아니라 내담자가 자신이나 혹은 다른 사람이 성공적으로 목표 행동을 하는 모습을 상상하는 기법이다.

모델링은 다음과 같은 세 가지 유형의 반응을 초래한다(Bandura, 2006). 첫째, 내담자는 모델링을 관찰함으로써 새로운 행동패턴을 학습할 수 있다(관찰학습효과). 둘째, 내담자가 이미 배웠던 행동이 감소(억제효과)되거나 혹은 강화(탈억제효과)될 수 있다. 셋째, 모델의 행동은 내담자에게 어떤 특정한 반응을 하도록 신호를 줄 수 있다(반응촉진효과).

내담자가 모델의 행동을 성공적으로 학습하기 위해서는 4개의 관련 있는 과정들이 있어야 한다. 첫째, 내담자는 모델의 행동 시연에 집중해야 한다(주의 집중). 둘째, 내담자는 관찰한 모델의 행동을 기억해야 한다(파지). 주의 집중과 파지 과정은 행동 학습에 있어 반드시 필요한 단계다. 셋째, 내담자는 모델의 행동을 실제로 할 수 있는 신체적 능력을 갖추고 있어야 한다(재현). 넷째, 내담자는 내적·외적 강화를 통해 모델의 행동을 모방하고 싶은 동기를 가져야 한다. Bandura(2006)는 처음 두 과정을 습득단계로, 나머지 두 과정을 수행단계로 명명하였다. Bandura는 습득단계와 수행단계를 구분함으로써 내담자가 행동을 학습했다는 것이 그 행동을 수행할 동기가 있음을 의미하는 것은 아니라는 점을 강조하였다.

여러 다른 요인이 관찰학습의 효과성에 영향을 미친다. 연구들에 따르면, 내담자가 모델과 자신이 비슷하다고 생각할 때 모델링이 더 효과적인 것으로 나타났다(Hallenbeck & Kauffman, 1995). 또한 특정 행동을 이미 능숙하게 하던 모델보다 특정 행동을 배우고 있는 모델의 행동을 더 모방하는 것으로 확인되었다. 모델의 특성도 내담자의 모방하고자 하는 동기에 영향을 미치는 것으로 나타났는데, 예컨대 모델의 성별, 연령, 동기, 인지적 역량, 이전 사회학습 등이 모델링의 성공에 영향을 미치는 것으로 보고되었다. 사회학습의 성공은 강화에 달려 있다 해도 과언이 아니다. 강화는 내담자가 목표 행동을 했을 때 직접적으로 제시(직접적인 강화)되거나, 모델이 목표 행동을 했을 때 강화받는 것을 관찰(간접적인 강화)하는 방법으로 이루어질 수 있다. 일반적으로, 내담자는 강화받은 모델을 더 모방하고 처벌받은 모델을 덜 모방한다.

📖 모델링을 사용하는 방법

모델링을 시작하기 전에 내담자와 상담전문가는 바람직하지 않은 행동을 대처할 목표 행동을 정해야 한다. 또한 모델링을 사용하는 이유/근거에 대해 내담자에게 설명해야 한다(Hackney & Cormier, 2012). 모델링 시나리오에는 내담자에게 스트레스가 될 수 있는 최소한의 요소만 포함되어야 하고, 복잡한 목표 행동을 쉽고 작은 단계로 나누어야 한다. 모델이나 상담전문가는 목표 행동을 시연할 때 구체적으로 어떻게 목표 행동을 해야 하는지(예: 단계)에 대해 설명해야 한다. 목표 행동의 시연이 끝나면, 상담전문가는 내담자와 그 행동에 대해 논의해야 하는데, 이때 상담전문가는 언어적으로 내담자의 동기를 높일 수 있다.

목표 행동의 시연을 관찰한 내담자에게는 목표 행동을 연습할 기회를 많이 주어야 한다. 짧은 회기를 자주 하는 것이 긴 회기를 하는 것보다 더 효과적이다. 상담전문가는 내담자가 상담 밖에서 목표 행동을 연습하도록 회기 간 과제를 내 줘야 한다(Hackney & Cormier, 2012). 내담자는 자기주도 연습을 통해 목표 행동을 실제 상황에 적용할 수 있다. 하지만 상담전문가는 너무 빨리 많은 기대를 해서는 안 된다. 새로운 행동을 학습하는 과정에서 내담자는 종종 저항이나 방어를 한다. 특히 내담자가 목표 행동을 해야 하는 이유를 이해하지 못할 때는 더욱 그렇다.

📖 모델링을 변형한 기법

인지적 모델링은 내담자로 하여금 자신의 부정적이고 자기비판적인 생각을 긍정적인 진술문으로 바꿀 수 있도록 도와주기 위해 개발되었다(James & Gilliland, 2003). 인지적 모델링은 다음의 5단계로 실시된다. 첫째, 상담전문가는 자신이 마치 내담자가 된 것처럼 행동 시연을 한다. 둘째, 내담자가 그 행동을 모방한다. 이때, 상담자는 내담자에게 그 행동을 하는 방법을 알려 준다. 셋째, 내담자가 다시 그 행동을 하는데, 이번에는 내담자가 자신에게 큰 소리로 그 행동을 하는 방법을 알려 준다. 넷째, 내담자가 다시 한 번 더 그 행동을 하는데, 이번에는 내담자가 자신에게 속삭이며 방법을 알려 준다. 다섯째, 내담자는 자신에게 마음속으로 방법(예: 심상, 속발음)을 알려 주면서 그 행동을 다시 한다.

기술훈련은 모델링을 포함한 다른 기법들을 포함한 상담 개입이다(Hackney & Cormier, 2012). 기술훈련을 사용할 때, 상담전문가와 내담자는 어떤 기술들을 배울지 함께 결정하고, 가장 쉬운 기술부터 가장 어려운 기술까지 기술의 난이도에 따라 목록을 만든다. 그리고 내담자가 모델이 보여 준 기술을 모방하면, 상담자는 피드백을 준다. 내담자는 그 기술을 유능하게 할 수 있을 때까지 계속 연습하고, 상담자의 피드백을 받는다.

📖 모델링의 예시

모델링의 두 가지 예시를 소개하고자 한다. 이 두 개의 예시는 제31장(행동 시연)에서 계속 이어진다. 첫 번째 축어록은 17세 여성 내담자인 니콜에게 모델링을 통해 깊은 호흡법을 가르치는 예시를 보여 준다. 제31장(행동 시연)에서는 이 축어록 이후의 상담 장면을 보여 주는데, 즉 모델링 이후 목표 행동을 어떻게 연습하는지 보여 준다. 이 축어록이 시작되기 바로 전에 니콜과 상담자는 스트레스와 과호흡을 야기하는 얕고 빠른 호흡 대신 길고 깊고 느린 호흡을 하는 것이 좋겠다는 점에 동의하였다. 즉, 목표 행동이 정해진 것이다. 다음으로, 상담자는 모델링과 행동 시연을 사용하는 이유에 대해 설명하였다. 마지막으로, 깊은 호흡을 하기 위한 단계와 깊은 호흡이 효과적인 이유에 대해 설명하기 시작했다.

> 상담자(C): 사진에서 조니(Johney)가 한 것처럼, 호흡을 느리게 하면, 너의 중추신경계가 느리게 활동하면서 근육이 이완되고 마음이 편해져. 천천히, 하지만 편안한 속도로 숨을 들이 마시고 내뱉으면 돼. 숨을 들이마실 때 숨을 멈추지는 말고, 공기가 더 이상 심장으로 들어오지 않을 때까지 천천히 숨을 들이마셔. 그런 다음 숨을 내뱉어. 내가 어떻게 하는지 먼저 보여 줄게. 그리고 같이 연습해 보자.
>
> Nicole(N): 좋아요.
>
> C: 자, 어떻게 정확히 호흡하는지 보여 줄게. 숨을 충분히 들이마시고 내뱉을 준비가 되면 알려 줄게. (숨을 들이쉼) 자, 이제 내가 마실 수 있는 최대한의 공기를 마셨어. 이제 입술을 오므리고 숨을 내뱉을게. (숨을 내뱉음) 내가 어떻게 했는지 알겠어? 필요

하면, 좀 더 길게 숨을 내뱉을 수 있어. 보통 숨을 마시는 것보다 숨을 내뱉을 때 시간
이 더 많이 걸려야 해.

N: 네, 알 거 같아요.

C: 일반적으로, 깊은 이완 상태로 들어가기 위해서는 1분에 2번 정도 깊은 호흡을 해
야 돼. 어떨 때는 1분에 1.5번 정도 깊은 호흡을 할 수도 있어. 즉, 숨을 들이마실 때
10~15초가 걸리는 거야.

N: 아하.

C: 그리고, 다시 말하지만, 숨을 멈추지 마. 숨을 마시자 마자 숨을 내뱉는 거야. 보통 숨
을 내뱉는 데 15~25초가 걸려. 그러니까 한 번 깊은 호흡을 하는 데 총 30~40초가
걸리는 거지. 물론, 너의 폐활량은 다를 수 있으니까 꼭 이 시간을 지킬 필요는 없어,
최대한 편안한 상태로 천천히 호흡하도록 노력해 봐.

상담자는 다시 한번 이 단계를 요약하고 니콜에게 할 수 있다고 언어적으로 강화하고 니콜의
질문에 답을 한다.

C: 자, 다시 한번 보여 줄까? 아니면 그냥 해 볼래?

N: 해 볼게요.

C: 좋아. 자, 느리게 호흡해 보자. 1분에 8번 혹은 6번 혹은 4번 정도 호흡한다 생각하고,
최대한 근육을 이완시키는 거야. 시작해 봐. 천천히 숨을 마쉬고 다시 천천히 내뱉는
데 집중해 봐.

이 축어록은 제31장(모델링 이후 행동 시연이 어떻게 사용되는지 보여 줌)에서 계속된다.

두 번째 축어록은 10세 남자아이인 드숀(DeShawn)에게 모델링을 사용해서 사회적
기술, 특히 놀림을 당할 때 자기조절하는 기술을 가르치는 예시다. 이 축어록도 모델
링 이후 행동 시연을 통해 목표 행동을 어떻게 연습하는지를 보여 주기 위해 제31장에
서 계속된다. 이 축어록이 시작되기 바로 전에 드숀은 다른 남자애들이 자신을 괴롭히
며 싸움을 걸어 힘들다는 이야기를 했다. 드숀은 올해만 해도 벌써 몇 번이나 아이들과
싸워 교장실에 불려 갔고, 학교에서 '다혈질'로 알려지면서 친구들의 미끼가 되었으며,
교사에게 꾸중을 많이 들었다.

드숀(D): 화가 나면, 그냥 통제가 안 돼요. 마치 화산이 폭발하는 거 같이 꼭지가 돌아 버려요. 멈출 수가 없어요. 이 두 애들은 완전 비열해요. 완전 의도적으로 저를 열받게 해서 곤경에 빠뜨리려고 해요. 제가 제 자신을 방어해야 하잖아요. 안 그런가요? 걔들이 저를 무시하게 둘 수는 없잖아요.

상담자(C): 넌 당연히 존중받을 자격이 있지. 하지만 드숀, 너는 감정을 조절하고 싸움에 휘말리지 않을 수 있는 방법을 배워야 할 거 같아. 걔네들이 너를 괴롭히는 건 나쁜 행동이지만 너 자신이 너를 곤경에 빠뜨리고 있어.

D: 네. 맞아요. 걔네들은 절 괴롭히면 안 돼요. 에드워드(Edward) 선생님과 이야기해서 이 문제를 해결해 주실 거죠?

C: 아니. 자, 드숀. 네가 아이들과 싸웠고, 학교 규칙도 어겼어. 에드워드 선생님은 다른 아이들이 싸움을 했을 때랑 똑같이 너에게도 벌을 주실 거야.

D: 하지만 걔네들이 싸움을 걸었잖아요.

C: 맞아, 하지만 상대방을 때린 건 그 애들이 아니라 너잖아. 걔네들이 아니라 네가 곤경에 빠진 거야.

D: 그럼, 제가 어떻게 했어야 해요? 제 자신을 방어하지 못한다면 뭘 할 수 있죠? 제가 어떻게 해야 돼요?

C: 자, 우리 둘 다 지금 네가 하고 있는 행동이 효과적이지 않다는 건 동의하는 거 같아. 네가 학교에서 곤경에 빠졌고, 너를 괴롭히는 아이들은 너를 더 괴롭히고 있어.

D: 네. 맞아요. 이건 공평하지 않아요.

상담자는 드숀이 가장 좋아하는 풋볼팀과 관련한 비유를 사용한다.

C: 만약 스틸러스 팀이 계속 똑같은 작전만 사용한다면 무슨 일이 일어날까?

D: 성적이 좋지 않겠죠. 모두가 작전을 예상할 수 있으니까요.

C: 맞아. 그래서 스틸러스 팀은 다양한 작전을 사용하잖아. 다른 팀들이 미리 예상할 수 없도록 다양한 작전을 사용하는 거지.

D: 네.

C: 네가 너를 괴롭히는 아이들에게 하는 행동은 늘 비슷하지 않아?

D: 음. 아하. 제가 그 아이들에게 늘 똑같이 반응한다는 말씀이시죠? 계속 이성을 잃고 선생님들께 혼나니까요.

C: 응, 맞아. 좀 다른 작전을 써야 할 거 같아. 다른 선택을 하는 거지. 싸우는 건 좋은 선택이 아니잖아. 아이들이 괴롭힐 때 어떻게 다르게 반응할 수 있을까?

상담자와 드숀은 어떻게 반응할 수 있을지에 대해 브레인스토밍하여 다음과 같은 목록을 작성하였다. 10까지 세기, 여러 번 호흡하기, 시각적 심상하기, 근육이완하기, 상황에서 빠져나가기, 신뢰할 만한 사람과 대화하기, 자신의 감정 저널링하기, 긍정적이고 자기인정 진술문을 사용하여 자기 대화하기 등이다.

D: 와. 싸우는 거 말고 이렇게나 많은 반응들이 있네요. 8개나! 저한테 이렇게 많은 선택지가 있는지 몰랐어요.

상담자는 모델링을 사용하여 드숀에게 이 기술들을 보여 준다.

C: 자, 이런 기술들을 앞으로 어떻게 사용할 수 있는지 보여 줄게. 일단 너를 괴롭히는 두 아이들이 너를 괴롭히고 경멸하는 말을 하면서 싸움을 걸고 있다고 상상해 봐. 이런 상황에서 나 같으면 이렇게 할 거야. 네가 들을 수 있도록 큰 소리로 말할게. 실제 상황에서 너는 마음속으로 하면 돼. 자, 애들이 나를 괴롭히니까 화가 나네. 우리가 만든 목록 중에 몇 가지를 해야겠다. 일단 깊게 몇 번 호흡하면서 1부터 10까지 숫자를 세야지. (상담자는 드숀을 보면서 깊은 호흡을 하고, 드숀은 그걸 따라함. 그리고 상담자가 숫자로 1부터 10을 세고, 드숀은 그걸 따라함) 그래도 괴롭힘이 끝나지 않으면, 나는 등을 돌려 다른 곳으로 걸어갈 거야. 얘기할 수 있는 친구나 선생님을 찾을 거야. 아니면 혼자 이완 연습을 할 수 있는 조용한 곳을 찾을 거야. (드숀을 쳐다보며) 이해돼?

D: 그런 거 같긴 한데. 몇 번 연습해 봐도 될까요?

C: 물론이지.

이 축어록은 행동시연을 다루는 제31장에서 이어진다.

🕮 모델링의 유용성과 평가

모델링을 통해 내담자에게 많은 기술을 가르칠 수 있다. 일반적으로, 라이브 모델링은 개인적 기술과 사회적 기술을 가르치는 데 효과적인 반면, 상징적 모델링은 좀 더 인지적인 문제를 다루는 데 효과적이다. 비디오 모델링과 비디오 자기 모델링은 발달장애인과 외현적인 문제 행동(예: 공격적이거나 반항적인 행동)을 보이는 내담자에게 효과적이다(Green et al., 2013). 자기 자신이 모델이 되는 방법은 자기 수용 문제, 대인관계 기술, 강의 기술 및 상담 기술 개발 등에 효과적이다. 비디오 자기 모델링은 문제 행동을 하는 자폐아동에게 사용했을 때 긍정적인 결과로 이어진 것으로 나타났다(Buggery, 2005).

모델링은 또래 압력을 받는 청소년, 새로운 의사소통을 배우는 가족, 혹은 거절하는 방법을 배울 필요가 있는 내담자들에게 사용될 수 있다(Hackney & Cormier, 2012). 모델링은 자폐아동에게 말하는 방법, 입원 환자에게 새로운 대처 방법, 사회적 기술이 떨어지는 아동에게 새로운 행동, 마약 및 알코올 중독 환자에게 대인관계 기술, 지능이 낮은 아동에게 생존 기술을 가르칠 때, 그리고 공포증을 치료할 때 사용될 수 있다(Corey, 2015). 모델링은 슈퍼바이저, 대화, 판매, 고객관리 등의 기술 훈련 프로그램을 개발할 때 사용되었고, 최근에는 다문화 기술을 훈련하는 데도 사용되고 있다(Taylor, Russ-Eft & Chan, 2005).

Elias(1983)는 사회적 문제를 해결하는 장면과 방법을 보여 주는 비디오가 사회적 기술이 떨어지는 아동에게 어떤 효과를 보일지 살펴보았다. Elias는 5주 프로그램이 진행되는 동안, 아동들의 사회적 고립감이 감소하고, 인기도가 올라가는지 분석하였는데, 그 결과 아동들의 자기통제와 욕구 지연 능력이 향상되고, 정서적 분리와 성격적 문제가 감소된 것으로 나타났다. 이러한 결과는 상징적 모델링, 즉 문제 해결을 보여 주는 비디오를 통한 모델링이 아동들의 사회적 기술을 향상시킬 수 있음을 시사한다.

Flowers(1991)는 모델링이 학생들의 자신감에 어떤 영향을 미치는지 살펴보았다. 여기서 학생들의 자신감은 학생들이 얼마나 자발적으로 퀴즈 문제를 풀려고 하는지로 측정하였다. 그 결과, 자신감이 낮았다가 높아진 다른 학생들의 비디오를 본 참여자들이 통제집단이나 자신감이 높은 학생들의 비디오만 본 참여자들에 비해 자신감이 높아진 것으로 나타났다. 이러한 결과는 내담자가 자신과 비슷한 모델을 관찰할 때 모델링의 효과가 커진다는 사실을 재확인한 것이다. Hellenbeck과 Kauffman(1995)은 정서적 · 행동적 문제가 있는 아동은 자신과 다르게 잘 적응하고 문제가 없는 또래로부터 효과적으로 배울 수 없다고 말했다. 이런 아동은 자신과 비슷한 문제를 겪다가 그 문제를 해결하는 데 성공한 또래의 행동을 더 많이 배우고 모방한다.

제**31**장

행동 시연

📖 행동 시연의 기원

행동 시연(behavioral rehearsal)은 행동치료기법 중 하나이지만(Thorpe & Olson, 1997), 사회학습이론을 사용하는 상담자에 의해 수정되었다. 이 기법은 "Salter의 조건화 반사 치료, Moreno의 사이코드라마 기법, Kelly의 고정된 역할 치료"(p. 44) 등이 통합되어 만들어졌기 때문에 행동주의적 사이코드라마라고도 불린다. 일반적으로, 상담 전문가들은 자신에 대해 완전히 알아차릴 필요가 있는 내담자에게 행동시연을 사용한다. 이 기법은 역할연습의 한 유형으로, 이를 통해 내담자는 특정 상황 혹은 타인에게 다르게 반응할 수 있는 새로운 행동을 배운다. 행동 시연은 행동을 모델링하고, 상담자로부터 피드백을 받고, 목표 행동을 연습하는 등 몇 가지 요소를 포함한다.

📖 행동 시연을 사용하는 방법

내담자의 불안을 완화시키기 위해 내담자와 상담전문가는 행동 시연을 사용할 때 일상에서 일어나는 상황에 대해 역할연습을 한다(Thorpe & Olson, 1997). 내담자는 자신의 역할을 맡고, 상담전문가는 내담자가 불안해하는 상황과 관련이 있는 사람의 역할을 맡는다. 상담전문가는 내담자에게 불안을 유도하는 사람 혹은 상황에 대한 내담자의 감정을 표현하게 한다. 이때 내담자는 강한 목소리를 사용하고, 감정 진술물이나 적절한 행동을 반복하며, 상담전문가는 내담자에게 피드백을 준다. 상담전문가의 관점에서 내담자가 충분히 감정 진술문이나 적절한 행동을 표현할 때까지 시연이 계속된다 (Wolpe, 1990). 이 기법을 사용할 때, Naugle와 Maher(2008)는 먼저 간단한 기술부터 시작해서 점차 어려운 기술에 적용할 것을 권유했다. Naugle와 Maher는 이 기법을 사용하는 단계를 다음과 같이 제시하였다. (1) 모델이 보여 준 목표 행동을 연습한다. (2) 정적 강화 전략을 통해 내담자의 동기를 높인다(제8장 참고). (3) 내담자가 이 행동에 익숙해질 때까지 피드백을 많이 제공한다. (4) 내담자가 이 행동을 다듬고 연마하도록 정적 강화 전략(예: 점진적 접근법)을 사용한다.

Bootzin(1975)는 행동 시연이 효과적이기 위해서는 내담자가 다음의 규칙을 유념하여 목표 행동을 연습해야 한다고 말했다. "(1) 언어적으로 감정을 표현하라. (2) 보디랭귀지를 사용하여 비언어적으로 감정을 표현하라. (3) 다른 사람의 의견에 동의하지 않으면 그 사람에게 반대함을 표현하라. (4) 일인칭('나' 진술문)을 사용하여 말하라. (5) 상담자의 칭찬을 받아들여라. (6) 지금-현재에 집중하여 즉석에서 하라(p. 105)."

📖 행동 시연을 변형한 기법

Naugle와 Maher(2008)에 따르면, 내담자는 실제 상황 시연을 통해 목표 행동을 연습하기 때문에 다른 유형의 시연에 비해 더 많은 것을 배울 수 있다. 또한 상담전문가가 내담자에게 목표 행동과 관련이 있는 피드백을 제공하는 것이 중요하다. 내담자가 첫 목표 행동을 성공적으로 학습하면, 상담전문가는 점차 목표 행동의 난이도를 높이고 내담자가 상담 밖에서 목표 행동을 연습할 수 있도록 한다.

Seligman과 Reichenberg(2013)는 내담자가 상담 내에서뿐만 아니라 밖에서도 목표 행동을 연습하는 것이 중요하다고 말했다. 예를 들어, 내담자는 일상생활에서 친구들과 목표 행동을 연습할 수 있다. 또한 Seligman과 Reichenberg는 내담자가 자신의 모습을 살펴보고 스스로에게 피드백을 줄 수 있도록, 행동 시연하는 모습을 녹화하거나 거울 앞에서 행동 시연을 하도록 권장하였다.

Smokowski(2003)는 행동 시연을 사용할 때 내담자의 행동 시연을 녹화하고 컴퓨터 시연을 사용하는 등 IT 기술을 적용할 수 있다고 말했다. 예를 들어, Stokowski는 집단상담 회기에서 비디오카메라를 사용했다. Smokowski는 카메라가 목표 행동을 연습하는 내담자라고 가정하고, 나머지 집단구성원들이 역할연습을 통해 상황을 재연한다. 역할연습 도중 카메라가 반응을 해야 할 때, 녹화를 멈추고 내담자가 반응하도록 한다. 행동 시연의 앞부분이 녹화되기 때문에 내담자는 여러 다른 반응을 연습할 수 있다. Smokowski는 집단구성원 중 한 명이 내담자가 상대하기 어려워하는 사람을 맡아 역할연습하는 것이 효과적이라고 말했다. 이를 통해 내담자의 자기주장 기술이 향상될 수 있다.

이번 장에 포함한 두 개의 축어록은 모델링을 다룬 제30장에서 소개된 축어록 이후의 내용을 담고 있다. 일반적으로, 모델링 이후 행동 시연과 역할연습(제32장 참고)이 실시된다. 먼저, 다음은 제30장에서 제시한 니콜과의 상담 이후의 축어록이다. 이 축어록은 깊은 호흡을 시연하는 예시를 보여 준다.

상담자(C): 응, 좋아. 호흡을 최대한 천천히 해 봐. 아까 말한 대로, 1분 동안 8번, 아님 6번. 아님 4번 정도 호흡한다고 생각하고 천천히 호흡하면서 몸의 근육을 이완시켜. 자, 숨을 다시 천천히 마시고 천천히 내뱉으면서 호흡에 집중해 봐. 먼저, 천천히 아주 천천히 숨을 들이마셔. (니콜이 숨을 들이마심) 좋아. 코와 폐에 공기를 가득 담는다고 생각하면서 숨을 들이마셔. 이제 천천히 숨을 내뱉어 봐. (니콜이 숨을 내뱉음) 입술을 오므리고 숨이 나가는 걸 거의 못 느낄 정도로 천천히 내뱉어. 아주 좋아. 자, 이제 다시 숨을 들이마셔.

니콜(N): (멈추고 숨을 마시고 내뱉음) 약간 어지러워요.

C: 응. 처음에는 평소보다 천천히 숨을 들이마시고 내뱉으니까 근육이 이완되면서 약간 어지러울 수 있어. 하지만 몇 번 하다 보면, 어지러움이 사라질 거야.

N: 네. (여러 번 더 호흡함) 네, 맞아요. 이제 안 어지러워요.

C: 계속 해 봐. 근육이 이완되면서, 신경 체계가 전체적으로 느려질 거야. 혹시 불안하거나 불편해?

N: (계속 호흡하며) 아니요. 전혀요. 약간 졸리기 시작해요. (니콜이 하품을 함)

C: 몸이 이완돼서 그래. 몸이 이완되면 졸릴 수 있거든. 그래서 사람들이 자기 직전에 깊은 호흡이나 점진적 근육 훈련을 하는 거야. 그러면 훨씬 더 금방 잠에 들 수 있거든.

N: 네, 사람들이 왜 그렇게 하는지 알 거 같아요! (니콜은 상담자로부터 피드백을 받으

면서 6번 더 깊은 호흡을 연습한 후, 3분간 혼자 깊은 호흡을 연습함)

C: 좋아. 1분 동안 4번 호흡을 했네. 그렇게 호흡하는 게 편하게 느껴졌어?

N: 아, 정말요? 4번이요? 몰랐네요. 네. 편했어요.

C: 되게 빠르게 배우는구나. 마치 평생 동안 이렇게 호흡해 왔던 것처럼 금방 배웠어.

N: 아, 뭘요. (웃음)

C: 좋아, 자, 이제 내가 숙제를 내 줄 거라는 거 알고 있지?

N: 또 다른 숙제요?

C: 하루에 적어도 5번 이 호흡법을 연습해 봐. 한 번 할 때마다 적어도 3분 동안 해야 해. 이왕이면 3분보다는 좀 더 길게 5~10분 정도 하는 게 좋아. 천천히 길게 깊게 호흡을 들이마시고 내뱉어야 해. 아침에 일어나자마자 한 번 하고, 아침 먹기 전에 한 번 하고, 점심 먹기 전, 저녁 먹기 전, 자기 전에 한 번씩 이렇게 하면 좋을 거 같아.

다음의 축어록은 드숀과의 상담 내용으로, 제 30장의 축어록 이후의 내용을 담고 있다. 드숀은 자기조절을 향상시키고 신체적인 싸움을 피하는 방법에 대해 배우고 있다.

D: 이 선택지들을 적어도 될까요? 그래야 더 잘 기억할 수 있을 거 같아요.

C: 당연하지. 새로운 아이디어들이 생각나면 더 추가할 수도 있어.

상담자는 선택지들을 정리하여 목록을 만들었다. 10까지 세기, 호흡 여러 번 하기, 시각적 심상하기, 근육이완하기, 상황에서 빠져나가기, 신뢰할 만한 사람과 대화하기, 자신의 감정 저널링하기, 그리고 긍정적이고 자기인정 진술문을 사용하여 자기 대화하기 등이다. 드숀은 아이들이 자신을 괴롭히는 상황을 상상하고, 깊은(거의 과장된 정도의) 호흡을 하면서 행동시연을 시작했다.

D: (깊게 호흡하고, 등을 돌려 상담자에게 걸어가는 상상을 함) 선생님, 잠시 얘기할 시간 있으세요?

C: 아주 좋아. 깊은 호흡을 하고 등을 돌려 반대 방향으로 걸어간 거지? 아주 천천히, 나에게 걸어온 거지? 속으로 10초를 세는 거 같던데. 맞아? (네) 너무 잘했어!

D: 감사합니다! 다른 것도 해 볼까요?

이번에 드숀은 깊은 호흡을 몇 번 하고, 등을 돌려 상담실 구석으로 걸어가 바닥에 앉은 후, 눈을 감았다. 상담전문가는 이에 대해 구체적인 피드백을 제시했고, 드숀이 이 행동을 편안하게 생각할 때까지 반복했다. 이제 상담자와 드숀은 새롭게 배운 행동들을 여러 상황에서 적용할 수 있도록, 여러 시나리오에 대한 역할연습을 시작했다. 이번 회기 간 과제는 새로운 행동을 계속 연습하다가 이 행동들이 자연스럽게 느껴지면 실제 상황에서 시도해 보고 그 결과를 즉시 상담자에게 알리는 것이었다.

행동 시연의 유용성과 평가

Turner, Calhoun과 Adams(1992)는 행동 시연이 분노, 좌절, 불안, 공포, 공황장애, 우울 등을 겪고 있는 내담자에게 효과적으로 사용될 수 있다고 말했다. 상담전문가는 특정 상황에서 다른 사람들과 상호작용하는 데 어려움을 겪고 있는 내담자와 상담할 때 행동 시연을 사용하기도 한다. 이 기법은 카타르시스, 태도 변화, 행동 변화 등을 목적으로 사용된다(Hackney & Cormier, 2012).

Walsh(2002)는 사회불안을 겪고 있는 내담자에게 행동 시연이 효과적임을 밝혔다. 먼저, 내담자는 새로운 사고 혹은 행동 방식을 배우고, 상담실에서 이 방식들을 연습한 후, 실제 상황에서도 연습한다. 내담자는 먼저 안전한 장소, 즉 상담실에서 새로운 방식을 연습함으로써 실제 상황에서 이를 적용하는 것에 대해 자신감을 가질 수 있다. 여기서 목표는 내담자가 새로운 방식에 익숙해지게 도움으로써 내담자의 부적절한 행동을 수정하도록 하는 데 있다. Turner 등(1992)은 행동 시연이 데이트 불안이 있는 이성애자 남성의 불안을 줄이고, 자기주장과 데이트 신청 횟수를 증가시킨다는 결과를 보고하였다. 행동 시연은 그동안 다른 사람이 원하는 방향으로 살았기 때문에 자신이 진정으로 원하는지 알지 못하는 내담자에게도 사용되고 있다. 상담자는 행동 시연을 통해 내담자가 옳지 못한 행동을 중지하고 옳은 혹은 친사회적인 행동을 할 수 있도록 도울 수 있다. 또한 내담자는 행동 시연을 통해 실수를 범해도 괜찮다는 점, 그리고 실수를 통해 배우고 부적절한 행동을 수정할 수 있다는 점을 깨닫게 된다(Alvord & Grados, 2005).

행동 시연의 효과성을 살펴본 연구는 많지 않지만, 이 기법은 다양한 목적으로 많이 사용되고 있다. 이 기법은 내담자에게 위험하지 않고 어떤 해도 입히지 않으며, 시간이

나 비용 면에서 효율적이고, 인지적·사회적·정서적으로 어려움을 겪는 내담자에게 효과적이다(Naugle & Maher, 2008). 이 기법은 간단하게 사용될 수 있고, 빠른(예: 몇 회기 내에) 변화로 이어질 수 있다. Naugle과 Maher는 다음과 같은 내담자에게 이 기법을 사용할 때 주의를 기울어야 한다고 경고했다. "(1) 자신의 행동에 책임을 지지 않는 내담자, (2) 실제이든 아니든, 결과를 두려워하는 내담자, (3) 행동 연습을 하지 않은 내담자, (4) 회기 간 과제를 하지 않는 내담자, 그리고 (5) 매일 위기가 있는 내담자."(p. 241)

Kentor와 Shomer(1997)는 스트레스 관리 프로그램의 효과성을 살펴보았는데, 이 프로그램에서는 여러 기법 중 하나로 행동 시연을 통해 스트레스 대처전략을 가르쳤다. 그 결과, 이 프로그램은 내담자의 스트레스를 완화시키고 생활방식을 향상시키는 데 효과적이었지만, 참여자들의 대처전략들에는 사전과 사후 비교 결과 큰 변화가 없는 것으로 나타났다. 그 이유는 참여자들이 행동 시연을 통해 학습한 대처전략들을 지속적으로 사용하지 않았기 때문이었다. 이러한 결과는 내담자로 하여금 행동 시연을 자주 반복적으로 연습하고, 상담자가 이에 대해 구체적인 피드백을 자주 제공하는 것이 중요함을 시사한다.

제**32**장

역할연습

다양한 이론적 배경을 가진 상담자들은 자기 자신을 더 잘 이해하고 바꿀 필요가 있는 내담자와 상담할 때 역할연습(role play)을 사용한다(James & Gilliland, 2003). 역할연습을 통해 내담자는 안전하고 위험이 없는 환경(예: 상담실)에서 목표 행동을 연습해 볼 수 있다. 역할연습은 "Salter의 조건화 반사 치료, Moreno의 사이코드라마 기법, Kelly의 고정된 역할 치료"(p. 211) 등을 통합하여 만들어졌다. Moreno의 사이코드라마 기법은 (1) 워밍업, (2) 재연, (3) 다시 재연 등 3개의 요소로 구성되어 있다. Hockney와 Cormier는 역할연습의 공통적인 네 가지 요소에 대해 설명하였다. 대부분의 역할연습에서, 내담자는 자신, 상대방, 주위 사람, 혹은 자신의 반응들을 재연하고, 상담전문가로부터 피드백을 받거나, 집단상담인 경우 집단구성원으로부터 피드백을 받는다. 역할연습은 과거나 미래가 아닌 현재시점으로 실시된다. 역할연습을 사용할 때는 상대적으로 재연하기 쉬운 상황부터 시작해서 점차 더 어려운 상황으로 옮겨 간다.

📖 역할연습을 사용하는 방법

역할연습을 사용하기 전에 이 기법의 4개 요소와 3단계에 대해 이해하는 것이 좋다.

역할연습의 첫 번째 요소는 '교전'으로, 특정 상황에서 상대방의 관점을 이해할 수 있는 능력을 의미한다. 역할연습에서는 내담자가 상대방의 역할을 맡기도 하기 때문에 이 능력이 필요하다. 두 번째 요소는 '무대'로, 실제와 같은 경험을 재연할 수 있는 공간이 필요하다(M. E. Young, 2013). 세 번째 요소는 '혼잣말'로, 내담자가 자신의 생각과 감정을 표현하는 것을 의미한다. 상담전문가는 내담자의 '혼잣말'을 이해해야 내담자의 비이성적인 생각을 더 잘 알 수 있다. 마지막 요소는 '두 배 증가'로, 내담자가 상황을 재연하고 있을 때 상담전문가나 다른 집단구성원이 내담자의 뒤에 서서 내담자가 표현하지 않고 있는 생각이나 감정을 대신 표현할 때 내담자의 알아차림이 높아짐을 의미한다.

역할연습의 3단계는 워밍업, 행동, 공유 및 분석이다. 마지막 단계인 공유 및 분석을 나누어 총 4단계로 구성해야 한다는 의견도 있다. 첫 번째 단계인 워밍업의 목표는 내담자가 해당 상황(그 상황에 대한 감정 포함)에 최대한 몰입하도록 격려하는 것이다. 워밍업을 위해 신체적 활동이나 정신적 활동을 사용할 수 있다. 두 번째 단계인 행동에서는 상담전문가와 내담자가 해당 상황에 대해 자세하게 리뷰함으로써 내담자가 그 상황을 재연할 수 있는 준비를 하도록 돕는다. 또한 상담전문가는 내담자가 현실에서 상상을 통해 해당 상황으로 갔다가 다시 현실로 돌아오도록 안내한다. 세 번째 단계인 공유 및 분석에서는 상담전문가와 집단구성원(만약 집단상담이라면)이 역할연습을 통해 무엇을 경험했는지 공유한다. 역할연습을 마친 후에 내담자의 감정이 격해지는 경우가 많기 때문에, 분석은 추후 회기에서 진행되는 경우가 많다. 분석에서 내담자는 정보를 탐색하고 피드백을 받는다(M. E. Young, 2013).

M. E. Young(2013)은 다음의 7단계 과정을 통해 역할연습을 사용할 것을 제안하였다.

1. 워밍업: 상담전문가는 내담자에게 이 기법을 소개하고, 내담자는 자신이 바꾸고 싶은 행동, 태도, 혹은 수행 등에 대해 자세하게 설명한다. 내담자가 역할연습에 대해 조금이라도 망설이면 이에 대해 탐색해야 한다.

2. 상황 설정: 상담전문가는 내담자가 상황을 재연할 수 있도록 돕는다. 만약 필요하다면 가구를 재배치할 수 있다.

3. 역할 선정: 내담자는 상황에 관여되어 있는 사람들에 대해 설명한다.

4. 재연: 내담자가 목표 행동을 하는 데 어려움을 겪는다면, 상담전문가가 그 행동을 모델링을 통해 시연을 한다. 내담자는 가장 쉬운 상황부터 시작하여 점차 어려운 상황을 재연한다. 이 단계에서 상담전문가는 내담자에게 피드백을 주거나 잘못

된 점을 알려 주기 위해 내담자를 중지시킬 수 있다.

5. **공유와 피드백**: 상담자는 내담자에게 간단한, 구체적인, 관찰 가능한, 이해 가능한 피드백을 준다.

6. **다시 재연**: 내담자는 목표가 달성되었다고 판단될 때까지, 상담실 안과 밖에서 목표 행동을 계속 연습한다.

7. **추후**: 내담자와 상담자는 내담자의 연습 및 진행 과정을 논의한다.

📖 역할연습을 변형한 기법

행동 연습은 역할연습을 변형한 기법 중 가장 많이 사용되는 기법 중 하나다. 내담자가 목표 행동을 할 때, 상담자가 이를 먼저 강화 및 칭찬한 다음 내담자가 자신을 강화 및 칭찬한다(M. E. Young, 2013). 이 기법에 대한 자세한 내용은 제31장을 참고하면 된다.

역할연습을 사용하는 대안적인 5단계는 다음과 같다. (1) 학습할 목표 행동을 정한다. (2) 특정 상황의 맥락을 정한다. (3) 간단한 상황부터 시작해서 점차 복잡한 요소를 추가시켜서 상황을 재연한다. (4) 상담실에서 가장 쉬운 역할연습부터 시작해서 점차 난이도를 높여 역할연습을 한다. (5) 실제 상황에 적용한다. 이때도 역시 점차 난이도를 높인다. 역할연습을 녹화하여 내담자의 강점과 어려움을 분석하는 것이 유용하다.

M. E. Young(013)은 역할연습을 변형한 기법으로 집단치료에서 사용할 수 있는 거울 기법을 소개했다. 이 기법은 상황을 재연하던 집단구성원이 자신에게 가장 문제가 되는 행동을 한 후 바로 의자에 앉는다. 그러고 나서 다음 집단구성원이 (가끔은 과장되게) 그 의자에 앉아 다른 행동을 하거나 원래 내담자가 했던 행동을 그대로 한다. 원래 내담자는 그 집단구성원이 하는 행동을 관찰하고 평가한다. 집단구성원들은 이 과정에 대해 논의하고, 내담자는 다른 집단구성원이 한 행동을 연습할 수 있다.

게슈탈트 치료에서 가장 많이 사용하는 역할연습을 변형한 기법은 두 의자 기법이다. 빈 의자들은 많은 것을 상징할 수 있는데, 예컨대 내담자와 내담자와 갈등을 겪고 있는 상대방, 내담자의 내면에서 갈등을 빚고 있는 두 가지 특성(예: 논리와 욕구)이나 감정 등을 상징할 수 있다(Seligman & Reichenberg, 2013). 내담자는 의자에 교대로 앉아 각 의자의 관점에서 다른 의자에게 말을 한다. 그동안 표현되지 않았던 감정과 생각들이 종종 솔직하게 표현된다.

또 다른 역할연습을 변형한 기법은 아동과 상담할 때 사용된다. 가능하다면, 아동이 역할을 바꿀 때 다른 옷을 입게 하는 것이 좋다. 이 방법은 아동으로 하여금 진짜 다른 사람의 역할을 할 수 있도록 돕는다(Vernon & Clemente, 2004).

Stepard(1992)는 상담수련생을 훈련할 때 사용할 수 있는 역할연습의 변형 기법을 소개했다. 때때로 상담수련생은 새로운 기법을 배울 때 서로 역할연습을 한다. Stepard는 수업 시간에 시나리오 기법을 사용해서 상담수련생에게 역할연습을 가르치는데, 이 방법은 학생들이 좀 더 생생하게 역할연습을 할 수 있도록 돕는다. 수련생은 자신이 맡을 내담자 캐릭터의 일반적인 특성(예: 이름, 나이, 인종, 직업, 관계, 가족)과 발달적 배경과 핵심 사건들을 만들어야 한다. 또한 캐릭터의 꿈, 희망사항, 목표, 의식적·무의식적 욕구, 사회적 영향 등도 고려해야 한다. 또한 캐릭터가 성장할 때 가족 환경이 어땠는지, 그리고 당면한 전문적·개인적 요소들도 고려하여 왜 상담에 오게 됐는지도 생각해야 한다. 캐릭터의 호소문제는 현실적이어야 하고, 정서적·인지적·신체적·행동적 문제로 발현되고 있어야 한다. 이렇게 내담자 캐릭터를 만든 후, 수련생은 자신만의 캐릭터를 만들 수 있다. Stepard는 한 학기동안 학생들 각자의 캐릭터에 영향을 미칠 수 있는 핵심 사건들을 만들어 사용하였다.

역할연습의 예시

이 예시는 고등학교 2학년과 3학년 학생들의 감정 표현과 또래 및 가족과의 상호작용 향상을 위한 집단치료의 한 장면이다. 티나(Tina)는 친구 관계, 평화 혹은 누군가의 평판 등을 유지하기 위해 관계에 수동적인 집단구성원 중 한 명이다.

상담자(C): 자, 티나만 제외하고 모두 지난주에 어떻게 지냈는지 얘기했는데. 티나, 뭔가 생각하고 있는 거 같은데.

티나(T): 음. 네. 그런 거 같아요. 얘기해도 될까요? 아니 얘기하고 싶어요.

C: (집단구성원들이 고개를 끄덕이는 것을 본 후) 우리 모두 네 얘기를 듣고 싶어.

T: 너희한테는 별 거 아닌 일일 수도 있는데, 나한테는 되게 큰일이라서 계속 이 일에 대해 생각하고 있어. 어떻게 해야 할지 모르겠어. (더 이야기하기 전에 다른 구성원들의 표정을 살핌). 음…… 너희 중에 내가 이야기할 사람이 누구인지 아는 사람이 있을

거 같아서 조심스러워. 한 가지만 다시 약속해 줘. 내가 여기에서 말한 내용을 밖에서 이야기하지 않는다고.

C: 아, 티나, 그 부분에 대해 언급해 줘서 고마워. 가끔 서로에게 비밀보장의 중요성을 상기시킬 필요가 있어. 자, 우리 모두 비밀보장 규칙을 지킬 거지? 여기서 들은 이야기는 여기에 머무는 거야. 여기에 없는 누구에게도 말하지 않겠다고 다시 한번 서로에게 약속하자. 어때? (모두가 그렇게 하겠다고 대답함)

제롬(Jerome: J1): 티나, 걱정하지 마. 누구한테도 말하지 않을 거야.

T: 네, 알고 있어요. 그냥 혹시나 해서 다시 한 번 얘기한 거예요. 좋아. 음. (깊은 호흡) 최근에 나랑 가장 친한 친구가, 우리는 거의 4년 동안 가장 친한 친구였는데, 그 친구가 다른 친구들한테 내 욕을 하고 다닌다는 이야기를 들었어. 처음에는 절대 사실이 아닐 거라고 생각했는데, 생각해 보니 그 친구가 요새 좀 이상했거든. 내 말을 잘 듣지도 않고, 내 말을 막 끊고. 어제는 내가 말하는데 어이없다는 표정도 짓더라고. 그리고 오늘은 그 친구가 나를 피한다는 생각이 들었어. 우리는 보통 쉬는 시간마다 만나서 수다를 떠는데, 오늘은 그 친구가 아예 안 보이더라고.

J1: 내가 여자가 아니라서 진짜 다행이다. 남자들은 그런 식으로 뒤에서 친구 욕을 안 하는데. 티나, 마음이 너무 안 좋다……. 너는 나보다 훨씬 더 강하고 마음이 따뜻한 사람이야.

수산나(Susanna: S): 티나, 기분이 너무 안 좋겠다. 나 같아도 그랬을 거야. 가장 친한 친구가 뒤에서 욕을 하다니. 정말 최악이야. 계속 머릿속에서 그 생각만 나고 머리가 복잡할 거 같아.

T: 응 맞아. 완전히 그래.

C: 티나, 그래서 지난주에 어떻게 지낸 거야?

T: 편집증에 걸린 것처럼, 작은 일에 신경이 쓰였어요. 내가 뭘 잘못해서 그 친구가 나한테 화가 난 건지, 아니면 내가 지겨워진 건가. 근데, 아무리 생각해 봐도 정말로 그 친구한테 잘못한 게 없는 거 같아요. 최근에는 그 친구한테 더 잘하려고 노력했어요. 사실 기분이 썩 내키지는 않지만, 그 친구가 원하는 건 뭐든지 들어주려고 했어요. 이 문제가 잘 해결됐으면 좋겠어요. 무엇보다도 진짜 이 친구가 저한테 화가 난 건지, 아니면 제가 뭔가 오해를 하는 건지 알고 싶어요.

제시(Jessie: J2): 그 친구한테 직접 물어보면 안 돼?

네이트(Nate: N): 그래, 그 친구랑 이야기해 봐. 그냥 그 친구한테, "너 나한테 화났어?

내가 지켜워졌어? 너 요새 왜 그래?" 이런 식으로 물어봐.

C: 그 친구랑 이야기해 볼 생각이 있어?

T: 네. 그리고 싶어요. 알고 있어요. 그 친구랑 직접 이야기해 봐야 이 문제를 풀 수 있다는 걸 알아요. 근데 제가 이런 걸 잘 못해요.

C: 그러니까, 과거에도 비슷한 일이 있을 때 대화로 풀어 보려고 했는데 잘 안 된 거야?

T: 네. 자연스럽게 이런 이야기를 잘 꺼내지 못하고, 상대방의 반응에 늘 당황해요. 저는 그냥 이런 걸 잘 못해요. (잠시 멈춤) 하지만 그 친구한테 물어봐야 한다는 걸 알고 있어요. 근데, 또 한편으로는 이 문제가 그냥 기적처럼 짠 하고 사라지지 않을까 하는 기대도 해요······. 아니에요. 당연히 알아요. 이 문제가 기적처럼 사라지지 않을 거라는 거. 제가 더 이상해지기 전에 그 친구랑 얘기해 봐야 한다는 걸 알고 있어요. 그냥 좀 무서워요. 뭐라고 말해야 할지 모르겠어요.

C: 지금 한 번 연습해 볼래?

T: 네? 무슨 말씀이세요?

C: 음. 지난번에 네가 그랬잖아. 너 자신을 표현하거나 갈등을 직접 해결하는 걸 잘 못한다고. 여기서 미리 그 친구와의 대화를 연습해 보면 도움이 될 거야. 너한테만 도움이 되는 게 아니라, 우리 모두에게 다 도움이 될 거야. 우리 모두 뭔가 배울 수 있을 거야. 어때?

T: 좀 웃길 거 같지만, 도움이 된다면······.

C: 좋아. 시작하기 전에 이 상황에 대해 좀 더 알아야 할 게 있을까?

T: 음. 예를 들면 어떤 거요?

C: 음. 그 친구랑 이야기할 때 네가 원하는 게 뭔지, 목표가 뭔지 말해 줄래?

T: 저는 그냥 그 친구가 저한테 화가 난 건지, 그리고 왜 화가 난 건지 알고 싶어요.

C: 좋아. 또 다른 건?

T: 음. 그리고 제가 지난주에 기분이 어땠는지 그 친구한테 말하고 싶어요.

C: 좋아. 그런 목표를 고려할 때, 언제, 어디서 그 친구와 이야기하는 게 좋을지 생각해 보자.

T: 언제? 어디서요?

C: 응.

T: 내일 방과 후에 농구 연습이 있어요. 우리는 보통 농구 연습을 하고 같이 놀거든요. 둘이서만요. 그때가 제일 좋을 거 같아요.

C: 그럼, 농구 연습장에서 이야기를 하는 거네?

T: 네, 아마 농구대 밑에 있을 거예요.

C: 좋아. 내일의 상황을 연습하기 위해, 최대한 그 상황과 비슷하게 상담실을 바꿔 보자. 혹시 내일의 상황과 비슷한 상황을 연출하기 위해 이 방에서 옮겨야 하거나 뭔가 해야 할 게 있을까?

T: (방을 둘러보며 잠시 생각함). 아니요. 아, 아마 내일 우리 둘 다 서 있을 거라, 제가 일어나는 게 좋을 거 같아요. 그 외에는 없어요. 머릿속으로 농구대를 생각하면 되니까 농구대는 필요 없어요. 제가 그냥 일어나면 될 거 같아요.

C: 그래. 간단히 정리해 보면, 너는 가장 친한 친구 때문에 많이 힘들어하고 있어. 그래서 그 친구와 솔직하게 대화하고 싶은데, 그런 대화가 너한테는 쉽지 않아. 하지만 너는 그 친구가 너에 대해 어떻게 생각하는지 알고 싶고, 네 마음을 그 친구한테 표현하고 싶어. 그래서 내일 방과 후 농구장에서 그 친구와 대화하기로 결정했어. 자, 이제, 역할연습을 시작하기 전에 너의 가장 친한 친구 역할을 맡을 사람을 선택해 줘.

상담전문가는 티나가 워밍업, 바꾸고 싶은 행동 선정, 시나리오와 장소 선택을 할 수 있도록 도왔다. 친구 역할을 맡을 사람이 정해지면, 바로 재연을 시작할 수 있다.

T: (전체 집단을 보면서) 케냐(Kenya)가 했으면 좋겠어요.

C: 케냐? 좋아 (케냐를 보면서) 티나의 친구 역할을 맡아 줄래?

T: 네, 좋아요!

C: 고마워, 케냐. 시작하기 전에 질문 있어?

K: 음. 티나, 내가 좀 더 그 친구처럼 연기할 수 있게 그 친구에 대해 좀 더 얘기해 줄래?

C: 좋은 질문이다. 티나, 얘기해 줄 수 있어?

T: 네. 근데, 지난주에 그 친구가 너무 다르게 행동해서, 원래 그 친구가 어땠는지 설명하기가 힘들어요. 음…… 그 친구는 되게 외향적이고, 재미있고, 목소리가 커요. 모든 사람이 그 친구 때문에 즐거워해요. 그리고 그 친구는 책을 많이 읽고, 같이 모여서 놀거나 행사 같은 게 있으면 늘 아이디어가 많고, 결정을 잘해요. 근데, 한편으로는 되게 방어적이고, 좀 이상한 반응도 보여요…… 다른 사람 뒷담화를 많이 하는 편이에요. 이 정도면 충분할까요?

K: 응. 큰 도움이 됐어.

T: (케냐를 보며) 나를 위해 너무 쉽게 하지 말아 줘. 좀 어려운 상황을 만들어 줘. 그래야 내일 상황이 안 좋으면, 거기에 대비할 할 수 있으니까.

C: 좋아. (일어서며, 티나와 케냐에게도 일어서라는 손짓을 함) 자, 여기에 공간을 더 만들어야 하니까, 두 사람을 제외하고 나머지는 뒤로 가 줘. (집단구성원들이 의자를 뒤로 옮길 때까지 기다림) 고마워, 애들아. 티나, 괜찮다면, 너희 둘이 역할연습을 하는 동안, 내가 네 뒤에 서서 '두 배 증가'라는 걸 할 거야. 그러니까 네가 말문이 막히거나 어떻게 해야 할지 모를 때, 내 생각에 네가 말하고 싶은 데 하지 못하고 있는 말을 할게. 너를 돕기 위해.

T: 네. 좋아요.

C: 좋아. 그리고 이것도 네가 괜찮다면, 내가 말을 할 때 네 어깨에 손을 얹을게. (티나는 고개를 끄덕이며 상담자가 도움을 준다는 사실에 안도하는 듯한 모습을 보임) 내가 한 말에 동의하면, 그 말을 그대로 크게 말해 줘. 만약 동의하지 않으면, 네가 느끼는 감정을 솔직하게 크게 말하면 돼. 알겠어?

T: 네. 알 거 같아요.

C: 좋아. 이제, 내일이 되었다고 상상해 보자. 이제 농구 연습이 끝나고 모두가 농구장을 떠났고, 너랑 친구만 남았어.

앞서 언급했듯이, 상담전문가는 내담자가 상상 속의 상황으로 옮겨 갈 수 있도록 도와야 한다.

T: 네. 좋아요.

C: 자, 이제 너랑 친구만 남았어. 그 친구의 이름이 뭐야?

T: 스테이시(Stacey)요.

C: 그래, 이제 너랑 스테이시만 농구장에 남았어. 이제 스테이시와 중요한 대화를 하려고 해. 준비됐어?

T: 네, 어렵네요……. 하지만 할 수 있어요.

C: 넌 할 수 있어. 우리가 옆에서 너를 지지하고 있어.

T: 네. 스테이시, 너랑 할 이야기가 있어.

스테이시 역할을 하는 케냐(S): 그래, 무슨 일이야?

T: 음, 최근에, 특히 지난주에 네가 좀 다르게 행동하는 거 같아서.

S: 무슨 말이야?

T: 음. 그러니까 네가 예전과 좀 다르다고 느꼈어.

S: 내가? 무슨 말을 하는 거야? (약간 방어적인 톤으로 이야기하면서 티나의 얼굴을 쳐다보지 않고 농구공을 던짐)

T: 나를 대하는 게 다른 거 같았어. 그래서 내가 궁금한 건……

S: 무슨 말을 하는 거야? (좀 화가 난 듯 보임)

T: (상담자를 쳐다보며) 못하겠어요.

C: (내담자의 어깨에 손을 올리며) 이거 나한테는 중요한 일이야. 지난주에 내가 뭘 느꼈는지 너한테 말하고 싶어. 지난주에 네가 날 무시한다고 느꼈어.

T: 네, 이건 나한테는 중요한 일이야. 지난주에 네가 날 무시한다고 생각했어.

S: 내가 그랬어?

T: 내가 뭘 잘못한 게 있어?

S: 모르겠는데…… 아마도. 아니, 모르겠어. 뭐가 그렇게 심각해?

T: 모르겠어. 심각할 이유가 없을 수도 있는데……. (바닥을 쳐다 봄. 이 문제를 꺼낸 것과 자신이 그렇게 느낀 것에 대해 수치심을 느끼는 것처럼 보임)

C: (내담자의 어깨에 손을 올리며) 우리는 오랫동안 가장 친한 친구였잖아. 혹시라도 그 사실이 바뀌는 게 아닐까 걱정했어. 네가 나한테 화난 거 같아서 많이 힘들었어.

T: 나는 우리 우정을 소중하게 생각하고, 그걸 잃고 싶지 않아. 지난주에 너무 힘들었어. 네가 날 대하는 태도 때문에 상처받았어.

S: (아까와 달리, 티나의 말을 심각하게 들음) 그래, 난 너에게 상처를 주고 싶지 않았어. 진심이야. 하지만 네가 늘 내가 하자는 대로 하고 너무 노력을 하니까…… 이제는 너도 알잖아. 우리가 가장 친한 친구라는 거. 너무 노력하지 않아도 된다는 거. 좀 짜증이 났어. 지난주에 내가 그렇게 행동하지 말았어야 했는데. 너에게 직접 얘기했어야 했는데…… 너에게 상처 주고 싶지 않았어. 하지만 이미 상처를 준 거 같아. 미안해.

T: 정말? 여전히 나의 가장 친한 친구가 되고 싶은 거야? 그냥 널 좀 내버려 두길 바라는 거야?

S: 응.

T: 네가 나에게 화가 나지 않았다면 당연히 그렇게 할 수 있어. (티나는 안도감을 느끼고 긴 침묵이 흐름)

C: 자, 티나. 하고 싶은 말을 다한 거야?

T: (안도의 한숨을 쉬며) 네……. 네, 다했어요. 내일 할 수 있을 거 같아요.

C: 좋아! 이제 자리로 돌아가서 모두의 반응, 생각 혹은 피드백을 들어 보자. 티나, 물론
   너의 생각도 듣고 싶어.

상담자는 집단 구성원들의 피드백과 티나의 소감을 들으며 남은 회기를 진행했다.

📖 역할연습의 유용성과 평가

역할연습은 현실치료(Wubbolding & Brickell, 2004), 합리적 정서 치료(James &
Gilliland, 2003), 인지치료, 게슈탈트 치료(Seligman & Reichenberg, 2013), 사회학습 치료
(M. E. Young, 2013) 등에서 사용된다. 이 기법은 개인·집단·가족 상담에서 모두 유용
하게 활용될 수 있다(Hackney & Cormier, 2012). 특정 가족에 대해 역할연습을 하면, 가
족구성원들에 존재하는 구조적인 문제를 깨달을 수 있다(Browning, Collins, & Nelson,
2008). 또한 가족의 감정, 딜레마, 역동 및 다양성에 대한 학생들의 이해를 넓히도록 도
와줄 수 있다. 내담자는 역할연습을 통해 새로운 기술을 배우고, 대안적인 행동을 탐색
하며, 이러한 행동이 다른 사람에게 어떠한 영향을 미치는지 관찰할 수 있다. 만약 내
담자가 상담목표를 설정하는 데 어려움을 겪는다면 상담전문가는 역할연습을 통해 상
담목표를 설정할 수 있도록 도울 수 있다.

상담자 교육에서도 역할연습이 사용되는데 예컨대 역할연습을 통해 상담수련생은
다문화상담을 경험할 수 있다(Rapisarda, Jencius, & McGlothlin, 2011). 역할연습은 전
반적인 상담기술을 향상시키는 데 효과적인 것으로 나타났다(Osborn & Costas, 2013;
Paladino, Barrio Minton, & Kern, 2011).

역할연습은 학부모-교사 회의를 준비하는 교사에게도 사용된다(Johns, 1992). 이 기
법은 특히 학부모와의 회의에 대해 긴장하는 초임 교사에게 도움이 된다. 교사들은 관
련 상황들을 목록으로 만들고, 각 상황별로 자신이나 학부모 역할을 맡는다. 상황마다
교사가 만날 수 있는 다양한 유형의 학부모들이 등장한다. 교사들은 역할연습을 통해
학부모를 만나는 상황에 대해 좀 더 편안하게 느낄 수 있다.

역할연습은 학교 현장에서 청소년과 상담할 때도 유용하게 활용될 수 있다. 학생들
은 자신의 믿음과 가치관에 대해 배울 수 있고, 다른 사람의 믿음과 가치관에 대해 이해
할 수 있게 된다(Kottman, 1999). Papadopoulou(2012)에 따르면, 역할연습은 아동의 인

지·정서·사회·언어 발달을 촉진할 수 있다. 역할연습은 문화 적응에 필요한 기술을 배우는 데도 사용된다. 역할연습은 아동이 자기 이해, 실존적 두려움, 진화에 대한 걱정을 표현하는 도구로 사용되며, 아동의 사고 능력, 경청능력, 자기주장과 같은 사회적 기술을 향상시킨다(Thompson & Bundy, 1996). 특히 역할연습은 학생들이 적극적으로 참여할 수 있는 기법이기 때문에 청소년에게 유용하다.

역할연습은 초등학생에게 공감 기술을 훈련시키는 데도 사용될 수 있다. 연할연습을 통해 아동에게 도덕적인 딜레마를 보여 주면, 아동은 자신과 다른 사람들의 관점을 배울 수 있다. Upright(2002)는 교사가 교실에서 어떻게 역할연습을 사용할 수 있는지에 대해 다음과 같이 9단계로 설명하였다.

1. 교사는 학생들을 관찰하면서 학생들의 도덕적 발달 수준을 파악한다.
2. 적절한 스토리를 선정한다. 스토리에는 명백한 도덕적 딜레마가 포함되어야 한다.
3. 교사는 학생들에게 스토리의 배경에 대해 설명한다. 학생들이 스토리에 나오는 단어들을 이해할 수 있는지 확인해야 한다.
4. 교사가 학생들에게 스토리를 읽어 주고, 이 스토리의 도덕적인 딜레마를 알려 주면서 학생들이 스토리의 어떤 부분을 역할연습할지 결정한다.
5. 교사는 질문을 통해 학생들이 딜레마를 포함한 스토리를 완전히 이해했는지 살펴본다.
6. 학생들은 소집단으로 모여 도덕적인 딜레마에 대해 논의하고, 역할연습을 한다.
7. 필요하면, 교사는 학생들의 생각을 바꿀 수 있는 내용을 스토리에 추가한다.
8. 교사는 학생들로 하여금 스토리의 엔딩을 만들도록 하여, 학생들이 도덕적인 딜레마에 대해 생각할 수 있도록 격려한다.
9. 학생들의 반응을 녹음(혹은 녹화)하여, 1년 동안 "학생들의 공감 능력과 의사결정 능력이 얼마나 발전했는지" 평가할 수 있다(p. 19).

이 기법의 효과성을 높이기 위해, 내담자는 상담자에게 자신의 약점·취약성을 편하게 보여 줄 수 있어야 하고, 상담자는 내담자에게 진술해야 한다. 상담전문가는 자기 자신과 내담자에게 이 기법의 효과가 나타나려면 시간이 걸린다는 점을 계속 상기시켜야 한다(Wubbodling & Brickell, 2004). 이 기법과 인지적 재구성을 함께 사용하는 상담자들도 있다(Corey, 2015).

역할연습은 효과적인 기법이지만, 사용하는 데 어려움이 있을 수도 있다. 예를 들어, 무대 공포가 있어 시나리오를 재연하고 싶어 하지 않는 내담자가 있을 수 있다. 상담전문가는 역할연습을 사용할 때, 내담자가 역할연습의 방향을 스스로 설정하고 통제할 수 있도록 격려할 필요가 있다. 역할연습을 할 때, 상담자와 내담자에게 불편할 수 있는 강렬한 감정이 가끔 표현되기도 한다(M. E. Young, 2013). Ivey와 Ivey(2007)는 내담자의 문제를 완전히 이해하기 전에는 역할연습을 사용해서는 안 된다고 강조했다. 또한 내담자의 효능감을 높기 위해 역할연습을 실시한 후에 내담자가 보인 진전에 대해 살펴봐야 한다.

40 Techniques Every Counselor Should Know

정적 강화 기반 행동주의 접근 기법

제8부에서는 먼저 행동 수정에 대해 간략하게 소개하고, 정적 강화와 부적 강화, 벌을 기반으로 한 행동주의 기법에 대해 설명하고자 한다. 부적 강화를 기반으로 한 특정 기법은 존재하지 않지만 정적강화를 기반으로 한 기법들은 여러 개 있으며, 이 기법들은 내담자의 목표 행동을 증가시키기 위해 사용된다. 정적 강화를 기반으로 한 기법으로는 프리맥 원리, 행동 차트, 토큰기법 등이 있다. 벌을 기반으로 한 기법들은 제9부에서 다룬다.

🕮 행동 수정의 원리에 대한 간략한 소개

행동 수정은 Skinner의 조작적 조건 형성 원리를 적용한 기법이다. 조작적 조건 형성 원리에 따르면, 학습은 어떤 행동이 강화되는지에 따라 이루어진다. 강화된 행동의 빈도는 증가하고, 강화되지 않은 행동의 빈도는 감소하며, 벌을 받은 행동의 빈도는 감소한다. 조작적 조건 형성은 조작(예: 자극이 추가되는가 혹은 제거되는가)과 결과(예: 행동을 증가시키고 싶은가 혹은 감소시키고 싶은가)를 토대로 적용된다. [그림 1]에 조작과 결과를 토대로 한 네 가지 유형의 행동적 기법(정적 강화, 부적 강화, 자극이 적용되는 벌, 자극이 제거되는 벌)을 제시하였다.

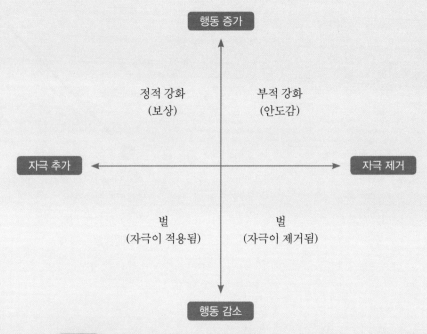

그림 1 조작적 조건형성에서 조작과 결과에 따른 4가지 행동기법의 유형

📖 정적 강화와 부적 강화

조작적 조건 형성을 적용한 기법을 이해하기 위해서는 정적 강화, 부적 강화, 벌(벌에 대한 논의는 제9부 참고)이라는 세 가지 개념을 이해해야 한다. 정적 강화는 행동의 강도와 빈도를 증가시키는 것을 의미하며, 보상으로도 불린다. 정적 강화원의 예로는 좋아하는 음식이나 디저트, 좋아하는 활동, 스티커, 돈, 관심, 칭찬 등이 있으며, 사실 해당 사람이 가지고 싶어 하는 것이면 무엇이든 강화원이 될 수 있다.

정적 강화에 대해 이해하기 위해 가장 먼저 두 가지 사항을 기억해야 한다. 첫째, "바람직한 행동이 증가한다."로 목표를 설정해야 한다. 내담자, 학생, 부모와 교사들은 상담전문가에게 어떤 행동이 감소 혹은 멈춰야 하는지(예: 수업 시간에 의자에서 일어나지 않음, 수업 시간에 아무 때나 선생님을 부름, 욕을 하지 않음, 말대답하지 않음, 말다툼을 하지 않음, 숙제 안 함)에 대해서는 쉽게 말하지만, 어떤 새로운 행동을 하고 싶은지 혹은 어떤 행동이 증가했으면 좋겠는지에 대해서는 말하기 힘들어한다. 이럴 때는 내담자 혹은 내담자의 부모, 배우자, 교사에게 "내담자가 어떤 행동을 더 했으면 좋겠어요?"라는 질문을 하면 도움이 된다. 이러한 질문을 통해 내담자 혹은 내담자의 부모, 배우자, 교사 등은 바람직한 행동에 대해 생각할 수 있다. 예를 들어, '수업 시간에 의자에서 일어나지 않기'를 '수업이 끝날 때까지 의자에 앉아 있기'로, '수업 시간에 아무 때나 선생님을 부르기'를 '손을 들고 선생님의 허락을 받은 후 선생님을 부르기'로, '욕을 하지 않음'을 '적절한 단어를 사용하여 자신의 의견 표현하기'로, '말대답하지 않음'을 '어른들이나 친구들과 적절하게 대화하기'로, '말다툼하지 않기'를 '생산적이거나 즐거운 이야기하기'로, 그리고 '숙제 안 함'을 '숙제의 95% 하기'로 바꾸는 게 좋다(이 예시들에서 '적절한' '적절하게'라는 용어들은 더 구체적인 행동 용어로 정의되어야 한다).

둘째, 정적 강화와 관련하여 기억해야 할 점은 바람직한 행동이 나타나면 바로 보상을 해야 한다는 것이다. 만약 바람직한 행동을 하기 전이나 완전히 바람직하지 않은 행동을 하지 않았는데도 보상을 하면, 조건화 형성(바람직한 행동–보상)이 이루어지지 않는다. 내담자가 바람직한 행동을 해야만 보상이 있다는 점을 알아야 바람직한 행동을 할 가능성이 높다. 또한 내담자가 바람직한 행동을 한 후 너무 나중에 보상을 하지 않아야 한다. 내담자의 바람직한 행동을 증가시키기 위해서는 내담자가 바람직한 행동과 보상 간에 관련성이 있음을 알아야 한다. 너무 나중에 보상을 하면, 바람직한 행동과 보상 간의 관련성을 알기 힘들 수 있다. 보상은 바람직한 행동의 동기원이 될 수 있고, 새로운 행동을 학습하거나 이미 학습한 행동의 강도를 높이기 위해 사용된다.

부적 강화는 바람직한 행동을 한 결과 부정적인 자극이 감소되거나 제거되기 때문에 바람직한 행동의 빈도가 늘어나는 것을 의미한다. 부적 강화는 안도감과 비슷한 의미를 가진다. 내담자들이 종종 부적 강화를 처벌로 보는 경우가 있지만, 부적 강화와 벌은 다른 개념이다. 부적 강화와 벌의 차이점은, 먼저 부적 강화는 바람직한 행동의 빈도를 증가시키는 데 목표가 있는 반면, 벌은 바람직하지 않은 행동의 빈도를 감소시키는 데 목표가 있다. 이러한 차이점을 이해해야 부적 강화와 벌을 구분할 수 있다. 부적 강화는 이해하거나 적용하기 어려운 개념이고, 이 책에서는 부적 강화를 기반으로 한 기법에 대해 다루지 않는다. 부적 강화의 예로는, 집단상담에서 구성원들의 대화 빈도를 높이기 위해 구성원들이 서로 대화를 하면 시끄러운 소음을 끄고, 침묵이 흐르면 다시 소음을 켜는 것이다. 또 다른 예로는, 수업 시간에 의자에 앉아 수업을 듣는 행동을 늘리기 위해 학생이 의자에서 일어날 때마다 10분 동안 의자를 치워 버림으로써 10분 동안 서 있게 한다. 시끄러운 소음을 들어야 하거나 10분 동안 서 있어야 하는 게 처벌로 보일 수 있지만, 바람직한 행동을 늘리는 데 목표가 있는 한, 이 두 예시는 벌이 아니라 부적 강화이다.

📖 문제 행동 평가하기

구체적으로 정적 강화를 기반으로 한 행동주의 기법들을 살펴보기 전에, 문제 행동을 평가하는 방법에 대해 소개하고자 한다. 문제 행동을 평가하는 데는 많은 시간이 소요되지는 않는다. 상담전문가는 내담자의 문제 행동을 평가할 때, 문제 행동의 빈도, 강도, 지속시간 등을 살펴보아야 한다. 빈도는 문제 행동을 얼마나 자주 하는가를 의미한다. 문제 행동의 빈도를 살펴봐야 하는 이유는, 첫째, 문제 행동이 정말로 얼마나 심각한 문제인지, 그리고 문제 행동을 하는 것이 정상인지 아닌지를 평가하기 위해서다. 둘째, 기조선을 설정하기 위해서다. 기조선은 상담목표를 설정하고 상담의 성과를 평가하기 위해 필요하다.

강도는 문제 행동이 얼마나 내담자나 주위 사람들에게 문제가 되고 있는지를 의미한다. 만약 강도가 높지 않다면 수정할 필요가 없을 수도 있다. 만약 내담자나 주위 사람들이 너무 높은 기준을 가지고 있거나 문제 행동이 정상인지 아닌지를 이해하지 못하고 있다면, 상담전문가는 문제를 재구성하거나 아니면 맥락을 설명해 줄 수 있다. 문제 행동의 강도를 알아보기 위해 가장 많이 사용하는 방법은 제1장에서 다룬 척도기법을 사용하는 것이다.

지속시간은 두 가지의 의미를 가지는데, 첫째, 문제 행동이 시작된 지 얼마나 되었는가를 의미한다. 문제 행동의 강도와 문제 행동이 얼마나 지속되고 있는지를 알면, 내담자와 상담전문가는 문제 행동이 얼마나 심각한지, 치료에 대한 저항이 얼마나 강할지, 문제 행동을 수정하는 데 어떤 방해물이 있을 수 있는지 등에 대한 아이디어를 얻을 수 있다. 둘째, 지속시간은 "문제 행동이 시작되면 얼마나 지속되는가?"를 의미한다. 몇 초 정도 지속되는 문제 행동과 몇 시간씩 지속되는 문제 행동을 수정하는 데는 다른 접근이 필요할 수 있다.

문제 행동의 빈도, 강도, 지속시간을 평가하고, 상담의 목적과 목표를 설정하면, 상담자와 내담자는 이 문제 행동을 다루기 위해 행동기법을 사용할 수 있다. 앞서 밝힌 대로, 이번 제8부에서는 행동문제를 다룰 때 도움이 될 수 있는 기법들에 대해 소개한다. 바람직한 행동의 빈도를 증가시키는 게 상담목표라면, 정적 강화를 기반으로 한 행동주의 기법인 프리맥 원리, 행동 차트, 토큰 기법을 사용할 수 있다. 반대로 행동의 빈도를 낮추거나 아예 행동을 중지시키는 것이 목표라면, 벌을 기반으로 한 기법인 소거, 타임아웃, 과잉교정, 반응 대가를 사용하면 된다(벌을 기반으로 한 기법은 제9부 참조).

📖 정적 강화를 기반으로 한 행동주의 접근의 다문화적 시사점

일부 문화권의 내담자들은 직접적이고, 문제중심적이며, 행동에 기반을 둔 행동주의 기법을 선호한다(Hays & Erford, 2014). 예를 들어, 중동계나 동양계 내담자들은 종종 상담자의 조언을 기대하고 구체적인 상담목표를 설정하는 것을 선호한다. 일반적으로 남성 내담자도 행동중심적 · 구체적인 목표를 기반으로 한 상담방식을 선호한다. 남미계 내담자들도 직접적인 상담접근을 선호하고, 아프리카계 부모들은 행동주의 기법이 자녀교육을 하는 데 유용하다고 생각하는 것으로 알려져 있다.

행동주의 상담은 감정표현, 카타르시스, 사적인 내용에 대해 탐색함 등을 강조하지 않는다. 이러한 이유로 행동주의 상담이 일부 문화권의 내담자들(예: 남성, 동양계 미국인)에게 적합할 수 있다. Tanaka-Matsumi 등(2007)에 따르면, 행동주의 접근은 내담자의 환경을 분석하고 환경에 따라 문제 해결 방법을 수정하기 때문에 내담자의 문화와 사회적 맥락에 초점을 둔다. 이 과정에서 상담자는 내담자가 자신의 환경적 맥락이 문제와 어떤 관련성이 있는지, 원하는 변화가 실제로 가능한지, 그리고 어떻게 사회문화적 · 환경적 · 발달적 맥락에 적응할 수 있게 변화를 만들어 갈 것인지 등에 대해 생각할 수 있도록 도와야 한다. 행동주의 상담자들은 내담자가 문화적 규범과 자신의 문제에 대해 인식할 수 있도록 문화적으로 세심한 기능행동분석을 한다(Spiegler & Guevremont, 2003).

행동주의 기법을 사용하는 상담자 중 일부는 상담관계의 중요성을 간과하는데, 이는 다양한 인종, 민족, 성별, 성적 지향을 가진 내담자와 상담할 때 심각한 문제가 될 수 있다. 라포와 작업동맹이 상담과정과 상담성과에 영향을 미치기 때문에 행동주의 기법을 사용할 때에도 라포와 작업동맹에 신경을 써야 한다. 예를 들어, 일부 문화권의 내담자들은 상담자를 신뢰하는 데 오랜 시간이 걸리는 것으로 알려져 있다(Hays & Erford, 2014). 문화적으로 유능한 상담자들은 상담 초반에 이러한 문제를 인식하고 다루어야 한다.

내담자의 행동 변화는 자신뿐만 아니라 주위 사람에게도 영향을 미친다. 상담자와 내담자는 내담자가 원하는 행동 변화가 자신의 삶과 다른 사람과의 관계에 어떠한 영향을 미치는지에 대해 미리 논의할 필요가 있다. 내담자가 변하면 주위 사람들도 이에 적응하기 위해 변해야 하는 경우가 있다. 따라서 처음에는 긍정적으로 인식했던 행동 변화가 실제로는 문제를 야기할 수도 있다. 모든 가능한 결과를 정확히 예측할 수는 없지만, 이에 대해 미리 논의하는 것이 중요하다. 예를 들어, 부인과 가족으로부터 좀 더 독립하고 싶은 남자 내담자의 경우(예: 친구들과 더 시간을 보내고 싶음, 혼자 여행을 떠나고 싶음), 관련한 행동 변화가 가족관계에 문제(예: 질투, 이혼, 의심, 자녀와 소원해짐)를 야기할 수 있다. 행동에는 결과가 따른다. 행동 변화가 긍정적인 결과를 유발하기도 하지만, 원치 않았던, 기대하지 않았던 혹은 애매모호한 결과를 유발할 수도 있다.

프리맥 원리

📖 프리맥 원리의 기원

프리맥 원리(Premack principle)는 조작적 조건 형성 이론의 정적 강화에 기반을 둔 기법으로, 자주 발생하는 행동이 자주 발생하지 않는 행동의 강화원이 된다(Brown, Spencer, & Swift, 2001). 즉, 내담자는 원하는 행동을 하기 위해 원하지 않는 행동을 하게 된다는 것이다. 프리맥 원리는 일상생활에서도 사용된다. 예를 들어, TV를 보느라 숙제를 안 하는 아동의 부모는 아동이 숙제를 다 하면 TV를 볼 수 있게 한다. 이 기법은 일반인들 사이에서는 '할머니의 규칙(할머니는 손자가 채소를 다 먹어야 과자를 먹게 해 줌)'으로 알려져 있다.

프리맥 기법은 David Premack이 처음으로 동물 실험에 사용하고 사람들에게도 적용했기 때문에 프리맥 기법으로 불리게 됐다. 프리맥 기법은 당시 대세였던 행동주의 이론을 반박한 기법이다. 전통적인 행동주의 이론에서는 특정 활동을 긍정적이거나 부정적이거나 중립적으로 간주하고, 중립적인 활동만이 도구적인 반응으로 사용되고 긍정적인 활동만이 강화원으로 사용될 수 있다고 가정한다. 즉, 전통적으로는 중립적인 행동을 하면, 긍정적인 활동을 강화로 제시한다. 하지만 이와 반대로, 데이비드 프리맥은 활동을 긍정-중립-부정으로 구분하지 않았다. 대신에 모든 활동을 발생할 가능성

혹은 선호도에 따라 점수를 매기고, 발생할 가능성이나 선호도가 높으면 강화원이 될
수 있다고 가정했다. 강화가 일어나기 위해서는 도구적인 반응이 강화원보다 발생할
가능성이나 선호도가 낮으면 된다. David Premack은 이러한 자신의 이론을 증명하기
위해 쥐를 대상으로 실험을 하였다. 그 결과, 이전의 연구에서 이미 밝혀진 대로 물 마
시기가 뛰기의 강화원이 될 뿐만 아니라, 물 마시기보다 뛰기를 더 선호하도록 훈련시
키면 뛰기가 물 마시기의 강화원이 될 수 있음이 확인되었다.

두 개 이상 행동의 발생 가능성이나 선호도를 측정하기 위해 쌍-조작적 기초선, 즉
내담자가 두 개 이상의 행동을 동시에 할 수 있는 상황을 만든 후에 두 행동을 비교해야
한다. 하지만 이렇게 엄격하게 발생 횟수를 측정하는 것은 쉬운 일이 아니다. 좀 더 쉽게
발생 횟수를 측정할 수 있는 방법들이 있는데, 먼저 내담자에게 이 행동들 중 가장 선호
하는 행동이 무엇인지 물어보거나 내담자가 어떤 행동을 가장 즐기는지 관찰하는 방법
이 있다. 선호도를 측정하는 방법은 원래 David Premack이 사용하던 방법과 비슷하다
고 볼 수 있다. 하지만 발생 가능성을 측정하는 건 쉽지 않은데, 그 이유는 내담자가 어
떤 행동을 가장 많이 하는지는 내담자의 자유로운 선택이라기보다는 주위 환경에 따라
달라질 수 있기 때문이다. 유사하게, 다음에 이 행동을 할 가능성도 David Premack이
의도했던 엄격한 방법과 달리 발생 횟수로만 측정된다. 일반적으로 내담자가 그 행동을
실제 몇 번 하는가를 측정하는 대신, 내담자의 선호도 혹은 중요하게 생각하는 가치를
토대로 행동의 발생 가능성을 측정한다.

📖 프리맥 원리를 사용하는 방법

상담전문가는 프리맥 원리를 사용하기 위해 내담자가 좋아하는 활동이 무엇인지 알
아야 하며, 이 중 어떤 것을 강화원으로 사용할지 결정해야 한다(Brown et al., 2002). 또
한 내담자에게 프리맥 원리에 대해 충분히 설명해야 한다. 내담자는 자신이 좋아하는
활동을 하기 위해서는 목표 행동을 해야 한다는 사실을 이해해야 한다. 내담자가 목표
행동을 마치면, 좋아하는 활동을 시작할 수 있다. 내담자가 목표 행동을 마치지 못하
면, 좋아하는 활동을 할 수 없다는 점을 기억해야 한다. '부분 점수'란 없다!

📖 프리맥 원리를 변형한 기법

프리맥 원리는 토큰 경제(제36장 참고)와 함께 사용될 수 있다. 상담전문가는 내담자가 덜 선호하는 행동을 하면 토큰을 주고, 내담자는 토큰을 사용해서 좀 더 선호하는 행동을 할 수 있는 기회를 살 수 있다. 내담자는 미리 만들어 놓은 선호하는 활동 목록에서 하고 싶은 활동을 선택할 수 있다.

📖 프리맥 원리의 예시

베로니카(Veronica)는 18세 여성으로, 대학교 1학년 심리학과 학생이다. 베로니카는 자신의 공부 방법을 향상시키기 위해, 1학기 초에 한 스터디 모임에 가입하였다. 이 모임은 베로니카의 동호회 친구와 선배들이 만든 모임으로, 주로 기숙사에서 모였다. 베로니카는 이 모임에서 별로 배울 것이 없다고 판단하고, 학교의 학생상담센터에서 제공하는 학생지원서비스를 찾아보게 되었다. 그리고 학생상담센터에서 제공하는 학교 적응을 위한 지지집단에 참석하게 되었고, 그 집단에서 자신과 비슷한 문제를 경험하는 학생들을 만날 수 있을 거라 기대했다. 베로니카는 이 집단에서 다른 사람들의 어려움을 듣는 것이 도움이 된다고 생각했다. 하지만 그녀의 생활방식에는 큰 변화가 없었다. 베로니카는 자신을 결과를 생각하지 않고 순간순간을 즐기는 사람이라고 묘사했다. 고등학생 때까지는 별로 책임질 일이 없고, 대부분의 시간을 친구들과 노는 데 소비했다고 말했다. 그녀의 학점은 좋지 않았고, 카드 빚은 쌓여 가고, 체중도 많이 늘었다. 다음은 베로니카와의 개인상담 내용의 일부다.

상담자(C): 당신은 자신을 자기조절 능력이 부족하고, 충동적이고, 즐거움을 추구하는 사람이라고 묘사했어요.

베로니카(V): 네. 그게 저예요.

C: 그래서 지금 어떤 문제를 겪고 있어요?

V: 네. 어른이 되어야 한다는 게. 내 행동에 책임을 져야 한다는 게 싫어요. 예전이 훨씬 더 재미있었어요. 먹고 싶은 걸 다 먹어도 살이 찌지 않고, 밤새 친구들과 전화로

수다 떨어도 좋은 성적을 받았어요. 근데, 더 이상은 그게 안 돼요.

C: 많은 것이 바뀐 거네요?

V: 네, 점점 살이 찌고, 성적은 형편없어요. 누군가가 이런 문제를 눈치채기 전에 제가
　　달라져야 할 거 같아요!

C: 좀 더 구체적으로, 상담을 통해 어떻게 달라지고 싶은지 얘기해 주세요.

V: 음, 구체적으로, 성적이 올랐으면 좋겠어요. '마우스 포테이토' 같이 살았는데, 제 생
　　활방식을 바꾸고 싶어요.

C: 마우스 포테이토?

V: 네, 늘 컴퓨터 앞에 앉아서 인터넷 검색을 하면서 시간을 때우는 그런 사람이요.

C: 아, 네. 성적이 올랐으면 좋겠고……

V: 네, 맞아요.

C: 인터넷을 너무 많이 하는 생활방식도 바꾸고 싶은 거예요?

V: 네, 맞아요. 음, 저는 인터넷 쇼핑을 너무 많이 해요. 늘 사는 것 아니지만, 아니 사실
　　많이 사기도 해요. 하여간 사든 안 사든 계속 인터넷 쇼핑몰을 검색하면서 요새 유행
　　에 대해 알아봐요.

C: 공부할 시간이 많지 않겠네요.

V: 네. 그리고 운동할 시간도 별로 없어요. 요새는 그냥 초콜릿이나 먹고 인터넷 쇼핑만
　　하고 싶어요.

C: 네. 무슨 말인지 알 거 같아요. 하지만 정말로 초콜릿이나 먹고 인터넷 쇼핑만 하고
　　싶은 건 아니잖아요. 다른 것도 하고 싶은 거잖아요. 공부나 운동 같은 거요.

V: 네, 맞아요. 달라지고 싶어요. 거울이나 성적표를 보면 그런 생각이 더 들어요. 전 정
　　말로 살이 너무 쪄서 몸에 이상이 생기거나, 학교에서 안 좋은 성적을 받고 싶지 않거
　　든요. 근데, 잘 고쳐지지가 않아요. 달라져야겠다는 생각이 오래 가질 않아요.

　　상담전문가는 베로니카에게 가장 좋아하는 활동부터 가장 좋아하지 않는 활동까지 총 10개
의 활동에 대한 위계목록을 작성하도록 하였다. 베로니카가 만든 목록은 다음과 같다.

가장 좋아하지 않는　　공부하기/숙제하기

↑　　　　　　　　　　운동하기

　　　　　　　　　　　청소하기/빨래하기

↓

카페에서 아르바이트하기

수업에 가기

TV 보기

전화로 수다 떨기

친구들과 놀러가기

초콜릿 같은 단 거 먹기

가장 좋아하는   온라인 쇼핑하기

C: 좋아요. 이제, 당신이 가장 좋아하는 활동과 가장 좋아하지 않는 활동들이 뭔지 알겠어요. 이 활동들에 대해 몇 가지 물어볼게요.

V: 네. 좋아요.

C: 최근에 얼마나 자주 운동을 했어요?

V: 일주일에 한 번 정도요.

C: 그럼, 목표는 뭐예요? 당신이 말한 새로운, 건강한 베로니카가 되기 위해 얼마나 자주 운동을 하고 싶어요?

V: 이상적으로는 주말을 제외하고, 매일 아침에 30분간 하고 싶어요. 운동이 제 오전 일과가 되면 좋겠어요.

C: 좋아요. 그럼 공부는 몇 시간 정도 해요?

V: 전혀 하지 않는 날도 꽤 많아요. 숙제하려고 컴퓨터 앞에 앉으면, 나도 모르게 온라인 검색을 하기 시작하고, 잘 때까지 계속 온라인 검색만 해요. 그래서 더 운동을 못 해요. 늦게까지 온라인에서 시간을 많이 보내니까 아침에 일어나기가 너무 힘들어요.

C: 아, 네. 몇 시간 정도 공부 하고 싶어요?

V: 음, 시험이나 큰 과제 때문에 특별히 더 공부를 해야 하지 않는다면 평일 저녁에만 공부해도 충분할 거 같아요. 대략…… 음, 매일 밤마다 최대 3시간 정도면 어렵지 않은 과제를 하고 책 읽고 하는 데 충분할 거 같아요. 그리고 시험이나 큰 과제가 있으면 더 많이 하면 될 거 같아요.

C: 그럼 평일 밤마다 3시간씩 공부하고, 오전에는 30분씩 운동하고.

V: 네. 간단하게 들리네요. 근데, 어떻게 하면 목표대로 할 수 있을까요?

C: 카페 사장님이 월급을 주지 않는다 해도, 카페에서 계속 일할 거예요?

V: 당연히 아니죠.

C: 당신이 카페 아르바이트를 그만둬도 사장님이 월급을 주시길 기대할 수 있을까요?

V: 아니요. 당연히 아니죠. 그건 옳지 않아요.

C: 지금 당신이 하고 있는 행동이 일하지 않고 월급을 받는 거랑 비슷해요. 당신이 만든 위계목록을 보면, 당신이 좋아하는 일 중에 하나가 초콜릿 같은 단 거를 먹고 온라인 쇼핑하는 거고, 실제로도 그 행동들을 많이 하고 있어요. 그동안, 당신은 노력하지 않고 하고 싶은 일을 한 거예요. 자, 이제 운동을 오전 일상으로, 공부를 저녁 일상으로 만들 수 있는 방법에 대해 알려 줄게요. 하지만 '월급을 받지 않고' 무조건 운동과 공부를 하라는 건 아니에요. 당신도 공짜로 일하고 싶지 않잖아요. 그동안은 일하지 않고 자신에게 월급을 줬지만, 이제는 월급을 받기 위해 일을 해야 돼요. 그러니까 당신이 하고 싶어 하지 않는 활동을 하면, 좋아하는 활동을 할 수 있게 되는 거예요.

V: 음. 네. 계속 설명해 주세요.

C: 네, 지금부터, 30분간 운동을 할 때마다 단 걸 한 개 먹을 수 있는 거예요. 예를 들어, 작은 쿠키 한 개요. 많이 먹으면 안 되겠죠. 오히려 부작용이 생기니까요. 반대로, 운동을 하지 않으면, 절대 단 걸 먹을 수 없어요. 왜냐면 일을 하지 않았으니까 '월급을 받지' 못하는 거죠.

V: 네. 좋아요.

C: 그리고, 공부는 평일 밤에 3시간 정도 하고 싶다고 했죠? 합리적이고 가능한 목표 같아요?

V: 네.

C: 그럼, 한 시간 공부할 때마다 30분 동안 인터넷을 할 수 있어요. 다만, 매번 한 시간 공부할 때마다 인터넷을 하는 게 아니라, 당일 저녁에 3시간의 공부를 다 마치면 인터넷을 할 수 있어요. 예를 들어, 오늘 3시간 동안 공부를 했다면, 90분 동안 인터넷 쇼핑을 할 수 있는 거죠.

V: 90분은 쇼핑하기에 많지 않은 시간이에요.

C: 하지만 그 이상 하면 다음 날 아침에 일찍 일어나 운동하기 힘들잖아요.

V: 네, 그건 그래요.

C: 아까 당신이 말한 대로, 카페에서 일을 안 하면 월급을 받을 수 없잖아요. 그건 옳지 않아요. 그러니까 당신이 해야 하는 일을 하지 않으면, 하고 싶은 일도 할 수 없는 거예요.

V: 네. 저 자신에게 엄격해야 할 거 같아요. 이 새로운 규칙들에 동의해요.

C: 좋아요. 이 규칙들을 잘 따라 주세요. 또한 그동안 하고 싶었던 변화들이 나타나면 얼마나 뿌듯한지도 느껴 보세요.

📖 프리맥 원리의 유용성과 평가

프리맥 원리는 만성적으로 음식을 거부하는 행동을 감소시키는 데 사용된다. Seiverling, Kokitus와 Williams(2012)는 자폐증이 있는 3세 소년의 음식거부를 치료하기 위해 프리맥 원리와 소거 방법을 사용했다. Brown 등(2002)은 새로운 음식을 거부하는 어린 남자 아이에게 프리맥 원리를 사용했다. 구체적으로, 어린 아동이 (소량이라도) 새로운 음식을 먹으면 좋아하는 음식을 먹을 수 있게 하였다. 프리맥 원리를 사용하자마자, 아동은 자신이 좋아하는 음식을 먹기 위해 새로운 음식을 먹었다.

Azrin, Vinas와 Ehle(2007)는 주의력결핍 과잉행동장애가 있는 아동에게 프리맥 원리를 사용하여 이들이 수업 시간에 조용히 집중하면 야외 활동을 할 수 있게 하였고, 그 결과 프리맥 원리가 효과적인 것으로 나타났다. Messling과 Dermer(2009)는 대학생들에게 프리맥 원리를 사용했다. 대학생이 강의에 출석하고 노트 필기를 하면, 시험 시간에 노트를 볼 수 있게 하였다. 그 결과, 대학생의 출석률과 노트 필기하는 행동이 증가하였고, 특히 전에는 자주 참석하지 않았던 실습 수업의 출석률이 늘어났다.

하지만 프리맥 원리는 몇 가지 한계점이 있다. 몇몇 자료를 통해 발생 가능성이 적은 행동이 발생 가능성이 높은 행동을 강화하는 역할을 한다는 결과들이 보고되었다. 예를 들어, Konarski, Johnson, Crowell과 Whitman(1981)의 초기 연구에 따르면, 어떤 상황에서 아동들은 발생 가능성이 적을 것으로 예상되는 수학 공부를 하기 위해 그림을 그리는 것으로 나타났다. 또한 프리맥 원리를 사용하는 연구들은 강화 스케줄의 영향을 통제할 수 없다는 한계점이 있다. 따라서 목표 행동의 증가가 실제 활동들의 발생 가능성 차이로 나타난 것인지 아니면 단순히 강화 스케줄상 강화원이 없어 달리 할 수 있는 활동이 없어서 나타난 것인지 정확히 알 수 없다. 즉, 내담자의 목표 행동이 증가한 이유가 그 행동을 통해 좋아하는 행동을 하기 위해서라기보다는 단순하게 그 행동 외에는 달리 할 수 있는 행동이 없어서일 수도 있다는 것이다.

제**34**장

행동 차트

📖 행동 차트의 기원

행동 차트(behavior chart)는 하루에 몇 번 정해진 시간에 구체적인 목표 행동을 평가하는 기법이다(Henington & Doggett, 2010). 또한 목표 행동은 정해진 스케줄에 따라 강화된다. 행동 차트는 행동은 강화와 벌에 의해 증가 혹은 감소한다고 가정하는 행동주의 이론에서 시작되었다. 행동 차트에는 몇 가지 중요한 요소가 포함된다. 관찰할 행동 선정하기, 스케줄에 따라 행동 관찰하기, 관찰자 외에 다른 사람들에게 정보 공유하기, 행동 차트를 개입으로 사용하거나 개입의 효과를 모니터링하는 데 사용하기 등이다(Chafouleas, Riley-Tillman, & McGougal, 2002). 하지만 행동 차트는 관찰할 행동이 어떤 행동인지, 누가 관찰자인지, 행동의 빈도, 사용할 강화나 벌은 무엇인지, 어떻게 강화와 벌을 제시할 것인지 등에 따라 다르게 사용될 수 있다. 행동 차트의 장점은 관찰 대상인 내담자와 주변 사람들에게 쉽고 유연한 방법으로 피드백을 줄 수 있다는 점(Chafouleas et al., 2002), 그리고 개인의 고유한 욕구에 따라 쉽게 수정되어 사용될 수 있다는 점이다. 또한 이 기법은 하루에 10~60초 정도밖에 걸리지 않기 때문에 시간 면에서도 매우 효율적이다.

제34장 행동 차트　355

🕮 행동 차트를 사용하는 방법

행동 차트는 간단하게 만들 수 있다. 먼저, 긍정적이고 구체적인 용어로 목표 행동을 정의한다. 긍정적인 용어로 정의해야 정적 강화를 사용할 수 있다[예: 리로이(Laroy)는 부모의 지시에 따른다]. 다음으로, 얼마나 자주 어떤 방법으로 목표 행동을 관찰하고 기록할 것인지 결정한다(Henington & Doggett, 2010). 행동 차트를 만들고 나서 구체적으로 어떤 보상(정적 혹은 부적)을 어떻게 제시할 것인지 혹은 받을 것인지 결정한다.

🕮 행동 차트의 예시

예시 1: 프레디

프레디(Freddie)는 가만히 있지 못하는 주위가 산만한 초등학교 2학년 학생이다. 프레디의 교사는 프레디가 수업 시간에 집중할 수 있도록 계속 주위를 줘야 한다. 상담전문가는 교사와의 자문을 통해 프레디의 주의집중에 대한 행동 차트를 만들었다([그림 34-1] 참조). 이 차트에는 점수표, 평정표 및 보상 계획이 포함되어 있다.

프레디의 계획

목표: 프레디는 수업 시간에 의자에 조용히 앉아, 수업 활동에 집중하고, 과제를 마친다.

　프레디의 수업 담당 교사는 15분마다 프레디를 관찰하고, 행동 차트를 작성하고, 점심시간과 오후 3시를 기준으로 점수를 합한다. 프레디는 수업 시간마다 행동 차트를 클립보드에 끼워 수업이 시작할 때 교사에게 건네고, 수업이 끝나면 다시 받는다. 프레디가 교사에게 행동 차트를 건네면 보상을 주었는데, 그 결과 프레디는 행동 차트를 교사에게 건네고 다시 받는 과제를 착실히 수행하였다.

점수*	오전 보상/결과	오후 보상/결과
54-60	쿠폰	쿠폰
42-53	보상 상자/분홍 티켓	보상 상자/분홍 티켓
0-41	보상 없음	보상 없음

* 점수의 의미: 90% 착실한 수행= 쿠폰, 70%= 학교 매점에서 사용할 수 있는 보상 상자 혹은 분홍 티켓, 70% 이하= 보상 없음

점진적 훈련 계획

연속으로 4회 0점을 받으면, 프레디는 교감과 미팅을 하고, 교감의 결정을 따른다.

보너스: 만약 일주일 동안 매일 90% 이상 착실히 수행하면, 음식 쿠폰 1장을 추가로 받는다.

프레디   날짜: _____

평정표:

5점= 시간을 적절하게 사용함. 프레디가 조용하게 과제에 집중했고, 과제를 마침

3점= 선생님의 개입으로 과제에 재집중하거나 1~2번 정도 과제에 집중함

0점= 시간을 적절하게 사용하지 않음

등교하면 교무실에 들려 클립보드를 챙김

	시간	월	화	수	목	금
조회	8:45 9:00					
카펫 타임	9:15 9:30					
독서: 리어(Lear)선생님	9:45 10:00 10:15 10:30 10:45					
특별활동	11:00 11:15 11:30					
교무실: 오전 총점						

글쓰기: 리어 선생님	11:45					
	12:00					
	12:15					
	12:30					
점심시간	→					
휴식	→					
수학: 리어 선생님	1:30					
	1:45					
	2:00					
	2:15					
	2:30					
	2:45					
교무실: 오후 총점						

오전 총점과 오후 총점에 대한 보상:
54-60점= 쿠폰
42-53점= 보상 상자 혹은 분홍 쿠폰
41점 이하= 보상 없음

그림 34-1 프레디의 행동 계획

예시 2: 저스틴

저스틴(Justin)은 수업 시간에 손을 들지 않고 말하고 다른 사람의 사적인 공간 (personal space)을 침해(예: 다른 사람을 치거나 만짐)하는 공격적인 청소년이다. 저스틴의 교사는 체크(✓) 기반 차트 모니터링을 사용하고 있다. 상담전문가는 교사와의 자문을 통해 Justin의 손을 들지 않고 이야기하는 행동과 다른 사람을 치거나 만지는 행동을 다루려고 한다. [그림 34-2]가 Justin을 위해 만든 행동 차트다. 이 차트에는 수업 활동과 보상 계획에 따라 체크(✓) 기반 모니터링 체계가 나눠져 있다. 저스틴이 '16개 중 9개'라는 기준에 부합하면, 문제 행동이 없어질 때까지 필요한 점수는 늘어난다.

저스틴의 계획

목표 1: 저스틴은 자신의 언어적 행동을 통제한다(예: 수업 시간에 말하기 전에 먼저 손을 듦, 적절한 목소리 크기로 말함)

목표 2: 저스틴은 자신의 손을 자신에게만 사용한다(예: 손으로 다른 사람을 치거나 만지지 않음).

체크(✓) 차트를 사용하여 저스틴의 행동을 관찰한다. 저스틴은 하루에 각 영역별(학급 교실, 점심시간, 블록 1~6)로 최대 2개의 체크를 받을 수 있다. 저스틴은 자신의 언어적 행동을 통제하고(예: 수업 시간에 말하기 전에 먼저 손을 듦, 수업 시간에 부적절하거나 이상한 농담을 하지 않음), 자신의 손을 자신에게만 사용하면(예: 다른 사람을 치거나 만지지 않음) 각각 한 개의 체크(✓)를 받는다.

하루에 총 8개의 영역이 있으므로 저스틴은 하루에 총 16개의 체크를 받을 수 있다. 저스틴은 하루에 16개 중 9개 이상의 체크를 받으면 보상을 받는다. 하지만 저스틴이 일주일 동안 매일 9개 이상의 체크를 받으면, 기준을 9개보다 더 높인다. 선물은 교장이나 교감의 방에 가서 오늘 얼마나 잘했는지 이야기하고 칭찬과 격려를 받는 것이다.

저스틴의 담임 교사인 저그(Jug) 씨는 저스틴의 변화 사항을 잭슨(Jackson) 부인(저스틴의 어머니)에게 알린다. 담임 교사는 잭슨 부인에게 매일 저스틴이 몇 개의 체크를 받았는지 가정통신문으로 알리고, 일주일마다 체크 차트를 보낸다. 담임 교사는 저스틴의 부적절한 행동보다는 긍정적인 행동을 칭찬하는 데 초점을 맞출 것이다(물론, 저스틴은 다른 학생들에게 공격적으로 행동하거나 교사의 지시사항을 따르지 않으면 벌을 받을 것이다). 저스틴은 매일 9개 이상의 체크를 받으면 하교할 때 보상을 받는다.

	월		화		수		목		금	
	언어 행동 통제	손을 자신에게	언어 행동 통제	손을 자신에게	언어 행동 통제	손을 자신에게	언어 행동 통제	손을 자신에게	언어 행동 통제	손을 자신에게
학급 교실										
블록 1										
블록 2										
블록 3										
점심시간										
블록 4										
블록 5										
블록 6										

그림 34-2 저스틴의 행동 계획

📖 행동 차트의 유용성과 평가

행동 차트는 특정 행동을 훈련 및 수정하고자 하는 다양한 상황에서 사용될 수 있다. 목표 행동은 지시 따르기, 적절한 언어 사용하기, 수업 시간 맞춰 등교하기 등을 포함할 수 있다(Henington & Doggett, 2010). 다양한 경험적 연구를 통해 행동 차트가 효과적인 것으로 밝혀졌다. 예를 들어, 한 연구에서는 학생들이 교실 규칙을 얼마나 잘 지키는지 모니터링하기 위해 행동 차트를 사용했고, 그 결과 학생들의 문제 행동과 집중력이 높아진 것으로 나타났다(Chafouleas et al., 2002).

물론, 모든 내담자가 이 기법에 대해 높은 동기를 가지는 것이 아니기 때문에 행동 차트가 늘 효과적일 수는 없다. 이럴 때 상담자는 내담자의 동기를 높일 수 있는 강화원이 없는지 살펴봐야 한다. 단순히 이 기법을 이해하지 못한 내담자가 있을 수 있고, 제대로 행동을 모니터링하지 않은 내담자나 관찰자가 있을 수도 있다. 행동주의 치료에서 이러한 문제가 나타날 수 있다는 점을 고려하여 상담자는 상황에 따라 유연하게 행동주의 기법을 사용할 필요가 있다.

제**35**장

토큰 경제

📖 토큰 경제의 기원

토큰 경제(token economy)는 조작적 조건형성을 제안한 B. F. Skinner가 개발하였다. Skinner는 행동 후에 따르는 결과에 따라 행동이 유지된다고 믿었다(Murdock, 2009). 강화원은 행동이 일어날 가능성을 증가시키는 것을 의미한다. 토큰 경제는 내담자가 바람직한 행동을 하면 토큰을 받는 기법으로 정적 강화를 기반으로 한다. 내담자가 일 정량의 토큰을 받으면, 강화원을 받게 된다. 토큰은 바람직한 행동을 증가시키기 위해 사용된다. 토큰이 어느 정도 쌓이면 내담자는 자신이 원하는 물건과 토큰을 교환할 수 있다(Comaty, Stasio, & Advokat, 2001).

토큰 경제는 폐쇄병동에서 처음 사용되었다(Liberman, 2000). 하지만 토큰 경제는 다양한 문제를 가진 다양한 내담자에게 효과적으로 사용될 수 있다. 사실 월급을 받는 것도 토큰 경제 중 하나라고 볼 수 있다. 돈은 이차적 강화원으로 원하는 물건을 구입할 수 있다. 일반적으로 부모나 교사는 토큰 경제 사용에 찬성하는 편이며, 이 기법은 행동 수정 기법들 중 시간차를 두고 강화를 주는 유일한 기법이다.

📖 토큰 경제를 사용하는 방법

Reid(1999)는 토큰 경제를 사용하는 단계에 대해 설명하였다. 먼저, 토큰 경제의 목표가 행동 수정이기 때문에, 1단계에서는 변화해야 할 문제 행동을 선택해야 한다. Reid는 문제 행동에 이름을 붙이고 목표 행동의 기준을 세울 것을 제안했다. 예를 들어, "내담자의 위생을 향상시킨다."는 표현 대신 "내담자는 샤워를 하고 양치질을 한다."고 표현해야 하고, 아동에게 "진정해!"라고 말하는 대신 "의자에 앉아 있어." 혹은 "손을 들고 선생님이 말하라고 허락할 때 말해."라고 말해야 한다.

두 번째 단계에서는 규칙을 만들고 이를 설명해야 한다. 토큰 경제에 관여하는 모든 사람이 규칙(예: 행동마다 주는 토큰 개수, 몇 개 토큰을 모아야 보상을 받는지 등)을 이해하는 것이 중요한다. 다음으로, 무엇을 토큰으로 사용할 것인지 결정한다. 토큰은 안전하고, 쉽게 줄 수 있고, 위조하기 힘든 것이어야 한다. 예를 들어, 나무 스틱, 플라스틱 게임 칩, 도장 등이 있다. 또한 나중에 토큰과 교환할 강화원을 정해야 한다. 이 강화원은 내담자가 가지고 싶은 것이어야 한다. 만약 내담자가 TV 보는 것을 좋아하거나 사탕을 좋아한다면, TV 시청과 사탕이 강화원이 될 수 있다. 물질주의적인 소비를 예방하고 사회적 상호작용을 격려하기 위해 강화원 목록에는 내담자가 다른 사람과 함께할 수 있는 활동(예: 선생님과 점심 먹기, 친구와 15분간 놀기, 부모님과 15분간 보드게임하기)을 포함하는 것이 좋다.

다음 단계에서는 강화원을 얻기 위해 몇 개의 토큰을 모아야 하는지 결정해야 한다. 또한 실제로 실행하기 전에 그 토큰 개수가 적절한지 미리 점검할 필요가 있다. 만약 모아야 하는 토큰이 너무 많다면, 내담자는 동기를 잃을 수 있다(Reid, 1999). 다양한 점수의 토큰을 사용하면, 내담자는 당장 토큰을 사탕이나 인형으로 교환하기보다는 계속 모아서 큰 아이템(예: 가족과 저녁에 피자 먹기, 야구 보러 가기, 친구 집에서 자기)으로 교환하려는 동기를 가지게 된다.

📖 토큰 경제를 변형한 기법

토큰 경제를 변형한 기법으로 토큰 경제와 함께 벌을 기반으로 한 기법인 반응 대가

(제39장 참고)를 사용할 수 있다. 이 기법에서는 내담자가 바람직한 행동을 했을 때 토큰을 주고, 문제 행동(예: 규칙 위반)을 했을 때 상으로 주었던 토큰을 뺏는다(Murdock, 2009). 이 기법의 목표는 정해진 기간 내에 강화원을 받기 위해 토큰을 모으는 것이다 (McGoey & DePaul, 2000).

토큰 경제를 변형한 또 다른 기법은 비밀의 동기원이다. 이 기법에서는 내담자에게 나중에 토큰과 교환할 수 있는 강화원이 뭔지 알려 주지 않고 강화원을 봉투에 넣어 비밀로 한다. 내담자는 강화원이 무엇인지 알고 싶어 목표 행동을 하게 된다. Mottram과 Berger-Gross(2004)는 뇌손상을 입은 아동들을 대상으로 아동들이 좋아하는 물건을 봉투에 넣고 봉투 겉에는 '?'라고 적은 후, 아동들이 필요한 토큰을 모으면 봉투를 열어 보상을 받게 하였다. 연구자들은 연구가 진행되면서 비밀의 보상을 받기 위한 토큰 개수를 늘려 갔다. 비밀의 동기원 기법은 일반적인 토큰 경제에 비해 아동들의 규칙 준수 행동을 증가시키는 데 더 효과적인 것으로 나타났다.

또 다른 토큰 경제를 변형한 기법인 자기모니터링은 상담이 종결된 후에도 행동변화를 유지할 수 있도록 사용된다. 일반적인 토큰 경제와 더불어, 참여자들은 바람직한 행동을 한 상황을 기록한다. 규칙을 메모지에 세부적으로 적음으로써 참여자들이 이 규칙을 어겼을 때 이를 쉽게 인식할 수 있도록 한다. 교실에서도 자기모니터링을 사용할 수 있는데, 예컨대 수업을 방해하는 학생들로 하여금 자신의 부적절한 행동을 기록하게 하고, 교사가 기록한 내용과 비교한다. 학생과 교사가 기록한 내용이 같다면, 토큰을 준다. 토큰 경제와 자기모니터링을 함께 사용한 결과, 토큰 경제만 사용했을 때보다 학생들의 문제 행동이 유의하게 많이 감소한 것으로 나타났다.

토큰 경제는 집단에서도 사용된다. 토큰 경제를 어떤 집단(예: 수업 시간, 학교, 교도소)에서 사용하든, 개인 상담에 비해 훨씬 더 많은 시간과 계획, 인내력이 필요하다. Filcheck, McNeil, Greco와 Bernard(2004)는 교실의 전체 학생을 대상으로 토큰 경제를 사용했다. 학생들에게 스티커를 주고, 매일 학생들의 스티커를 사다리 판 중앙에 붙인다. 학생들이 적절한 행동을 하면 스티커를 사다리 위로 올리고, 반대로 교실 규칙을 어기면 스티커를 사다리 아래로 내린다. 수업이 다 끝나면, 학생들은 자신의 스티커 위치에 따라 보상을 받고, 다음 날을 위해 다시 스티커를 사다리 판 중앙으로 옮겨 둔다.

📖 토큰 경제의 예시

다음은 주의력결핍 과잉행동장애(ADHD)를 겪고 있는 학생인 찰리(Charlie)와의 상담 중 일부이다. 찰리는 8세, 초등학교 3학년 학생이다. 토큰 경제 체계를 만들고 이를 효과적으로 사용하기 위해 찰리의 어머니와 담임 교사도 상담에 참석했다. 찰리의 교사가 설정한 교실에서의 목표 행동은 다음과 같다.

1. 의자에 앉아 있는다.
2. 손을 들고 말할 수 있을 때까지 기다린다.
3. 손을 자신에게만 사용한다.
4. 주제와 관련된 말을 한다.
5. 선생님의 지시를 한 번에 따른다.

찰리의 어머니가 정한 목표 행동은 다음과 같다.

1. 방을 깨끗하게 유지한다.
2. 부모의 지시를 한 번에 따른다.

앞서 언급하였듯이, 목표행동과 발생 가능성을 높이고 싶은 구체적인 행동으로 정의해야 정적 강화를 기반으로 한 기법, 예컨대 토큰 경제를 사용할 수 있다. 매일 찰리가 학교에서 보내는 시간이 6시간 정도 된다는 점을 고려하여, 찰리의 교사는 찰리가 각각의 목표 행동을 할 때마다 6포인트를 주기로 했다. 각각의 목표 행동이 동등하게 중요하다. 따라서 교사는 한 시간 동안 각각의 5개의 목표 행동에 대해 최대 1포인트(0점, 1/2점, 1점)를 주기로 결정하였고, 결과적으로 하루에 최대 30포인트를 줄 수 있도록 하였다.

찰리의 어머니는 부모의 지시를 한 번에 따르는 목표 행동이 방을 깨끗하게 유지하는 것보다 두 배 더 중요하다고 생각했다. 이에 매일 찰리가 방을 청소하면 최대 3포인트를 주기로 결정했다. 또한 찰리가 아침에 일어나 등교하기 전까지의 1시간과 방과 후에 집에 돌아와 저녁 시간까지의 5시간 동안 부모의 지시를 한번에 따르면 1시간당 1포인트를 주기로 결정했다. 즉, 찰리는 집에서 9포인트를 획득할 수 있는 것이다. 학교에 가지 않는 날(주말, 공휴일)에도 토큰 경제를 적용하도록 하였는데, 이런 날에는 찰리가 방을 청소하면 최대 3포인트, 부모의 지시를 따르면 최대 36포인트까지 주기로 했다.

요약하면, 찰리는 학교 가는 날에는 하루에 최대 39포인트까지 획득할 수 있고, 일주일에는 최대 273점까지 획득할 수 있다(그림 35-1) 참조).

날짜: _____   이름: 찰리

---

1. 의자에 앉아 있는다.
2. 손을 들고 말할 수 있을 때까지 기다린다.
3. 손을 자신에게만 사용한다.
4. 주제와 관련된 말을 한다.
5. 선생님의 지시를 한 번에 따른다.

---

1. 방을 깨끗하게 유지한다.				0	1	2	3
2. 부모의 지시를 한 번에 따른다.	0	1	2	3	4	5	6

총점: _____

그림 35-1 찰리의 차트

다음으로, 보상 메뉴를 만들고 각각의 강화원을 받기 위해 몇 개의 포인트가 필요한지 결정했다. 이 과정에서 하루에 벌 수 있는 전체 포인트가 얼마인지 고려해서 강화원을 받기 위해 필요한 포인트를 결정해야 한다. 15분 동안 친구들과 놀기 위해 30포인트가 필요하다면, 찰리의 동기는 낮을 가능성이 높다. 또한 같은 활동을 하기 위해 1포인트만 필요하다면, 찰리는 목표 행동을 많이 하지 않아도 보상을 받을 수 있기 때문에 목표 행동을 많이 하지 않을 것이다. [그림 35-2]는 모두가 합의한 보상 목록이다. 상담 전문가와 교사, 어머니가 찰리에게 아이디어를 주긴 했지만 찰리가 각각의 보상에 대해 동의하였다. 내담자가 원하지 않거나 동기를 느끼지 않는 활동을 보상 목록에 포함시킬 이유는 없다.

또한 어떻게 토큰 경제를 모니터링하고 강화를 제공할 것인지에 대해 논의하였고, 그 결과 찰리가 어머니의 감독하에 집에 있는 칠판에 체크(✓) 하는 방식을 사용하기로

보상원	포인트
15분 동안 친구들과 놀기	7
15분간 어머니/아버지와 게임하기	7
가족과 피자 먹기	125
야구하기	1,000
가족과 영화 보기	75
친구 집에서 자기	250
15분간 자전거 타기	7
15분간 컴퓨터/오락하기	10
저녁 메뉴 선택하기	10
15분간 TV 보기	10
30분 더 늦게 자기	12
반 나절 외출하기(공원, 동물원 등)	200

그림 35-2 찰리의 보상 목록

하였고, 찰리는 밤마다 하루에 번 포인트를 계산하고 '계좌'에 '저축'하기로 했다. 찰리는 보상 목록에서 강화원을 선택할 때, '계좌'에서 '인출'을 한다.

마지막으로, 추후 평가 방법에 대해서도 논의했다. 찰리의 어머니와 교사는 상담전문가와 필요할 때마다 논의할 수 있도록 매일 체크리스트를 작성하기로 했고, 매주 금요일마다 상담전문가에게 찰리가 얻은 포인트, 선택한 보상, 발생한 어려움 등에 대해 알리기로 했다. 또한 토큰 경제를 어느 정도 사용한 후 충분히 학습한 목표 행동은 목록에서 지우고, 새로운 목표 행동을 추가하기로 했다. 모든 목표 행동이 한 달 동안 지속적으로 나타나면 토큰 경제 사용을 점차 줄여 나가기로 했다.

📖 토큰 경제의 유용성과 평가

이 책에서 소개한 모든 기법 중 아마도 토큰 경제가 상담 효과성 및 성과 문헌에서 가장 많이 다루어졌을 것이다. 토큰 경제는 다양한 현장에서 집단과 개인의 행동을 바꾸기 위해 사용되어 왔다. 이 기법은 집단이든 개인이든 행동을 수정하는 데 있어 어느 정도 효과가 있는 것으로 보인다.

교사가 한 개인이나 교실 전체 학생의 문제 행동을 바꾸려고 할 때도 토큰 경제가 사용될 수 있다. 토큰 경제는 수업 관리를 위해 사용될 수 있는데, 특히 수업을 방해하는 행동, ADHD, 심각한 정서문제 등을 보이는 학생들에게 효과적이다(Filcheck et al., 2004; McGoey & De Paul, 2000; Musser, Bray, Kehle, & Jenson, 2001). 또한 학생들의 수업 참여(Boniecki & Moore, 2003)를 높이고 "학교에 대한 공포증, 손톱 깨물기, 유분증, 싸움 등"(Wadworth, 1970, p. 63)과 동시에 할 수 없는 긍정적인 행동을 늘리는 데 사용된다. 수업 참여와 관련하여 Bonieck과 Moore(2003)는 교사의 질문에 맞게 답하는 학생들에게 토큰 경제를 사용했고, 그 결과 학생들이 교사의 질문에 답하는 횟수와 수업토론 참여도가 높아졌고, 적극적으로 질문하는 학생들도 늘어났다.

또한 토큰 경제는 자폐증을 비롯한 많은 심리적 문제(Charlop-Christy & Haymes, 1998; Reinecke, Newman, & Meinberg, 1999), 섭식장애(Kahng, Boscoe, & Byrne, 2013; Okamoto et al., 2002), 피부 뜯기(Toussaint &,Tiger, 2012) 및 중독(Boggs, Rozynko, & Flint, 1976; Silverman, Chutape, Bigelow, & Stitzer, 1999)과 관련한 문제 행동을 치료하는 데도 효과적인 것으로 나타났다. 토큰 경제는 재소자들이 출소한 후에 사회에 적응하는 데 필요한 새로운 기술을 가르치는 데도 효과적으로 사용되었다(Stolz et al., 1975).

토큰 경제의 가장 큰 한계점은 외적 강화원을 사용하기 때문에 내적 동기가 감소될 수 있다는 점이다(Ford & Foster, 1976). 내적 동기란 활동이나 과제 자체에서 오는 즐거움이나 만족감 때문에 활동이나 과제를 하려는 동기를 의미한다. 토큰 경제를 비판하는 사람들은 참여자들이 토큰과 같은 외적 보상을 받기 때문에 토큰을 더 이상 주지 않으면 바람직한 행동을 할 동기가 낮아질 수 있다고 걱정한다. 이 비판을 반박할 수 있는 주장도 있다. 즉, 만약 내담자에게 활동이나 과제를 할 내적 동기가 있었다면, 처음부터 외적 강화원을 사용할 이유가 없었다는 것이다. 토큰 경제나 다른 정적 강화를 기반으로 하는 개입들은 외적 보상을 통해 내담자의 동기를 만들고, 내담자로 하여금 과제를 수행하고 성공감을 느끼게 한다. 그리고 점차 강화 체계를 없애지만, 내담자들은 계속 성공감을 느끼고 싶어 바람직한 행동을 하게 될 것이라고 가정한다. 예를 들어, McGinnis, Friman과 Carlyon(1999)은 학생들의 수학에 대한 내적 동기를 높이기 위해 토큰 경제를 사용했다. 그 결과, 연구가 종결된 후에도 학생들이 수학 공부를 많이 하는 것으로 나타났다. 이는 토큰 경제가 내적 동기를 낮추기보다는 오히려 높일 수 있음을 시사하는 결과이다.

토큰 경제를 교육 현장에서 사용하는 것에 대해 비판하는 목소리도 있다. 그 이유는 토큰 경제가 학생들로 하여금 학습보다는 결과에만 주목하게 만들 수 있기 때문이다. 즉, 학생들의 학습목표보다는 수행목표만 높아질 수 있다는 것이다. 예를 들어, Self-Brown과 Mathews(2003)의 연구에서는 토큰 경제를 사용한 집단의 학생들이 지식 향상이나 학문적 이해와 관련한 목표보다는 수행목표를 설정한 것으로 나타났다. De Martini-Scully, Bray와 Kehle(2000)은 이러한 토큰 경제에 대한 비판에 대해 학생들이 교사의 지시를 잘 따라야 학습이 효과적으로 이루어질 수 있다며, 토큰 경제는 학생들의 행동을 바꿀 뿐만 아니라 학업 능력도 향상시킨다는 결과를 밝혔다. 마지막으로, 토큰 경제는 내담자가 기관에서 나온 후 일상생활로의 일반화가 잘되지 않는다는 이유로 비판을 받았다(Liberman, 2000). 이와 같이 토큰 경제에 대해 비판하는 목소리가 있는 것이 사실이지만, 많은 연구를 통해 토큰 경제는 다양한 집단과 개인들에게 효과적인 것으로 확인되었다(Boniecki & Moore, 2003; Filcheck et al., 2004; Kahng et al., 2003; Reinecke et al., 1999).

제 **36**장

행동 계약

📖 행동 계약의 기원

행동 계약(behavior contract) 혹은 조건화 계약은 조작적 조건화 이론의 정적 강화에 토대를 둔 기법으로, 프리맥 원리를 변형한 기법으로도 사용된다. 이 기법에는 두 사람 혹은 두 사람 이상의 사람이 특정 목표 행동을 하겠다고 서면으로 합의하는 과정(Miltenberger, 2007)과 목표 행동에 대한 정적 강화가 포함된다. 행동 계약에는 목표 행동에 대한 세부적인 사항도 포함되는데, 예컨대 어디서 목표 행동을 해야 하는가, 어떻게 목표 행동을 해야 하는가, 언제 목표 행동을 해야 하는가 등의 내용을 포함한다. 행동 계약에 관여하는 모든 사람들이 계약 내용에 동의해야 한다.

'조건화 계약'이라는 용어는 1966년에 L. P. Homme이 고등학교 중도탈락학생들의 학업수행을 향상하기 위해 계약을 사용했을 때 처음으로 사용되었다(Cantrell, Cantrell, Huddleston, & Woolridge, 1969). 이 기법은 원래 행동주의와 현실주의 치료에서 많이 사용되었으나, 지금은 다른 이론적 치료(예: 동기강화면담)에서도 사용되고 있다(Enea & Dafinoiu, 2009).

행동 계약의 가장 큰 장점은 관여하는 모든 사람에게 일관성을 요구한다는 점이다. 또한 이 기법은 계약조건에 따라 부모나 교사의 관리를 받지 않아도 되기 때문에 아동들에게 인기가 많다. 이 기법을 통해 아동은 부모나 교사로부터 통제를 받는 대신, 자신의 행동에 책임감을 느끼는 방법을 배우게 된다. 행동계약은 결혼한 부부든, 부모와 자녀든, 교사와 학생이든 관여하는 사람 간의 상호성을 기반으로 한다. 계약은 수정되거나 재협상될 수 있고, 시간이 지나고 목표 행동이 일상화되면 파기될 수 있다.

🕮 행동 계약을 사용하는 방법

행동 계약은 좀 더 간단하게 사용될 수 있는 칭찬이나 강화의 효과가 없을 때, 즉 좀 더 강력한 기법이 필요할 때에만 사용되어야 한다. 가능하면, 행동 계약은 집단상담보다는 개인상담에서 사용되어야 한다. 행동 계약을 위해 가장 먼저 목표 행동을 선정해야 한다. 목표 행동은 바람직하지 않은 행동을 감소시키거나 바람직한 행동을 증가시키는 것을 포함한다(Miltenberger, 2007). 목표 행동은 가능한 한 긍정적인 방식으로 기술하는 것이 좋다. 예를 들어, "수업 시간에 다른 사람을 방해하지 않는다."보다는 "수업 시간에 과제에 집중한다."가 더 적절하다. 목표 행동을 긍정적인 방식으로 기술해야 정적 강화를 토대로 한 개입을 사용할 수 있고, 내담자는 목표 행동을 했을 때 보상을 받을 수 있다. 목표 행동과 관련이 있는 모든 사람이 모여 어떤 행동을 다룰지 결정해야 한다. 현재 문제 행동이 어디서, 얼마나 자주, 어떤 상황에서 일어나고 있는지 알아보기 위해 기초선 자료를 수집해야 한다. 이러한 자료는 목표를 설정하는 데도 사용된다.

행동 계약은 몇 가지 중요한 요소를 포함한다(〈표 36-1〉 참조). 목표 행동이 정해지면, 행동 계약서를 작성하기 전에 3단계를 더 거쳐야 한다. 첫째, 목표 행동을 어떻게 측정할 것인지 결정한다(Miltenberger, 2007). 목표 행동은 직접적으로 관찰되거나 관련 지표를 통해 측정될 수 있다. 계약이 어디에서 이행되고, 누가 목표 행동을 측정할 것인지, 선택해야 한다. 둘째, 빈도와 관련한 기초선 자료를 사용하여 현실 가능한 행동 기대와 목표를 설정해야 한다. 목표 행동을 얼마나 자주 해야 성공으로 볼 것인가를 정해야 한다. 계약은 유연해야 하며, 목표를 달성하기 위한 작은 연속적인 단계들로 구성될 수 있다. 즉, 목표를 달성하는 데 있어 조금씩 천천히 기대를 높여 가야 한다(James & Gilliland, 2003). 셋째, 행동을 변화시키기 위해 내담자는 적절하게 관찰되어야 하고, 강화를 받아야 한다. 내담자가 첫 주에 성공을 경험하는 것이 중요하다. 목표를 달성하면, 어떤 강화 혹은 벌을 사용할지 결정해야 한다.

표 36-1 행동 계약에 포함되는 요소들

1. 수정할 행동을 결정한다.
2. 행동 계약에 대해 소개하고 논의한다.
3. 계약서를 작성하고 내담자와 관련된 사람들에게 보여 준다. 계약서는 다음을 포함한다.
   - 내담자의 이름
   - 변화할 구체적인 행동(작은 것부터 시작함)
   - 내담자가 성공했는지 어떻게 알 수 있나?
   - 성공적인 수행에 대한 강화원
   - (선택 사항) 계약대로 하지 않았을 때 나타날 자연스러운 결과
   - (선택 사항) 보너스
   - 언제까지(날짜, 시간) 추후 평가할 것인지
   - 사인
4. 추후 평가 방법에 대해 결정한다.
5. 행동 계약을 이행한다.
6. 진전 사항을 기록하고 결과를 평가한다.
7. 필요하면 수정한다(작은 것부터 시작해서 점차 확장).

가능하면, 내담자가 특히 내담자가 아동인 경우, 보상 메뉴를 만들 수 있도록 돕는 것이 좋다. 다만, 강화원을 작고 현실 가능한 것으로 만드는 것을 잊어서는 안 된다. 목표를 달성하지 못했을 때 부정적인 결과(예: 벌)를 사용할 것인지 결정해야 한다. 또한 누가 계약을 이행할지, 그리고 누가 강화를 제공할 것인지 결정해야 한다. 초반에는 고정비율 혹은 고정간격 강화 스케줄이 효과적이지만, 목표 행동을 완전히 학습한 후에는 소거를 예방하기 위해 변동비율 혹은 변동간격 강화 스케줄을 사용하는 것이 좋다. 꾸준하게 변화를 보이거나 월등한 변화를 보인 내담자의 경우, 보너스를 주는 것도 고려해 볼 수 있다.

이렇게 구체적인 내용을 결정한 후에는 계약서를 작성한다. 계약서에는 반드시 시작 날짜, 목표 행동, 목표 달성의 기준과 데드라인, 사용할 강화원 등을 포함시켜야 한다. 내담자를 포함하여 계약서와 관련된 모든 사람에게 계약서에 대해 충분히 설명해야 한다. 관련된 모든 사람이 명확하게 계약서를 이해해야 하고, 행동 목표는 세부적이어야 한다(James & Gilliland, 2003). 관련된 모든 사람이 계약서에 사인해야 하고, 계약서를 한 부씩 받아야 한다. 마지막으로, 평가를 위한 미팅을 1~2주 후로 잡는다. 차트, 일지 혹

은 다른 시각적인 근거를 통해 내담자가 얼마나 목표와 관련하여 변화를 보였는지 평가한다.

평가 시에는 계약서의 모든 면을 고려해야 한다. 목표 행동이 적절했는지, 실현가능했는지, 그리고 내담자가 목표 행동을 충분히 이해했었는지 평가한다. 목표 행동을 하는 데 있어 충분한 시간을 줬는지도 살펴본다. 강화원들에 대해서도 평가해야 한다. 강화원들이 내담자에게 잘 맞았는지, 효과적이었는지 그리고 시기적절하게 제공되었는지 살펴봐야 한다. 또한 계약서에 포함된 기준이 현실적이었는지, 명백했는지 그리고 목표 행동을 위한 작은 단계들로 기술되었는지 살펴봐야 한다(James & Gillliland, 2003).

📖 행동 계약을 변형한 기법

여러 유형의 행동 계약이 있다. 단독 계약은 한 명의 개인이 행동을 바꾸려고 할 때 사용된다(Miltenberger, 2007). 개인은 계약 매니저로 하여금 강화 혹은 벌을 시행하게 한다. 이 기법은 운동, 공부, 건강한 식사 혹은 학교/직장 관련 활동 등과 같은 바람직한 행동을 증가시키기 위해 혹은 과식, 손톱 깨물기, 과도한 TV 시청 혹은 지각과 같은 바람직하지 않은 행동을 감소시키기 위해 사용된다. 반면, 두 명 계약은 두 사람이 목표 행동을 정하고 서로에게 강화 혹은 벌을 시행하는 기법이다. 이때 계약서는 일반적으로 서로 가까운 관계의 사람(예: 배우자, 부모와 자녀, 형제, 친구, 직장 동료) 간에 서면으로 작성된다. 대가성 계약은 두 목표 행동 간의 관계에 대한 계약이다. 즉, 한 가지 행동을 하면, 다른 행동을 하게 해 주는 것이다. 이 계약의 강점은 다른 사람의 행동과 상관없이 내담자가 자신의 목표에만 초점을 맞출 수 있다는 것이다.

행동 계약을 변형한 또 다른 유형은 자기 계약으로, 이는 개인으로 하여금 목표를 달성하도록 돕는 기법이다(Hackney & Cormier, 2012). 자기 계약은 스스로 자신에게 강화를 준다는 점을 제외하면 다른 행동 계약들과 동일하다. 이 기법은 아동·청소년에게 특히 효과적이다. 목표 행동이 명확하게 정의되어야 하고, 작은 단계들로 나누어져야 하며, 각각의 단계에 대한 강화가 이루어져야 한다. 처음에는 일반적인 행동 계약을 사용하다가 내담자가 점차 목표 행동을 성공적으로 수행하면 자기 계약을 사용하고, 계약 매니저는 강화, 과제 설정, 기준 등에 대해 통제하지 않는다.

📖 행동 계약의 예시

패트릭(Patrick)은 16세의 고등학교 2학년 학생으로, 무단결석으로 상담에 의뢰되었다. 패트릭은 이전에 특별한 문제 행동을 보인 적이 없었고, 초등학교 때부터 평균 이상의 성적을 유지했다. 하지만 이번 봄 학기부터 무단결석을 하기 시작했고, 패트릭의 담임 교사는 패트릭이 유급 당할 가능성도 있다고 걱정했다.

상담자(C): 그럼, 학교에 안 온 건 아니었구나? 학교에 있었는데 이 수업에만 안 들어간 거네?

패트릭(P): 네, 그런 거 같아요.

C: 왜 그랬는지 내가 이해할 수 있게 설명해 줄래? 그럴 만한 이유가 있었을 거 같은데?

P: 아니요. 정말 모르겠어요. 올해 초부터 일주일에 한두 번씩 친구들이 수업에 안 들어가고 주차장이나 풋볼 경기장 뒤에서 놀기 시작했어요. 그러다 보니 그냥 친구들과 옆에 앉아서 그렇게 시간을 보냈어요. 시간이 지나면서, 수업에 들어가지 않는 것에 대해 죄책감이 들기 시작했고, 선생님이 화 내실까 봐 선생님을 피하고 싶어서 수업에 더 안 들어갔어요. 그리고 자꾸 수업을 빠지니까 점점 수업 내용을 이해하지 못하겠고, 뒤처진 거 같아서 더 빠지게 된 거 같아요. 숙제도 하지 않고. 이게 꼭 스노볼(snowball) 현상 같아요. 무슨 말인지 아시겠어요?

C: 응. 알 거 같아. 충분히 이해가 돼.

P: 정말요?

C: 물론이지. 솔직하게 말해 줘서 고마워. 그렇게 솔직히 말하는 게 쉬운 일이 아니잖아. 그리고 처음에는 별거 아니었지만, 점차 시간이 지나면서 걷잡을 수 없이 큰 일이 되는 거 같아.

P: 네, 맞아요.

C: 계속 수업을 빠지면 유급을 당하고 11학년으로 못 올라갈 수도 있는데 그 점은 신경 안 쓰여?

P: 안 쓰여요. 신경 써야 할 거 같은데 신경 안 써요. 여름학기도 가야 할지도 몰라요. 하지만 뭐 그것도 그렇게 큰일이 아니라고 생각해요. 제 친구들도 대부분 다 유급을 당할 거예요. 그래서…… 뭐, 상관없어요. 신경 안 써요.

상담전문가는 이제 왜 패트릭이 수업을 빠지는지, 그리고 유급 당하는 것만으로는 패트릭의 출석률을 높이는 충분한 동기가 되지 않는다는 것을 알았다. 또한 패트릭이 상담에서 공손하고 솔직하다는 것을 알았고, 행동 계약을 사용하는 게 효과적일 거라고 판단하였다. 1단계인 수정할 행동 찾기는 이미 마쳤고, 이제는 2단계인 행동계약 설명하기를 하려고 한다. 이때, 상담자는 서면 계약서를 작성하기 위한 정보도 수집한다.

C: 부모님이 심하게 걱정하시고 있다는 것도 신경 안 쓰여?

P: 음, 신경 쓰이긴 해요. 하지만 막상 수업 시간이 되면, '아, 오늘 영어 수업 진짜 들어가기 싫다.' 이런 생각이 들고, 부모님이 걱정하시고 있다거나 유급당한다는 그런 생각은 안 하니까. 그냥 수업을 빠지는 게 더 쉬워요. 어차피 아직 먼 일이고…… 부모님은 원래 금방 잊어버리고 진정하는 스타일이세요. 그리고 아까 말한 대로, 여름학기에 가는 것도 그리 큰 일이 아니고요.

C: 패트릭, 출석률을 높이고 싶은 거야? 만약 수업에 들어가야 하는 중요한 이유가 있다면 수업에 더 들어갈 의향이 있어?

P: 물론이죠. 이유가 있다면 수업에 들어갈 거예요.

C: 그럼, 이제, 너 같은 16세 학생에게 뭐가 중요한지 찾아보자. 부모님, 선생님 혹은 너자신과 뭘 위해 타협하고 싶은지 생각해 볼래?

상담자는 패트릭에게 강화원이 무엇인지 찾고자 한다.

P: 토요일에 늦게까지 자는 거요! 근데 부모님이 토요일 아침에 8시 반이나 9시부터 깨우셔서 너무 짜증나요. 토요일이니까 점심시간까지 아니 더 늦게까지 자고 싶어요. 근데, 부모님 두 분 다 그렇게 놔두지를 않으세요. 늦게까지 자지 않는 게 우리 집 규칙이래요.

C: 점심시간까지? 그때까지 잘 수 있으면 진짜 좋겠다. 좋아. 또 있어?

P: 새 차를 가지고 싶어요. 이런 거 물어보신 거 맞죠?

C: 음. 네가 내 질문을 좀 더 잘 이해할 수 있게 지금의 상황을 요약해 볼게. 너의 부모님과 선생님은 네가 공부를 잘하기를 바라시잖아. 그리고 네가 계속 수업을 빠지면 공부를 잘할 수 없다고 생각하시고. 근데, 넌 유급을 당하거나 부모님이 심하게 걱정하시는 걸 별로 신경 쓰지 않잖아. 특히 네가 주차장이나 풋볼 경기장 뒤에서 친구들이

랑 앉아 있을 때는 신경 쓰지 않잖아. 그리고 과제를 하지 않거나 수업이 이해가 안 되고 선생님한테 혼날까 봐 수업을 더 빠지게 된 거고. (패트릭이 이해할 때까지 잠시 멈춤) 일종의 딜레마네.

P: 네. (고개를 끄덕이고 생각하며) 그런 거 같아요.

C: 그럼 선생님, 부모님 그리고 네가 서로 협상할 수 있는 것을 찾으면 되지 않을까? 그러니까 네가 수업에 더 들어갈 수 있는 방법에 대해 같이 찾아보면 좋을 거 같아.

P: 글쎄요. 가능할 거 같지 않은데요.

C: 자. 너의 부모님은 네가 수업을 빠지지 않기를 바라셔. 너는 수업에 빠지는 게 별로 큰일이 아니라고 생각하고. 너는 토요일 아침에 늦잠을 자고 싶어. 근데, 부모님은 그걸 허락하지 않으시고. 내가 무슨 말을 하려는지 알겠어?

P: 네. 그런 거 같아요.

C: 자, 그럼, 너와 부모님 사이에 협상할 수 있는 게 있을까? 부모님께 토요일에 늦잠 잘 수 있는 걸 제안해 볼 수 있을 거 같은데. 그런 게 현실적이잖아. 차를 사는 건 나중에 한 번 확인해 볼 수 있는 있겠지만, 별로 현실적이지 않은 거 같아.

P: 그건 그래요. 절대로 차를 사 주실 리가 없죠. 음, 통금 시간이 큰일이긴 해요. 그 동안 계속 통금 시간을 늘려 달라고 부모님께 부탁했거든요. 근데 늘 안 된다고 하셨어요.

C: 좋아. 그럼 이제 부모님과 협상해 볼 게 몇 개 있네. 자, 부모님과 논의해서 수업에 들어가면 어떤 보상을 받을 수 있을지 결정해서 계약서를 써 보자. 이 계약서는 네가 수업에 들어가면 어떤 보상을 받을 수 있을지 그리고 수업에 빠지면 어떤 일이 생기는지 등에 대한 구체적인 내용을 포함할 거야.

P: 수업에 빠지면 어떤 일이 생기는데요?

상담자는 수업에 계속 빠지면 자연스럽게 어떤 결과가 나타나는지 설명한다.

C: 음, 아까 네가 말했잖아. 수업에 빠지면 선생님이 너한테 화를 내시고 너는 수업 내용을 이해하지 못하고 그래서 수업에 더 빠지게 된다고. 맞지?

P: 네.

C: 그래서 계약서에 네가 수업에 빠지면 매일 하교하기 전에 선생님을 만나서 숙제에 대해 여쭤 보고 수업 자료를 받아야 한다는 내용을 포함시키려고 해. 그래야 네가 수

업에 빠져도 선생님을 만나야 하고, 그러면 적어도 선생님을 피하기 위해 수업에 빠지지는 않겠지? 그리고 수업에 빠져도 수업자료를 받고 숙제도 할 수 있으니까 다음 날 수업에 덜 빠지게 되지 않을까? 어떻게 생각해?

P: 와…… 쉽지 않을 거 같지만, 좋아요. 저한테 도움이 될 거 같아요. 그러니까 제가 계약서에 어떤 내용이 포함되는지 다 알고 사인할지 결정할 수 있는 거죠?

C: 응. 모든 내용을 다 서면으로 작성할 거야. 당연히 사인하기 전에 다 알 수 있어. 자, 그럼 부모님과 같이 만날 미팅 시간을 정해 보자. 그리고 우리가 오늘 이야기한 것에 대해 선생님께도 알려드릴게. 어때?

P: 좋아요.

며칠 후, 상담자는 패트릭과 그의 부모님과 같이 만났다.

C: 자, 패트릭, 선생님이 네가 수업에 빠진 날 수업 자료를 챙겨 주시고 숙제에 대해 알려 주시기로 약속하셨어. 그리고 매일 너의 출석 여부를 체크하고 오후에 나에게 알려 주시기로 했어. 그래야 내가 매일 너의 출석 여부를 부모님에 알려드릴 수 있으니까. 괜찮겠어?

P: 네, 괜찮아요. 그러니까 제가 수업에 빠진 날에는 선생님을 찾아가서 숙제가 뭔지 여쭤 보고 수업 자료를 받아오면 되는 거죠?

C: 응.

P: 그럼, 선생님은 제가 수업에 빠져도 학교에 나온지는 아시겠네요.

C: 어차피 선생님들은 다 아셔. 그냥 용감하게 네가 할 일을 하면 되는 거야. 그래야 수업 내용도 이해할 수 있고, 더 안 좋은 상황을 예방할 수 있잖아.

P: 네, 맞아요.

C: 자, 어머님, 아버님, 저랑 패트릭이 패트릭의 출석률을 높일 수 있는 아이디어에 대해 이야기했어요. 오늘 그 아이디어들에 대해 말씀드리려고요.

어머니(M): 네, 말씀해 주세요.

C: 패트릭, 네가 시작해 줄래? 우리가 논의했던 두 가지 아이디어에 대해 부모님께 말씀드려 줄래?

P: 제가 토요일에 늦잠을 잘 수 있고, 금요일이나 토요일에 늦게까지 친구들이랑 놀 수 있다면 수업에 안 빠질 거 같아요.

아버지(D): 뭐? 그러니까 토요일에 늦잠 자고 주말에 늦게까지 노는 게 유급당하는 것보다 더 중요하다는 거야? 어이가 없구나.

C: 아버님, 가끔 우리에게 중요하다고 생각하는 게 아이들에게는 중요하지 않을 수 있어요.

D: 그럴 수도 있겠죠. (아내를 보며) 당신은 어떻게 생각해?

M: 그러니까 패트릭이 수업을 빠지지 않으면 이 둘 중 하나를 들어주면 되는 거예요?

C: 네. 전화로 말씀드린 대로, 패트릭이 수업에 빠지지 않으면 어떤 보상을 받는지 그리고 수업에 빠지면 어떤 부정적인 결과가 나타나는지에 대해 계약서를 작성하면 좋을 거 같아요. 지금까지 우리가 합의한 내용은, 패트릭이 수업을 빠진 날에는 선생님을 찾아가서 학교에 왔다는 사실을 알리고 수업 자료를 받고 숙제에 대해 물어보기로 한 거예요. 부모님도 아시다시피, 패트릭이 수업을 빠지는 이유 중 하나가 선생님을 보는 게 무섭기 때문이잖아요. 이 방법을 사용하면 선생님을 피하지 못하니까 수업에 더 참석하게 될 거예요.

M: 네. 좋은 아이디어네요.

C: 이제 부모님 두 분께서 약속해 주셔야 돼요. 패트릭이 한 주 동안 수업에 빠지지 않으면 보상으로 토요일에 늦잠을 잘 수 있게 허락해 주시든지, 아니면 주말에 늦게까지 친구들과 놀 수 있게 허락해 주세요. 이게 패트릭한테는 되게 중요한 일이에요.

M: 네네. 알겠어요. 저는 주말에 늦게까지 노는 것보다는 토요일에 늦잠을 잘 수 있게 해주고 싶어요.

D: 나는 주말에 늦게까지 놀 수 있게 하는 게 나을 거 같아요.

M: 주말에 늦게까지 놀게 하면 문제가 생길 수 있잖아. 위험한 일이 생길 수도 있고. 하지만 토요일에 늦잠을 잔다고 위험한 일이 생기지는 않잖아. 안 그래?

D: 그러네. 당신 말이 맞네. 그럼, 토요일에 늦게까지 잘 수 있게 해 주자.

P: 이제 정말 수업에 빠지지 않을 거 같아요!

C: 좋아요, 우리가 논의한 모든 세부적인 내용을 서면 계약서로 만들게요! 그리고 우리 모두 행동 계약서에 사인하고 서로에게 이 계약을 지키겠다고 약속하면 됩니다.

상담전문가는 목표 행동을 긍정 진술문으로 기술하고, 모두가 합의한 내용, 즉 상담자가 패트릭의 출석 여부를 어떻게 모니터링할 건지, 보상, 부정적인 결과, 시작 날짜, 종결 날짜 등을 계약서에 포함시켰다. 그리고 2주 후에 패트릭이 어떻게 계약을 지키고 있

행동 계약서

학생 이름: 패트릭 대니얼스　　　　　　　　　　날짜: 2015년 3월 2일

　패트릭은 페이먼트 고등학교에서 월요일부터 금요일까지 모든 수업에 참석한다. 패트릭이 수업에 빠질 수 있는 예외 상황으로는 심각한 질병이나 가족 관련 위급 상황 등이 있으며, 이럴 때는 학교에 나오지 말아야 한다. 수업은 미국 역사, 물리학, 영문학 I, 사회학, 엑셀 적용을 포함한다.

　5일 연속으로 5개의 수업에 모두 출석하면, 패트릭의 부모님인 에일린 대니얼스와 데이비스 대니얼스는 보상으로 그 주 토요일에 패트릭이 늦잠을 자도록 허락해 준다. 이 보상은 계약이 끝날 때까지 지속된다.

　패트릭은 수업에 빠진 당일에 선생님을 만나 수업 자료를 받고 숙제에 대해 질문한다. 이러한 약속도 계약이 끝날 때까지 지속된다.

　상담전문가인 모니카 리드는 패트릭의 출석기록부를 확인하고, 패트릭의 부모님에게 이를 알린다. 이 역시 계약이 끝날 때까지 지속된다.

　이 계약은 3월 5일(월)부터 시작하여 봄 학기 마지막 날인 5월 8일(금)에 종결된다.

　우리는 이와 같은 행동 계약서에 동의한다.

패트릭 대니얼스　　　　날짜　　　　　　에일린 대니얼스　　　　날짜
_____　　　　　　　_____

모니카 리드　　　　날짜　　　　　　데이비스 대니얼스　　　　날짜
_____　　　　　　　_____

그림 36-1 패트릭의 행동 계약서

는지 살펴보기 위해 다시 만나기로 합의했다. 실제 행동 계약서는 [그림 36-1]과 같다.

행동 계약의 유용성과 평가

　지난 40년 이상의 연구를 통해 행동 계약의 효과성이 밝혀졌다. 행동 계약은 새로운 행동을 가르치거나, 바람직하지 않은 행동을 감소시키거나, 바람직한 행동을 증가시키기 위해 사용되었다(Downing, 1990). 이 기법은 학업이나 사회적 기술을 향상시키는 데 매우 효과적이고, 일반 교실이나 특수교육에서도 유용하게 활용되고 있다. Allen, Howard, Sweeny와 McLaughlin(1993)은 행동 계약이 초등학교 2학년과 3학년 학생들의 과제 집중 행동을 유의하게 향상시킨다는 결과를 보고하였다. 또한 Kelly와

Stokes(1982)는 직업 상담에서 돈을 보상으로 사용한 행동 계약이 사회적 약자 계층 청소년의 수행을 향상시킨다고 밝혔다. 부모가 실시할 수 있는 행동 계약도 자녀의 숙제하는 행동을 증가시킨 것으로 확인되었다(Miltenberger, 2007). Miller와 Kelly(1994)는 부모와 초등학교 자녀로 하여금 매주 행동 계약에 대해 협상하게 하였는데, 그 결과 학생 4명 중 3명의 숙제하는 행동이 증가하였고, 2명의 과제에 집중하는 행동이 향상된 것으로 나타났다.

행동 계약은 학교에서뿐만 아니라 교도소, 정신과 병동, 재활센터 등에서도 사용되고 있다(Mikulas, 1978). 행동 계약은 일반 병원과 정신과 병동에서 치료를 받는 입원환자와 외래환자에게도 사용되었다. 장기요양서비스에서 일하는 직원들이 스트레스를 받는 이유는 환자들이 규정을 따르지 않고, 서비스를 받는 것을 저항하며, 서비스를 악용하기 때문이다. 행동 계약은 이런 장기요양서비스 환자들로 하여금 적절한 서비스를 받기 위해 따라야 하는 규칙을 따를 수 있도록 도와줄 수 있다(Hartz 등, 2010). 행동 계약은 부부 혹은 커플 상담(Miltenberger, 2007)과 동기강화면담(Enea & Dafinoiu, 2009)에서도 사용된다. 행동계약은 체중관리, 마약과 알코올 중독, 흡연 감소, 운동 관리 등을 위해서도 사용되고 있다(James & Gilliland, 2003).

40 Techniques Every Counselor Should Know

제9부

벌 기반 행동주의 접근 기법

제8부의 [그림 1]에서 볼 수 있듯이, 벌(punishment)은 자극을 추가하든 아님 제거하든 바람직하지 않은 행동을 감소시키거나 제거하기 위해 사용된다. 내담자의 목표가 어떤 행동을 덜 하는 것이라면, 벌 관련 기법이 매우 효과적일 수 있다. 하지만 상담전문가는 벌이 늘 바람직하지 않은 행동을 영원히 제거할 수 없다는 점을 기억해야 한다. 많은 경우에 벌은 바람직하지 않은 행동이 나타나던 환경에서만 그 행동을 제거할 수 있는 것으로 나타났다. 예를 들어, 집에서 담배 필 때 처벌을 하면, 청소년은 집에서 담배를 덜 피겠지만 집 밖에서는 계속 담배를 필 수 있다. 어떤 행동을 완전히 제거하기 위해서는 바람직하지 않은 행동은 벌하고 바람직한 행동은 강화할 필요가 있다.

벌은 자극을 추가하는 방법과 강화원을 제거하는 방법이 있다. 자극을 추가하는 벌의 예로는 체벌, 추가로 일이나 과제 등을 하도록 함, 혹은 추가 연습을 하도록 함 등이 있다. 강화원을 제거하는 벌의 예로는 밖에서 못 놀게 함, 자동차·자전거·게임과 같이 아동이 좋아하는 것을 못 하게 함, 혹은 원래 가지고 있었던 권리를 행사하지 못하게 함 등이 있다.

벌이 바람직하지 못한 행동을 감소시키는 데 효과적이긴 하지만, 사실 벌의 성공 여부는 몇 가지 요인에 달려 있다. 먼저, 벌을 사용할 때, 어떤 유형의 행동이 벌을 받게 될 것인지, 어떤 유형의 벌을 사용할 것인지, 벌을 사용하기 전에 경고를 할 것인지, 정적 강화와 같은 다른 기법들을 사용할 것인지 등을 고려해야 한다. 또한, 벌을 기반으로 하는 기법을 사용할 때는 행동 후에 즉시 결과가 나타나야 하고, 행동에 맞는 적절한 강도의 벌을 사용해야 하며, 일관적으로 벌을 사용해야 한다.

벌에 대해 찬성하는 사람도 있고 반대하는 사람도 있다. 벌은 다양한 상황과 집단에서 효과적으로 사용되고 있다. 예를 들어, 벌은 발달장애인, 자폐아동, 조현병을 진단받은 아동, 정신질환 환자, 자해를 하거나 신체적으로 공격적인 사람, 반항하는 아동 등에 효과적으로 사용되었다. 벌을 기반으로 한 기법 중 하나인 반응 대가는 아동의 과도한 울음, 과잉행동, 알코올 사용 등을 감소시키는 데 효과적인 것으로 밝혀졌다 (Henington & Doggett, 2010). 타임아웃은 아동의 방해하는 행동을 효과적으로 감소시키는 것으로 나타났다. 이와 같이 벌의 효과성이 확인된 반면, 일부에서는 최대한 정적 강화를 사용하고 아주 심각한 경우에만 벌을 사용해야 한다고 주장한다. 다만, 벌을 기반으로 하는 기법들이 강화를 기반으로 하는 기법들보다 더 빠른 변화를 초래하기 때문에 생명에 위협을 줄 수 있는 행동(예: 반추, 자해)을 다룰 때는 벌이 더 효과적일 수 있다.

하지만 벌의 효과가 일시적일 수 있다는 점은 유념해야 한다. 만약 더 이상 벌을 사용하지 않는다면, 벌을 받았던 행동이 다시 나타날 수 있다. 이러한 벌의 일시적인 효과 때문에 벌은 종종 행동의 억압제로 불린다. 벌에는 다른 부작용도 있다. 벌은 가끔 도망, 회피 혹은 공격성을 유발한다(Doyle, 1998). 또한 사회학습이론에 따르면, 벌은 아동에게 다른 사람을 벌하는 방법을 가르칠 수 있다. 마지막으로, 벌을 주기 위해 사용하는 혐오자극이 부정적인 생리적 부작용을 일으키기 때문에 긍정적인 결과보다는 부정적인 결과로 이어질 수도 있다.

제9부에서는 내담자의 문제 행동을 줄이기 위해 사용할 수 있는 벌을 기반으로 하는 기법들(소거, 타임아웃, 반응 대가, 과잉교정, 긍정적 연습)을 소개하고자 한다. 소거는 내담자로 하여금 문제 행동을 하게 하는 긍정적인 동기원을 제거하는 전통적인 기법이다. 예를 들어, 수업을 방해하는 학생의 행동이 교사의 관심에 의해 정적 강화되었다면, 교사는 학생이 수업을 방해하는 행동을 할 때 전혀 관심을 주지 않는다. 학생이 방해하는 행동을 하지 않을 때는 교사가 관심을 주고 학생에게 보상을 준다.

타임아웃은 아동을 강화나 보상이 많은 환경으로부터 퇴출시키고, 강화나 보상이 없는 환경으로 옮기는 기법을 의미한다. 고전적인 타임아웃에서는 정해진 시간 동안 아동에게 타임아웃 의자에 앉게 한다. 시간이 문제 행동을 억제하는 기능을 한다. 반응 대가는 기본적으로 정적 강화와 정반대되는 기법이다. 반응 대가에서는 먼저 내담자에게 일부 토큰을 주고, 내담자가 문제 행동을 보이면 토큰을 하나씩 뺏는다. 정해진 시간이 끝났을 때 내담자가 여전히 토큰을 가지고 있다면, 내담자는 미리 정해 둔 보상을 받는다. 과잉교정(혹은 긍정적 연습)은 내담자로 하여금 바람직한 행동을 반복적으로(보통 10번 정도) 연습하도록 하는 벌을 기반으로 하는 기법이다. 과잉교정의 목표는 (1) 바람직한 행동을 가르치고, (2) 문제 행동을 억제시키는 데 있다. 예를 들어, 아동이 집에 들어갈 때 문을 쾅 닫으면, 부모는 아동에게 조용히 집에 들어왔다 나가는 연습을 10번 시킨다. 이를 통해 아동은 문을 조용히 닫아야 한다는 사실을 기억할 것이다. 상담전문가는 벌을 기반으로 한 기법들은 정적 강화와 함께 사용될 때 그 효과성이 높아진다는 사실을 기억해야 한다.

📖 벌을 기반으로 한 행동주의 접근의 다문화적 시사점

제8부에서 다룬 정적 강화를 기반으로 한 행동주의 접근의 다문화적 시사점을 참고하면 된다.

제**37**장

소거

📖 소거의 기원

소거(extinction)는 벌을 기반으로 한 고전적인 행동 기법으로 특정 행동의 빈도를 감소시키기 위해 강화원을 주지 않는 기법이다. 이 기법은 부모교육과 교실 관리를 위해 많이 사용되어 왔으며, 지난 50년간 효과성을 인정받아 왔다. 소거는(가끔은 알지 못한 채로) 이전에 강화되어 온 행동을 제거하는 데도 사용된다. 예를 들어, 학생이 교사의 관심을 받기 위해 소리를 지른다면 교사는 학생의 행동에 반응하지 않고 아예 무시한다. 학생의 행동에 교사가 반응을 하는 것 자체가 그 행동을 정적 강화시킬 수 있기 때문이다. 교사가 관심을 주지 않으면, 즉 강화원이 없어지면, 학생은 더 이상 그 행동을 할 이유가 없다.

소거는 벌을 기반으로 한 다른 기법들처럼 대안 행동에 대한 정적 강화 기법과 함께 사용될 때 더욱 효과적이다. 바람직하지 못한 행동을 바람직한 행동으로 대체하는 기법을 역조건화라고 한다(George & Christiani, 1995). 여기서 한 가지 중요한 사실은 소거를 사용하면 처음에는 문제 행동이 감소하기보다는 일시적으로 증가한다는 점이다. 문제 행동이 일시적으로 증가하는 현상을 '소거 폭발(extinction burst)'이라고 한다. 또한 소거를 단독으로 사용하면 그 효과가 당장 나타나기보다는 점진적으로 나타나는 반면, 대안적 행동에 대한 정적 강화와 함께 사용하면 더 영속적이고 빠른 효과가 나타난다.

📖 소거를 사용하는 방법

소거의 사용 여부를 결정하기 전에 상담전문가는 멈추게 하고 싶은 문제 행동의 특성을 고려해야 한다. 만약 문제 행동이 너무 심각해서 당장 멈춰야 하거나 다른 사람이 그 문제 행동을 모방할 가능성이 있으면 소거를 사용하지 않는 것이 좋다.

소거를 사용하기 위해서는 가장 먼저 문제 행동을 강화하고 있는 모든 강화원을 최대한 파악해야 한다. 일반적으로 방해하는 행동의 강화원으로는 성인의 관심, 성인의 조언, 친구의 관심, 하기 싫은 활동으로부터의 도피 등이 있다. 문제 행동에 대한 강화원을 파악하기 위해 조건화 분석을 실시할 수 있다. 이 분석은 바람직하지 않은 행동과 바람직한 행동을 하기 전의 상황과 맥락, 그리고 각 행동에 대한 결과에 대해 살펴보는 것을 의미한다. 모든 강화원을 파악한 후에는 어떻게 강화원을 제시하지 않을지에 대해 결정해야 한다. 만약 강화원을 제시하지 않을 방법이 없다면, 소거는 효과적일 수 없다. 마지막으로, 소거를 사용하기 전에 해야 할 일은 정적 강화를 사용할 대안적인 행동을 선택하는 것이다.

소거를 사용할 때, 상담전문가는 문제 행동이 일시적으로 증가할 수 있다는 점, 즉 소거 폭발에 대해 준비해야 한다. 또한 문제 행동과 관련한 모든 강화원을 막아야 하고 대안 행동이 나타날 때는 정적 강화를 사용해야 한다. 더불어 소거 기법과 정적 강화 기법의 효과성을 파악하기 위해 내담자의 행동을 계속 모니터링해야 한다.

📖 소거를 변형한 기법

소거를 변형한 기법들이 제안되었다. 먼저, 내면적 소거법은 내담자의 상상 속에서 소거가 일어난다는 점을 제외하고는 전통적인 소거법과 동일하다(Ascher & Cautela, 1974). 문제 행동과 그 행동의 강화원이 파악되면, 내담자는 강화가 일어나지 않는 상황을 상상한다(Cautela, 1971). 내담자는 현실에서 문제 행동을 하지 않을 때까지 이러한 상황을 계속 상상한다. 내면적 소거법은 특히 실제 환경에서 강화원을 통제할 수 없을 때 유용하다. 또한 이 기법은 전통적인 소거법이나 내면적 강화법과 함께 사용될 수 있다. 실험 연구를 통해 Ascher와 Cautela(1974)는 내면적 소거법이 (외부적인 상황이 소거 방법을 도와주든 도와주지 않든 간에) 이전에 강화되어 온 행동을 수정하는 데 효과적이라는 결과를 보고하였다.

📖 소거의 예시

크레이그(Craig)는 5세 소년으로, 최근에 떼쓰고 성질부리는 행동을 많이 하고 있다. 이러한 행동은 주말에 할머니 집에 놀러 갔다 온 후에 갑자기 나타났다. 당시, 크레이그의 3세 친척동생도 할머니 집에 놀러 와 있었는데, 이 친척 동생은 1년 가까이 떼쓰고 성질부리는 행동을 하고 있었다. 크레이그의 부모는 크레이그의 새로운 문제 행동에 많이 실망감을 느끼면서도 어떻게 해야 할지 구체적인 계획을 세우지 못하고 있다.

상담자(C): 자, 어머님, 아버님, 최근에 크레이그가 어떤 행동을 하는지 좀 더 자세하게 말해 주세요.

어머니(M): (크레이그가 어머니의 무릎에 누워 있음) 크레이그는 거의 매일 같이 하루에도 몇 번씩 매우 큰 소리로 울고 바닥에 얼굴을 비비기도 해요. 이럴 때, 크레이그는 처음에는 화가 났다기보다는 마음이 상한 것처럼 보이는데, 즉시 관심을 주지 않으면 화를 내기 시작해요. 그러니까 처음에는 울다가 관심을 주지 않으면 소리를 지르고 비명을 질러요. 저한테나 남편한테 직접적으로 소리를 지르거나 비명을 지르진 않아요. 그래도 크레이그가 그러면 제 신경이 곤두서요. 제 혈압이 올라가는 게 느껴져요. 크레이그가 이런 행동을 안 했으면 좋겠어요.

C: 이런 크레이그의 행동이 어머니를 많이 힘들게 하는 거 같네요.

M: 네, 크레이그가 바닥에 앉아서 절망한 듯 우는 걸 보기가 너무 힘들어요. 저는 엄마잖아요. 크레이그가 슬퍼하거나 화난 것처럼 보일 때 너무 괴로워요. 그리고 저 자신에게 "이게 다 무슨 소용이 있어? 크레이그가 지금 꼭 침대에 가서 자야 하나? 크레이그가 꼭 식탁에서 인형을 치워야 하나? 크레이그가 지금 양치질을 해야 하나? 이런 게 다 무슨 소용이지?"라는 질문을 하고 그냥 크레이그가 하고 싶은 대로 놔두게 돼요.

C: 그래서 크레이그가 늦게 자거나 인형을 치우지 않거나 양치질을 하지 않아도 내버려 두시는 거예요?

M: 네.

C: 그렇게 내버려 두면 크레이그가 어떻게 반응해요?

M: 되게 빨리 정상으로 돌아와요. 심지어 행복해 보이기도 해요.

C: 그럼 내버려 두는 게 큰 강화원인 거네요! 좋은 아이디어가 떠오르고 있어요. 크레이그가 떼를 쓰면서 성질을 부릴 때, 자신이나 다른 사람에 해가 될 만한 행동을 하나요?

M: 아니요. 전혀 그렇지 않아요. 크레이그의 행동이 제 신경을 건드리긴 하지만 크레이그가 일부러 이런 행동을 할 때도 있다는 걸 알아요. 가끔 크레이그는 떼를 쓰다 멈추고 우리가 관심을 보이고 있는지 확인하기도 해요.

C: 네, 알겠어요. 아버님은 어떻게 생각하세요?

아버지(D): 크레이그는 그냥 발달상 한 단계를 넘고 있는 거 같아요. 아니, 처음에는 그렇게 생각했는데…… 최근에는 문제가 점점 더 심각해지고 있어서 저도 괴로워요. 우리가 할 수 있는 모든 걸 다 해 본 거 같은데, 아무것도 효과가 없네요. 문제가 나아지지 않고 더 심각해지고 있어요.

C: 네. 그런 거 같아요. 크레이그가 떼를 쓰고 성질을 부릴 때 어떻게 반응하시는지 말씀해 주실래요?

D: 대부분 아내가 대처하도록 놔두는 편이에요. 아내가 집에 없을때는 제가 대화로 크레이그를 진정시키려고 노력해요. 달래도 보고 엄격하게도 해 봤어요. 근데 둘 다 효과가 없었어요. (크레이그는 어머니의 무릎에서 내려와 책장에서 종이와 크레용을 꺼내 구석에서 그림을 그리기 시작함)

C: 자, 제가 상황을 잘 이해했는지 봐 주세요. 크레이그는 아마도 사촌으로부터 떼쓰고 성질부리는 행동을 배운 거 같아요. 크레이그는 사촌으로부터 떼쓰고 성질부리면 원하는 것을 얻을 수 있다는 걸 본 거 같아요. 적어도 사촌이 떼쓰고 성질부리면 성인들의 관심을 받는다는 걸 본 거죠. 그래서 크레이그는 떼쓰고 성질부리는 행동이 일종에 효과적인 행동이라 생각하고 자신도 해 보기로 결정한 거 같아요. 그래서 할머니 집에서 돌아와서 해 본거죠. 그리고 두 분은 뭔가 심각한 문제가 생긴 거 같다고 깜짝 놀라면서 크레이그에게 관심을 주셨겠죠. 생각해 보세요. 크레이그의 입장에서 부모님이 자신에게 금방 관심을 주고, 자신의 요구를 들어주고, 자신을 위로해 주면 얼마

나 좋겠어요?

M: (웃으며) 아이들은 정말 똑똑한 거 같아요. 그렇죠?

C: 네. 아이들은 자신에게 유리한 게 뭔지 금방 배워요. 어쨌든, 그래서 크레이그는 떼쓰고 성질부리는 행동을 계속했고, 할 때마다 더 효과적이었어요. 아버님은 크레이그가 원하는 대로 하도록 내버려 두시지는 않았지만, 관심을 주셨어요. 어머니는 크레이그가 원하는 대로 하도록 내버려 두셨고요. 크레이그에게는 둘 다 좋은 거죠. 크레이그는 정말 똑똑한 아이예요!

D: 저를 닮은 거 같네요.

M: 맞아요!

C: (웃으며) 자, 좋아요. 제가 상황을 더 명확하게 이해하기 위해 한두 가지만 더 여쭤 볼게요. 지금까지 보면, 크레이그는 떼쓰고 성질부리는 행동을 통해 부모님의 관심을 받고 자신이 하고 싶지 않은 것을 안 하면서 하고 싶은 것만 할 수 있었던 거 같아요. 최근에 크레이그가 떼쓰고 성질부렸던 상황을 다시 생각해 보세요. 이 외에 혹시 크레이그가 떼쓰고 성질부리는 다른 이유가 있을까요?

M: (어머니와 아버지는 잠시 생각한 후. 어머니가 먼저 이야기함) 아니요. 선생님이 말씀하신 이유가 맞는 거 같아요.

D: (동의하며 고개를 끄덕임). 네. 저도 그런 거 같아요. 동의해요.

상담자는 이제 소거(혹은 계획된 무시)에 대해 설명하고자 한다.

C: 그럼, 소거라는 기법을 사용하시는 게 좋을 거 같아요. 기본적으로 이 기법은 어떤 행동이 계속되고 증가하길 바라면 그 행동에 관심을 주고, 어떤 행동이 감소하길 바라면 그 행동에 관심을 주지 않는 거예요. 처음에는 아이들이 보상을 더 원할수록, 예를 들어 크레이그의 경우에는 관심을 받고 자기가 원하는 대로 하고 싶을수록, 소거를 사용하면 더 저항할 거예요.

D: 음……. (한숨)

C: 네, 일시적으로 이런 현상이 나타날 수 있다는 걸 아시는 게 중요해요. 그래야 두 분이 미리 준비를 하실 수 있으니까요. 즉, 이 소거라는 기법을 사용하면 처음에는 크레이그가 더 떼쓰고 성질부릴 수 있어요.

이런 현상을 소거 폭발이라고 부른다.

C: 두 분 중에 TV 보시는 분 있으세요?

D: 퇴근하고 집에 오면 TV를 봐요. 그리고 토요일에는 미식축구 경기도 보고요.

C: 네. 그럼, 한번 상상해 보세요. 토요일 오후에 맥주 한잔이랑 간단한 안주를 준비해서 TV 앞에 앉아 미식축구 경기를 본다고 상상해 보세요. 미식축구를 볼 생각에 약간 들떠 있고, 한 손에는 맥주를, 다른 한 손에는 TV 리모컨을 들고 있어요. 그리고 TV 리모컨을 눌렀는데 TV가 켜지지 않는 거예요. 그럼 어떻게 하시겠어요?

D: 다시 리모컨을 누르겠죠!

C: 네. TV가 왜 안 켜지지 의아해하면서 리모컨을 계속 누르실 거예요. 왜냐면 예전에는 리모컨을 누르면 TV가 켜졌으니까요. 아마 리모컨을 더 세게 누르거나 아님 약간 기울여서 누르면 TV가 켜질 거라 생각하고 계속 누르실 거예요. 근데 리모컨을 누르지 않고, TV 앞으로 걸어가서 TV에 있는 전원을 켜면 안 되나요?

D: 물론 되지만 리모컨이 편하니까. 리모컨을 계속 누르면 대부분의 경우 TV가 켜지니까 계속 리모컨을 누르게 되는 거죠!

C: 네. 바로 그거예요. 두 분이 소거 기법을 시작하면 크레이그도 그렇게 생각할 거예요. 크레이그는 예전에 떼쓰고 성질부리는 행동이 효과적이었기 때문에 처음에는 더 떼를 쓰고 성질을 부릴 거예요. 리모컨이 계속 작동하지 않으면 언젠가는 리모컨을 포기하고 TV에 있는 전원을 켜실 거죠?

D: 네.

C: 네. 아버님이 리모컨을 포기하시는 것처럼, 크레이그도 떼를 쓰고 성질을 부리는 행동을 포기할 거예요. 하지만 크레이그가 빨리 포기하도록 하기 위해 두 분이 기억하셔야 할 게 몇 가지 있어요. 첫째, 일관성이 중요해요. 어떨 때는 소거를 사용하고 어떨 때는 사용하지 않으면 결과를 예측할 수 없기 때문에 크레이그는 더 떼를 쓰고 성질을 부릴 거예요. 둘째, 크레이그가 원하는 걸 주는 것보다 크레이그가 뭘 하든 내버려두는 게 더 안 좋아요. 따라서 처음부터 크레이그의 요구를 거부하실 거면, 계속 그렇게 하셔야 해요. 만약 크레이그를 내버려 두고 싶다는 생각이 들면, 크레이그가 떼쓰고 성질부리기 전에 그렇게 하세요. 마지막으로, 크레이그가 진정하고 적절한 행동을 하기 시작하면 바로 관심을 주고 보상해 주세요. 크레이그가 떼쓰고 성질부릴 때랑 바람직한 행동을 할 때 두 분의 반응이 확실히 달라야 해요. 다시 말씀드리지만,

원치 않는 행동은 무시하시고, 원하는 행동에는 관심을 기울여 주세요.

M: 어려울 거 같아요. 그렇겠죠?

C: 쉽지 않을 거예요. 하지만, 충분히 가치는 있을 거예요. 왜 크레이그가 떼를 쓰는지에 대한 우리의 생각이 맞고 두 분이 포기하지 않고 일관적으로 이 방법을 사용하신다면, 분명히 효과가 있을 거예요. (잠시 멈춤) 자, 지금 한번 해 볼까요? (크레이그는 계속 상담실 구석에서 그림을 그리고 있음)

D: 지금요? 여기서요? 어떻게요?

M: 크레용을 치우라고 하면 될 거예요.

C: 좋은 아이디어네요. 어머님. 크레이그에게 크레용을 치우고 우리 옆으로 와 보라고 해 보죠. 어때요?

M: 그리고 우리가 뭘 하면 될까요?

C: 아까 말씀드린 대로 하시면 돼요. 아무 일도 없었다는 듯이 소거를 하시면 돼요. 크레이그를 쳐다보지도 않고, 눈썹도 까딱하지 않고, 그냥 아무 일도 없었다는 듯이요. 그리고 크레이그가 진정을 하면 크레이그를 기쁘게 해 주세요.

M: 네. 한 번 해 보죠.

C: 아버님?

D: 좋아요. 그동안 우리가 했던 노력은 효과가 없었으니 새로운 방법을 해 보는 게 좋을 거 같아요.

C: 어머님, 시작하시겠어요?

M: 네. (크레이그를 쳐다보며) 크레이그, 크레용을 서랍장에 가져다 놓고 여기로 와서 앉아 볼래?

크레이그: 나 아직 안 끝났어.

M: 우리랑 먼저 얘기하고 끝내면 되잖아. 서랍장에 크레용을 갖다 놓고 여기서 와서 앉아.

크레이그: 엄마! 나 아직 안 끝났다니까! (잠시 멈춤) 싫어! 싫어! 그림 그릴 거야! (크레이그가 소리를 지르며 손으로 얼굴을 감싸고, 무릎을 구부리고, 손으로 얼굴을 가림. 크레이그의 어머니는 점차 긴장하기 시작함)

C: 자, 어머님, 저를 보시고 저에게 뭐든 이야기해 보세요. 아무 일도 일어나지 않고 있어요. 우리 어른들끼리 대화를 나누고 있어요. 다 괜찮아요. 지금 얼마나 불안한지 얘기해 주시겠어요? 지금 기분이 어떠세요?

M: (크레이그를 보지 않기 위해 한참 바닥을 바라봄) 크레이그가 많이 실망한 거 같아요. (크레이그를 쳐다봄. 크레이그는 여전히 소리를 지르고 있음)

C: 저를 보세요. 기억하세요. 크레이그와 눈을 맞추시면 안 돼요. 어떤 신호도 보내시면 안 돼요. 어떤 반응도 보이지 마세요.

M: 네. 알겠어요. (깊은 호흡을 함) 그냥 크레이그에게 크레용을 가지고 놀라고 하고 싶어요. 그래야 크레이그가 속상하지 않을 테니까요.

C: (크레이그는 어른들이 자신에게 관심을 가지고 있는지 살펴보고 있음. 점점 크레이그의 울음소리가 커지다가, 부모의 말대로 울음소리가 점차 화가 난 것처럼 바뀜) 와. 부모님이 말씀하신 대로네요. 크레이그를 달래고 싶으시겠지만, 그러시면 안 돼요. 이 순간을 버틸 수 있도록 저한테 계속 말을 시키세요.

M: (크레이그의 아버지를 쳐다봄. 크레이그의 아버지가 어머니의 손을 잡음) 네. 근데 되게 흥미로운 게 크레이그가 예상한 대로 행동하니까 오히려 기분이 나아지는 거 같아요. 크레이그가 정말로 화가 난 게 아니라 화가 난 것처럼 행동한다는 걸 알 수 있으니까요. 그렇지 않나요? (크레이그는 더 소리를 지르며 화를 냄) 복도에 있는 사람들에게 크레이그의 목소리가 들릴까요?

C: (상담자가 어머니의 질문에 답하려고 하는데, 크레이그가 갑자기 소리 지르는 걸 멈추고 조용해짐) 오. 크레이그, 네가 진정한 거 같아서 너무 좋다. 너무 좋아. 이제 우리 옆으로 올래? (크레이그는 다시 울면서 소리를 지름)

C: 자, 괜찮아요. 관심 주지 마세요. 기억하시죠? 아무 일도 일어나지 않고 있어요.

M: 근데 왜 다시 울고 소리를 지르죠? 보통 한 번 멈추면 다시 울거나 소리 지르지 않거든요.

C: 크레이그가 다시 울거나 소리 지르지 않았던 이유는 자신이 원하는 걸 가졌기 때문이에요. 하지만 이번에는 다르잖아요. 제가 다시 한번 우리 옆으로 오라고 요구했잖아요. 이게 바로 제가 아까 설명한 소거 폭발이에요. (크레이그는 더 심하게 울고 소리 지른 후, 다시 멈춤) 자, 어머님, 이번에는 어머님이 해 보세요.

M: 잘했어, 크레이그! 이제 우리 옆으로 올래? (크레이그가 어머니 옆으로 와서 의자에 앉음. 어머니는 크레이그를 안아 주고, 아버지는 크레이그의 등을 토닥여 줌)

C: 어머님, 아버님, 크레이그, 모두 너무 잘하셨어요. 크레이그가 아무리 시끄럽게 울고 소리를 질러도, 그리고 잠시 멈추고 다시 울고 소리를 질러도 두 분은 어떤 반응도 보이지 않으셨어요. 보세요, 지금 크레이그에게 크레용이 없어도 괜찮잖아요. 우리는

크레이그가 떼쓰고 성질을 부릴 때 크레이그를 무시했고, 크레이그가 진정하고 어머

니 옆으로 왔을 때는 칭찬하고 안아 줬어요.

M: 네. 이제 크레이그는 정말 괜찮아 보이네요.

C: 네. 맞아요.

D: 할 수 있을 거 같아요. 여기서 연습해 본 게 도움이 된 거 같아요. 안 그랬으면 어떻게

해야 될지 혼란스러웠을 거 같아요.

C: 좋아요. 도움이 되었다니 기쁘네요. 혹시 질문 있으세요?

M: 가끔은 크레이그가 원하는 대로 행동하도록 내버려 둬도 되는 거죠? 다만 크레이그

가 떼쓰고 성질부리기 전에 해야 하는 거죠?

C: 네, 맞아요. 다만, 내버려 두기로 결정하신 것에 대해서는 계속 그렇게 하셔야 돼요.

M: 네.

C: 매일 크레이그가 얼마나 떼쓰고 성질부리는지, 그리고 그 행동이 얼마나 지속되는지

기록하는 게 좋아요. 그래야 소거가 얼마나 효과적인지 알 수 있으니까요.

M: 네. 크레이그가 언제 그런 행동을 하는지, 언제 멈추는지 기록하면 되는 거죠?

C: 네, 맞아요. 더 자세한 내용을 기록하고 싶으시면 그렇게 하셔도 돼요. 여기서 가장

중요한 건, 앞으로 몇 주 동안 크레이그의 떼쓰고 성질부리는 행동이 얼마나 감소하

는지 살펴보는 거예요. 아, 그리고 한 가지만 더 말씀드릴게요. 만약 누구든 집에 오

거나 같이 있게 되면, 미리 그 분에게 크레이그의 떼쓰고 성질부리는 행동을 감소시

키기 위해 두 분이 어떤 노력을 하고 있는지 설명해 주세요. 그리고 두 분이 하시는

것처럼, 크레이그의 행동을 무시하는 게 중요하다는 점을 강조해 주세요.

D: 네, 저희에게 행운을 빌어 주세요!

📖 소거의 유용성과 평가

소거의 효과성을 살펴본 대부분의 연구는 거의 50년 전에 이루어졌다. 문제 행동
이 너무 방해되지 않거나 다른 사람에 의해 모방될 가능성이 높지 않다면, 소거는 다
양한 상황에서 효과적으로 사용될 수 있다(Benoit & Mayer, 1974). 소거를 사용하기 전
에 상담전문가는 완전히 문제 행동의 강화원을 통제할 필요가 있다. 소거는 정적 강화
와 함께 사용될 때 아동의 반항 행동과 공격성을 감소시키는 데 효과적이다(Groden &

Cautela, 1981). Williams(1959)는 소거가 아동의 떼쓰는 행동을 감소시킨다는 결과를 보고하였다. 부모가 아동을 재우려고 하고 아동이 자기 싫어 떼쓰는 행동을 할 때, 부모가 이를 무시하고 아동의 방에 다시 들어가지 않으면, 10번의 시도 내에 아동의 떼쓰는 행동이 멈추는 것으로 나타났다. 소거를 성공적으로 사용하는 데 있어 가장 큰 방해물은 부모의 낮은 동기다. Borrego와 Pemberton(2007)이 부모들을 대상으로 실시한 설문조사에 따르면, 여섯 가지의 행동주의 기법[반응 대가(가장 선호하는 기법으로 나타남), 토큰 경제, 타임아웃, 과잉교정, 소거, 차별화된 관심] 중 부모들이 가장 선호하지 않는 기법이 소거인 것으로 나타났다.

제**38**장

타임아웃

📖 타임아웃의 기원

　타임아웃(time out) 기법은 가장 널리 사용되는 벌을 기반으로 한 행동 기법이다. 행동주의 치료자들은 모든 행동(적응적인 행동이든 부적응적인 행동이든)이 조작적 조건화 과정과 모델링을 통해 학습된다고 생각한다. 부적 벌은 행동이 일어날 가능성을 줄이기 위해 자극을 제거하는 것은 의미한다. 타임아웃의 효과성이 밝혀지면서, 이 기법은 학교 현장에서 학생들의 행동을 수정하는 데 사용되고 있다(Knoiff, 2009). 사실, 타임아웃은 아동의 행동 문제를 감소시키는 행동 기법으로 가장 많이 사용되고 있으며(Evere, Hupp, & Olmi, 2010), 여섯 가지의 행동주의 기법 중 세 번째로 부모들이 선호하는 기법인 것으로 나타났다(Eaves, Sheperis, Blanchard, Baylot, & Doggett, 2005).

　타임아웃은, 아동이 부적응적인 행동을 할 때 모든 긍정적인 강화원을 빼앗는 부적 벌을 기반으로 하는 기법이다. 이 기법은 아동이 긍정적인 강화원을 빼앗기기 싫어서 문제 행동을 하지 않을 것이라고 가정한다. 타임아웃은 부적절한 행동을 감소시키고(벌) 적절한 행동을 증가시키는 데(강화) 목적이 있기 때문에 아동에게 해야 할 행동과 하지 말아야 할 행동을 가르치기 위한 기법이다(Knoff, 2009). 타임아웃은 현재의 문제 행동에 대한 벌로, 그리고 미래의 문제 행동을 지연시키는 기능을 한다.

📖 타임아웃을 사용하는 방법

타임아웃은 아동을 대상으로 가장 많이 사용된다. 타임아웃을 사용하기 전에 상담 전문가는 세 가지 유형의 타임아웃에 대해 알고 있어야 한다. 첫째, 고립형 타임아웃은 아동을 다른 방(혹은 타임아웃 방)으로 보내는 방법을 의미한다. 둘째, 배타적 타임아웃은 현재 활동이 진행되고 있는 환경에서 아동을 퇴출시키는 방법이다. 이때 아동은 다른 층이나 복도로 보내진다. 셋째, 비고립형 타임아웃은 아동을 환경에 계속 있게 하지만 강화적인 활동에는 참여하지 못하게 하는 방법이다.

타임아웃을 사용할 때, 성인은 아동이 왜 타임아웃을 당하는지에 대해 간결하고 명확하게 설명해야 한다. 타임아웃은 아동에게 한 번 경고를 준 후에 사용되어야 한다. 아동이 어떤 문제 행동을 했느냐에 따라 사용할 타임아웃의 유형도 달라진다. 성인은 가능한 한 신체적으로 아동을 제지하지 않고 타임아웃시켜야 하지만, 아동이 말을 듣지 않아 신체적인 힘을 써야 할 때가 가끔은 있다. 다만, 특별한 훈련을 받은 후에, 그리고 문제 행동이 너무 심각해서 아동을 포함한 누군가가 해를 입을 가능성이 있을 때만 신체적인 힘을 사용해야 한다. 아동을 얼마 동안 타임아웃시킬지는 상황이나 행동에 따라 다르지만, 5분 정도가 일반적이다. 아동의 연령이 낮을수록 5분보다 더 짧은 시간 동안 타임아웃을 시켜야 하고, 연령이 높을수록 5분보다 더 긴 시간이 필요할 수 있다. 성인은 아동이 타임아웃하는 동안 아동의 상태를 모니터링하고, 정해진 시간이 끝나면 아동이 다시 활동에 참여할 수 있도록 해야 한다. 아동이 활동에 다시 참여할 때, 성인은 아동이 타임아웃하는 동안 무슨 일이 있었는지 설명하고 친절하게 대해 줘야 한다. 야단을 치거나 사과를 요구해서는 안 된다. 만약 아동이 자발적으로 사과를 하고 싶어 한다면 이를 격려한다. 아동에게 억지로 사과를 요구하는 것은 효과적이지 않다. 아동에게 억지로 사과하도록 시킬 수 있지만, 아동이 정말로 미안한 마음을 느끼도록 할 수는 없다.

타임아웃을 사용할 때 기초선 데이터를 수집하는 것이 좋다. 기초선 데이터에는 타임아웃을 실시하기 전 아동의 문제 행동이 무엇인지, 언제 문제 행동이 나타나는지, 얼마 동안 나타나는지, 어떤 유형의 타임아웃을 사용했는지, 그리고 타임아웃을 하는 동안 아동이 어떻게 행동했는지 등을 포함한다. 2주 동안 타임아웃을 실시한 후, 성인은 이 기초선 데이터를 토대로 타임아웃의 효과성을 평가한다. 일반적으로 이 기법은 2~3세

의 어린 아동 및 십대 초반의 아동에게 사용될 수 있다(Spencer, 2000). 이 기법은 지적
장애가 있는 성인에게도 효과적이다.

　　Erford(1999, p. 208)에 따르면, 아동이 타임아웃을 하는 동안 다음의 일곱 가지 규칙
을 따르도록 하는 것이 중요하다고 말했다. (1) 발이 바닥에 닿아야 한다. (2) 의자가
넘어가지 않도록 주의한다. (3) 손을 무릎에 얹는다. (4) 엉덩이를 의자에 딱 붙인다.
(5) 눈을 뜨고 벽을 쳐다본다. (6) 소리를 내지 않는다. (7) 등을 의자 등받이에 바짝 붙여
똑바로 앉는다. 아동에게 미리 타임아웃에 대해 설명하는 것도 좋지만, 아동 없이 성인
들(부모, 교사, 주 양육자)끼리 따로 만나 타임아웃에 대해 궁금한 점을 논의하고, 어떤
어려운 상황이 발생할 수 있는지 미리 대비하는 시간을 가지는 것도 좋다. 또한 아동을
의자에서 풀어 주기 전에 아동에게 성인의 지시를 따를 것인지 확인해야 한다(예: "이제
내가 하라는 대로 할 준비가 됐어? 아니면 좀 더 의자에 앉아 있을래? 네가 결정해").

📖 타임아웃을 변형한 기법

　　Erford(1999)는 타임아웃을 변형한 기법인 지연조건화 타임아웃에 대해 설명했다.
아동은 타임아웃을 하는 동안 앞서 언급한 일곱 가지 규칙을 지켜야 한다. 이 중 한 가
지 규칙을 어길 때마다 타임아웃 시간이 1분씩 늘어난다. 누가 이 기법을 사용하든, 시
간을 늘리는 것에 대해 엄격해야 한다. 그렇지 않으면, 아동은 타임아웃을 벌로 간주하
지 않는다.

　　타임아웃을 변형한 또 다른 기법인 '앉아서 봐' 기법은 교실에서 사용된다. '앉아서
봐'라는 타임아웃을 하게 되면, 아동은 모래시계(3분을 잴 수 있는 모래가 충분히 있어야
함)를 들고 다른 방으로 가서 앉은 후 모래시계를 봐야 한다. 모래가 다 내려오면, 아동
은 다시 활동에 참여할 수 있다. '앉아서 봐'를 사용할 때, 적절한 결과를 설정할 수 있
다. 예를 들면 다음과 같다.

　　　'앉아서 봐'를 한 번 하면, 종일 게임을 하지 못함. '앉아서 봐'를 한 번 이상 하면 2주
　　마다 한 번의 자유놀이 시간을 잃음. '앉아서 봐'를 하는 동안 방해가 되는 행동을 하면,
　　그날은 자유놀이 시간을 가질 수 없음. '앉아서 봐'를 하는 동안 다른 사람에게 말을 걸
　　거나 장난을 치면, 다시 '앉아서 봐'를 해야 함(White & Bailey, 1990, p. 356).

📖 타임아웃의 예시

다음의 축어록은 8세 아동인 케빈(Kevin)과 그의 어머니에게 지연조건화 타임아웃 기법을 가르쳐 주는 내용을 담고 있다. 상담전문가는 먼저 케빈의 행동을 평가하고, 문제 행동을 감소시키기 위해 어머니가 타임아웃을 사용하는 것이 적절한지 결정한다. 그리고 케빈의 어머니에게 타임아웃을 어떻게 사용하는지 알려 준다. 이 회기에서는 먼저 상담전문가가 간략하게 케빈과 역할연습을 하고, 어머니가 이를 따라 하도록 도왔다.

상담자(C): 자, 어머님, 케빈, 이제, 지연조건화 타임아웃을 사용하는 단계와 관련 세부 사항에 대해 알려 드릴게요. 어머님, 제가 먼저 이 기법이 뭔지 보여 드리기 위해 짧게 역할연습을 할 거예요. 제가 끝나면 어머니가 따라 하시면 돼요. 괜찮으세요?

어머니(M): 네.

케빈(K): 좋아요.

C: 그럼, 시작할게요. "케빈, 이제 TV를 끄고 잠옷을 입고 잠자리에 들 시간이야." 자, 케빈, 역할연습을 해야 하니까, 내 지시를 따르지 마. 어머님, 케빈이 5초 안에 이 지시를 따라야 하는 거 기억하시죠? 만약 케빈이 "싫어요."라고 답하거나 5초 안에 이 지시를 따르지 않으면 경고를 하셔야 돼요.

K: 네, 그러면 싫어요! 안 할 거예요!

C: "케빈, 잠옷을 입던지 아님 타임아웃을 하던지 둘 중에 하나를 선택해야 돼." 어머님, 이렇게 케빈에게 잠옷을 입든지 아님 벌을 받든지 선택할 수 있게 해 주세요. 케빈이 자신의 결정이라는 걸 아는 게 중요해요!

M: 네, 저도 그게 좋은 거 같아요.

K: (상담자에게 혀를 내밀고 팔짱을 낌)

C: 자, 다시, 좋아, 케빈. 내가 일어나라고 할 때까지 타임아웃 의자에 앉아. (케빈이 억지로 타임아웃 의자로 감) 어머님, 케빈이 타임아웃 의자에 앉으면 지켜야 할 일곱 가지 규칙에 대해 알려 주셔야 하는 거 기억하시죠?

M: 네, 기억해요.

C: 케빈, 그 의자에서 지켜야 하는 일곱 가지 규칙 기억하지? 발을 바닥에 놓고, 의자

가 넘어가지 않게 조심하면서 엉덩이는 의자 바닥에 딱 붙이고 등은 의자 등받이에 바짝 붙여 똑바로 앉아. 그리고 어떤 소리도 내지 말고, 눈을 뜬 채로 앞에 벽을 봐야 해. 만약 이 중 한 가지 규칙을 어길 때마다 타임아웃 시간이 1분씩 늘어나.

M: 혹시, 케빈에게 일부러 규칙을 어기도록 해서 선생님이 어떻게 대처하시는지 볼 수 있을까요?

C: 네, 물론 가능하죠. 케빈, 엄마가 보실 수 있도록 규칙을 한 개 어겨 줄래?

K: 네. (바닥에서 다리를 들고 흔듦)

C: (강경하지만 침착한 목소리로) 내가 발을 바닥에 놓으라고 했잖아. 규칙을 한 개 어 겼으니, 1분이 더 추가돼. (잠시 기다림) 자, 어머님. 원래 케빈은 5분 동안 타임아웃 의자에 앉아 있어야 했는데, 규칙을 한 개 어겼기 때문에 1분을 추가했어요. 타임아 웃 시간이 다 끝나면 케빈이 어머님의 지시를 따를 준비가 되었는지 물어보셔야 해 요. 이런 식으로요. "케빈, 이제 타임아웃 시간이 끝났어. 이제 TV를 끄고 잠옷을 입 을래? 아니면 타임아웃 의자에 더 앉아 있을래? 네가 결정해."

K: 그렇게 할게요.

C: 좋아, 케빈. 우리의 역할연습은 끝났어. 너무 잘했어. 도와줘서 고마워.

K: 물론이죠. 이렇게 하는 거예요?

C: 응. 하지만 실제는 좀 다를 수 있어. 실제로 하면, 의자에 앉아 있는 게 더 싫고 짜증 날 수 있어. 자, 어머님. 이제 어머님 차례예요. 케빈, 이제 엄마가 너랑 역할연습을 할 거야.

　　지금까지 상담전문가는 케빈의 문제 행동을 평가하고, 어머니에게 지연조건화 타임아웃에 대해 설명하고, 역할연습을 통해 이 기법을 모델링했다. 이제 어머니는 상담실에서 케빈과 역할연습을 하고, 집에 가서 이 기법을 사용하면 된다.

K: 의자에 앉아 있을게요.

M: 그래. 선생님, 그렇게 해도 되는 거죠?

C: 네, 괜찮아요. 이제 일곱 가지 규칙에 대해 설명해 주세요.

M: 자, 기억하지? 5분 동안 발은 바닥에, 의자에 똑바로 앉고, 눈은 벽을 보고, 말하지 말 고, 어떤 소리도 내면 안 돼.

C: 그리고 의자가 넘어가지 않도록 하고, 손을 무릎에 놓고, 엉덩이를 의자에 딱 붙게 앉

아야 해. 자, 어머님, 케빈이 이 규칙들을 다 이해했으면, 매번 타임아웃을 할 때마다 반복하실 필요는 없어요. 하지만 케빈에게 규칙들을 충분히 설명해 주어야 왜 자신이 1분 추가되는 벌을 받는지 알 수 있어요. 그리고 아까 말씀드린 대로 어떤 부모님들은 이 규칙을 종이에 적어서 의자 앞 벽에 붙여 두기도 해요. 그래야 이 규칙들이 일종의 서면 계약이 되니까요. 자, 어머님. 케빈이 의자에서 잘하고 있나요?

M: 아니요. 케빈이 눈을 감았어요.

C: 아, 그럼, 거기에 대해 지적해 주세요.

M: 케빈, 눈을 뜨고 있어야지.

C: 만약 케빈이 규칙을 어기면 1분 추가하는 거 아시죠?

M: 너 눈을 감았어. 케빈, 1분 추가할게. 괜찮지?

C: 근데, 제가 한 가지 발견한 게 있는데요. 원래 집에서도 그러시는지 모르겠지만, 케빈에게 지시를 하실 때 질문하듯이 지시를 하시네요. 질문하지 마시고 지시를 하셔야 해요. 그리고 지시하시면서. 끝에 "괜찮지?"라는 질문도 하지 마시고요.

M: 네.

C: 케빈이 어머님의 지시사항에 동의하는 게 중요한 게 아니에요. 중요한 건, 케빈이 어머님의 지시를 따르는 거예요. 그리고 질문하듯이 지시를 하시면, 케빈은 '아, 엄마 말을 안 들어도 되는구나.'라고 생각할 수 있어요. 아니면, '아니, 엄마, 안 괜찮아.'라고 생각할 수도 있고요. 어머님이 "괜찮지?"라고 물어보시면 마치 케빈에게 지시사항에 동의하는지 아닌지 물어보는 것처럼 들려요. 그렇게 하시면 안 돼요. 지시는 지시처럼 들려야 해요, 그리고 한 가지 더 추가하자면, 지시를 하신 후 마지막에 목소리 톤을 올리지 마시고, 내려 주세요.

M: 네. 알겠어요. 제가 지시를 잘 못해요. 선생님이 말씀하신 대로 할 수 있다면 정말 효과가 있을 거 같네요.

C: 네. 저도 그렇게 생각해요. 케빈이 되게 잘하고 있네요. 이제 거의 시간이 끝나가요.

M: 케빈, 이제 여기로 와 줄래?

C: (어머니에게 모델링을 하며) 케빈, 여기로 와.

M: 아, 참. 케빈, 여기로 와. 이제 할머니 집에 가도 문제 안 일으킬 거지? 맞지? "맞지?"라고 말해도 되나요?

C: 네. 괜찮긴 하지만. 더 나은 표현은 "이해하지?"예요.

M: 이제 우리가 슈퍼마켓에 가면 어떻게 행동해야 하는지 알겠지? 불평하지 말고 떼쓰

지 말아야 해.

K: 응. 그런 거 같아.

C: "그런 거 같아."는 충분하지 않아요.

M: 네.

C: '네' 혹은 '아니요'라고 답하도록 질문해 주세요.

M: 선생님이면 어떻게 하시겠어요?

C: 저 같으면 케빈, 내 질문에 '네' 혹은 '아니요'라고 답해. "그런 거 같아"는 충분한 답이 아니야.

K: 아니요.

M: 음.

C: 나랑 슈퍼마켓에 같이 가든지 아니면 5분간 더 타임아웃 의자에 앉아있어야 해. 선택해.

K: 슈퍼마켓에 같이 갈게요.

C: 좋아요. 어머니, 이제 케빈은 더 이상 이 의자에 앉고 싶지 않아요. 이 기법을 집에서 사용하는 것에 대해 어떻게 생각하세요? 준비가 되셨나요?

M: 네, 실제로 하다 보면, 질문도 생기고 어려운 점도 있겠지만요.

C: 좋아요. 질문이나 어려운 점이 생기면 그때그때 해결하면 돼요. 지난번에 제가 드린 차트를 계속 사용해 주세요. 다음 주 회기에서는 차트를 같이 보면서 이 기법이 얼마나 효과적이었지 논의해 볼게요.

케빈과 어머니는 일주일 후에 다시 상담에 왔고, 타임아웃이 얼마나 효과적인지 그리고 수정이 필요하지 않은지에 대해 논의했다. 어머니가 실제 집에서 타임아웃을 실시했기 때문에 질문과 정교화해야 할 부분이 있었다. 따라서 상담전문가는 지속적으로 어머니에게 자문을 제공해야 한다. 타임아웃이 효과가 없는 이유 중 하나는 이 기법이 일관적으로 혹은 의도한 대로 사용되지 않기 때문이다.

C: 자, 저는 오늘과 같은 회기를 문제 해결 회기라고 불러요. 오늘은 케빈의 행동에 어떤 변화가 있었는지, 그리고 타임아웃이 어떻게 사용되고 있는지 얘기해 볼 거예요.

M: 네. 지난주 내내 케빈의 행동들을 차트에 기록했고, 그 차트와 2주 전의 차트를 비교해 봤어요. 확실히 케빈의 문제 행동이 줄어들었어요. 하지만 제가 기대했건 것

보다는…….

C: 기대했던 것보다는? 아니면 원하는 것보다는?

M: 음. 아니면 이 정도가 다인지도 모르겠네요.

C: 타임아웃이 더 효과적일 거라고 기대하신 거예요?

M: 네. 그랬던 거 같아요. 그리고 실제로 타임아웃을 사용해 보니까 생각보다 더 어렵더라고요.

C: 네, 분명한 건 타임아웃이 케빈이 보이는 행동과 같은 행동을 감소시키는 데 매우 효과적이라는 거예요. 타임아웃이 기대했던 것보다 효과를 내지 못하고 있을 때는 몇 가지를 수정하면 돼요. 자, 좀 더 구체적으로 어떤 점이 어려웠는지 얘기해 주실래요? 생각했던 것보다 더 어려웠다고 하셨죠?

M: 네. 흠. 일단 어렵지 않았던 것을 먼저 말씀드리고, 어려웠던 점에 대해 얘기할게요.

C: 네. 좋아요. 그럼, 먼저, 잘된 점부터 말씀해 주세요.

M: 선생님이 타임아웃 의자는 매우 지겨워야 한다고 강조하셨잖아요. 제 생각에는 케빈이 타임의자에 앉았을 때와 그렇지 않을 때 확실히 다른 경험을 하도록 제가 설계를 잘한 거 같아요. 예를 들어, 시간이 다 돼서 케빈이 타임아웃 의자에서 나와 제 지시를 잘 따르면 즉시 칭찬을 했어요. 반대로 타임아웃을 하는 동안에는 어떠한 정적 강화도 주지 않았어요.

C: 좋아요. 아주 잘 하셨어요.

M: 네. 노력했어요. 그리고 케빈에게 지시를 따를지 아니면 타임아웃 의자에 앉을지에 대해 선택하도록 했어요. 그렇게 하니까 케빈이 타임아웃 의자에 앉기를 선택했을 때 제가 미안해할 필요가 없더라고요.

C: 네. 아주 중요한 부분이에요! 잘하셨어요.

M: 그런데, 제가 잘 못하겠는 게 케빈이 타임아웃 의자에 앉아서 규칙을 어기면 너무 화가 나요.

C: 그러니까, 케빈이 조용히 앉아 있지 않으면 감정적이 되시는 거예요?

M: 네. 케빈이 규칙을 어기면 우리는 일종의 파워 게임 같은 걸 해요.

C: 파워 게임이라는 게 무슨 뜻이에요? 좀 더 설명해 주세요.

M: 예를 들어, 케빈이 바닥에 발을 붙이지 않고 조용히 있지 않아서 제가 1분을 더 추가하겠다고 말했어요. 그런데도 케빈이 규칙을 따르지 않는 거예요. 그래서 "그래, 그럼 1분을 더 추가할게."라고 말했더니 불평을 하고 말대답을 하더라고요. 그러다 보

니 저도 화가 나고, 그래서 1분을 더 추가했어요. 그러고는 너무 시간을 많이 추가했나 하는 후회가 되고, 그래서 케빈에게 왜 그랬는지 설명했어요. 타임아웃을 하려는데, 너무 많은 시간과 에너지가 소요되는 거 같아요.

C: 네. 이해가 됩니다. 제 생각에 여기서 가장 문제는, 케빈이 타임아웃 의자에 앉아 있을 때 어머님이 케빈과 대화를 나누고 화를 내시고 하니까 그 의자가 별로 지겹지 않게 됐다는 거예요. 어쩌면 케빈은 나름 의자에 앉아 있는 걸 즐기고 있을 수도 있어요. 다른 많은 부모님도 이 기법을 사용하실 때 비슷한 어려움을 겪어요. 힘들겠지만, 중요한 건 케빈이 타임아웃 의자에 앉아 있을 때는 최대한 케빈과 대화하지 말아야 한다는 거예요. 케빈이 타임아웃 의자에 앉아 있을 때, 케빈과 어머님이 주로 어떤 대화를 하는지 보여 주실 수 있어요? 케빈?

K: 네. 제가 타임아웃 의자에 앉으면 되는 거죠?

C: 응. 맞아.

M: 케빈은 타임아웃 의자에 앉으면, 곧 다리를 흔들고, 의도적으로 눈도 감아요.

C: 자. 케빈, 어머님이 말씀하신 것 중에 하나를 해 줄래? (케빈은 얼굴이 찌그러질 정도로 눈을 세게 감음)

M: 케빈, 눈을 감고 벽을 봐야 해. 눈을 뜨지 않으면 1분을 더 추가할 거야. 그래, 케빈, 네가 눈을 뜨지 않아서 1분을 추가했어.

C: 알겠어요. 그럼, 케빈이 불평을 하고 말대답을 한다는 거죠? 그럼, 어머님은 설명을 하려고 노력하시고요?

M: 네.

C: 좋아요, 케빈, 고마워. (어머니를 쳐다보며) 아까 말씀하신 것처럼, 케빈이 타임아웃 의자에 앉아 있는 동안 어머님이 케빈과 대화를 하시네요. 이런 대화가 케빈에게는 재미를 주고, 한편으로는 자신에게 선택권이 있다고 생각하도록 만드는 거 같아요. 이 문제를 해결할 수 있는 몇 가지 방법을 알려드릴게요. 이 중에 가장 편안한 방법을 선택하시면 돼요.

M: 좋아요.

C: 지난주에 제가 역할연습할 때, 1분을 추가하면서 간단하게 "내가 바닥에 발을 붙이라고 했잖아. 1분 더 추가할 거야."라고 강하고 명확하게 말한 거 기억하세요? 그렇게 해야 케빈은 이게 협상 가능하지 않다는 걸 알 수 있어요. 그리고 어머님은 경고를 하시던데, 타임아웃을 하는 동안에는 경고란 없어요. 경고는 타임아웃을 시작하기 전에

주는 거예요. 케빈은 타임아웃이 시작되면 7개의 규칙을 지켜야 한다는 걸 알고 있어요. 그리고 케빈이 한 개의 규칙을 어기면 1분이 추가되고, 또 다른 규칙을 어기면 1분이 더 추가된다는 것도 알고 있고요.

M: 좀 전에 선생님이 말씀하신 것보다 더 짧게, "1분 추가야."라고만 말해도 되나요?

C: 왜 그걸 물어보세요?

M: 선생님이 말씀하셨다시피, 어차피 케빈은 규칙을 어기면 1분이 추가된다는 걸 알고 있으니까요.

C: 네. 맞아요. 케빈이 왜 1분이 추가된 건지 모른다면, 타임아웃이 끝나고 설명해 줘도 돼요. 그리고 케빈이 타임아웃 의자에 앉아 있을 때 어머니가 케빈과 전혀 대화를 하지 않는 게 어려운 거 같으니, 한 가지 더 제안을 드릴게요. 케빈이 타임아웃을 받는 동안, 케빈이 확실히 볼 수 있는 타이머를 사용해 보세요. 만약 케빈이 규칙을 어기면, 아무 말하지 말고 타이머에 1분을 더 추가하세요. 케빈이 타이머를 볼 수 있으니 1분이 추가됐고, 왜 그런지 알 거예요. 또 다른 방법은 손가락을 사용하는 거예요. 이것도 비슷하게, 케빈이 규칙을 어기면 아무 말도 하지 말고 손가락으로 1분이 추가됐음을 알려 주는 방법이에요. 이런 방법을 사용하면 케빈이 타임아웃을 받는 동안 대화를 하거나 경고를 줄 필요가 없어요.

M: 네, 전 1분이 추가될 때마다 손가락으로 표시하는 방법이 좋을 거 같아요.

C: 네, 그 방법을 사용하면 어머니와 케빈은 파워 게임을 하지 않을 거예요. 그럼 한 번 더 역할연습을 해 볼까요?

케빈과 어머니는 2주 후에 상담에 왔다. 상담전문가는 그동안 어떤 변화가 있었는지 살펴보고, 필요하다면 구체적인 도움을 제공한다.

C: 2주 만에 뵙네요. 지난번 회기에서 타임아웃을 사용할 때 기억해야 할 몇 가지 사항에 대해 알려드렸는데, 어땠어요?

M: 케빈, 네가 말씀드릴래? 아님 엄마가 먼저 말할까?

K: 저 잘하고 있어요!

M: 케빈은……

C: 잠시만요. 케빈, "잘하고" 있다는 게 무슨 뜻이야?

K: 딱 두 번 타임아웃 의자에 앉았어요

C: 2주 동안 두 번 밖에 안 앉았다고? 농담하는 거 아냐? 2주 동안 두 번? 정말?

M: 네, 정말 놀라워요. 놀라워요.

C: 좀 더 얘기해 주세요.

M: 음, 일단. 이제 저랑 케빈 사이에 감정 싸움이 없어요. 제가 지시를 하면, 케빈은 지시를 따르는 것과 따르지 않는 것 중 한 가지를 선택해요. 그리고 타임아웃 의자에 앉으면 대부분의 규칙들을 따랐어요. 딱 한 번 규칙을 한 개 어겨서 제가 손가락으로 1분이 추가되었다고 알렸어요. 저는 화가 나지 않았고, 케빈도 이해했어요. 타임아웃 시간이 끝나면 모든 게 다시 정상으로 돌아오고, 케빈은 지시를 잘 따랐어요. 케빈은 정말 타임아웃 의자를 피하고 싶어 해요. 너무 지겨우니까 지시를 따르더라고요.

C: 네. 이게 우리가 이야기한 대로, 억제 기능을 하는 거네요?

M: 네. 타임아웃을 두 번 사용했을 때, 둘 다 케빈이 되게 피곤한 상태였어요. 그래서 그런지 평소보다 더 고집을 부리고 반항을 했어요. 그래서 타임아웃을 사용했고, 효과가 있었어요.

C: 케빈, 타임아웃 의자에 앉고 싶지 않은 거야? 구체적으로, 왜 그 의자에 앉고 싶지 않은지 말해 줄래?

K: 똑바로 앉아 있어야 하잖아요. 차라리 엄마가 처음에 하라고 했던 걸 하는 게 나아요.

C: 케빈, 지난 2주 동안 너무 잘한 네 자신이 자랑스럽지 않니?

K: 문제를 일으키지 않았다는 게 좋고 재미있었어요.

M: 예전보다 너무 평화로워요. 부모로서 통제감을 느낀다는 게 좋아요.

📖 타임아웃의 유용성과 평가

타임아웃은 떼쓰기, 손가락 빨기, 공격성 등을 포함한 다양한 문제 행동을 감소시키기 위해 사용되고 있다. 이 기법은 방해하는 행동을 하는 지적장애 아동(Fox & Shapiro, 1978), 특수교육을 받고 있는 아동(Cuenin & Harris, 1986), 식사하는 동안 바람직하지 않은 행동을 하거나(Spindler, Barton, Guess, Garcia, & Baer, 1979) 자해 혹은 공격성을 보이는 아동(Matson & Keyes, 1990), ADHD 진단을 받은 아동(Reid, 1999) 그리고 반항적인 아동(Erford, 1999; Reitman & Gannon, 1988)에게도 사용된다. 타임아웃은 학교에서 학생들의 다양한 문제 행동을 감소시키는 데도 효과적인 것으로 나타났다. 이 기법은 일반 학교뿐만 아니라 특수학교에서도 유사하게 효과적인 것으로 확인되었다(Ryan, Peterson, & Rozalski, 2007). 타임아웃은 부모훈련 혹은 부모관리 프로그램에서도 사용되는데, 부모로 하여금 덜 엄격한 개입부터 더 엄격한 개입까지 자녀교육에 사용할 수 있도록 훈련시킨다(Kazdin, 2005).

여러 요인이 타임아웃의 효과성에 영향을 미친다. 특히 타임아웃을 실시하는 개인과 관련한 요인이 중요하다. 또한 Erford(1990)는 대부분의 아동이 지겨운 걸 싫어하기 때문에 타임아웃 대신 지시를 따르는 것을 선택한다고 말했다. 타임아웃 환경에 시각적·청각적 자극이 전혀 없어야 아동이 타임아웃을 받는 동안 정적 강화를 받지 않게 된다.

많은 경험적 연구를 통해 타임아웃이 자기조절 문제가 있는 아동에게 효과적이라는 결과가 보고되었다. Ruth(1994)는 다른 여러 개입과 함께 타임아웃을 사용하였고, 그 결과, 타임아웃이 심리적 어려움이 있는 학생들의 행동과 학업 노력에 긍정적인 영향을 미치는 것으로 나타났다. Barton, Brulle과 Repp(1987)은 타임아웃이 지적장애가 있는 학생들의 자기조절 능력을 향상시킨다는 결과를 보고하였다. 또 다른 연구에서는 타임아웃이 4세 아동의 부적절하고 반항적인 행동들 감소시키는 데 효과적이라는 결과가 확인되었다(Olmi, Sevier, & Nastasi, 1997). 타임아웃은 형제 간의 공격성을 감소시키는 데도 효과적인 것으로 밝혀졌다(Olson & Roberts, 1987). 타임아웃은 아동으로 하여금 스스로 진정하는 방법과 어렵고 좌절스러운 상황에 대처하는 방법을 가르쳐 주기 때문에 정서적으로 어려움이 있는 아동의 행동과 부모-자녀 관계를 향상시킨다(Kazdin, 2005). 이러한 이유로 타임아웃은 자녀훈육을 위한 효과적인 개입으로 사용되고 있다(Morawska & Sanders, 2010). Tingstorm(1990)은 교사의 관점에서 타임아웃이 어떤 행동을 감소시키는 데 유용한지 살펴보았고, 그 결과, 타임아웃이 심각한 행동을 다루는 데 효과적인 것으로 확인되었다. Erford(1999)는 타임아웃의 효과성을 높이기 위해 타임아웃과 함께 바람직한 행동을 가르치기 위한 정적 강화를 사용하라고 권유하였다.

타임아웃의 주요 문제 중 하나는 타임아웃이 가끔 악용된다는 점이다(Betz, 1994). Betz는 심각한 문제가 있을 때 마지막 수단으로 타임아웃을 사용하기를 제안하였다. 타임아웃을 지지하지 않는 사람들은 타임아웃이 "문제 행동을 다루는 데 있어 적절한 방법이 아니다. 이 기법은 아동의 웰빙과 부모-자녀 관계에 부정적인 영향을 미치기 때문에 이차적인 문제 행동을 유발한다."(Haimann, 2005, p. 1)라고 비판한다. 타임아웃이 효과적이기 위해서는 타임아웃 의자가 아동이 퇴출되는 환경보다 더 흥미로워서는 안 된다. 만약 더 흥미롭다면, 아동은 일부러 타임아웃을 당하기 위해 문제 행동을 할 것이다(Bacon, 1990).

타임아웃은 자폐 아동에게 효과적이지 않을 수 있는데, 그 이유는 이들은 (타임아웃의 결과로) 사회적 접촉이 감소되는 것을 싫어하지 않기 때문이다. 타임아웃의 효과성을 감소시키는 요인들로는 과도하게 너무 자주 사용함, 문제 행동이 나타난 후 너무 늦게 사용함, 규칙을 지키는지 확인하지 않음, 아동에게 소리를 지름 등이다. 타임아웃을 사용하는 성인은 현실적이어야 하고, 타임아웃이 모든 문제를 해결할 수 없다는 점을 기억해야 한다. 특히 타임아웃은 자주 사용되어서는 안 된다(Spencer, 2000). 타임아웃은 미래의 문제 행동을 지연시키는 기능을 한다.

타임아웃의 법적 · 윤리적 시사점을 이해하는 것도 중요하다. Yell(1994, p. 295)은 학교에서 타임아웃을 사용할 때의 지침을 다음과 같이 제시하였다. 타임아웃과 관련한 법을 확인하라. 타임아웃 사용에 대해 서면으로 작성하라. 타임아웃을 사용하기 전에 허가를 받아라. 특수아동을 대상으로 하는 경우, 개별화 교육 프로그램 팀과 상의하여 타임아웃의 사용 여부를 결정하라. 타임아웃이 타당한 교육적 기능을 하는지 확인하라. 타임아웃이 합리적인 방법으로 사용되고 있는지 기록하라.

제**39**장

반응 대가

📖 반응 대가의 기원

반응 대가(response cost)는 벌을 기반으로 한 조작적 조건 기법으로 특정 행동을 감소시키기 위해 긍정적인 자극을 제거하는 방법이다(Henington & Doggett, 2010). 반응 대가(혹은 대가 조건화)의 예로는 벌금, 교통 위반 범칙금, 혹은 미식 축구의 야드 벌칙 등이 있다. 이 기법에서는 종종 포인트나 토큰 체계를 활용해서 개인이 바람직하지 않은 행동을 하면 포인트나 토큰을 빼앗는다. 아동이 긍정적인 행동을 하면 포인트를 얻고, 바람직하지 않은 행동을 하면 포인트를 잃는다. 그리고 정해진 기간이 되면, 벌어 둔 포인트를 사용해서 보상을 받는다(Curtis, Pisecco, Hamilton, & Moore, 2006). 반응 대가는 외적·내적으로 관리될 수 있다. 외적으로 관리되는 경우에는 교사, 부모 혹은 다른 훈련받은 사람이 긍정적인 자극을 제거하는 반면, 내적으로 관리 혹은 자기가 스스로 관리하는 경우에는 내담자 자신이 긍정적인 자극을 제거한다.

반응 대가는 상, 포인트(토큰), 타임아웃 등과 함께 사용될 때 더욱 효과적이다. 이 기법은 가정, 집, 교실 혹은 운동장 등에서 용이하게 사용될 수 있다(Keeney, Fisher, Adelinis, & Wilder, 2000). Borrego와 Pemberton(2007)에 따르면, 미국에서 행동 관리를 목적으로 가장 많이 사용되고 있는 여섯 가지 기법 중 부모들에게 가장 인기가 많고 수용 가능한 기법이 반응 대가였다. 반응 대가는 한 사람에 의해 모니터링될 수 있고, 시간이나 비용이 거의 들지 않는다.

📖 반응 대가를 사용하는 방법

일반적으로 반응 대가는 학령기 아동에게 사용된다. 이 기법을 사용하기 전에 해야 할 세 가지 단계가 있다. 첫째, 문제 행동을 정하고 한 번에 한두 개의 행동에 초점을 맞춰야 한다. 둘째, 문제 행동에 대한 벌이나 대가를 정한다. 포인트나 토큰이 많이 사용하기는 하지만, 가능하다면 대가는 자연스럽고 논리적인 결과여야 한다. 셋째, 프로그램을 시작하기 전에 내담자에게 대가가 무엇인지 알려 준다. 대가 목록이나 행동 계약을 사용할 수도 있다.

반응 대가 프로그램을 구성하기 위해서는 많은 것을 고려해야 한다. 가장 중요한 요소는 개인이 소거의 대상인 문제 행동을 하면 긍정적인 자극을 잃어야 한다는 것이다. 이 프로그램을 시작하기 전에 먼저 문제 행동의 빈도를 관찰해야 한다. 상담전문가는 시작할 때 내담자에게 일정량의 포인트를 줄 것인지의 여부를 결정해야 한다. 정적 강화를 통해 포인트를 벌 수 있게 할 수도 있고, 다른 자극 제거 기법(예: 휴식시간을 1분 줄임)을 사용할 것인지 결정한다. 마지막으로, 만약 포인트나 토큰 체계를 사용한다면, 정해진 시간 혹은 하루 혹은 한 주가 끝날 때 보상을 주어야 한다. 정해진 시간이 끝났을 때 내담자에게 토큰이 남아 있다면, 보상이 주어진다. 만약 토큰을 모두 다 잃었다면, 보상이 주어지지 않는다.

반응 대가의 효과성을 높이기 위한 몇 가지 지침이 있다(Walker, Colvin, & Ramsey, 1995). 반응 대가는 바람직한 행동을 강화시키기 위한 정적 강화와 함께 사용되어야 한다. 개인의 긍정적인 행동은 자주 칭찬받아야 한다. 또한 바람직한 행동이 나타날 때마다 즉시 적용되어야 한다. 개인은 부정적인 포인트를 쌓을 수 없고, 버는 포인트와 잃은 포인드의 비율은 통제되어야 한다.

토큰이 얼마나 남아 있는지를 모니터링하는 것도 중요하다. 내담자가 3~5일 연속으로 보상을 받으면, 토큰의 수를 줄이는 것이 좋다. 예를 들어, 매일 15개의 토큰을 주고 하루를 시작하는데, 첫째 날은 토큰 5개가 남고, 둘째 날은 7개가 남고, 셋째 날은 8개가 남는다면, 상담전문가는 다음 날 6개 혹은 7개의 토큰만 주고 하루를 시작한다. 이 과정은 토큰이 1개가 남을 때까지 계속된다. 이 방법은 일종의 페이딩(fading, 점차 사라짐) 절차를 가지며, 반응 대가의 효과성을 평가하는 지표로 사용된다. 만약 일주일 동안 내담자가 한 개의 토큰도 잃지 않는다면(예: 부적절한 행동을 전혀 하지 않음), 개입을 중지한다.

📖 반응 대가의 예시

　　사만다(Samantha)는 9세로, 부모와 상담전문가의 도움으로 이미 많은 진전을 보였다. 지금까지, 사만다의 부모님은 사만다가 침실 정리를 하고, 숙제를 하고, 식탁 예절을 지키면, 일관적으로 칭찬과 보상을 통해 정적 강화를 하였다. 또한 사만다가 부모의 지시나 규칙을 따르지 않으면, 벌을 기반으로 하는 지연조건화 타임아웃도 사용하였다. 이번 회기에서 사만다와 부모는 이미 사용하고 있는 기법으로 줄지 않고 있는 문제 행동에 대해 논의했다.

> 상담자(C): 어머님, 이번에 상담 약속을 잡으려고 전화하셨을 때. 타임아웃이나 정적 강화 기법으로 해결되지 않는 사만다의 행동이 있다고 하셨어요.
>
> 어머니(M): 네, 선생님에게 좋은 아이디어가 있었으면 좋겠어요.
>
> C: 네. 우리 같이 고민하면 좋은 아이디어를 찾을 수 있을 거예요.
>
> M: 네. 다행이에요. 그렇게 말해 주시길 바랐어요. 사만다는 너무 잘하고 있어요. 먼저, 그 점을 강조하고 싶어요. 근데 조금 문제가 있는데, 징징대서 이걸 그냥 간과할 수 없을 거 같아서요.
>
> C: 아, 징징댄다고요? 네, 그걸 간과하기 쉽지 않죠. 간과할 필요도 없고요. 또한 집 밖에서 징징대면 사람들이 안 좋게 생각하잖아요. 저도 사만다를 위해 이 문제를 다루는 것이 중요하다고 생각해요.
>
> 사만다(S): 그리고 소리 지르는 거…….
>
> M: 너는 징징대는 것만큼 소리를 지르지는 않아. 넌 그렇게 소리를 지르는 아이는 아니야.
>
> S: (징징대는 목소리로) 하지만 난 소리 지르는 행동을 줄이고 싶어.
>
> M: 제가 무슨 말 하는지 아시겠죠?

C: 네. 알겠어요. 네. 그게 징징대는 거죠. 아버님은 어떠세요? 사만다가 고쳐야 하는 행동이 징징대는 행동인가요?

S: 네. 아빠한테 물어보세요.

C: 아버님?

아버지(D): 네. 징징대는 거랑 말대답하는 거요.

C: 그 두 행동을 하나로 볼 수도 있지만, 두 행동을…….

M: 구분하는 게.

C: 네. 구분하는 게 더 나을 거 같아요. 그리고 사실 한 번에 한 행동씩 고치는 게 좋아요. 가장 고쳐야 할 행동이 뭔지 결정하는 게 좋을 거 같은데요. 자, 어머님, 아버님, 징징대는 거랑 말대답하는 것 중 어떤 행동부터 시작할까요?

D: 징징댄다는 게 우리가 지시를 할 때 징징대는 걸 말하는 거야? 아니면 일반적으로 징징대는 걸 말하는 거야?

M: 우리가 지시할 때…… 우리가 지시를 할 때 사만다가 징징대잖아.

D: 그럼, 우리의 지시에 대한 반응이네. 징징대는 게 일종의 말대답하는 거 아니야?

C: 두 분이 원하신다면, 일반적인 징징댐이 아니라 부모님이 지시하실 때 징징대는 행동만을 목표로 할 수 있어요. 즉 감소시킬 목표 행동을 부모님이 지시하실 때 사만다의 징징대는 행동으로 정의하는 거죠. 다만, 이렇게 목표 행동의 범위를 좁히면, 개입의 대상도 좁아지기 때문에 부모님의 지시에 대한 사만다의 징징대는 반응만 감소하고, 다른 상황에서 사만다의 징징대는 반응은 감소하지 않을 거예요. 두 분이 그걸 원하시지는 않을 거 같은데요. 일반적인 징징댐을 목표로 하는 게 더 효과적이고 덜 혼란스러울 거 같아요. 어떻게 생각하세요?

M: 네. 그렇게 범위를 좁힐 이유가 없을 거 같아요. 지시에 대한 징징거림이 아니더라도 징징거림은 징징거림이니까요.

C: 아버님? 동의하지 않으셔도 돼요. 어떻게 생각하시는지 솔직하게 말씀해 주세요.

D: 음, 사만다와 최근에 있었던 일에 대해 생각해 봤어요. 말대답을 할 때마다 징징댔지만 징징댈 때마다 말대답을 한 건 아니었어요. 네, 일반적인 징징댐을 목표로 하는 것에 동의해요.

C: 좋아요. 그럼 일반적인 징징댐으로! 자, 이제 결정해야 하는 게 징징댐을 어떻게 정의할지예요. 물론, 누구나 징징댐이 무엇을 의미하는지 알겠지만, 구체적으로 징징댐을 어떻게 정의할지에 대해 합의를 해야 돼요. 어머님과 아버님이 똑같이 징징댐을 정

의하는 게 중요하거든요.

M: 네. 맞아요.

C: 자, 그럼, 어머님이 먼저, 사만다가 징징댈 때 어떤 행동을 하는지 몇 가지 예시를 들어 주실래요? 자, 모두가 집중해서 들어 보죠! 어머님?

M: 네, 음, 한 가지 예를 들자면, 제가 "사만다, 우리 다 같이 여행을 가려고 해. 너도 당연히 우리랑 같이 가는 거야."라고 말하면, 사만다는 즉시 "나 안 가고 싶어. 나 안 가고 싶어. 싫어. 나 가기 싫다고. 싫다고. 나 데려가지 마. 데려가지 마. 데려가지 마. 싫어."라고 말해요. 얼굴 표정, 목소리, 심지어 서 있거나 앉아 있는 자세도 달라져요.

D: (웃으며) 당신 엄청 잘하네. 사만다처럼 목소리도 진짜 높아졌어.

C: 네, 정말 리얼하게 하셨어요. 아버님 사만다가 징징거릴 때 목소리가 높아지나 봐요.

D: 네.

C: 자, 사만다? 네가 한번 보여 줄래? 엄마가 같이 여행 가자고 했을 때 어떻게 반응했어? 네가 어떻게 징징대는지 보고 싶어.

S: 아. 되게 쉬워요. 엄마! 싫어, 싫어, 싫어, 나 여행 가기 싫어요. 난 여행이 싫어요. (몸을 축 늘어뜨리며 우는 듯한 소리를 냄)

C: 아, 네 얼굴 표정과 몸짓이 어떻게 달라지는지 알겠어. 좋아, 그럼, 사만다, 똑같은 여행 상황에서 징징거리지 말고 엄마한테 반응해 볼래?

S: 어떻게 하는지 모르겠어요.

C: 음. 그럼, 네가 나라고 가정해 봐. 엄마가 "우리 다 같이 여행을 가려고 해."라고 말씀하셨을 때, 네가 나라고 가정하고 엄마한테 반응해 봐. 네가 어른이라고 가정하고, 어떻게 반응할 수 있을까?

S: (킬킬거리며 의자에서 일어나 손을 무릎에 둠. 다시 한번 킬킬거린 후 목을 가다듬고) 나 없이 엄마 아빠가 여행을 갔으면 좋겠어요. 나는 가고 싶지 않아요.

D: 귀엽다. 사만다. 늘 그렇게 할 수는 없는 거야?

C: 사만다, 지금 보니, 너는 뭐가 징징거림이고 뭐가 아닌지를 완벽하게 이해하고 있네. 특히 징징대지 않고 어떻게 부모님께 반응하는지 알고 있어.

S: 앗. 들켰다!

C: 사만다는 징징거릴 때 애원하고, 보통과 다른 목소리로 말하고, 단어를 반복해서 말하네요. 다 동의하시나요? 뭐가 징징거림인지 아닌지 다 이해하셨어요?

M: 사만다, 네가 좀 전에 한 대로 징징대지 않고 의견을 말하면, 우리는 대화를 할 수

있어.

D: 아니면, 다른 제안을 할 수도 있어. 네가 징징대지 않고, 좀 더 어른스럽게 말한다면……

S: (깊은 호흡을 하고, 여러 번 머리로 의자 뒤를 치면서) 나는, 나는 아니야. 나는 할 거야. 나는 안 할 거야. 나는 해. 나는 안 해.

C: 자, 사만다, 너는 어른스럽게 반응할 수 있다는 걸 우리에게 보여 줬는데, 지금은 다시 어린아이 같이 징징대고 있어.

S: (징징대는 소리를 냄)

C: 맞아. 그렇게. 이제 네가 좀 더 어른스럽고 예의 바르게 반응할 수 있도록 우리가 도와줄게.

상담전문가는 사만다의 부모님으로 하여금 목표 행동을 선정하도록 돕고, 구체적으로 모두가 합의할 수 있는 방향으로 목표 행동을 정의하였다.

C: 이제 우리는 징징대는 행동을 목표로 세웠고, 어떤 행동이 징징되는 행동인지 아닌지에 대해서도 합의했어요. 오늘 알려 드릴 기법은 징징대는 행동 같은 행동을 없애는 데 매우 효과적인 반응 대가 기법이에요. 간단하게 말하면, 이 기법은 정적 강화와 반대예요. 아시다시피, 정적 강화는 사만다가 적절한 행동을 할 때마다 긍정적인 자극을 제시하는 거잖아요. 지금부터는 반응 대가를 어떻게 사용하는지에 대해 자세하게 말씀드릴게요. 오늘 회기가 끝날 때쯤에는 이 기법을 어떻게 사용하면 되는지 아시게 될 거예요. 일단 이 기법을 사용하시기 전에, 앞으로 며칠 동안 사만다가 하루에 몇 번 징징대는지 기록해 주세요. 이런 기록이 왜 중요한지는 조금 이따 설명드릴게요.

M: 지난번에 차트에 기록한 것처럼, 이번에는 징징대는 행동을 기록하라는 거죠?

C: 네. 맞아요. 하루에 몇 번 그리고 몇 시에 징징대는지 기록해 주시면 돼요.

M: 네, 그렇게 할게요.

C: 좋아요. 자, 음…… 어디서부터 시작할까요? 반응 대가는 선생님이 수업 첫날에 학생들에게 "내 수업에서는 모든 학생이 A+을 받고 시작해. 다만 A+를 유지하기 위해서는 열심히 노력해야 돼." 라고 공지하는 것과 비슷해요.

S: 그 선생님 마음에 들어요!

C: 그렇죠? 학생들에게 동기부여가 될 거예요. 이렇게 학기를 시작하면 학생들 기분도 좋고, A+를 유지하기 위해 최대한 열심히 해야겠다는 동기를 가지게 될 거예요.

M: 그럼, 사만다도 A+로 시작하는 건가요?

C: 완전히 그렇지는 않아요. 하지만 아이디어는 비슷해요. 자, 예를 들어, 앞으로 며칠 동안 사만다의 징징대는 행동에 대해 기록했더니, 음, 사만다가 하루에 평균 몇 번 정도 징징대는 행동을 하나요?

D: 20번!

S: 말도 안 돼!

M: 3~5번 정도요.

D: 네. 맞아요. 5번 정도인 거 같아요. (사만다가 아버지의 팔을 꼬집으며 장난치고 웃음)

C: 네. 확실히 알기 위해 앞으로 며칠 동안 기록해 주세요. 오늘은 반응 대가에 대해 설명드리기 위해 대략 3~5번 정도라고 가정할게요. 반응 대가는 바람직한 행동을 하면 긍정적인 것을 주거나 바람직하지 않은 행동을 하면 부정적인 것을 주는 것이 아니라, 바람직하지 않은 행동을 하면 긍정적인 것을 뺏는 거예요. 사만다의 경우에는 바람직하지 않은 행동은 징징댐이에요. 즉, 사만다가 징징댈 때마다 긍정적인 것을 뺏는 거죠. 자, 예를 들어, 긍정적인 것을 마커라고 부를게요. 나중에 무엇을 긍정적인 것으로 할지는 결정하면 돼요. 일단, 지금은 사만다가 징징대는 행동을 할 때마다 뺏앗을 긍정적인 것을 마커라고 부를게요. 이해하셨어요?

M: 네. 이해했어요.

C: 아버님?

D: 네. 저도요.

C: 네, 그럼, 이 기법을 사용하기 전에 왜 징징대는 행동이 몇 번, 언제 일어나는지 기록해야 하는지 설명해 드릴게요. 그 이유는 초반에는 낮은 기준을 설정해서 사만다가 성공할 가능성이 높도록 계획을 세우는 게 효과적이기 때문이에요. 만약 기준을 너무 높게 설정해서 사만다가 시작하자마자 모든 마커를 빼앗기면, 사만다는 자포자기하고 바람직하지 않은 행동을 그만둘 동기를 잃을 거예요. 아님 오히려 더 안 좋아질 수도 있어요. 아시겠죠? 아, 참, 한 가지 더요. 반대로, 매일 너무 마커가 많이 남아도 좋지 않아요. 마커가 너무 많으면 아이들은 열심히 하지 않으니까요. 즉, 너무 쉬워도 안 되고 너무 어려워도 안 되는 거예요. 이 기법을 사용하는 내내 적절한

기준을 세우는 게 중요해요.

M: 사용하는 내내?

C: 네. 시간이 지나면서, 사만다의 행동이 향상되면, 마커의 수를 점차 줄일 거예요. 예를 들어, 만약에 3~5일 동안 사만다가 한 개의 마커도 뺏기지 않는다면, 처음에 주는 마커의 수를 줄여야 해요.

M: 아, 네.

C: 자, 그럼, 사만다가 하루에 3~5번 징징대는 행동을 한다고 가정하면, 반응 대가를 사용하는 첫날에는 5개의 마커로 시작해요. 그리고 사만다에게 징징대는 행동을 덜 할수록 마커를 덜 뺏기게 된다는 점을 알려 줘요. 즉, 사만다의 목표는 가능한 한 많은 마커를 유지하는 거예요. 사만다가 징징대는 행동을 한 번 할 때마다 마커 한 개씩 뺏기는 거예요.

M: 그럼, 마커를 뭐로 할지 결정하면 되는 거예요?

C: 네. 원하시면 지금 이야기해 보면 좋을 거 같아요.

M: 네. 사실 계속 생각하고 있었는데, 아이디어가 하나 있긴 해요. 하지만 먼저 다른 사람들이 주로 뭘 사용하는지 알려 주실 수 있나요?

C: 네. 마커 자체가 보상이 될 수도 있고, 마커를 모으면 보상을 받게 할 수도 있어요. 예를 들어, 25센트 동전을 사용할 수 있어요. 첫날 5개의 25센트 동전으로 시작하는 거예요. 사만다가 그날 징징대는 행동을 4번 했다면 25센트 동전이 한 개 남게 되는 거죠. 한 개 남은 동전 자체가 보상이 되는 거예요. 어떤 부모님들은 돈 대신 젤리나 사탕을 사용하시기도 해요. 동전, 젤리, 사탕, 이것들이 마커의 역할을 하게 되고, 그 자체가 보상이 되는 거죠. 다른 방법은 마커를 모으면 보상을 받게 하는 거예요. 토큰 경제처럼요. 토큰이나 사탕막대기, 스티커 같은 걸 사용하는 거예요. 이런 것들 자체가 사만다에게 보상이 되지 않지만, 몇 개의 토큰을 모으면 사만다가 보상을 받을 수 있게 돼요. 이해가 되시나요?

D: 처음에는 복잡한 것 같이 들렸는데, 이제는 완전 이해했어요.

M: 저도 이해했어요.

C: 좋아요. 어머님, 마커로 뭘 사용할지 아이디어가 있다고 하셨죠?

M: 네, 스티커가 좋을 거 같다고 생각했어요.

C: 네. 아주 좋은 아이디어예요. 사용하기 안전하고 사만다가 가짜로 만들기 어려우니까 적절할 거 같아요.

M: 사만다가 스티커를 모으니까 스티커 자체가 보상이 될 수 있을 거 같아요. 사만다가 모으는 스티커는 단순한 별이나 스마일 모양이 아니라 진짜 예쁜 스티커들이거든요.

C: 네. 좋아요.

M: 아니면, 별 모양 스티커를 사용해서 사만다가 일정량의 별 스티커를 모으면 뭔가 보상을 받을 수 있게 할 수도 있을 거 같아요. (잠시 멈추고 생각함) 사만다, 너는 어떤 게 더 마음에 들어?

S: 엄마는 가끔 내가 원하지 않는 스티커를 골라.

M: 그건 맞아. 음. 제가 고르는 스티커가 사만다에게 보상이 안 될 수 있겠네요. 그냥 간단한 별모양 같은 스티커를 토큰처럼 사용하는 게 좋을 거 같아요. 사만다의 방 벽에 차트를 걸어서 사만다가 매일 몇 개의 스티커를 유지했는지 기록할게요. 이렇게 하는 게 맞아요?

C: 네. 맞아요. 그럼, 어떤 보상을 사용할지 논의해 볼까요?

D: 저는 사만다가 정해진 수의 스티커를 모을 때마다 선물을 사 주고 싶지는 않아요.

M: 저도 그래요.

C: 그럼, 활동이나 특권 같은 건 어때요?

M: 네. 좋아요. 예를 들어, 공원에 소풍을 가거나 잠옷 파티를 하거나, 아님 팝콘을 먹으며 사만다가 원하는 영화를 보거나 이런 것들을 목록으로 만들어서 사만다가 선택할 수 있게 하면 좋을 거 같아요. 사만다, 넌 어떻게 생각해?

S: (신나하며) 좋아! 아님 스파 파티!

C: 그게 뭐야?

S: 저랑 엄마랑 가끔 하는 건데요. 손톱과 발톱에 매니큐어도 바르고, 얼굴 마사지도 하고, 뭐 그런 건데. 제가 제일 좋아하는 거예요!

C: 다 좋은 아이디어예요. 벌써 사만다는 징징대지 않을 준비가 된 거 같아요. 이게 제일 중요해요. 사만다에게 보상이 정말 매력적으로 보여야 사만다가 징징대는 행동을 하지 않으려고 노력할 거예요. 그럼, 사만다가 좋아하는 활동으로 목록을 만들고, 사만다가 일정량의 스티커를 모으면 목록에서 한 가지 활동을 선택할 수 있게 하죠!

M: 네. 할 수 있을 거 같아요.

C: 한 가지만 더 말씀드릴게요. 사만다가 징징대는 행동을 할 때 어떻게 스티커를 뺐어야 하는지 말씀드리고 싶어요. 제가 아까 말씀드린 대로, 매일 아침마다 사만다에게 다음과 같이 상기시켜 주세요. "사만다, 오늘도 5개의 스티커로 시작할 거고, 너는 징

징대는 행동을 할 때마다 한 개의 스티커를 잃게 될 거야. 오늘도 최대한 스티커를 뺏기지 않도록 노력해 줘!" 그리고 사만다가 징징대는 행동을 하면, 즉시 스티커를 한 개 빼앗아 주세요. 그리고 "사만다, 너는 방금 우리의 규칙을 어겼어. 그래서 스티커 한 개를 잃은 거야. 이제 4개 남았어."라고 말해 주세요. 이 말을 할 때 최대한 간결하게, 감정 없이 말씀하시는 게 중요해요. 그리고 언제 징징대는 행동을 하는지, 그리고 하루에 스티커가 몇 개씩 남는지 매일 차트에 기록해 주시고, 사만다가 점점 스티커를 유지하는 데 성공하면, 아침에 시작하는 스티커 개수를 줄여 주세요. 예를 들어, 다음 날은 스티커 4개, 그 다음날은 3개. 이런 식으로 1개까지 줄여 주세요. 1개의 스티커로 하루를 시작한다는 건 하루에 한 번밖에 징징대는 행동을 할 수 없다는 뜻이에요. 그리고 사만다가 일주일 동안 매일 1개의 스티커를 유지한다면 이 기법은 성공한 거니까 중지하시면 돼요. 물론 원하신다면, 이 기법을 다른 문제 행동에 적용하셔도 돼요. 다만, 그럴 때는 이번에 한 것처럼, 문제 행동을 먼저 관찰하고 기록한 후, 구체적으로 정의하셔야 돼요. 많은 분이 이 기법을 사용할 때 너무 높게 기준을 잡는 실수를 하세요. 기준이 너무 높으면 아이들은 성공을 경험하지 못하고 보상을 받지 못하니까. "어차피 실패할 텐데 노력해서 뭐해."라고 생각하고 포기하거든요. 따라서 두 분이 판단하실 때, 사만다가 매일 5번 이하로 징징거리는 행동을 하는 것이 너무 어렵다면, 아침에 5번 그리고 오후에 5번 이런 식으로 수정하셔도 돼요. 그리고 며칠 후에 4번으로 줄이고 더 줄이고, 이렇게 사만다가 징징거리지 않을 때까지 줄여 나가면 돼요. 우리 모두 아이들이 매일 성공했다고 느끼길 바라잖아요. 우리의 목표는 아이들이 이런 개입 없이 적절하게 행동하고 자신의 행동에 책임을 지게 하는 거예요.

📖 반응 대가의 유용성과 평가

반응 대가는 오랫동안 개인, 소집단, 교실 전체의 행동을 관리하는 데 사용되어 왔다. Proctor와 Morgan(1991)은 청소년의 방해하는 행동을 감소시키기 위해 반응 대가 복권을 사용하였다. 학생들은 매일 아침 조회 시간에 5개의 티켓을 받고, 방해하는 행동을 할 때마다 티켓을 빼앗겼다. 그리고 종례 시간에 남아 있는 티켓 중에 당첨된 티켓의 주인공이 선물을 받았다. Salend와 Allen(1985)은 타인이 관리하는 반응 대가 프로그램과 자신이 관리하는 반응 대가 프로그램이 학습장애 학생들의 부적절한 수업 행동을 감소시키는 데 비슷하게 효과적이라는 결과를 보고하였다. 두 프로그램 모두 학생들의 의자에서 일어나는 행동과 말로 수업을 방해하는 행동을 크게 감소시킨 것으로 나타났다.

반응 대가는 과잉행동과 반사회적 행동을 보이는 아동에게도 사용되었다. Carlson, Mann과 Alexander(2000)는 보상과 반응 대가가 ADHD를 진단받는 아동들의 계산 능력을 향상시키는 데 효과적인지 살펴보았다. 그 결과, 보상 집단과 반응 대가 집단의 아동들이 통제집단에 비해 계산 문제에서 높은 점수를 받았는데, 특히 반응 대가 집단의 아동들이 보상 집단의 아동들에 비해 더 높은 계산 능력을 보이는 것으로 확인되었다. Walker 등(1995)은 반사회적 성향을 보이는 초등학교 남학생들을 대상으로 칭찬, 토큰 강화, 반응 대가가 공격성을 감소시키는지 살펴보았다. 그 결과, 칭찬만 사용하거나 칭찬과 토큰 강화를 함께 사용했을 때는 아동들의 공격성 행동이 감소하지 않았고, 긍정적인 사회적 상호작용이 늘어나지 않았다. 하지만 반응 대가를 사용하자, 아동들의 공격성 행동이 감소하고, 긍정적인 사회적 상호작용이 조금씩 늘어나기 시작했다.

반응 대가는 지적장애인에게도 사용되고 있다. Keeney 등(2000)은 반응 대가가 지적장애를 진단받은 성인 여성의 공격적인 행동을 감소시키는 데 효과적인지 살펴보았다. 구체적으로, 세 가지 기법(강화, 벌로 관심을 주지 않음, 벌로 음악을 끔)을 비교한 결과, 음악을 틀어 주다가 참여자들이 공격적인 행동을 보이면 음악을 끄는 반응 대가 기법이 가장 효과적인 것으로 나타났다.

제**40**장

과잉교정

📖 과잉교정의 기원

과잉교정(overcorrection)은 새로운 행동을 교육시키면서 동시에 문제 행동을 감소시키기 위한 기법으로, 1970년 초에 Foxx와 Azrin이 개발하였다(이 기법은 오래전에 개발되었기 때문에 관련 연구도 오래된 연구가 많다). 이 기법은 배상과 긍정적 연습이라는 두 가지 요소를 포함한다. 배상이란 자신의 문제 행동으로 인해 나타난 부정적인 결과를 원래 상태로 돌려놓거나 혹은 더 나은 상태로 만드는 것을 의미하고, 긍정적인 연습은 동일한 상황에서 할 수 있는 적절한 행동을 반복적으로 연습하는 것을 의미한다(Henington & Doggett, 2010). 예를 들어, 아동이 문을 쾅 닫는다면, 부모는 아동에게 사과하는 것과 10번 들어왔다 나가면서 (혹은 5분간) 문을 조용히 닫는 연습을 시킨다. 이러한 반복적인 연습은 벌을 '죄보다 더 나쁘게' 만들기 때문에 다시는 죄(예: 문을 쾅 닫는 행동)를 저지르지 않게 한다!

과잉교정은 벌의 한 유형이지만, 한 이론만을 토대로 하지 않는다. 이 기법은 피드백, 타임아웃, 순응 훈련, 소거, 벌 등 다양한 기법을 혼합한 방법이다(Henington & Doggett, 2010). 벌을 기반으로 한 다른 기법과 달리, 과잉교정은 임의적이지 않다. 대신 이 기법은 개인에게 자신의 행동에 대해 책임을 지고, 자신의 행동이 다른 사람에게 미칠 수 있는 영향에 대해 깨닫게 돕는다. 배상은 문제 행동의 자연스러운 결과에 대해 가르쳐 주는 반면, 긍정적 연습은 적절한 행동을 가르쳐 줌으로써 문제 행동을 예방하는 역할을 한다.

📖 과잉교정을 사용하는 방법

과잉교정을 사용하기 전에 정적 강화를 통해 개인의 행동을 조성하도록 노력해야 한다. 그리고 만약 정적 강화가 효과적이지 않다면 과잉교정을 사용할 수 있다. 과잉교정은 4단계를 통해 실시된다. 첫째, 상담전문가는 문제 행동과 긍정적 연습을 통해 가르치고 싶은 대안적인 행동을 파악해야 한다. 상담자는, 내담자가 문제 행동을 하자마자 즉시 문제 행동이 부적절하니 중지할 것으로 요청해야 한다. 또한 과잉교정을 통해 배상하도록 하고 정해진 시간이나 횟수만큼 긍정적 연습을 하도록 한다. 이 과정이 끝나면, 개인은 자신이 하던 활동으로 돌아갈 수 있다.

Foxx와 Azrin(1972)은 과잉교정을 효과적으로 사용하기 위한 몇 가지 제안을 하였다. 배상은 문제 행동과 직접적으로 관련이 있어야 한다. 문제 행동이 나타나자마자 바로 배상을 하도록 해야 한다. 그 이유는 다음과 같다. (1) 문제 행동의 긍정적인 결과를 즐길 수 없게 하기 때문에 문제 행동에 대한 소거가 나타난다. (2) 즉각적인 부정적인 결과가 즉각적이지 않은 결과보다 더 효과적이기 때문에 문제 행동을 덜 하게 된다. 또한 배상 시간을 늘려야 한다. 마지막으로, 개인은 배상 과정에 적극적으로 참여해야 하고, 중간에 잠시라도 멈춰서는 안 된다.

📖 과잉교정을 변형한 기법

하지만 Foxx와 Azrin(1972)의 이러한 제안을 꼭 따를 필요는 없다. 후속 연구들에 따르면, 과잉교정은 이러한 제안 중 일부를 따르지 않아도 효과적일 수 있는 것으로 나타났다. 예를 들어, 과잉교정은 긍정적인 연습을 하는 행동이 문제 행동과 관련이 없어도 그 효과가 나타날 수 있는 것으로 확인되었다(Luiselli, 1980). 즉각적이고 지연된 긍정적 연습도 비슷한 효과를 나타낼 수 있다. 또한 과잉교정은 단기적 · 중기적 · 장기적으로 성공적인 것으로 확인되었다.

대부분의 과잉교정이 배상과 긍정적 연습을 포함하지만, 일부 연구에 따르면 둘 중 하나만 사용해도 효과적이기 때문에 둘 다 사용할 필요가 없다는 결과가 나타났다 (Matson, Horne, Ollendick, & Ollendick, 1979). Matson 등은 학령기 아동들을 대상으로 한 연구에서 배상이 문제 행동의 89%로 감소시키고, 긍정적 연습이 문제 행동의 84%를 감소시킨다며, 이는 두 방법이 아동들의 문제 행동을 수정하는 데 동일하게 효과적임을 시사하는 결과라고 설명하였다. 어떤 과잉교정의 경우, 단순히 사과하는 것으로만 배상을 하게 하는데(물론 그 사과가 긍정적인 행동 변화를 유발할 만큼 진심인지는 알 수 없음) 이 경우에는 긍정적 연습이 개입의 큰 부분을 차지한다.

📖 과잉교정의 예시

켄(Ken)은 8세 소년으로, 부모에게 반항하는 행동을 하고 있다. 이번 상담회기에는 켄과 켄의 부모가 참석했다. 켄은 옷, 신발, 책가방, 책, 그릇 등을 정리하라는 부모의 지시를 따르지 않고 있다. 다음의 축어록에서는 마지막 부분에 배상이 잠깐 언급되지만 배상을 사용하지 않고 긍정적 연습만 사용된다.

> 상담자(C): 이 기법은 과잉교정으로, 켄이 옷, 신발 등을 정리하지 않는 행동을 멈출 수 있도록 도와줄 거예요. 이 기법은 벌을 기반으로 하는데, 벌보다는 긍정적 연습이 더 부드럽게 들리기 때문에 긍정적 연습이라고도 불러요. 과잉교정은 켄으로 하여금 적절한 행동을 반복적으로 하게 하여 나중에는 그 행동을 자연스럽게 하도록 도와줘요. 대부분의 경우, 저는 기본적으로 10번을 규칙으로 사용해요. 만약 켄이 집에 들어오면서 옷을 바닥에 내팽개치면, 켄에게 옷을 들어서 옷장에 걸어 놓고 옷장 문을 닫도록 하세요. 그게 한 번 연습한 거예요. 그리고 켄에게 다시 옷을 꺼내 바닥에 내팽개치고 옷을 들어서 옷장에 걸게 하세요. 이렇게 10번을 해야 돼요. 아시겠죠? 오늘 미리 예행 연습을 해보는 게 좋을 거 같아요. 여기서는 옷 대신에 신발을 사용해 보죠 (부모가 고개를 끄덕이고, 켄은 고개를 저음). 자, 켄, 신발을 벗어 봐.
>
> 켄(K): 양말도 벗어요?
>
> C: 양말 되게 귀엽다.

K: 되게 작아요.

C: 이번에는 양말은 그냥 신고 있어. 자, 켄, 집에 들어가면, 어디에 신발을 둬야 하지?

K: 신발장에요. 항상 신발장에 둬요. (장난치듯 말하며 웃음. 부모가 어이없다는 표정을
   지음)

C: 물론, 네가 신발장에 신발을 잘 넣지만 일단, 잘 넣지 않는다고 가정해 보자. (모두
   웃음) 그래야 부모님이 과잉교정을 연습해 보실 수 있어. 자, 집에 왔고, 신발을 벗
   고……

K: 신발장에 넣어요.

C: 응, 그래. 신발장. 자, 이제 집에 와서 신발을 아무렇게나 벗어 놨다고 가정해 보자.
   어머님, 켄에게 어떻게 해야 하는지 과잉교정을 통해 알려주세요.

어머니(M): 켄, 신발장에 신발을 안 넣었으니 신발을 신발장에 넣는 연습을 10번 해야
   돼. 자, 신발을 신발장에 10번 넣어.

C: 좋아요. 켄, 그럼 너는 신발을 집어서 다시 신어 (켄이 상담자가 하라는 대로 함) 신발
   끈을 묶어. 자, 신발을 벗어. 그리고 이제 신발을 신발장에 넣어. 자, 이게 연습 한 번
   이야.

M: 좋아. 그럼 두 번째 연습을 하자. 다시 신발을 신어.

K: 10번이나요?

M: 응

K: 아!!!!!! (켄이 다시 신발을 신음)

C: 그래, 연습은 어려운 거야. 연습을 하다 보면 처음부터 잘하는 게 훨씬 더 쉽다는 걸
   깨닫게 될 거야.

M: (격려하며) 잘했어, 켄.

C: 아이들이 연습을 하는 동안 횟수를 세는 게 좋아요. 지금까지 켄이 몇 번 했죠?

K: 다섯 번이요.

M: 아니, 두 번 했어.

K: 맞아요. 두 번. (연습을 계속함)

C: 매우 좋아요. 아이들이 이 연습을 얼마나 귀찮게 생각할지 아시겠죠?

M: (켄은 마지막 연습을 마침) 좋아. 이제 10번 했어.

K: 너무 어렵고 지겨웠어요!

아버지(F): 켄, 그렇게까지 나쁘지는 않잖아. 넌 밖에서는 지금보다 훨씬 더 열심히 놀

잖아.

C: 자, 좋아요. 켄, 매번 10번 연습을 해야 된다면 어떨 거 같아?

K: 지칠 거 같아요.

C: 또 연습을 하고 싶어?

K: 아니요! 전혀요!

C: 이 기법은 켄이 하는 어떤 문제 행동에든 다 사용할 수 있어요. 특히 켄이 하는 행동 중에 옳지 못하고 고쳐야 하는 행동에 사용할 수 있어요. 예를 들어, 수건을 바닥에 던지거나, 옷을 내팽개치거나, 문을 쾅 닫는 행동 같은 거요. 이 기법은 한 번 사용해도 효과가 나타날 정도로 아이들에게 효과가 있어요.

F: 만약, 옷을 바닥에 내팽개치면, 그 옷을 집어서 지하에 있는 세탁기에 넣었다가 다시 1층으로 올라오는 연습을 10번 하면 되겠다. 그런 게 진짜 연습이겠네!

K: (기절한 듯한 표정을 지음)

　

이 예시에서는 배상이 사용되지 않았다. 만약 배상을 사용한다면, 켄은 적절한 행동을 통해 자신의 문제 행동으로 나타난 결과를 없애거나 더 나은 상황을 만들어야 한다. 예를 들어, 켄이 아무렇게나 벗어 놓은 신발 때문에 바닥에 흙이 묻었다면, 켄은 바닥을 청소하거나, 신발장에 있는 모든 신발을 다 꺼내서 신발장을 닦은 후에 신발을 다시 신발장에 넣어야 한다.

📖 과잉교정의 유용성과 평가

몇 십 년 동안 과잉교정이 사용되었고, 관련 연구들도 오래된 연구가 많다. 이 기법은 원래 지적장애인의 물건 훼손 행동, 신체적 공격, 자해 행동을 감소시키고, 배변 훈련과 식사 행동을 훈련하기 위해 사용되며(Axelrod, Brantner, & Meddock, 1978), 많은 연구를 통해 그 효과성이 입증되었다. 예를 들어, Foxx와 Azrin(1972)은 과잉교정이 방해하고 공격적인 행동(예: 물건 던지기, 다른 사람 공격하기, 소리 지르기)을 감소시키는 데 효과적이고, 이러한 효과는 즉각적으로 나타나며 몇 개월 유지된다는 결과를 보고하였다. Azrin과 Wesolowski(1974)는 과잉교정이 기관에서 거주하는 지적장애인들의 도둑질하는 행동을 3일 만에 90%까지 감소시켰다는 결과를 보고하였다. 과잉교정은 긴장하면 나타나는 버릇이나 의자에서 일어나는 행동을 치료하는 데도 사용되었다(Smith &

Misra, 1992). 상담훈련을 받지 않은 사람들도 쉽게 과잉교정을 사용할 수 있다.

하지만 과잉교정에는 몇 가지 부작용이 있다. 먼저, 상담자와 내담자가 많은 시간을 투자해야 한다(Clements & Dewey, 1979; Smith & Misra, 1992). 둘째, 과잉교정의 결과는 내담자의 다른 행동이나 관찰하는 주위 사람들로 일반화되지 않는다(Luiselli, 1980). 대신에 결과는 특정 행동, 행동이 나타난 장소, 치료를 받는 내담자에게만 나타난다. 따라서 과잉교정을 실시하는 사람과 장소를 다양하게 하여 일반화를 높일 필요가 있다. Borego와 Pemberton(2007)이 실시한 부모 대상 설문조사에 따르면, 과잉교정은 여섯 가지 행동 수정 기법들 중 4위로 나타나 부모들은 중간 정도 수준으로 이 기법을 사용하려는 동기를 가지고 있는 것으로 확인되었다.

마치는 글

　성공적인 상담은 내담자로 하여금 문제를 파악하고, 자신의 목적과 목표를 달성하도록 돕는 과정을 포함한다. 모든 상담전문가가 어떻게 상담목표를 설정하고 그 목표가 달성되었는지 평가하는 방법을 알고 있다. 단일 이론을 기반으로 하든 통합적인 접근을 사용하든 모든 상담전문가들은 상담을 유능하게 할 수 있다. 하지만 상담과정이 침체되고, 내담자가 거의 아무런 진전을 보이지 않으며, 상담이 조기 종결될 위험에 빠진다면 무슨 일이 일어날까?

　이 책에서는 연구를 통해 효과적이라고 밝혀진 상담기법들을 다루었다. 여기에 포함된 기법들을 무분별하거나 위험하게 사용해서는 안 된다. 이는 비전문적이고 비윤리적인 행위다. 진전을 보이지 않는 내담자와 상담할 때, 이 책에서 다룬 기법들이 내담자가 앞으로 진전하도록 도와줄 수 있기를 기대해 본다. 상담은 분명 예술이지만, 기술적으로 노하우를 가지고 있는 예술가는 더 뛰어난 업적을 남길 수 있다.

참고문헌

Abdullah, M. (2002). *Bibliotherapy* (Report No. EDO-CS-02-08). Washington, DC: Office of Educational Research and Improvement. (ERIC Document Reproduction Service No ED00036)

Abramowitz, J. S., Moore, E. L., Braddock, A. E., & Harrington, D. L. (2009). Self-help cognitive-behavioral therapy with minimal therapist contact for social phobia: A controlled trial. *Journal of Behavior Therapy and Experimental Psychiatry, 40*(1), 98-105.

Abrams, M., & Ellis, A. (1994). Rational emotive behavior therapy in the treatment of stress. *British Journal of Guidance and Counseling, 22*(1), 39-51.

Akerblad, A., Bengtsson, F., von Knorring, L., & Ekselius, L.(2006). Response, remission and relapse in relation to adherence in primary care treatment of depression: A 2-year study. *International Clinical Psychopharmacology, 21*, 117-124.

Allanson, S. (2002). Jeffrey the dog: A search for shared meaning. In A. Cattanach (Ed.), *The story so far: Play therapy Narratives* (pp. 59-81). Philadelphia, PA: Jessica Kingsley Publishers.

Allen, L. J., Howard, V. F., Sweeney, W. J., & McLaughlin, T. F. (1993). Use of contingency contracting to increase on-task behavior with primary students. *Psychological Reports, 72*, 905-906.

Alvord, M. K., & Grados, J. J. (2005). Enhancing resilience in children:A proactive approach. *Professional Psychology: Research and Practice, 36*, 238-245. doi: 10.1037/07357028.36.3.238

Ameli, M., & Dattilio, F. M. (2013). Enhancing cognitive behavior therapy with logotherapy: Techniques for clinical practice. *Psychotherapy, 50*, 387-391. doi: 10.1037/a0033394

Ansari, F., Molavi, H., & Neshatdoost, H. T. (2010). Effect of stress inoculation training on general health of hypertensive patients. *Psychological Research, 12*, 81-96.

Ansbacher, H. L., & Ansbacher, R. R. (1956). *The individual psychology of Alfred Adler: A systematic presentation in Selections from his writings.* New York, NY: Basic Books.

Apadoca, T. R., Magill, M., Longabaugh, R., Jackson, K. M., & Monti, P. M. (2013). Effect of a significant other on client change talk in motivational interviewing. *Journal of Counseling and Clinical Psychology, 81*, 35-46. doi: 10.1037/a0030881

Arad, D. (2004). If your mother were an animal, what animal would she be? Creating play stories in family therapy: The animal attribution story-telling technique (AASTT). *Family Process, 43*, 249-263.

Arbuthnott, K. D., Arbuthnott, D. W., & Rossiter, L. (2001). Guided imagery and memory: Implications for psychotherapists. *Journal of Counseling Psychology, 48*, 123-132.

Arenofsky, J. (2001). Control your anger before it controls you! *Current Health 1, 24*(7), 6.

Armitage, C. J. (2012). Evidence that self-affirmation reduces body dissatisfaction by basing self-esteem on domains other than body weight and shape. *Journal of Child Psychology and Psychiatry, 53*(1), 81-88.

Aron, L. (1996). *A meeting of minds: Mutuality in psychoanalysis.* Hillsdale, NJ: Analytic Press.

Ascher, L. M., & Cautela, J. R. (1974). An experimental study of covert extinction. *Journal of Behavior Therapy and Experimental Psychiatry, 5*, 233-238.

Atkinson, C. (2007). Using solution-focused approaches in motivational interviewing with young people. *Pastoral Care in Education, 25*(2), 31-37.

Audet, C. T., & Everall, R. D. (2010). Therapist self-disclosure and the therapeutic relationship: A phenomenological study from the client perspective. *British Journal of Guidance & Counselling, 38*, 327-342. doi: 0.1080/03069885.2010.482450

Austin, S. J., & Partridge, E. (1995). Prevent school failure: Treat test anxiety. *Preventing School Failure, 40*, 10-14.

Axelrod, S., Brantner, J. P., & Meddock, T. D. (1978). Overcorrection: A review and critical analysis. *The Journal of Special Education, 12*, 367-391.

Azrin, N. H., Vinas, V., & Ehle, C. T. (2007). Physical activity as reinforcement for classroom calmness of ADHD children: A preliminary study. *Child & Family Behavior Therapy, Vol. 29*(2), 1-8.

Azrin, N. H., & Wesolowski, M. D. (1974). Theft reversal: An overcorrection procedure for eliminating stealing by retarded persons. *Journal of Applied Behavior Analysis, 7*, 577-581.

Bacon, E. H. (1990). Using negative consequences effectively. *Academic Therapy, 25*, 599-610.

Baer, J. S., & Peterson, P. (2002). Motivational interviewing with adolescents and young adults. In W. R. Miller & S. Rollnick (Eds.), *Motivational interviewing: Preparing people for change* (2nd ed., pp. 320-331). New York, NY: Guilford Press.

Bakker, G. M. (2009). In defense of thought stopping. *Clinical Psychologist, 13*(2), 59-68.

Bandura, A. (2006). *Psychological modeling: Conflicting theories.* Piscataway, NJ: Aldine

Transaction.

Banks, T. (2006). Teaching rational emotive behavior therapy to adolescents in an alternative urban educational setting. Unpublished doctoral dissertation, Kent State University, OH.

Barber, J., Liese, B., & Abrams, M. (2003). Development of cognitive therapy adherence and competence scale. *Psychotherapy Research, 13*, 205-221.

Barnett, J. E. (2011). Psychotherapist self-disclosure: Ethical and clinical considerations. *Psychotherapy, 48*, 315-321. doi:10.1037/a0026056

Barton, L. E., Brulle, A. R., & Repp, A. C. (1987). Effects of differentialscheduling of timeout to reduce maladaptive responding. *Exceptional Children, 53*, 351-356.

Bas,pinar Can, P., Dereboy, Ç., & Eskin, M. (2012). Comparison of the effectiveness of cognitive restructuring and systematic desensitization in reducing high-stakes test anxiety. *Türk Psikiyatri Dergisi, 23*(1), 9-17.

Beamish, P. M., Granello, D. H., & Belcastro, A. L. (2002). Treatment of panic disorder: Practical guidelines. *Journal of Mental Health Counseling, 24*, 224-246.

Beck, A., Berchick, R., Clark, D., Solkol, L., & Wright, F. (1992). A cross over study of focused cognitive therapy for panic disorder. *The American Journal of Psychiatry, 149*, 778-783.

Beck, A. T., & Weishaar, M. (2007). Cognitive therapy. In R. J. Corsini & D. Weddings (Eds.), *Current psychotherapies* (8th ed., pp. 263-294). Belmont, CA: Brooks-Cole.

Becvar, D. S., & Becvar, R. J. (1993). *Family therapy: A systemic integration* (2nd ed.). Needham Heights, MA: Allyn & Bacon. Benjamin, J. (1988). *The bonds of love: Psychoanalysis, feminism, and the problem of domination.* New York, NY: Pantheon Books.

Benoit, R. B., & Mayer, G. R. (1974). Extinction: Guidelines for its selection and use. *The Personnel and Guidance Journal, 52*, 290-295.

Berg, I. K., & Miller, S. (1992). *Working with the problem drinker.* New York, NY: Norton.

Betz, C. (1994). Beyond time-out. *Young Children, 49*(3), 10-14.

Boardman, T., Catley, D., Grobe, J. E., Little, T. D., & Ahluwalia, J. S. (2006). Using motivational interviewing with smokers: Do therapist behaviors relate to engagement and therapeutic alliance? *Journal of Substance Abuse Treatment, 31*, 329-339.

Boelen, P., Kip, H., Voorsluijs, J., & van den Bout, J. (2004). Irrational beliefs and basic assumptions in bereaved students: A comparison study. *Journal of Rational-Emotive & Cognitive-Behavior Therapy, 22*, 111-129.

Boggs, L. J., Rozynko, V., & Flint, G. A. (1976). Some effects of reduction in reinforcement magnitude in a monetary economy with hospitalized alcoholics. *Behaviour Research and Therapy, 14*, 455-461.

Bombardier, C. H., Ehde, D. M., Gibbons, L. E., Wadhwani, R., Sullivan, M. D., Rosenberg, D. E.,

& Kraft, G. H. (2013). Telephone-based physical activity counseling for major depression in people with multiple sclerosis. *Journal of Consulting and Clinical Psychology, 81*, 89-99.

Boniecki, K. A., & Moore, S. (2003). Breaking the silence: Using a token economy to reinforce classroom participation. *Teaching of Psychology, 30*, 224-227.

Bootzin, R. R. (1975). *Behavior modification and therapy: Anintroduction.* Cambridge, MA: Winthrop Publishers.

Borders, S., & Paisley, P. (1992). Children's literature as a resource for classroom guidance. *Elementary School Guidance and Counseling, 27*, 131-139.

Bornmann, B. A., Mitelman, S. A., & Beer, D. A. (2007). Psychotherapeutic relaxation: How it relates to levels of aggression in a school within inpatient child psychiatry: A pilot study. *The Arts in Psychotherapy, 34*, 216-222.

Borrego, J. Jr., & Pemberton, J. R. (2007). Increasing acceptance of behavioral child management techniques: What do parents say? *Child & Family Behavior Therapy, 29*(2), 27-45.

Borton, J., Markowitz, L., & Dieterich, J. (2005). Effects of suppressing negative self-referent thoughts on mood and selfesteem. *Journal of Social and Clinical Psychology, 24*, 172-190.

Bowles, N., Mackintosh, C., & Torn, A. (2001). Nurses' communication skills: An evaluation of the impact of solution focused communication training. *Journal of Advanced Nursing, 36*, 347-354.

Bratter, T. E., Esparat, D., Kaufman, A., & Sinsheimer, L. (2008). Confrontational psychotherapy: A compassionate and potent psychotherapeutic orientation for gifted adolescents who are self-destructive and engage in dangerous behavior. *International Journal of Reality Therapy, 27*(2), 13-25.

Brewster, L. (2008). The reading remedy: Bibliotherapy in practice. *Aplis, 21*, 172-176.

Brown, J. F., Spencer, K., & Swift, S. (2002). A parent training programme for chronic food refusal: A case study. *BritishJournal of Learning Disabilities, 30*, 118-121.

Brown, Z. A., & Uehara, D. L. (1999, November). Coping with teacher stress: A research synthesis for Pacific educators. *Pacific Resources for Education and Learning*, 2-22.

Browning, S., Collins, J. S., & Nelson, B. (2008). Creating families. *Marriage & Family Review, 38*(4), 1-19.

Bryant, R. A., Moulds, M. L., Guthrie, R. M., Dang, S. T., Mastrodomenico, J. N., Reginald, D. V.,... Creamer, M. (2008). A randomized controlled trial of exposure therapy and cognitive restructuring for posttraumatic stress disorder. *Journal of Consulting and Clinical Psychology, 76*, 695-703.

Bucknell, D. (2000). Practice teaching: Problem to solution. *Social Work Education, 19*, 125-144.

Budman, S. H., & Gurman, A. S. (2002). *Theory and practice of brief therapy.* New York, NY:

Guilford Press.

Bugental, J. F. T. (1987). *The art of the psychotherapist.* New York, NY: W. W. Norton.

Buggey, T. (2005). Video self-modeling application with students with autism spectrum disorder in a small private school setting. *Focus on Autism and Other Developmental Disabilities, 20*(1), 52-63.

Burnett, P., & McCrindle, A. (1999). The relationship between significant others' positive and negative statements, self talk, and self-esteem. *Child Study Journal, 29,* 39-44.

Burr, W. R. (1990). Beyond I-statements in family communication. *Family Relations, 39,* 266-273.

Burwell, R., & Chen, C. P. (2006). Applying the principles and techniques of solution-focused therapy to career counseling. *Counseling Psychology Quarterly, 19,* 189-203.

Byrne, N., Regan, C., & Livingston, G. (2006). Adherence to treatment in mood disorders. *Current Opinion in Psychiatry, 19,* 44-49.

Cantrell, R. P., Cantrell, M. L., Huddleston, C. M., & Woolridge, R. L. (1969). Contingency contracting with school problems. *Journal of Applied Behavior Analysis, 2,* 215-220.

Carlbring, P., Maurin, T., Sjömark, J., Maurin, L., Westling, B. E., Ekselius, L., Cuijpers, P., & Andersson, G. (2011). All at once or one at a time? A randomized controlled trial comparing two ways to deliver bibliotherapy for panic disorder. *Cognitive Behaviour Therapy, 40,* 228-235.

Carlson, C., & Hoyle, R. (1993). Efficacy of abbreviated progressive muscle relaxation training: A quantitative review of behavioral medicine research. *Journal of Consulting and Clinical Psychology, 61,* 1059-1067.

Carlson, C. L., Mann, M., & Alexander, D. K. (2000). Effects of reward and response cost on the performance and motivation of children with ADHD. *Cognitive Therapy and Research, 24,* 87-98.

Carlson, J., Watts, R. E., & Maniacci, M. (2006). *Adlerian theory and practice.* Washington, DC: American Psychological Association.

Carroll, M., Bates, M., & Johnson, C. (1997). *Group leadership: Strategies for group counseling leaders* (3rd ed.). Denver, CO: Love Publishing.

Cautela, J. R. (1971). Covert extinction. *Behavior Therapy, 2,* 192-200.

Chafouleas, S. M., Riley-Tillman, T. C., & McDougal, J. L. (2002). Good, bad, or in-between: How does the daily behavior report card rate? *Psychology in the Schools, 39,* 157-169.

Chan, K. M., & Horneffer, K. (2006). Emotional expression and psychological symptoms: A comparison of writing and drawing. *The Arts in Psychotherapy, 33*(1), 26-36.

Charlop-Christy, M. H., & Haymes, L. K. (1998). Using objects of obsession as token reinforcers for children with autism. *Journal of Autism and Developmental Disorders, 28,* 189-199.

Chaves, J. (1994). Recent advances in the application of hypnosis to pain management. *American Journal of Clinical Hypnosis, 37*, 117-129.

Cheung, M., & Nguyen, P. V. (2013). Connecting the strengths of gestalt chairs to Asian clients. *Smith College Studies in Social Work, 82*(1), 51-62. doi: 10.1080/00377317.2012.638895

Cheung, S., & Kwok, S. Y. C. (2003). How do Hong Kong children react to maternal I-messages and inductive reasoning? *The Hong Kong Journal of Social Work, 37*, 3-14.

Christenbury, L., & Beale, A. (1996). Interactive bibliocounseling: Recent fiction and nonfiction for adolescents and their counselors. *School Counselor, 44*, 133-145.

Clance, P. R., Thompson, M. B., Simerly, D. E., & Weiss, A. (1993). The effects of the Gestalt approach on body image. *The Gestalt Journal, 17*, 95-114.

Clements, J., & Dewey, M. (1979). The effects of overcorrection: A case study. *Behaviour Research & Therapy, 17*, 515-518.

Cohen, J. J., & Fish, M. C. (1993). *Handbook of school-based interventions: Resolving student problems and promoting healthy educational environments.* San Francisco, CA: Jossey-Bass.

Coker, J. K. (2010). Using Gestalt counseling in a school setting. In B. T. Erford (Ed.), *Professional school counseling: A handbook of theories, programs, and practices* (2nd ed., pp. 381-390). Austin, TX: Pro-Ed.

Comaty, J. E., Stasio, M., & Advokat, C. (2001). Analysis of outcome variables of a token economy system in a state psychiatric hospital: A program evaluation. *Research in Developmental Disabilities, 22*, 233-253.

Cook-Vienot, R., & Taylor, R. J. (2012). Comparison of eye movement desensitization and reprocessing and biofeedback/stress inoculation training in treating test anxiety. *Journal of EMDR Practice & Research, 6*, 62-72. doi: 10.1891/1933-3196.6.2.62

Cooley, K., Szczurko, O., Perri, D., Mills, E. J., Bernhardt, B., Zhou, Q., & Seely, D. (2009). Naturopathic care for anxiety: A randomized controlled Trial ISRCTN78958974. *Plos Clinical Trials, 6*(8), 1-10. doi: 10.1371/journal.pone.0006628

Corcoran, J. (1997). A solution-oriented approach to working with juvenile offenders. *Child and Adolescent Social Work Journal, 14*, 277-288.

Corcoran, J. (1998). Solution-focused practice with middle and high school at-risk youths. *Social Work in Education, 20*, 232-244.

Corcoran, J. (1999). Solution-focused interviewing with child protective services clients. *Child Welfare, 78*, 461-479.

Corey, G. (2015). *Theory and practice of counseling and psychotherapy* (10th ed.). Belmont, CA: Cengage.

Corey, M. S., & Corey, G. (2013). *Groups: Process and practice* (9th ed.). Belmont, CA: Cengage.

Corsini, R. J. (1982). The relapse technique in counseling and psychotherapy. *Individual Psychology, 38*, 380-386.

Couser, G. (2008). Challenges and opportunities for preventing depression in the workplace: A review of the evidence supporting workplace factors and interventions. *Journal of Occupational and Environmental Medicine, 50*, 411-427.

Crawford, R. M. (1998). Facilitating a reading anxiety treatment program for preservice teachers. *Reading Improvement, 35*, 11-14.

Crose, R. (1990). Reviewing the past in the here and now: Using Gestalt therapy techniques with life review. *Journal of Mental Health Counseling, 12*, 279-287.

Cuenin, L. H., & Harris, K. R. (1986). Planning, implementing, and evaluating timeout interventions with exceptional students. *Teaching Exceptional Children, 18*, 272-276.

Cupal, D., & Brewer, B. (2001). Effects of relaxation and guided imagery on knee strength, re-injury anxiety, and pain following anterior cruciate ligament reconstruction. *Rehabilitation Psychology, 46*, 28-43.

Curtis, D. F., Pisecco, S., Hamilton, R. J., & Moore, D. W. (2006). Teacher perceptions of classroom interventions for children with ADHD: A cross-cultural comparison of teachers in the United States and New Zealand. *School Psychology Quarterly, 21*, 171-196.

Dattilio, F. M. (2010). *Cognitive behavior therapy with couples and families*. New York, NY: Guilford Press. Davidson, A., & Horvath, O. (1997). Three sessions of brief couples therapy: A clinical trial. *Journal of Family Psychology, 11*, 435-442.

Davidson, K., & Fristad, M. (2006). The Treatment Beliefs Questionnaire (TBQ): An instrument to assess beliefs about children's mood disorders and concomitant treatment needs. *Psychological Services, 31*, 1-15.

Davies, M. F. (2006). Irrational beliefs and unconditional selfacceptance. Correlational evidence linking two key features of REBT. *Journal of Rational-Emotive & Cognitive Behavior Therapy, 2*, 113-126.

Davis, M., Robbins-Eshelman, E., & McKay, M. (2009). *The relaxation and stress reduction workbook* (6th ed.). Oakland, CA: New Harbinger Publications.

Deacon, B. J., Fawzy, T. I., Lickel, J. J., & Wolitzky-Taylor, K. B. (2011). Cognitive defusion versus cognitive restructuring in the treatment of negative self-referential thoughts: An investigation of process and outcome. *Journal of Cognitive Psychotherapy, 25*, 218-232.

DeBord, J. B. (1989). Paradoxical interventions: A review of the literature. *Journal of Counseling & Development, 67*, 394-398.

De Jong, P., & Miller, S. D. (1995). How to interview for client strengths. *Social Work, 40*, 729-736.

De Martini-Scully, D., Bray, M. A., & Kehle, T. J. (2000). A packaged intervention to reduce disruptive behaviors in general education students. *Psychology in the Schools, 37*, 149–156.

DeShazer, S. (1988). *Clues: Investigating solutions in brief therapy.* New York: W. W. Norton.

DeShazer, S. (1991). *Putting difference to work.* New York: W. W. Norton.

Diamond, G. M., Rochman, D., & Amir, O. (2010). Arousing primary vulnerable emotions in the context of unresolved anger: "Speaking about" versus "speaking to." *Journal of Counseling Psychology, 57*, 402–410.

Dixon, C., Mansell, W., Rawlinson, E., & Gibson, A. (2011). A transdiagnostic self-help guide for anxiety: Two preliminary controlled trials in subclinical student samples. *The Cognitive Behaviour Therapist, 4*(1), 1–15.

Dombeck, M., & Well-Mora, J. (2014). Applying learning principlesto thought: Cognitive restructuring. Retrieved from http://www.sevencounties.org/poc/view_doc.php?type=doc&id=9746&cn=353

Downing, J. A. (1990). Contingency contracts: A step-by-step format. *Intervention in School & Clinic, 26*, 111–113.

Doyle, J. S., & Bauer, S. K. (1989). Post-traumatic stress disorder in children: Its identification and treatment in a residential setting for emotionally disturbed youth. *Journal of Traumatic Stress, 2*, 275–288.

Doyle, R. E. (1998). *Essential skills and strategies in the helping process* (2nd ed.). Pacific Grove, CA: Brooks/Cole.

Dreyer, S. S. (1997). *The book finder.* Circle Pines, MN: American Guidance Services.

Dryden, W. (1995). *Brief rational emotive behaviour therapy.* New York, NY: John Wiley & Sons.

Dryden, W. (2002). *Fundamentals of rational emotive behavior therapy: A training manual.* New York, NY: Wiley.

Dryden, W., & David, D. (2008). Rational emotive behavior therapy: Current status. *Journal of Cognitive Psychotherapy: An International Quarterly, 22*, 195–209. doi: 10.1891/08898391.22.3.195

Dryden, W., David, D., & Ellis, A. (2010). Rational emotive behavior therapy. In K. Dobson (Ed.), *Handbook of cognitive- behavioral therapies* (pp. 226–276). New York, NY: Guilford Press.

Dwyer, S. C., Piquette, N., Buckle, J. L., & McCaslin, E. (2013). Women gamblers write a voice: Exploring journaling as an effective counseling and research tool. *Journal of Groups in Addiction & Recovery, 8*(1), 36–50.

Eaves, S. H., Sheperis, C. J., Blanchard, T., Baylot, L., & Doggett, R. A. (2005). Teaching time out and job card grounding to parents: A primer for family counselors. *The Family Journal: Counseling and Therapy for Couples and Families, 13*, 252–258.

Eckstein, D. (1997). Reframing as a specific interpretive counseling technique. *Individual Psychology, 53*, 418-428.

Egan, G. (2010). *The skilled helper* (9th ed.). Belmont, CA: Cengage.

Egbochukuand, E. O., & Obodo, B. O. (2005). Effects of systematic desensitisation (SD) therapy on the reduction of test anxiety among adolescents in Nigerian schools. *Journal of Instructional Psychology, 32*, 298-304.

Elias, M. J. (1983). Improving coping skills of emotionally disturbed boys through television-based social problem solving. *American Journal of Orthopsychiatry, 53*, 61-71.

Ellis, A. (1969). A weekend of rational encounter. In A. Burton (Ed.), *Encounter* (pp. 112-127). San Francisco, CA: Jossey-Bass.

Ellis, A. (1971). An experiment in emotional education. *Educational Technology, 11*(7), 61-63.

Ellis, A. (1993). Reflections on rational-emotive therapy. *Journal of Consulting and Clinical Psychology, 61*, 199-201.

Ellis, A. (1996). *Better, deeper, and more enduring brief therapy: The rational emotive behavior therapy approach.* New York, NY: Brunner/Mazel Inc.

Ellis, A. (1997a). Must musterbation and demandingness lead to emotional disorders? *Psychotherapy: Theory, Research,Practice, Training, 34*, 95-98.

Ellis, A. (1997b). Using rational emotive behavior therapy techniques to cope with disability. *Professional Psychology: Research and Practice, 28*, 17-22.

Ellis, A. (1999). Why rational-emotive therapy to rational emotive behavior therapy? *Psychotherapy: Theory, Research, Practice, Training, 36*, 154-159.

Ellis, A. (2001). *Overcoming destructive beliefs, feelings and behaviors: New directions for rational emotive behavior therapy.* New York, NY: Prometheus Books.

Ellis, A. (2003). Reasons why rational emotive behavior therapy is relatively neglected in the professional and scientific literature. *Journal of Rational-Emotive & Cognitive-Behavior Therapy, 21*, 245-252.

Ellis, A., & Dryden, W. (2007). *The practice of rational emotive behavior therapy* (2nd ed.). New York, NY: Springer Publishing Company.

Ellis, A., Shaughnessy, M., & Mahan, V. (2002). An interview with Albert Ellis about rational emotive behavior therapy. *North American Journal of Psychology, 4*, 355-362.

Ellis, A., & Wilde, J. (2002). *Case studies in rational emotive behavior therapy with children and adolescents.* Upper Saddle River NJ: Merrill Prentice Hall.

Emlyn-Jones, R. (2007). Think about it till it hurts: Targeting intensive services to facilitate behavior change-two examples from the field of substance misuse. *Criminal Behavior & Mental Health, 17*, 234-241.

Enea, V., & Dafinoiu, I. (2009). Motivational/solution-focused intervention for reducing school truancy among adolescents. *Journal of Cognitive & Behavioral Psychotherapies, 9*, 185-198.

Eonta, A. M., Christon, L. M., Hourigan, S. E., Ravindran, N., Vrana, S. R., & Southam-Gerow, M. A. (2011). Using everyday technology to enhance evidence-based treatments. *Professional Psychology: Research and Practice, 42*, 513-520.

Epstein, R. (2001). The prince of reason. *Psychology Today, 34*, 66-76.

Erford, B. T. (1999). A modified time-out procedure for children with noncompliant or defiant behaviors. *Professional School Counseling, 2*, 205-210.

Erford, B. T. (2000). *The mutual storytelling game CD-ROM*. Alexandria, VA: American Counseling Association.

Erford, B. T. (2001). *Stressbuster relaxation exercises* (Vol. 1).Alexandria, VA: American Counseling Association.

Erford, B. T. (2010). *Professional school counseling: A handbook of theories, programs, and practices* (2nd ed.). Austin, TX: Pro-Ed.

Erford, B. T. (Ed.). (2014a). *Research and evaluation in counseling* (2nd ed.). Boston, MA: Cengage.

Erford, B. T. (Ed.). (2014b). *Orientation to the counseling profession* (2nd ed.). Columbus, OH: Pearson Merrill.

Erford, B. T. (Ed.). (2015). *Transforming the school counseling profession* (4th ed.). Columbus, OH: Pearson Merrill.

Evans, J. R., Velsor, P. V., & Schumacher, J. E. (2002). Addressing adolescent depression: A role for school counselors. *Professional School Counseling, 5*, 211-219.

Evere, G. E., Hupp, S. D., & Olmi, D. J. (2010). Time-out with parents: A descriptive analysis of 30 years of research. *Education and Treatment of Children, 33*, 235-259.

Fabry, D. D. S. (2010). Evidence base for paradoxical intention: Reviewing clinical outcome studies. *The International Forum for Logotherapy, 33*, 21-29.

Faelton, S., & Diamond, D. (1990). *Tension turnaround*. Emmaus, PA: Rodale Press.

Farber, B. A. (2003). Self-disclosure in psychotherapy practice and supervision: An introduction. *Journal of Clinical Psychology, 59*, 525-528. doi: 10.1002/jclp.10156

Farber, B. A. (2006). *Self-disclosure in psychotherapy*. New York, NY: Guilford Press.

Fearrington, J. Y., McCallum, R., & Skinner, C. H. (2011). Increasing math assignment completion using solutionfocused brief counseling. *Education and Treatment of Children, 34*(1), 61-80.

Filcheck, H. A., McNeil, C. B., Greco, L. A., & Bernard, R. S. (2004). Using a whole-class token economy and coaching of teacher skills in a preschool classroom to manage disruptive behavior. *Psychology in the Schools, 41*, 351-361.

Fisher, G., & Harrison, T. (2013). *Substance abuse: Information for school counselors, social workers, therapists and counselors* (5th ed.). Upper Saddle River, NJ: Pearson.

Flaxman, A. E., & Bond, F. W. (2010). A randomized worksite comparison of acceptance and commitment therapy and stress inoculation training. *Behaviour Research and Therapy, 48*, 816–820. doi: 10.1016/j.brat.2010.05.004

Fleming, M. F., Balousek, S. L., Grossberg, P. M., Mundt, M. P., Brown, D., Wiegel, J. R., Zakletskaia, L. I., & Saewyc, E. M. (2010). Brief physician advice for heavy drinking college students: A randomized controlled trial in college health clinics. *Journal of Studies on Alcohol and Drugs, 71*, 23–31.

Flowers, J. V. (1991). A behavioural method of increasing self confidence in elementary school children: Treatment and modeling results. *British Journal of Educational Psychology, 61*, 13–18.

Foa, E. B., Dancu, C. V., Hembree, E. A., Jaycox, L. H., Meadows, E. A., & Street, G. P. (1999). A comparison of exposure therapy, stress inoculation training, and their combination in reducing posttraumatic stress disorder in female assault victims. *Journal of Consulting and Clinical Psychology, 67*, 194–200.

Foa, E. B., Hembree, E. A., Cahill, S. P., Rauch, S. A. M., Riggs, D. S., Feeny, N. C., & Yadin, E. (2005). Randomized trial of prolonged exposure for posttraumatic stress disorder with and without cognitive restructuring: Outcome at academic and community clinics. *Journal of Consulting and Clinical Psychology, 73*, 953–964.

Fontaine, K. L. (2010). *Complementary & alternative therapies for nursing practice* (3rd ed.). Upper Saddle River, NJ: Pearson/Prentice Hall.

Ford, J. D., & Foster, S. L. (1976, January). Extrinsic incentives and token-based programs: A reevaluation. *American Psychologist, 31*, 87–90.

Foxx, R. M., & Azrin, N. H. (1972). Restitution: A method of eliminating aggressive-disruptive behavior of retarded and brain damaged patients. *Behaviour Research & Therapy, 10*, 15–27.

Foxx, R. M., & Shapiro, S. T. (1978). The timeout ribbon: A nonexclusionary timeout procedure. *Journal of Applied Behavior Analysis, 11*, 125–136.

Frain, M. P., Berven, N. L., Tschopp, M. K., Lee, G. K., Tansey, T., & Chronister, J. (2007). Use of the resiliency model of family stress, adjustment and adaptation by rehabilitation counselors. *Journal of Rehabilitation, 73*(3), 18–25.

Frankl, V. E. (2006). *Man's search for meaning*. Boston, MA : Beacon Press.

Franklin, C., Biever, J., Moore, K., Demons, D., & Scamardo, M. (2001). The effectiveness of solution focused therapy with children in a school setting. *Research on Social Work Practice, 11*, 411–434.

Franklin, C., Streeter, C. L., Kim, J. S., & Tripodi, S. J. (2007). The effectiveness of a solution-focused, public alternative school for dropout prevention and retrieval. *Children & Schools, 29,* 133-144.

Frey, A. J., & Doyle, H. D. (2001). Classroom meetings: A program model. *Children & Schools, 23,* 212-223.

Furmark, T., Carlbring, P., Hedman, E., Sonnenstein, A., Clevberger, P., Bohman, B., . . . Andersson, G. (2009). Guided and unguided self-help for social anxiety disorder: Randomised controlled trial. *The British Journal of Psychiatry, 195,* 440-447.

Gallagher, P. A. (1995). *Teaching students with behavior disorders: Techniques and activities for classroom instruction* (2nd ed.). Denver, CO: Love.

Gardner, R. A. (1974). The mutual storytelling technique in the treatment of psychogenic problems secondary to minimal brain dysfunction. *Journal of Learning Disabilities, 7,* 135-143.

Gardner, R. A. (1986). *The psychotherapeutic techniques of Richard A. Gardner.* Cresskill, NJ: Creative Therapeutics.

George, E., Iveson, C., & Ratner, H. (1999). *Problem to solution: Brief therapy with individuals and families* (rev. ed.). London, UK: BT Press.

George, R. L., & Christiani, T. S. (1995). *Counseling: Theory and practice* (4th ed.). Boston, MA: Allyn & Bacon.

Gitlin-Weiner, K., Sandgrund, A., & Schaefer, C. (Eds.). (2000). *Play diagnosis and assessment* (2nd ed.). New York, NY: John Wiley & Sons.

Gladding, S., & Gladding, C. (1991). The ABCs of bibliotherapy for school counselors. *School Counselor, 39,* 7-11.

Gold, J. M., & Hartnett, L. (2004). Confronting the hierarchy of a child-focused family: Implications for family counselors. *The Family Journal, 12,* 271-274. doi: 10.1177/1066480704264429

Gonsalkorale, W. (1996). The use of hypnosis in medicine: The possible pathways involved. *European Journal of Gastroenterology & Hepatology, 8,* 520-524.

Gonzalez, J., Nelson, J., Gutkin, T., Saunders, A., Galloway, A., & Shwery, C. (2004). Rational emotive therapy with children and adolescents: A meta-analysis. *Journal of Emotional and Behavioral Disorders, 12,* 222-235.

Gordon, T. (1975). *P.E.T., Parent effectiveness training: The tested new way to raise responsible children.* New York, NY: Plume.

Grainger, R. (1991). The use and abuse of negative thinking. *American Journal of Nursing, 8,* 13-14.

Graziano, A. M., Degiovanni, I. S., & Garcia, K. A. (1979). Behavioral treatment of children's fears: A review. *Psychological Bulletin, 86*, 804-830.

Green, V. A., Drysdale, H., Boelema, T., Smart, E., Van der Meer, L., Achmadi, D., . . . Lancioni, G. (2013). Use of video modeling to increase positive peer interactions of four preschool children with social skills difficulties. *Education and Treatment of Children, 36*(2), 59-85.

Greenberg, L. J., Warwar, S. H., & Malcolm, W. M. (2008). Differential effects of emotion-focused therapy and psychoeducation in facilitating forgiveness and letting go of emotional injuries. *Journal of Counseling Psychology, 55*, 185-196.

Greenberg, L. S., & Higgins, H. M. (1980). Effects of two-chair dialogue and focusing on conflict resolution. *Journal of Counseling Psychology, 27*, 221-224.

Gregory, R., Canning, S., Lee, T., & Wise, J. (2004). Cognitive bibliotherapy for depression: A meta-analysis. *Professional Psychology: Research and Practice, 35*, 275-280.

Groden, G., & Cautela, J. R. (1981). Behavior therapy: A survey of procedures for counselors. *The Personnel and Guidance Journal, 60*, 175-180.

Groeneveld, I. F., Proper, K. I., van der Beek, A. J., & van Mechelen, W. (2010). Sustained body weight reduction by an individual-based lifestyle intervention for workers in the construction industry at risk for cardiovascular disease: Results of a randomized controlled trial. *Preventive Medicine: An International Journal Devoted to Practice and Theory, 51*, 240-246.

Hackney, H., & Cormier, L. (2012). *The professional counselor: A process guide to helping* (7th ed.). Upper Saddle River, NJ: Pearson Merrill.

Haiman, P. E. (2005). Time out to correct misbehavior may aggravate it instead. *Brown University Child & Adolescent Behavior, 14*, 1-5.

Hains, A. A., & Szyjakowski, M. (1990). A cognitive stressreduction intervention program for adolescents. *Journal of Counseling Psychology, 37*, 79-84.

Hajzler, D. J., & Bernard, M. E. (1991). A review of rationalemotive education outcome studies. *School Psychology Quarterly, 6*, 27-49.

Hallenbeck, B. A., & Kauffman, J. M. (1995). How does observational learning affect the behavior of students with emotional or behavioral disorders? A review of research. *Journal of Special Education, 29*, 45-71.

Hammond, J. M. (1981). *When my dad died.* Ann Arbor, MI: Cranbrook Publishing.

Hardcastle, S. J., Taylor, A. H., Bailey, M. P., Harley, R. A., & Haggar, M. S. (2013). Effectiveness of a motivational interviewing intervention on weight loss, physical activity and cardiovascular disease risk factors: A randomised controlled trial with a 12-month post-intervention follow-up. *The International Journal of Behavioral Nutrition and Physical Activity, 10*, 40.

Hardy, J., Oliver, E., & Tod, D. (2008). A framework for the study and application of self-talk in sport. In S. D. Mellalieu & S. Hanton (Eds.), *Advances in applied sport psychology: A review* (pp. 37-74). London, UK: Routledge.

Harman, R. L. (1974). Techniques of Gestalt therapy. *Professional Psychology, 12,* 257-263.

Harris, G. E. (2003). Progressive muscle relaxation: Highly effective but often neglected. *Guidance and Counseling, 18,* 142-148.

Harrison, R. (2001). Application of Adlerian principles in counseling survivors of sexual abuse. *The Journal of Individual Psychology, 57*(1), 91-101.

Hartz, G. W., Brennan, P. L., Aulakh, J. S., & Estrin, M. T. (2010). Behavioral contracting with psychiatric residents in long-term care: An exploratory study. *The Journal of Aging and Mental Health, 33,* 347-362.

Hayes, S. C., Strosahl, K. D., & Wilson, K. G. (1999). *Acceptance and commitment therapy: An experiential approach to behavior change.* New York, NY: Guilford Press.

Hays, D. G., & Erford, B. T. (Eds.). (2014). *Developing multicultural counseling competency: A systems approach* (2nd ed.). Columbus, OH: Pearson Merrill.

Hayward, M., Overton, J., Dorey, T., & Denney, J. (2009). Relating therapy for people who hear voices: A case series. *Clinical Psychology & Psychotherapy, 16*(3), 216-227.

Healy, C. C. (1974). Furthering career education through counseling. *Personnel and Guidance Journal, 52,* 653-658.

Hebert, T., & Furner, J. (1997). Helping high ability students overcome math anxiety through bibliotherapy. *Journal of Secondary Gifted Education, 8,* 164-178.

Henington, C., & Doggett, R. A. (2010). Setting up and managing a classroom. In B. T. Erford (Ed.), *Professional school counseling: A handbook of theories, programs, & practices* (2nd ed., pp. 233-250). Austin, TX: Pro-Ed.

Hensel-Dittmann, D., Schauer, M., Ruf, M., Catani, C., Odenwald, M., Elbert, T., & Neuner, F. (2011). Treatment of traumatized victims of war and torture: A randomized controlled comparison of narrative exposure therapy and stress inoculation training. *Psychotherapy and Psychosomatics, 80,* 345-352.

Herring, R. D., & Runion, K. B. (1994). Counseling ethnic children and youth from an Adlerian perspective. *Journal of Multicultural Counseling & Development, 22,* 215-226.

Hofmann, S. G., & Asmundson, G. J. (2008). Acceptance and mindfulness-based therapy: New wave or old hat? *Clinical Psychology Review, 28*(1), 1-16.

Hogg, V., & Wheeler, J. (2004). Miracles R them: Solution focused practice in a social services duty team. *Practice, 16,* 299-314.

Hollandsworth, J. G., Jr. (1977). Differentiating assertion and aggression: Some behavioral guidelines. *Behavior Therapy, 8,* 347-352.

Hopp, M. A., Horn, C. L., McGraw, K., & Meyer, J. (2000). *Improving students' ability to problem solve through social skills instruction.* Chicago, IL: St. Xavier University.

Horan, J. J. (1996). Effects of computer-based cognitive restructuring on rationally mediated self-esteem. *Journal of Counseling Psychology, 43,* 371-375.

Horton, A. M., Jr., & Johnson, C. H. (1977). The treatment of homicidal obsessional ruminations by thought-stopping and covert assertion. *Journal of Behavioral Therapy & Experimental Psychiatry, 8,* 339-340.

Houram, L. L., Kizakevich, P. N., Hubal, R., Spira, J., Strange, L. B., Holiday, D. B., Bryant, S., & McLean, A. N. (2011). Predeployment stress inoculation training for primary prevention of combat-related stress disorders. *Journal of CyberTherapy and Rehabilitation, 4*(1), 101-116.

Howard, K. I., Kopta, S. M., Krause, M. S., & Orlinsky, D. E. (1986). The dose-effect relationship in psychotherapy [Special issue: Psychotherapy research]. *American Psychologist, 41,* 159-164.

Iskander, J. M., & Rosales, R. (2013). An evaluation of the components of a Social StoriesTM intervention package. *Research in Autism Spectrum Disorders, 7*(1), 1-8. doi: 10.1016/j.rasd.2012.06.004

Ivey, A. E., & Ivey, M. B. (2007). *Intentional interviewing and counseling: Facilitating client development in a multicultural society.* Belmont, CA: Brooks/Cole-Thomson Learning.

Ivey, A. E., Ivey, M. B., & Zalaquett, C. P. (2014). *Intentional interviewing and counseling.* Belmont, CA: Brooks/Cole. Jackson, S. (2001). Using bibliotherapy with clients. *Journal of Individual Psychology, 57,* 289-297.

Jacobson, E. (1977). The origins and development of progressive relaxation. *Journal of Behavior Therapy & Experimental Psychiatry, 8,* 119-123.

Jacobson, E. (1987). Progressive relaxation. *American Journal of Psychology, 100,* 522-537.

Jallo, N., Bourguignon, C., Taylor, A., & Utz, S. W. (2008). Stress management during pregnancy: Designing and evaluating a mind-body intervention. *Family & Community Health: The Journal of Health Promotion & Maintenance, 31,* 190-203.

James, R. K., & Gilliland, B. E. (2003). *Theories and strategies in counseling and psychotherapy* (5th ed.). Boston, MA: Allyn & Bacon.

Jeffcoat, T., & Hayes, S. C. (2012). A randomized trial of ACT bibliotherapy on the mental health of K-12 teachers and staff. *Behaviour Research and Therapy, 50,* 571-579.

Jessee, E. H., Jurkovic, G. J., Wilkie, J., & Chiglinsky, M. (1982). Positive reframing with children: Conceptual and clinical considerations. *American Journal of Orthopsychiatry, 52,* 314-322.

Johnco, C., Wuthrich, V. M., & Rapee, R. M. (2012). The role of cognitive flexibility in cognitive restructuring skill acquisition among older adults. *Journal of Anxiety Disorders.* doi: 10.1016/

j.janxdis.2012.10.004

Johns, K. (1992). Lowering beginning teacher anxiety about parent-teacher conferences through role-playing. *School Counselor, 40*, 146-153.

Johnson, C., Wan, G., Templeton, R., Graham, L., & Sattler, J. (2000). *"Booking it" to peace: Bibliotherapy guidelines for teachers.* (ERIC Document Reproduction Service No. ED451622)

Joling, K. J., van Hout, H. P. J., van't Veer-Tazelaar, P. J., van der Horst, H. E., Cuijpers, P., van de Ven, P. M., & van Marwijk, H. W. J. (2011). How effective is bibliotherapy for very old adults with subthreshold depression? A randomized controlled trial. *The American Journal of Geriatric Psychiatry, 19*, 256-265.

Jourard, S. M. (1971). *The transparent self.* Princeton, NJ: Van Nostrand.

Jung, K., & Steil, R. (2012). The feeling of being contaminated in adult survivors of childhood sexual abuse and its treatment via a two-session program of cognitive restructuring and imagery modification: A case study. *Behavior Modification, 36*(1), 67-86.

Kabat-Zinn, J. (2006). *Coming to our senses: Healing ourselves and the world through mindfulness.* New York, NY: Hyperion.

Kahng, S. W., Boscoe, J. H., & Byrne, S. (2003, Fall). The use of an escape contingency and a token economy to increase food acceptance. *Journal of Applied Behavior Analysis, 36*, 249-353.

Kammerer, A. (1998). *Conflict management: Action research.* Greensboro, NC: ERIC-CASS (ERIC Document Reproduction Services No. ED422100).

Kantor, L., & Shomer, H. (1997). Lifestyle changes following a stress management programme: An evaluation. *South African Journal of Psychology, 27*, 81-246.

Kaplan, D. M., & Smith, T. (1995). A validity study of Subjective Unit of Discomfort (SUD) score. *Measurement & Evaluation in Counseling & Development, 27*, 195-199.

Kaplan, S., Engle, B., Austin, A., & Wagner, E. F. (2011). Applications in schools. In S. Naar-King & M. Suarez (Eds.) *Motivational interviewing with adolescents and young adults* (pp. 158-164). New York, NY: Guilford Press.

Kapoor, V., Bray, M. A., & Kehle, T. J. (2010). School-based intervention: Relaxation and guided imagery for students with asthma and anxiety disorder. *Canadian Journal of School Psychology, 25*, 311-327. doi: 10.1177/0829573510375551

Katofsky, I., Backhaus, J., Junghanns, K., Rumpf, H. -J., Hüppe, M., von Eitzen, U., & Hohagen, F. (2012). Effectiveness of a cognitive behavioral self-help program for patients with primary insomnia in general practice-a pilot study. *Sleep Medicine, 13*, 463-468. doi: 10.1016/j.sleep.2011.12.008

Kazdin, A. E. (2005). *Parent management training: Treatment for oppositional, aggressive, and antisocial behavior in children and adolescents.* New York, NY: Oxford University Press.

Keeling, M. L., & Bermudez, M. (2006). Externalizing problems through art and writing: Experiences of process and helpfulness. *Journal of Marital and Family Therapy, 32,* 405-419.

Keeney, K. M., Fisher, W. W., Adelinis, J. D., & Wilder, D. A. (2000). The effects of response cost in the treatment of aberrant behavior maintained by negative reinforcement. *Journal of Applied Behavior Analysis, 33,* 255-258.

Kehle-Forbes, S. M., Polusny, M. A., MacDonald, R., Murdoch, M., Meis, L. A., & Wilt, T. J. (2013). A systematic review of the efficacy of adding nonexposure components to exposure therapy for posttraumatic stress disorder. *Psychological Trauma: Theory, Research, Practice, and Policy, 5,* 317-322.

Kelley, M. L., & Stokes, T. F. (1982). Contingency contracting with disadvantaged youths: Improving classroom performance. *Journal of Applied Behavior Analysis, 15,* 447-454.

Kerner, E. A., & Fitzpatrick, M. R. (2007). Integrating writing into psychotherapy practice: A matrix of change processes and structural dimensions. *Psychotherapy: Theory, Research, Practice, and Training, 44,* 333-346. doi: 10.1037/00333204.44.3.333

Kilfedder, C., Power, K., Karatzias, T., McCafferty, A., Niven, K., Chouliara, Z., Galloway, L., & Sharp, S. (2010). A randomized trial of face-to-face counselling versus telephone counselling versus bibliotherapy for occupational stress. *Psychology and sychotherapy: Theory, Research and Practice, 83,* 223-242.

Kim, B. K., Hill, C. E., Gelso, C. J., Goates, M. K., Asay, P. A., & Harbin, J. M. (2003). Counselor self-disclosure, East Asian American client adherence to Asian cultural values, and counseling process. *Journal of Counseling Psychology, 50,* 324-332. doi: 10.1037/0022-0167.50.3.324

Kiselica, M., & Baker, S. (1992). Progressive muscle relaxation and cognitive restructuring: Potential problems and proposed solutions. *Journal of Mental Health Counseling, 14,* 149-165.

Kleinpeter, C. B., Brocato, J., Fischer, R., & Ireland, C. (2009). Specialty groups for drug court participants. *Journal of Groups in Addiction & Recovery, 4,* 265-287.

Knoff, H. M. (2009). Time-out in the schools: Punitive or educative? Evidence based or poorly conceived? *Communiqué, 37,* 6.

Koken, J., Outlaw, A., & Green-Jones, M. (2011). Sexual risk reduction. In S. Naar-King & M. Suarez (Eds.), *Motivational interviewing with adolescents and young adults* (pp. 106-111). New York, NY: Guilford Press.

Kolko, D. J., & Milan, M. A. (1983). Reframing and paradoxical instruction to overcome "resistance" in the treatment of delinquent youth: A multiple baseline analysis. *Journal of Consulting and Clinical Psychology, 51,* 655-660.

Konarski, E. A., Jr., Johnson, M. R., Crowell, C. R., & Whitman, T. L. (1981). An alternative approach to reinforcement for applied researchers: Response deprivation. *Behavior Therapy, 12*, 653–666.

Kottler, J. A., & Chen, D. D. (2011). *Stress management and Prevention* (2nd ed.). New York, NY: Routledge.

Kottman, T. (1990). Counseling middle school students: Techniques that work. *Elementary School Guidance & Counseling, 25*, 216–224.

Kottman, T. (1999). Integrating the crucial C's into Adlerian play therapy. *The Journal of Individual Psychology, 55*, 288–297.

Kottman, T., & Stiles, K. (1990). The mutual storytelling technique: An Adlerian application in child therapy. *Individual Psychology, 46*, 148–156.

Kotz, D., Huibers, M. H., West, R. J., Wesseling, G., & van Schayck, O. P. (2009). What mediates the effect of confrontational counselling on smoking cessation in smokers with COPD? *Patient Education and Counseling, 76*(1), 16–24. doi: 10.1016/j.pec.2008.11.017

Koziey, P. W., & Andersen, T. (1990). Phenomenal patterning and guided imagery in counseling: A methodological pilot. *Journal of Counseling & Development, 68*, 664–667.

Kraft, R. G., Claiborn, C. D., & Dowd, T. E. (1985). Effects of positive reframing and paradoxical directives in counseling for negative emotions. *Journal of Counseling Psychology, 32*, 617–621.

Kress, V. E., Adamson, N., DeMarco, C., Paylo, M. J., & Zoldan, C. A. (2013). The use of guided imagery as an intervention in addressing nonsuicidal self-injury. *Journal of Creativity in Mental Health, 8*(1), 35–47.

Kronner, H. W. (2013). Use of self-disclosure for the gay male therapist: The impact on gay males in therapy. *Journal of Social Service Research, 39*(1), 78–94. doi: 10.1080/01488376.2012.686732

Kubany, E. S., & Richard, D. C. (1992). Verbalized anger and accusatory "you" messages as cues for anger and antagonism among adolescents. *Adolescence, 27*, 505–516.

Kubany, E. S., Richard, D. C., Bauer, G. B., & Muraoka, M. Y. (1992). Impact of assertive and accusatory communication of distress and anger: A verbal component analysis. *Aggressive Behavior, 18*, 337–347.

LaClave, L. J., & Brack, G. (1989). Reframing to deal with patient resistance: Practical application. *American Journal of Psychotherapy, 43*, 68–76.

Lamb, C. S. (1980). The use of paradoxical intention: Self-management through laughter. *The Personnel and Guidance Journal, 59*, 217–219.

Lannin, D. G., Guyll, M., Vogel, D. L., & Madon, S. (2013). Reducing the stigma associated with seeking psychotherapy through self-affirmation. *Journal of Counseling Psychology*. doi: 10.1037/a0033789

Laselle, K. M., & Russell, T. T. (1993). To what extent are school counselors using meditation and relaxation techniques? *School Counselor, 40*, 178-184.

Lee, M. (1997). A study of solution-focused brief family therapy: Outcomes and issues. *The American Journal of Family Therapy, 25*, 3-17.

Lega, L., & Ellis, A. (2001). Rational emotive behavior therapy in the new millennium: A cross-cultural approach. *Journal of Rational-Emotive & Cognitive-Behavior Therapy, 19*, 201-222.

Leger, L. A. (1979). An outcome measure for thought-stopping examined in three case studies. *Journal of Behavior Therapy & Experimental Psychiatry, 10*, 115-120.

Lent, J. (2009). Journaling enters the 21st century: The use of therapeutic blogs in counseling. *Journal of Creativity in Mental Health, 4*, 68-73. doi: 10.1080/15401380802705391

Lethem, J. (2002). Brief solution-focused therapy. *Child and Adolescent Mental Heath, 7*, 189-192.

Lewis, T. (2014). *Substance abuse and addiction treatment: Practical application of counseling theory*. Upper Saddle River, NJ: Pearson.

Liberman, R. P. (2000, September). Images in psychiatry: The token economy. *The American Journal of Psychiatry, 157*, 1398.

Lindforss, L., & Magnusson, D. (1997). Solution-focused therapy in prison. *Contemporary Family Therapy, 19*, 89-104.

Linehan, M. M. (1993). *Cognitive behavioral therapy for borderline personality disorder*. New York, NY: Guilford Press.

Linton, J. M. (2005). Mental health counselors and substance abuse treatment: Advantages, difficulties, and practical issues to solution-focused interventions. *Journal of Mental Health Counseling, 27*, 297-310.

Littrell, J. M., Malia, J. A., & Vanderwood, M. (1995). Single-session brief counseling in a high school. *Journal of Counseling & Development, 13*, 451-458.

Lowe, R. (2004). *Family therapy: A constructive framework*. Thousand Oaks, CA: Sage Publications.

Luiselli, J. K. (1980). Programming overcorrection with children: What do the data indicate? *Journal of Clinical Child Psychology, 9*, 224-228.

Luskin, F., & Pelletier, K. R. (2005). *Stress free for good*. San Francisco, CA: Harper Collins.

Lynch, R. (2006). Coercion and social exclusion: The case of motivating change in drug-using offenders. *British Journal of Community Justice, 4*(1), 33-48.

MacCluskie, K. (2010). *Acquiring counseling skills: Integrating theory, multiculturalism, and self-*

awareness. Columbus, OH: Merrill.

Macrae, C. N., Bodenhasen, G. V., Milne, A. B., & Jetten, J. (1994). Out of mind but back in sight: Stereotypes on the rebound. *Journal of Personality and Social Psychology, 67*, 808-817.

Madu, V. N., & Adadu, P. M. A. (2011). Counseling students with depressive tendencies for better educational and personal-social adjustment: The cognitive restructuring approach. *Global Journal of Educational Research, 10*(1), 29-33.

Mahalik, J., & Kivlighan, D. (1988). Self-help treatment for depression: Who succeeds? *Journal of Counseling Psychology, 35*, 237-242.

Marcus, D. M. (1998). Self-disclosure: The wrong issue. *Psychoanalytic Inquiry, 18*, 566-579. doi: 10.1080/07351699809534212

Martin, J. (1994). *The construction and understanding of psychotherapeutic change: Conversation, memories, and theories.* New York, NY: Teachers College Press.

Martinez, C. R. (1986). *Classroom observations of three behavior management programs.* Greensboro, NC: ERIC-CASS (EDRS No. ED269164).

Matson, J. L., Horne, A. M., Ollendick, D. G., & Ollendick, T. H. (1979). Overcorrection: A further evaluation of restitution and positive practice. *Journal of Behavior Therapy & Experimental Psychiatry, 10*, 295-298.

Matson, J. L., & Keyes, J. B. (1990). A comparison of DRO to movement suppression time-out and DRO with two selfinjurious and aggressive mentally retarded adults. *Research in Developmental Disabilities, 11*, 111-120.

Maultsby, M., Jr. (1984). *Rational behavior therapy.* Englewood Cliffs, NJ: Prentice-Hall.

McGinnis, J. C., Friman, P. C., & Carlyon, W. D. (1999, Fall). The effect of token rewards on "intrinsic" motivation for doing math. *Journal of Applied Behavior Analysis, 32*, 375-379.

McGoey, K. E., & DuPaul, G. J. (2000, Fall). Token reinforcement and response cost procedures: Reducing the disruptive behavior of preschool children with attention-deficit/hyperactivity disorder. *School Psychology Quarterly, 15*, 330-343.

McManus, F., Van Doorn, K., & Yiend, J. (2012). Examining the effects of thought records and behavioral experiments in instigating belief change. *Journal of Behavior Therapy and Experimental Psychiatry, 43*, 540-547. doi: 10.1016/j. jbtep.2011.07.003

McWhirter, B. T., & Ishikawa, M. I. (2005). Individual counseling: Traditional approaches. In D. Capuzzi & D. R. Gross (Eds.), *Introduction to the counseling profession* (4th ed., pp. 155-172). Upper Saddle River, NJ: Prentice-Hall.

Meichenbaum, D. (1995). *A clinical handbook/practical therapist manual for assessing and treating adults with post-traumatic stress disorder.* Ontario, Canada: Institute Press.

Meichenbaum, D. H., & Deffenbacher, J. L. (1988). Stress inoculation training. *The Counseling*

Psychologist, 16, 69-90.

Menzies, V., & Kim, S. (2008). Relaxation and guided imagery in Hispanic persons diagnosed with fibromyalgia: A pilot study. *Family & Community Health: The Journal of Health Promotion & Maintenance, 31*, 204-212.

Messling, P. A., III, & Dermer, M. L. (2009). Increasing students' attendance at lecture and preparation for lecture by allowing students to use their notes during tests. *Behavior Analyst Today, 10*, 381-390.

Meyer, D. D., & Cottone, R. (2013). Solution-focused therapy as a culturally acknowledging approach with American Indians. *Journal of Multicultural Counseling and Development, 41*(1), 47-55.

Mikulas, W. L. (1978). *Behavior modification.* New York, NY: Harper & Row.

Miller, D. L., & Kelley, M. L. (1994). The use of goal setting and contingency contracting for improving children's homework performance. *Journal of Applied Behavior Analysis, 27*, 73-84.

Miller, M., Kelly, W., Tobacyk, J., Thomas, A., & Cowger, E. (2001). A review of client compliancy with suggestions for counselors. *College Student Journal, 35*, 504-513.

Miller, N. E., & Dollard, J. (1941). *Social learning and imitation.* London, UK: Oxford University Press.

Miller, W. R., & Rollnick, S. (2002). *Motivational interviewing: Preparing people for change* (2nd ed.). New York, NY: Guilford Press.

Miltenberger, R. G. (2007). *Behavior modification: Principles and procedures* (4th ed.). Pacific Grove, CA: Brooks/Cole.

Morawska, A., & Sanders, M. (2010). Parental use of time out revisited: A useful or harmful parenting strategy? *Journal of Child Family Studies 20*, 1-8. doi 10.1007/s10826-010-9371-x

Morgenstern, J., Amrhein, P., Kuerbis, A., Hail, L., Lynch, K., & McKay, J. R. (2012). Motivational interviewing: A pilot test of active ingredients and mechanisms of change. *Psychology of Addictive Behaviors, 26*, 859-869. doi: 10.1037/a0029674

Mottram, L., & Berger-Gross, P. (2004). An intervention to reduce disruptive behaviours in children with brain injury. *Pediatric Rehabilitation, 7*, 133-143.

Murdock, N. L. (2009). *Theories of counseling and psychotherapy* (2nd ed.). Upper Saddle River, NJ: Pearson Education.

Murphy, J. J. (2008). *Solution-focused counseling in schools* (2nd ed.). Alexandria, VA: American Counseling Association.

Musser, E. H., Bray, M. A., Kehle, T. J., & Jenson, W. R. (2001). Reducing disruptive behaviors in students with serious emotional disturbance. *School Psychology Review, 30*, 294-305.

Myers, D., & Hayes, J. A. (2006). Effects of therapist general self-disclosure and countertransference disclosure on ratings of the therapist and session. *Psychotherapy: Theory, Research, Practice, Training, 43*, 173–185. doi: 10.1037/0033-3204. 43.2.173

Myrick, R. D., & Myrick, L. S. (1993). Guided imagery: From mystical to practical. *Elementary School Guidance & Counseling, 28*, 62–70.

Naar-King, S., & Suarez, M. (Eds). (2011). *Motivational interviewing with adolescents and young adults.* New York, NY: Guilford Press.

Naugle, A. E., & Maher, S. (2008). Modeling and behavioral rehearsal. In W. O'Donohue, J. E. Fisher, & S. C. Hayes (Eds.), *Cognitive behavior therapy: Applying empirically supported techniques in your practice* (2nd ed.). New York, NY: John Wiley & Sons.

Newsome, W. S. (2004). Solution-focused brief therapy (SFBT) groupwork with at-risk junior high school students: Enhancing the bottom-line. *Research on Social Work Practice, 14*, 336–343.

Nock, M., & Kazdin, A. (2005). Randomized control trial of a brief intervention for increasing participation in parent management training. *Journal of Consulting and Clinical Psychology, 73*, 872–879.

Noggle, J. J., Steiner, N. J., Minami, T., & Khalsa, S. B. S. (2012). Benefits of yoga for psychosocial well-being in a U.S. high school curriculum: A preliminary randomized controlled trial. *Journal of Developmental and Behavioral Pediatrics, 33*(3), 193–201.

Nordin, S., Carlbring, P., Cuijpers, P., & Andersson, G. (2010). Expanding the limits of bibliotherapy for panic disorder: Randomized trial of self-help without support but with a clear deadline. *Behavior Therapy, 41*, 267–276.

Nuernberger, P. (2007). *Freedom from stress: A holistic approach.* Honesdale, PA: Himalayan International Institute. Oberst, E., & Stewart, A. E., (2003). *Adlerian psychotherapy: An advanced approach to individual psychology.* New York, NY: Brunner-Routledge.

O'Brien, J. D. (1992). Children with ADHD and their parents. In J. D. O'Brien, D. J. Pilowsky, & O. W. Lewis (Eds.), *Psychotherapies with children and adolescents: Adapting the psychodynamic process* (pp. 109-124). Washington, DC: American Psychiatric Press.

Ockene, J. (2001). Strategies to increase adherence to treatment. *Compliance in Healthcare and Research*, 43-55.

O'Hanlon, W. H., & Weiner-Davis, M. (2004). *In search of solutions: A new direction in psychotherapy* (rev. ed.). New York, NY: Norton.

Okamoto, A., Yamashita, T., Nagohshi, Y., Masui, Y., Wada, Y., Kashima, A., et al. (2002). A behavior therapy program combined with liquid nutrition designed for anorexia nervosa. *Psychiatry and Clinical Neurosciences, 56*, 515–520.

Olmi, D. J., Sevier, R. C., & Nastasi, D. F. (1997). Time in/timeout as a response to noncompliance and inappropriate behavior with children with developmental disabilities: Two case studies. *Psychology in the Schools, 34*, 31–39.

Olson, R. L., & Roberts, M. W. (1987). Alternative treatments for sibling aggression. *Behavior Therapy, 18*, 243–250.

Orr, J. (2014). Counseling theories: Traditional and alternative approaches. In D. G. Hays & B. T. Erford (Eds.), *Developing multicultural counseling competency: A systems approach* (2nd ed., pp. 476–498). Columbus, OH: Pearson Merrill Prentice Hall.

Osborn, D., & Costas, L. (2013). Role-playing in counselor student development. *Journal of Creativity in Mental Health, 8*, 92–103. doi: 10.1080/15401383.2013.763689

Ost, L.-G. (1989). One-session treatment for specific phobias. *Behavior Research and Therapy, 27*, 1–7.

Overholser, J. (2000). Cognitive-behavioral treatment of panic disorder. *Psychotherapy: Theory, Research, Practice & Training, 37*, 247–256.

Oxman, E. B., & Chambliss, C. (2003). *Reducing psychiatric inpatient violence through solution-focused group therapy* (ERIC Doc No. ED475586). Retrieved from http://www.eric.ed.gov/ERICDocs/data/ericdocs2sql/content_storage_01/0000019b/80/1a/f9/e3.pdf

Pagoto, S. L., Kozak, A. T., Spates, C. R., & Spring, B. (2006). Systematic desensitization for an older woman with a severe specific phobia: An application of evidenced-based practice. *Clinical Gerontologist: The Journal of Aging and Mental Health, 30*(1), 89–98.

Paivio, S. C., & Greenberg, L. S. (1995). Resolving "unfinished business": Efficacy of experimental therapy using empty chair dialogue. *Journal of Consulting and Clinical Psychology, 63*, 419–425.

Paladino, D. A., Barrio Minton, C. A., & Kern, C. W. (2011). Interactive training model: Enhancing beginning counseling student development. *Counselor Education & Supervision, 50*, 189–206.

Papadopoulou, M. (2012). The ecology of role play: Intentionality and cultural evolution. *British Educational Research Journal, 28*, 575–592.

Patton, M., & Kivlighan, D. (1997). Relevance of the supervisory alliance to the counseling alliance and to treatment adherence in counselor training. *Journal of Counseling Psychology, 44*, 108–115.

Paul, N. A., Stanton, S. J., Greeson, J. M., Smoski, M. J., & Wang, L. (2013). Psychological and neural mechanisms of trait mindfulness in reducing depression vulnerability. *SocialCognitive and Affective Neuroscience, 8*, 56–64.

Pearlman, M. Y., D'Angelo Schwalbe, K., & Cloltre, M. (2010). *Grief in childhood: Fundamentals of treatment in clinical practice*. Washington, DC: American Psychological Association.

Pearson, J. (2000). *Develop the habit of healthy self-talk*. Retrieved from http://www.healthyhabits.com/selftalk.asp

Pearson, Q. M. (1994). Treatment techniques for adult female survivors of childhood sexual abuse. *Journal of Counseling & Development, 73*, 32-37.

Peck, H. L., Bray, M. A., & Kehle, T. J. (2003). Relaxation and guided imagery: A school-based intervention for children with asthma. *Psychology in the Schools, 40*, 657-675.

Peden, A. R., Rayens, M. K., Hall, L. A., & Beebe, L. H. (2001). Preventing depression in high-risk college women: A reportof an 18-month follow-up. *Journal of American College Health, 49*, 299-306.

Penzien, D., & Holroyd, K. (1994). Psychological interventions in the management of recurrent headache disorders 2:Description of treatment techniques. *Behavioral Medicine, 20*, 64-74.

Peterson, R. F., Loveless, S. E., Knapp, T. J., Loveless, B. W., Basta, S. M., & Anderson, S. (1979). The effects of teacher use of I-messages on student disruptive and study behavior. *Psychological Record, 29*, 187-199.

Phillips-Hershey, E., & Kanagy, B. (1996). Teaching students to manage personal anger constructively. *Elementary School Guidance & Counseling, 30*, 229-234.

Piccinin, S. (1992). Impact of treatment adherence intervention on a social skills program targeting criticism behaviours. *Canadian Journal of Counseling, 26*, 107-121.

Plummer, D. L., & Tukufu, D. S. (2001). Enlarging the field: African-American adolescents in a Gestalt context. In M. McConville, & G. Wheeler (Eds.), *The heart of development: Vol II. Adolescence: Gestalt approaches to working with children, adolescents and their worlds* (pp. 54-71). New York, NY: Analytic Press/Taylor & Francis Group.

Polcin, D. L., Galloway, G. P., Bond, J., Korcha, R., & Greenfield, T. K. (2010). How do residents of recovery homes experience confrontation between entry and 12-month followup? *Journal of Psychoactive Drugs, 42*(1), 49-62. doi: 10.1080/02791072.2010.10399785

Ponniah, K., & Hollon, S. D. (2009). Empirically supported psychological treatments for adult acute stress disorder and posttraumatic stress disorder: A review. *Depression & Anxiety, 26*, 1086-1109. doi: 10.1002/da.20635

Popadiuk, N., Young, R. A., & Valach, L. (2008). Clinician perspectives on the therapeutic use of the self-confrontation procedure with suicidal clients. *Journal of Mental Health Counseling, 30*(1), 14-30.

Premack, D. (1962). Reversibility of the reinforcement relation. *Science, 136*, 255-257.

Presbury, J. H., Echterling, L. G., & McKee, J. E. (2002). *Ideas and tools for brief counseling*. Upper Saddle River, NJ: Pearson Education.

Prins, P., & Hanewald, G. (1999). Coping self-talk and cognitive interference in anxious children. *Journal of Consulting andClinical Psychology, 67*, 435-439.

Proctor, M. A., & Morgan, D. (1991). Effectiveness of a response cost raffle procedure on the disruptive classroom behavior of adolescents with behavior problems. *School Psychology Review, 20*, 97-109.

Purdon, C., & Clark, D. A. (2001). Suppression of obsession-like thoughts in nonclinical individuals: Impact on thought frequency, appraisal and mood state. *Behaviour Research and Therapy, 39*, 1163-1181.

Quigney, T. A., & Studer, J. R., (1999). Using solution-focused intervention for behavioral problems in an inclusive classroom. *American Secondary Education, 28*(1), 10-18.

Quillman, T. (2012). Neuroscience and therapist self-disclosure: Deepening right brain to right brain communication between therapist and patient. *Clinical Social Work Journal, 40*(1), 1-9. doi: 10.1007/s10615-011-0315-8

Rapee, R. M., Abbott, M. J., & Lyneham, H. J. (2006). Bibliotherapy for children with anxiety disorders using written materials for parents: A randomized controlled trial. *Journal of Consulting & Clinical Psychology, 74*, 436-444.

Rapisarda, C., Jencius, M., & McGlothlin, J. (2011). Master's students' experiences in a multicultural counseling roleplay. *International Journal for the Advancement of Counselling, 33*, 361-375.

Rasmussen, P. R. (2002). Resistance: The fear behind it and tactics for reducing it. *The Journal of Individual Psychology, 58*, 148-159.

Rasmussen, P. R., & Dover, G. J. (2006). The purposefulness of anxiety and depression: Adlerian and evolutionary views. *The Journal of Individual Psychology, 62*, 366-396.

Reid, R. (1999). Attention deficit hyperactivity disorder: Effective methods for the classroom. *Focus on Exceptional Children, 32*(4), 1-20.

Reinecke, D. R., Newman, B., & Meinberg, D. L. (1999, Spring). Self-management of sharing in three pre-schoolers with autism. *Education and Training in Mental Retardation and Developmental Disabilities, 34*, 312-317.

Reiter, M. D. (2004). The surprise task: A solution-focused formula task for families. *Journal of Family Psychotherapy, 14*(3), 37-45.

Reitman, D., & Drabman, R. S. (1999). Multifaceted uses of a simple timeout record in the treatment of a noncompliant 8-year-old boy. *Education & Treatment of Children, 22*, 136-146.

Remer, R. (1984). The effects of interpersonal confrontation onmales. *American Mental Health Counselors Association Journal, 6*, 56-70.

Richmond, R. L. (2013). *Systematic desensitization*. Retrieved from http://www. guidetopsychology.com/sysden.htm

Riordan, R., & Wilson, L. (1989). Bibliotherapy: Does it work? *Journal of Counseling & Development, 67*, 506-508.

Robbins, M. S., Alexander, J. F., & Turner, C. W. (2000). Disrupting defensive family interactions in family therapy with delinquent youth. *Journal of Family Psychology, 14*, 688-701.

Roemer, L., & Burkovec, T. D. (1994). Effect of suppressing thoughts about emotional material. *Journal of Abnormal Psychology, 103*, 467-474.

Rogers, C. (1951). *Client-centered therapy*. Boston, MA: Houghton Mifflin.

Rogers, C. R. (1957). The necessary and sufficient conditions of therapeutic personality change. *Journal of Consulting Psychology, 21*, 95-103. doi: 10.1037/h0045357

Roome, J., & Romney, D. (1985). Reducing anxiety in gifted children by inducing relaxation. *Roeper Review, 7*, 177-179.

Rosenberg, H. J., Jankowski, M. K., Fortuna, L. R., Rosenberg, S. D., & Mueser, K. T. (2011). A pilot study of a cognitive restructuring program for treating posttraumatic disorders in adolescents. *Psychological Trauma: Theory, Research, Practice, and Policy, 3*, 94-99.

Ross, M., & Berger, R. (1996). Effects of stress inoculation training on athletes' post-surgical pain and rehabilitation after orthopedic injury. *Journal of Consulting and Clinical Psychology, 64*, 406-410.

Ruth, W. J. (1994). Goal setting, responsibility training, and fixed ratio reinforcement: Ten-month application to students with emotional disturbance in a public school setting. *Psychologyin the Schools, 31*, 146-154.

Rutledge, P. C. (1998). Obsessionality and the attempted suppression of unpleasant personal intrusive thoughts. *Behaviour Research and Therapy, 36*, 403-416.

Ryan, J. B., Peterson, R. L., & Rozalski, M. (2007). State policies concerning the use of seclusion timeout in schools. *Education and Treatment of Children, 30*, 215-239.

Ryder, B. E. (2003). Counseling theory as a tool for vocational counselors: Implications for facilitating clients' informed decision making. *Journal of Visual Impairment & Blindness, 97*(3), 149-156.

Salend, S. J., & Allen, E. M. (1985). Comparative effects of externally managed and self-managed response-cost systems on inappropriate classroom behavior. *Journal of School Psychology, 23*, 59-67.

Saltzberg, J., & Dattilio, F. (1996). Cognitive techniques in clinical practice. *Guidance & Counseling, 11*, 27-31.

Samaan, M. (1975). Thought-stopping and flooding in a case of hallucinations, obsessions, and homicidal-suicidal behavior. *Journal of Behavioral Therapy & Experimental Psychiatry, 6*, 65-67.

Sam Houston State University Counseling Center. (2014). *Breathing techniques*. Retrieved from http://www.shsu.edu/~counsel/hs/breathtech.html

Schaefer, C. E. (2011). *Foundations of play therapy* (2nd ed.). New York, NY: John Wiley & Sons.

Schafer, W. (1998). *Stress management for wellness* (4th ed.). Fort Worth, TX: Harcourt Brace Jovanovich College Publishers.

Scheel, M. J., Davis, C. K., & Henderson, J. D. (2013). Therapist use of client strengths: A qualitative study of positive processes. *The Counseling Psychologist, 41*, 392-427.

Schoettle, U. C. (1980). Guided imagery: A tool in child psychotherapy. *American Journal of Psychotherapy, 34*, 220-227.

Schuler, K., Gilner, F., Austrin, H., & Davenport, G. (1982). Contribution of the education phase to stress-inoculation training. *Psychological Reports, 51*, 611-617.

Schumacher, R., & Wantz, R. (1995). Constructing and using interactive workbooks to promote therapeutic goals. *Elementary School Guidance and Counseling, 29*, 303-310.

Schure, M. B., Christopher, J., & Christopher, S. (2008). Mindbody medicine and the art of self-care: Teaching mindfulness to counseling students through yoga, meditation, and Qigong. *Journal of Counseling & Development, 86*, 47-56.

Scorzelli, J. F., & Gold, J. (1999). The mutual storytelling writing game. *Journal of Mental Health Counseling, 21*, 113-123.

Seal, K. H., Abadjian, L., McCamish, N., Shi, Y., Tarasovsky, G., & Weingardt, K. (2012). A randomized controlled trial of telephone motivational interviewing to enhance mental health treatment engagement in Iraq and Afghanistan veterans. *General Hospital Psychiatry, 34*, 450-459.

Segal, Z. V., Williams, J. M. G., & Teasdale, J. D. (2002). *Mindfulness-based cognitive therapy for depression: A new approach to preventing relapse*. New York, NY: Guilford.

Seiverling, L., Kokitus, A., & Williams, K. (2012). A clinical demonstration of a treatment package for food selectivity. *Behavior Analyst Today, 13*(2), 11-16.

Self-Brown, S. R., & Mathews, S. (2003, November/December). Effects of classroom structure on student achievement goal orientation. *The Journal of Educational Research, 97*, 106-111.

Seligman, L., & Reichenberg, L. R. (2013). *Theories of counseling and psychotherapy: Systems, strategies, and skills of counseling and psychotherapy* (4th ed.). Upper Saddle River, NJ: Pearson Merrill.

Shapiro, F. (2001). *Eye movement desensitization and reprocessing: Basic principles, protocols, and procedures* (2nd ed.). New York, NY: Guilford Press.

Shapiro, L. (1994). 101 *Tricks of the trade.* Plainview, NY: Childswork/Childsplay.

Shapiro, S. L., Astin, J. A., Bishop, S. R., & Cordova, M. (2005). Mindfulness-based stress reduction for health care professionals: Results from a randomized trial. *International Journal of Stress Management, 12,* 164-176.

Sharry, J. (2004). *Counseling children, adolescents and families. A strengths-based approach.* Thousand Oaks, CA: Sage Publications.

Shechtman, Z. (2000). An innovative intervention for treatment of child and adolescent aggression: An outcome study. *Psychology in the Schools, 37,* 157-167.

Shechtman, Z., & Yanov, H. (2001). Interpretives (confrontation, interpretation, and feedback) in preadolescent counseling groups. *Group Dynamics: Theory, Research, and Practice, 5*(2), 124-135. doi: 10.1037/1089-2699.5.2.124

Sheely, R., & Horan, J. J. (2004). Effects of stress inoculation training for 1st-year law students. *International Journal of Stress Management, 11,* 41-55.

Shepard, D. (1992). Using screenwriting techniques to create realistic and ethical role plays. *Counselor Education & Supervision, 42,* 145-158.

Sherburne, S., Utley, B., McConnell, S., & Gannon, J. (1988). Decreasing violent or aggressive theme play among preschool children with behavior disorders. *Exceptional Children, 55,* 166-173.

Sherman, D. K., Hartson, K. A., Binning, K. R., Purdie-Vaughns, V., Garcia, J., Taborsky-Barba, S., . . . Cohen, G. L. (2013). Deflecting the trajectory and changing the narrative: How self-affirmation affects academic performance and motivation under identity threat. *Journal of Personality and Social Psychology, 104,* 591-618. doi: 10.1037/a0031495

Shurick, A. A., Hamilton, J. R., Harris, L. T., Roy, A. K., Gross, J. J., & Phelps, E. A. (2012). Durable effects of cognitive restructuring on conditioned fear. *Emotion, 12,* 1393-1397.

Silverman, K., Chutuape, M. A., Bigelow, G. E., & Stitzer, M. L. (1999). Voucher-based reinforcement of cocaine abstinence in treatment-resistant methadone patients: Effects of reinforcement magnitude. *Psychopharmacology, 146,* 128-138.

Simi, N. L., & Mahalik, J. R. (1997). Comparison of feminist versus psychoanalytic/dynamic and other therapists on selfdisclosure. *Psychology of Women Quarterly, 21,* 465-483. doi: 10.1111/j.1471-6402.1997.tb00125.x

Singer, E. (1977). The fiction of analytic anonymity. In K. A. Frank (Ed.), *The human dimension in psychoanalytic practice* (pp. 181-192). New York, NY: Grune & Stratton.

Sklare, G. B. (2005). *Brief counseling that works: A solutionfocused approach for school counselors* (2nd ed.). Thousand Oaks, CA: Corwin Press.

Smith, G., & Celano, M. (2000). Revenge of the mutant cockroach: Culturally adapted storytelling in the treatment of a low-income African-American boy. *Cultural Diversity and Ethnic Minority Psychology, 6*, 220-227.

Smith, I. C. (2005). Solution-focused brief therapy with people with learning disabilities: A case study. *British Journal of Learning Disabilities, 33*, 102-105.

Smith, J. E., Richardson, J., Hoffman, C., & Pilkington, K.(2005). Mindfulness-based stress reduction as supportive therapy in cancer care: Systematic review. *Journal of Advanced Nursing, 52*, 315-327.

Smith, M. A., & Misra, A. (1992). A comprehensive management system for students in regular classrooms. *The Elementary School Journal, 92*, 353-371.

Smith, S. (2002). *Applying cognitive-behavioral techniques to social skills instruction* (Report No. EDO-EC-02-08). Arlington, VA: ERIC Clearinghouse on Disabilities and Gifted Education. (ERIC Document Reproduction Service No. ED469279).

Smokowski, P. R. (2003). Beyond role-playing: Using technology to enhance modeling and behavioral rehearsal in group work practice. *Journal for Specialists in Group Work, 28*, 9-22.

Smyth, J. M., Hockemeyer, J. R., & Tulloch, H. (2008). Expressive writing and post-traumatic stress disorder: Effects on trauma

symptoms, mood states, and cortisol reactivity. *British Journal of Health Psychology, 13*, 85-93. doi: 10.1348/135910708X250866

Songprakun, W., & McCann, T. V. (2012). Evaluation of a bibliotherapy manual for reducing psychological distress in people with depression: A randomized controlled trial. *Journal of Advanced Nursing, 68*, 2674-2684.

Southam-Gerow, M. A., & Kendall, P. C. (2000). Cognitive behavior therapy with youth: Advances, challenges, and future directions. *Clinical Psychology and Psychotherapy, 7*, 343-366.

Spencer, P. (2000). The truth about time-outs. *Parenting, 14*(8), 116-121.

Spiegler, M. D., & Guevremont, D. C. (2003). *Contemporary behavior therapy* (4th ed.). Pacific Grove, CA: Brooks/Cole.

Spindler Barton, E., Guess, D., Garcia, E., & Baer, D. (1970). Improvement of retardates' mealtime behaviors by timeout procedures using multiple baseline techniques. *Journal of Applied Behavior Analysis, 3*, 77-84.

Springer, D., Lynch, C., & Rubin, A. (2000). Effects of a solutionfocused mutual aid group for Hispanic children of incarcerated parents. *Child & Adolescent Social Work Journal, 17*, 431-442.

Steele, C. M. (1988). The psychology of self-affirmation: Sustaining the integrity of the self. In L.

Berkowitz (Ed.), *Advances in experimental social psychology, Vol. 21: Social psychological studies of the self: Perspectives and programs* (pp. 261-302). San Diego, CA: Academic Press.

Stevens, S. E., Hynan, M. T., Allen, M., Beaun, M. M., & McCart, M. R. (2007). Are complex psychotherapies more effective than biofeedback, progresssive muscle relaxation, or both? A meta-analysis. *Psychological Reports, 100,* 303-324. doi: 10.2466/PR0.100.1.303-324

Stice, E., Rohde, P., Gau, J. M., & Wade, E. (2010). Efficacy trial of a brief cognitive-behavioral depression prevention program for high-risk adolescents: Effects at 1- and 2-year follow-up. *Journal of Consulting and Clinical Psychology, 78,* 856-867.

Stice, E., Rohde, P., Seeley, J. R., & Gau, J. M. (2008). Brief cognitivebehavioral depression prevention program for high-riskadolescents outperforms two alternative interventions: A randomized efficacy trial. *Journal of Consulting and Clinical Psychology, 76,* 595-606.

Stiles, K., & Kottman, T. (1990). Mutual storytelling: An intervention for depressed and suicidal children. *School Counselor, 37,* 337-342.

Stith, S. M., Miller, M., Boyle, J., Swinton, J., Ratcliffe, G., & McCollum, E. (2012). Making a difference in making miracles: Common roadblocks to miracle question effectiveness. *Journal of Marital and Family Therapy, 38,* 380-393.

Stolz, S. B., Wienckowski, L. A., & Brown, B. S. (1975, November). Behavior modification: A perspective on critical issues. *American Psychologist, 30,* 1027-1048.

Stricker, G., & Fisher, M. (Eds.). (1990). *Self-disclosure in the therapeutic relationship.* New York, NY: Plenum Press.

Strong, T., & Zeman, D. (2010). Dialogic considerations of confrontation as a counseling activity: An examination of Allen Ivey's use of confronting as a microskill. *Journal of Counseling & Development, 88,* 332-339. doi: 10.1002/j.1556-6678.2010.tb00030.x

Strumpfel, U., & Goldman, R. (2002). Contacting Gestalt therapy. In D. J. Cain & J. Seeman (Eds.), *Humanistic psychotherapies: Handbook of research and practice* (pp. 189-219). Washington, DC: American Psychological Association.

Sussman, S., Sun, P., Rohrbach, L. A., & Spruijt-Metz, D. (2011). One-year outcomes of a drug abuse prevention program for older teens and emerging adults: Evaluating a motivational interviewing booster component. *Health Psychology, 31,* 476-485. doi: 10.1037/a0025756

Swoboda, J. S., Dowd, E. T., & Wise, S. L. (1990). Reframing and restraining directives in the treatment of clinical depression. *Journal of Counseling Psychology, 37,* 254-260.

Szabo, Z., & Marian, M. (2012). Stress inoculation training in adolescents: Classroom intervention benefits. *Journal of Cognitive & Behavioral Psychotherapies, 12,* 175-188.

Tahan, H., & Sminkey, P. (2012). Motivational interviewing: Building rapport with clients to encourage desirable behavioral and lifestyle changes. *Professional Case Management, 17,*

164-172. doi: 10.1097/NCM.0b013e318253f029

Tanaka-Matsumi, J., Higginbotham, H. N., & Chang, R. (2007). Cognitive-behavioral approaches to counseling across cultures: A functional analytic approach for clinical applications. In P. B. Pedersen, J. G. Draguns, W. J. Lonner, & J. E. Trimble (Eds.), *Counseling across cultures* (6th ed., pp. 337-379). Thousand Oaks, CA: Sage.

Taylor, P. J., Russ-Eft, D. F., & Chan, D. W. (2005). A metaanalytic review of behavior modeling training. *Journal of Applied Psychology, 90*, 692-709.

Thomas, M. B. (1992). *An introduction to marital and family therapy*. New York, NY: Macmillan.

Thompson, C. L., Rudolph, L. B., & Henderson, D. (2011). *Counseling children* (8th ed.). Belmont, CA: Brooks/Cole. Thompson, K., & Bundy, K. (1996). Social skill training for young adolescents: Cognitive and performance components. *Adolescence, 31*, 505-521.

Thompson, S., Sobolew-Shubin, A., Galbraith, M., Schwankovsky, L., & Cruzen, D. (1993). Maintaining perceptions of control: Finding perceived control in low-control circumstances. *Journal of Personality and Social Psychology, 64*, 293-304.

Thorpe, G. L., & Olson, S. L. (1997). *Behavior therapy: Concepts, procedures, and applications* (2nd ed.). Boston, MA: Allyn & Bacon.

Tingstrom, D. H. (1990). Acceptability of time-out: The influence of problem behavior severity, interventionist, and reported effectiveness. *Journal of School Psychology, 28*, 165-169.

Toth, M., Wolsko, P. M., Foreman, J., Davis, R. B., Delbanco, T., Phillips, R. S., & Huddleston, P. (2007). A pilot study for a randomized, controlled trial on the effect of guided imagery in hospitalized medical patients. *The Journal of Alternative and Complementary Medicine, 13*, 194-197.

Toussaint, K. A., & Tiger, J. H. (2012). Reducing covert selfinjurious behavior maintained by automatic reinforcement through a variable momentary DRO procedure. *Journal of Applied Behavior Analysis, 45*, 179-184.

Town, J. M., Hardy, G. E., McCullough, L., & Stride, C. (2012). Patient affect experiencing following therapist interventions in short-term dynamic psychotherapy. *Psychotherapy Research, 22*, 208-219.

Tracey, T. J. (1986). The stages of influence in counseling and psychotherapy. In F. Dorn (Ed.), *The social influence process in counseling and psychotherapy* (pp. 107-116). Springfield, IL: Charles C Thomas.

Treadwell, K., & Kendall, P. (1996). Self-talk in youth with anxiety disorders: States of mind, content specificity, and treatment outcome. *Journal of Consulting and Clinical Psychology, 64*, 941-950.

Treyger, S., Ehlers, N., Zajicek, L., & Trepper, T. (2008). Helping spouses cope with partners coming out: A solution-focused approach. *American Journal of Family Therapy, 36*(3), 30–47.

Triscari, M. T., Faraci, P., D'Angelo, V., Urso, V., & Catalisano, D. (2011). Two treatments for fear of flying compared: Cognitive behavioral therapy combined with systematic desensitization or eye movement desensitization and reprocessing (EMDR). *Aviation Psychology and Applied Human Factors, 1*, 9–14.

Turner, S. M., Calhoun, K. S., & Adams, H. E. (1992). *Handbook of clinical behavior therapy* (2nd ed.). New York, NY: John Wiley & Sons.

Upright, R. (2002). To tell a tale: Use of moral dilemmas to increase empathy in the elementary school child. *Early Childhood Education Journal, 30*, 15–20.

Utley, A., & Garza, Y. (2011). The therapeutic use of journaling with adolescents. *Journal of Creativity in Mental Health, 6*, 29–41. doi: 10.1080/15401383.2011.557312

Van Dixhorn, J. (1988). Breathing awareness as a relaxation method in cardiac rehabilitation. In F. J. McGuigan, W. E. Sime, & J. M. Wallace (Eds.), *Stress and tension control 3: Stress management* (pp. 19–36). New York, NY: Plenum Press.

Vare, J., & Norton, T. (2004). Bibliotherapy for gay and lesbian youth overcoming the structure of silence. *Clearing House, 77*, 190–194.

Velting, O. N., Setzer, N. J., & Albano, A. M. (2004). Update on advances in assessment and cognitive-behavioral treatment of anxiety disorders in children and adolescents. *Professional Psychology: Research and Practice, 35*, 42–54.

Vernon, A. (1993). *Developmental assessment and intervention with children and adolescents.* Alexandria, VA: American Counseling Association.

Vernon, A., & Clemente, R. (2004). *Assessment and intervention with children and adolescents: Developmental and cultural considerations.* Alexandria, VA: American Counseling Association.

Vickerman, K. A., & Margolin, G. (2009). Rape treatment outcome research: Empirical findings and state of the literature. *Clinical Psychology Review, 29*, 431–448.

Wadsworth, H. G. (1970, July). Initiating a preventive-corrective approach in an elementary school system. *Social Work, 15*(3), 54–59.

Walker, H. M., Colvin, G., & Ramsey, E. (1995). *Antisocial behavior in school: Strategies and best practices.* Pacific Grove, CA: Brooks/Cole.

Walsh, J. (2002). Shyness and social phobia. *Health & Social Work, 27*, 137–144.

Walter, J. L., & Peller, J. E. (1992). *Becoming solution-focused in brief therapy.* New York, NY: Brunner/Mazel.

Warnemuende, C. (2000). The art of working with parents. *Montessori Life, 12*, 20–21.

Watson, J. (2011). Resistance is futile? Exploring the potential of motivational interviewing. *Journal of Social Work Practice, 25*, 465-479. doi: 10.1080/02650533.2011.626653

Watts, R. E. (2003). Reflecting "as if": An integrative process in couples counseling. *The Family Journal: Counseling and Therapy for Couples and Families, 11*, 73-75. doi: 10.1177/1066480702238817

Watts, R. E., & Garza, Y. (2008). Using children's drawings to facilitate the acting "as if" technique. *The Journal of Individual Psychology, 64*, 113-118.

Watts, R. E., Peluso, P. R., & Lewis, T. F. (2005). Expanding the acting as if technique: An Adlerian/constructive integration. *The Journal of Individual Psychology, 61*, 380-387.

Watts, R. E., & Trusty, J. (2003). Using imaginary team members in reflecting "as if." *Journal of Constructivist Psychology, 16*, 335-340.

Webb, N. B. (Ed.). (2007). *Play therapy with children in crisis: A casebook for practitioners* (3rd ed.). New York, NY: Guilford Press.

Wegner, D. M., Schneider, D. J., Carter, S. R., & White, T. L. (1987). Paradoxical effects of thought suppression. *Journal of Personality and Social Psychology, 53*, 5-13.

Weikle, J. (1993). *Self-talk and self-health* (Report No. EDO CS-93-07). Bloomington, IN: ERIC Clearinghouse on Reading, English, and Communication. (ERIC Document Reproduction Service No. ED361814).

Weinrach, S., Ellis, A., MacLaren, C., Di Giuseppe, R., Vernon, A., Wolfe, J., Malkinson, R., & Backx, W. (2001). Rational emotive behavior therapy successes and failures: Eight personal perspectives. *Journal of Counseling & Development, 79*, 259-269.

Wenzlaff, R. M., Wegner, D. M., & Roper, D. W. (1988). Depression and mental control: The resurgence of unwanted negative thoughts. *Journal of Personality and Social Psychology, 55*, 882-892.

White, A. G., & Bailey, J. S. (1990). Reducing disruptive behaviors of elementary physical education students with sit and watch. *Journal of Applied Behavior Analysis, 23*, 353-359.

Wicks, R. J., & Buck, T. C. (2011). Reframing for change: The use of cognitive behavioral therapy and native psychology in pastoral ministry and formation. *Human Development, 32*(3), 8-14.

Williams, C. D. (1959). Case report: The elimination of tantrum behavior by extinction procedures. *Journal of Abnormal & Social Psychology, 59*, 269.

Williams, M. H. (1997). Boundary violations: Do some contended standards of care fail to encompass commonplace procedures of humanistic, behavioral, and eclectic psychotherapies? *Psychotherapy, 34*, 238-249.

Williams, M. H. (2009). How self-disclosure got a bad name. *Professional Psychology: Research and Practice, 40*, 26-28.

Wolfert, R., & Cook, C. A. (1999). Gestalt therapy in action. In D. J. Wener (Ed.), *Beyond talk therapy: Using movement and expressive techniques in clinical practices* (pp. 3-27). Washington, DC: American Psychological Association.

Wolpe, J. (1958). *Psychotherapy by reciprocal inhibition*. Stanford, CA: Stanford University Press.

Wolpe, J. (1990). *The practice of behavior therapy* (4th ed.). New York, NY: Pergamon Press.

Wolters, C. (1999). The relation between high school students' motivational regulation and their use of learning strategies, effort, and classroom performance. *Journal of Learning & Individual Differences, 11*, 281-293.

Worling, J. (2012). The assessment and treatment of deviant sexual arousal with adolescents who have offended sexually. *Journal of Sexual Aggression, 18*, 36-63. doi: 10.1080/13552600.2011.630152

Wubbolding, R., & Brickell, J. (2004). Role play and the art of teaching choice theory, reality therapy, and lead management. *International Journal of Reality Therapy, 23*, 41-43.

Wynd, C. A. (2005). Guided health imagery for smoking cessation and long-term abstinence. *Journal of Nursing Scholarship, 37*, 245-250.

Yalom, I. D. (2002). *The gift of therapy: An open letter to a new generation of therapists and their patients*. New York, NY: HarperCollins.

Yankura, J., & Dryden, W. (Ed.). (1997). *Special applications of REBT: A therapist's casebook*. New York, NY: Springer.

Yauman, B. (1991). School-based group counseling for children of divorce: A review of the literature. *Elementary School Guidance and Counseling, 26*, 130-138.

Yell, M. L. (1994). Timeout and students with behavior disorders: A legal analysis. *Education and Treatment of Children, 17*, 257-271.

Yonfer, G. M. (1999). Gestalt therapy. In A. S. Gurman & S. B. Messer (Eds.), *Essential psychotherapies: Theory and practice* (pp. 261-303). New York, NY: Guilford Press.

Young, M. E. (2013). *Learning the art of helping: Building blocks and techniques* (5th ed.). Columbus, OH: Pearson Merrill.

Young, T. (2013). Using motivational interviewing within the early stages of group development. *The Journal for Specialists in Group Work, 38*, 169-181. doi: 10.1080/01933922.2013.764369

Zimmerman, T. S., Prest, L. A., & Wetzel, B. E. (1997). Solutionfocused couples therapy groups: An empirical study. *Journal of Family Therapy, 19*, 125-144.

Zinbarg, R. E., Barlow, D. H., Brown, T. A., & Hertz, R. M. (1992). Cognitive-behavioral approaches to the nature and treatment of anxiety disorders. *Annual Review of Psychology, 43*, 235-267.

Ziv-Beiman, S. (2013). Therapist self-disclosure as an integrative intervention. *Journal of*

Psychotherapy Integration, 23(1), 59–74. doi: 10.1037/a0031783

Zlomke, K., & Zlomke, L. (2003). Token economy plus selfmonitoring to reduce disruptive classroom behaviors. *The Behavior Analyst Today, 4*, 177–182.

Zourbanos, N., Hatzigeorgiadis, A., & Theodorakis, Y. (2007). A preliminary investigation of the relationship between athletes' self-talk and coaches' behavior and statements. *International Journal of Sports Science and Coaching, 2*, 57–66.

Zourbanos, N., Theodorakis, Y., & Hatzigeorgiadis, A. (2006). Coaches' behaviour, social support and athletes' self-talk. *Hellenic Journal of Psychology, 3*, 150–163.

찾아보기

저자 소개

Bradley T. Erford는 미국 메릴랜드 로욜라 대학교 교육대학원 학교상담학과 교수로 재직 중이다. Erford 교수는 2012년부터 2013년까지 미국상담학회(American Counseling Association: ACA)의 회장을 역임했다. ACA 연구상, ACA 우수 연구자상, ACA 아서 히츠코크 우수 전문가상, ACA 전문발달상 및 ACA 칼 퍼킨스 정부 관계상 등을 수상했고, ACA 펠로로도 선정되었다. 또한 상담과 교육 평가 학회(Association for Assessment in Counseling and Education: AACE) 연구상, AACE 모범 상담자상, AACE 회장 학술상, ACES(Association for Counselor Education and Supervision) 로버트 스트립플링 우수 상담자상, MACD(Maryland Association for Counseling and Development) 올해 상담자상, MACD 상담자 사회정의 옹호상, MACD 전문발달상 및 MACD 우수 상담자상을 수상했다.

Erford 교수는 『상담학개론』(Pearson Merrill, 2010, 2014), 『위기 개입과 예방』(Pearson Merrill, 2010, 2014), 『학교에서의 집단상담』(Pearson Merrill, 2010), 『집단상담: 과정과 적용』(Pearson Merrill, 2011), 『학교 상담의 변화』(1판, 2판, 3판, 4판, Merrill/Prentice-Hall, 2003, 2007, 2011, 2015), 『전문적인 학교 상담: 개념, 프로그램, 실제』(1판, 2판, Pearson Merrill, 2010, 2014), 『위기 평가, 개입, 예방과 행동평가』(Cengage, 2004) 및 『임상, 성격, 행동 평가에 대한 상담자 가이드』(Cengage, 2006) 등의 편집자이다. 또한 『상담자를 위한 측정 평가』(1판, 2판, Cengage, 2007, 2012), 『상담 연구와 평가』(1판, 2판, Cengage, 2008, 2014), 『NCE와 CPCE 준비하기』(Pearson Merrill, 2011, 2015), 『WISC-IV의 교육적 적용』(Western Psychological Services, 2006) 및 『행동을 촉진하는 집단활동』(Pearson Merrill, 2007) 등의 저자 혹은 공동 저자이다. Erford 교수는 미국상담학회 상담 백과사전의 편집자이기도 하다.

역자 소개

김은하(Kim Eunha)
미국 오하이오 주립대학교 심리학 박사(Ph.D.)
현 아주대학교 심리학과 교수

상담자가 반드시 알아야 할 40가지 상담기법
40 Techniques Every Counselor Should Know (2nd ed.)

2021년 4월 20일 1판 1쇄 발행
2023년 9월 20일 1판 4쇄 발행

지은이 • Bradley T. Erford
옮긴이 • 김은하
펴낸이 • 김진환
펴낸곳 • ㈜ 학지사

04031 서울특별시 마포구 양화로 15길 20 마인드월드빌딩
대표전화 • 02-330-5114   팩스 • 02-324-2345
등록번호 • 제313-2006-000265호

홈페이지 • http://www.hakjisa.co.kr
인스타그램 • https://www.instagram.com/hakjisabook

ISBN 978-89-997-2389-6 93180

정가 23,000원

출판 · 교육 · 미디어기업 **학지사**

간호보건의학출판 **학지사메디컬** www.hakjisamd.co.kr
심리검사연구소 **인싸이트** www.inpsyt.co.kr
학술논문서비스 **뉴논문** www.newnonmun.com
원격교육연수원 **카운피아** www.counpia.com